suhrkamp taschenbuch
wissenschaft 1410

Kollektive Identität ist zu einem aktuellen Thema geworden. Als nationale, kulturelle, regionale oder ethnische Identität bestimmt diese Frage nicht nur die politische Rhetorik, sondern auch die Ziele alter und neuer sozialer Bewegungen, begründet politische Konflikte und territoriale Ansprüche, gibt Minderheiten das Recht auf Widerstand gegen Mehrheiten und fordert Solidarität.

Bernhard Giesen nähert sich dem Thema von zwei unterschiedlichen Ausgangspunkten. In seinen allgemeinen theoretischen Überlegungen entwirft er zunächst eine Typologie von Codierungen kollektiver Identität (primordiale, traditionalistische und universalistische Codes) und beschreibt deren situative Bedingungen. Anschließend skizziert er drei historische Szenarien, in denen Intellektuelle und ihr bürgerliches Publikum im 19. und beginnenden 20. Jahrhundert gesellschaftliche Identität entworfen haben. Dabei geht es um das Verhältnis von Privatheit und Öffentlichkeit in der französischen Aufklärung und der deutschen Romantik, um Historismus und Modernismus im wilhelminischen Kaiserreich sowie um die Entwicklung von Rassismus und Antisemitismus in Deutschland und Frankreich.

Bernhard Giesen

Kollektive Identität

Die Intellektuellen und die Nation

2

Suhrkamp

Bibliografische Information der Deutschen Nationalbibliothek
Die Deutsche Nationalbibliothek verzeichnet diese Publikation
in der Deutschen Nationalbibliografie;
detaillierte bibliografische Daten sind im Internet über
http://dnb.d-nb.de abrufbar.

3. Auflage 2016

Erste Auflage 1999
suhrkamp taschenbuch wissenschaft 1410

Printed in Germany
Umschlag nach Entwürfen von
Willy Fleckhaus und Rolf Staudt
ISBN 978-3-518-29010-1

Inhalt

1. Einleitung

1. Vorwort

Kollektive Identität ist zu einem aktuellen Thema geworden. Als nationale, kulturelle, regionale oder ethnische Identität bestimmt dieses Thema nicht nur die politische Rhetorik, sondern auch die Ziele alter, neuer und ganz neuer sozialer Bewegungen, begründet politische Konflikte und territoriale Ansprüche, gibt Minderheiten das Recht zum Widerstand gegen Mehrheiten und fordert fraglose Solidarität auch jenseits von Verwandtschaft und persönlicher Bekanntschaft. Eine Vielzahl von sozial- und kulturwissenschaftlichen Arbeiten hat das Thema inzwischen aufgegriffen und Ethnizität und Multikulturalismus, Geschlecht und Nationalität in – jeweils für sich genommen – interessanten Einzelanalysen behandelt.

Dem vorliegenden Band geht es weder um kurzfristige Aktualitäten noch um ein allgemeines Engagement. Er nähert sich dem Thema von zwei unterschiedlichen Ausgangspunkten. Einerseits versucht er allgemeine theoretische Überlegungen und Typologien vorzustellen, die sich auf eine weite Bandbreite von Phänomenen kollektiver Identität beziehen lassen. Andererseits stellt er drei Skizzen historischer Szenarien vor, in denen Intellektuelle und ihr bürgerliches Publikum gesellschaftliche Identität entworfen und vorgestellt haben. Dabei geht es vornehmlich um die deutsche Geschichte des neunzehnten und beginnenden zwanzigsten Jahrhunderts und um Vorstellungen, die im Zusammenhang nationaler Identität standen. Beide Teile, die theoretische Typologie kollektiver Identität und die historischen Szenarien der Identitätskonstruktion, können unabhängig voneinander gelesen werden, obwohl sie aufeinander verweisen und aufeinander bezogen sind. Auch in dieser Hinsicht kann der vorliegende Band als Fortsetzung von *Die Intellektuellen und die Nation*, der 1993 im selben Verlag erschienen ist, gesehen werden. Er unterscheidet sich allerdings von diesem ersten Band sowohl in der begrifflichen Architektur wie auch in der historischen Perspektive. Sein Schwerpunkt liegt nicht mehr auf dem langen Jahrhundert der deutschen Kulturnation vor der Reichsgründung, sondern auf den kulturellen Konstruktionen von kollektiver Identität im deutschen Kaiserreich. Nicht nur dort, sondern auch an der Wende zwischen dem achtzehnten und neunzehnten Jahrhundert (Teil II, Kapitel 1) werden Fin-de-siècle-Lagen skizziert, in denen herkömmliche Identitätsentwürfe unter Spannung gerieten und neue Bezugspunkte kollektiver Identität ausgerufen wurden. Mit der durch die historische Distanz gebotenen Brechung der Perspektive lassen sich vielleicht auch Anregungen zur Deutung unseres Fin de siècle gewinnen.

Weitaus mehr als üblich verdankt sich das Entstehen der vorliegenden Arbeit günstigen Bedingungen und gemeinschaftlicher Anstrengung. An ihr waren vor allem meine Gießener Mitarbeiterinnen und Mitarbeiter beteiligt. Zu ihnen gehören Christian Kritschgau, Kristina Matron, Anke Mölle und Daniel Suber, vor allem aber der vortreffliche Kay Junge. Ohne sie wäre vieles historische Material unbearbeitet geblieben, sie regten durch sachkundige Kritik Revisionen des Textes an und verhalfen mit einer Vielzahl von Literaturrecherchen dem Anmerkungsapparat zu seiner vorliegenden Gestalt. Ihnen gebührt mehr Dank, als dies in dieser Einleitungsformulierung zum Ausdruck kommen kann.

Die Grundlage dieses Gießener Forschungsteams wurde durch die Förderung eines Projektes im Rahmen des Sonderforschungsbereiches »Erinnerungskulturen« der Deutschen Forschungsgemeinschaft gebildet. Meinen Kollegen im Rahmen dieses Sonderforschungsbereiches, insbesondere Helmut Berding, Günter Oesterle und Günther Lottes, danke ich für vielfältige Anregungen und kritische Lektüre von Teilen des Manuskriptes. Dies gilt auch meinem väterlichen Freund Shmuel N. Eisenstadt, dessen große Perspektive auf achsenzeitliche Kulturen viele Überlegungen dieser Arbeit beeinflußt hat, meinen Freunden Klaus Eder und Jeffrey Alexander, mit denen ich die theoretischen Modelle diskutieren und entwickeln konnte, sowie Alois Hahn, Karl Otto Hondrich, Hans-Georg Soeffner und Johannes Weiß, mit deren Ideen mich ein langer anregungsreicher Dialog verbindet. Unter meinen Gießener Fachkollegen haben Helmut Dubiel, Reimer Gronemeyer und Claus Leggewie meine Überlegungen zum Thema kollektiver Identität mit Interesse, freundschaftlicher Kritik und Ermunterung im alltäglichen Umgang begleitet. Ihnen danke ich für eine langjährige kollegiale Freundschaft.

2. Kollektive Identität – Eine konstruktivistische Perspektive

Im folgenden plädiere ich für eine neue sozialwissenschaftliche Perspektive auf Gemeinschaftlichkeit. Ein solcher neuer Blickwinkel läßt sich in mehreren Stufen entwickeln. Schon das Denken des frühen neunzehnten Jahrhunderts hatte den einfachen ethnozentrischen Standpunkt hinter sich gelassen; in der Romantik wird an die Stelle der Zentralperspektive einer einzigen, allein gültigen Gemeinschaft die Vielfalt und das Nebeneinander von ganz verschiedenen Gemeinschaften gesetzt, die jeweils füreinander Außenwelt sind.[1] Mit der Romantik vollzog sich jedoch nicht nur eine Wende zum Pluralismus und zur Heterogenität der Gemeinschaftsbezüge, sondern auch eine neue Bewertung und Bedeutung von Gemeinschaftlichkeit: Gemeinschaft wurde nun in Verbindung mit der Suche nach Identität gebracht. Die Auflösung traditionaler Ordnungen hatte im Gegenzug Fragen der Selbstbestimmung und Identität mit einem neuen Gewicht versehen.[2] Gemeinschaftlichkeit erschien nun nicht mehr wie im Pathos der Modernisierung und Aufklärung als traditionale Bindung, der es zu entkommen galt, sondern als Anhaltspunkt für die bodenlose Suche nach Selbstbestimmung: Aus Gemeinschaftlichkeit wurde kollektive Identität.[3] Die kollektive Identität der Gemeinschaft bot dem freigesetzten und unruhigen Selbst einen festen und unüberbietbaren Stand; erst auf dieser Grundlage konnte sich individuelle Identität bilden und entfalten.

Während die Romantik so die jeweilige Besonderheit der Gemeinschaft als nicht weiter erklärbaren, natürlichen und elementaren Kern der Vergesellschaftung betrachtete, beginnt die sozialwissenschaftliche Fragestellung gerade mit dem Zweifel an der

1 J. Garber, »Von der Menschheitsgeschichte zur Kulturgeschichte. Zum geschichtstheoretischen Kulturbegriff der deutschen Spätaufklärung«, in: ders., *Spätabsolutismus und bürgerliche Gesellschaft. Studien zur deutschen Staats- und Gesellschaftstheorie im Übergang zur Moderne*, Frankfurt am Main 1992, S. 409-433.

2 B. Giesen und K. Junge, »Vom Patriotismus zum Nationalismus. Zur Evolution der ›Deutschen Kulturnation‹«, in: B. Giesen (Hg.), *Nationale und kulturelle Identität*, Frankfurt am Main 1991, S. 255-303.

3 B. Giesen, *Die Intellektuellen und die Nation. Eine deutsche Achsenzeit*, Frankfurt am Main 1993.

Annahme der Selbstverständlichkeit und Natürlichkeit von Gemeinschaften. Gemeinschaften entstehen für sie nur als geteilte Illusionen über Abstammung und Vergangenheit, Blutsverwandtschaft und geschichtliche Mission.[4] Solche gemeinsamen Illusionen entstehen nicht zufällig: Sie werden inszeniert und gern geglaubt, sie begünstigen Interessen und geben unklaren Lebenslagen eine klare Kontur, aber sie sind eben nicht natürlich und selbstverständlich gegeben, sondern sozial konstruiert.

Der konstruktivistische Zweifel an der Alltagsgewißheit von Gemeinschaftsbindungen kann verschiedene Stufen erklimmen. Auf der ersten und einfachsten Stufe greift er auf die ideologiekritische Tradition des achtzehnten Jahrhunderts zurück. Die Illusion der Gemeinschaftlichkeit wird hier als vermeidbares falsches Bewußtsein verstanden und auf die Ranküne der Ideologen, der Priester, der Politiker, der Intellektuellen zurückgeführt. Vom Interesse an Herrschaftserhalt und Karriere bewegt, versuchen danach Ideologen Gemeinschaftsideen, an die sie selbst nicht glauben oder nicht glauben müssen, für ein glaubensbereites Publikum zu inszenieren und zu imaginieren.[5] Die Verführer und ihre Opfer werden dabei durch unterschiedliche Handlungsorientierungen getrennt: Die einen werden allein von moralisch verwerflichen Eigeninteressen motiviert, die anderen sind desorientiert und auf der Suche nach Identität. Gewiß ist ein solches Modell des Priestertrugs auch heute noch in der Lage, das Verhalten von Identitätsunternehmern zu beleuchten, die mit der Mobilisierung einer desorientierten Gefolgschaft Karriere machen, doch bei entscheidenden Fragen greift es bei weitem zu kurz. Es neigt zu moralisierenden Unterscheidungen zwischen Tätern und Opfern und versperrt sich damit Aussichten auf den Einzelfall. Es muß weiterhin richtiges, das heißt selbstbestimmtes und vernünftiges Gemeinschaftsbewußtsein von falschem und pathogenem Gemeinschaftsglauben unterschieden werden – wenn nicht grundsätzlich jede Gemeinschaftlichkeit als proble-

4 Dies ist seit Ernest Renans berühmtem Aufsatz über die Nation immer wieder betont worden, in der neueren Nationalismusforschung vor allem von Ernest Gellner. E. Renan, *Was ist eine Nation? Und andere politische Schriften*, Stuttgart 1995; E. Gellner, *Nations and Nationalism*, Oxford 1983.

5 B. Giesen, *Die Intellektuellen und die Nation*, Frankfurt am Main 1993, S. 156-159.

matisch betrachtet werden soll. Diese Unterscheidung zwischen richtig und falsch, gesund und krank kann jedoch nur wieder von außen, aus der Beobachterperspektive und damit letztlich fremdbestimmt, vorgenommen werden. Auf eine raffinierte, aber unvermeidliche Weise schleichen sich in diese moralischen Unterscheidungen wieder ethnozentrische Gesichtspunkte ein. Das Priestertrugsmodell gibt schließlich keine Antwort auf die Frage, warum ein bestimmtes Gemeinschaftsangebot bei einem Publikum Anklang findet, ein anderes, ebenfalls vorgetragenes hingegen nicht.

Gerade diese Frage steht im Mittelpunkt einer neuen Perspektive auf Gemeinschaftlichkeit, die die rationale Nutzenabwägung der einzelnen Individuen zum Ausgangspunkt nimmt. Die Unterscheidung von richtigem und falschem Bewußtsein, von Tätern und Opfern, von gesunden und pathogenen Gemeinschaftsbildungen, von verwerflichen instrumentellen und guten identitätsbezogenen Motiven wird auf dieser nächsten Stufe der konstruktivistischen Perspektive gänzlich zugunsten eines illusionslosen kühlen Blicks aufgegeben: Individuen entscheiden autonom über ihre Handlungen, und alles Handeln geschieht aus Nutzenerwägungen. Man tritt derjenigen Gemeinschaft bei, bei der man langfristig mit hoher Sicherheit den höchsten Gewinn an Solidarleistungen oder Statusprestige bei relativ geringen Kosten erwarten kann.[6]

Eine solche Vorstellung von Gemeinschaftlichkeit nach dem Modell der Versicherungsgesellschaft übertrifft das Priestertrugsmodell zwar im Auflösungsvermögen, verfehlt aber gerade jene Merkmale von kollektiver Identität, die die Romantik herausstellte. Wenn ein Individuum seine eigene Identität über seine Zugehörigkeit zu einer Gemeinschaft bestimmt, so kann diese Identitätskonstruktion nicht mehr als Mittel zu weiteren Zwekken behandelt werden: Identität ist selbst ranghöchstes und nicht weiter relativierbares Ziel, sie wird bei strategischen Erwägungen immer schon vorausgesetzt, sie dient nicht Interessen, sondern sie definiert Interessen.[7] Selbst wenn die Identifikation mit der

6 Die wohl einflußreichste Variante dieses Ansatzes dürfte von Michael Hechter formuliert worden sein. Ders., *Principles of Group Solidarity*, Berkeley 1987.

7 Dies hat vor allem Alessandro Pizzorno gezeigt. Ders., »Some other kinds of otherness: a critique of ›rational choice‹ theories«, in: A.

Gemeinschaft auf Interessen beruht, so muß sich das Individuum im Augenblick des Gemeinschaftshandelns doch weitgehend über diese individuellen Interessen selbst täuschen; wäre es sich der eigenen Interessen in voller Schärfe bewußt, so könnte es die anderen nicht mit jenem selbstvergessenen Handeln überzeugen, das als Beitrag zur Gemeinschaft erwartet wird. Alle würden einander ständig mit Mißtrauen und Betrugsverdacht begegnen. Gewiß ermöglicht auch Gemeinschaftshandeln Täuschungen und Selbsttäuschungen. Der Umstand, daß sich hinter dem institutionellen Diskurs eines Handlungsfeldes strategische Interessen verbergen – oder anders gewendet: daß normative Orientierungen und Handlungsmotive nicht deckungsgleich sein müssen –, hebt die Gültigkeit der Diskursregeln nicht auf. Wenn der Wandel wissenschaftlicher Theorien nicht auf die Wahrheitsregeln, sondern allein auf die Karriereinteressen und Konkurrenzen der beteiligten Wissenschaftler reduziert wird, so verfehlt dies die eigentümliche Logik wissenschaftlicher Kommunikation, das heißt die Besonderheit eines Handlungsfeldes im Unterschied zu anderen. In ähnlicher Weise reduziert das Versicherungsgesellschaftsmodell Gemeinschaftlichkeit und kollektive Identität auf das Problem freiwilliger Mitgliedschaft in Organisationen, die Solidarverträge anbieten.

Die Konstruktion von kollektiver Identität geht jedoch weit über die Grenzen rationaler Entscheidungen zwischen alternativen Mitgliedschaften hinaus. Auch dann, wenn Gemeinschaftlichkeit nicht mehr als wählbar, sondern als naturwüchsig und unabänderlich erscheint, vollzieht sich eine Konstruktion kollektiver Identität; auch dann, wenn – wie bei spontanen, affektiv bestimmten Teilnahmen an Ritualen – keine rationalen, nutzengeleiteten Überlegungen stattfinden, vollzieht sich eine Konstruktion kollektiver Identität; auch dann, wenn – wie bei traditionalem Handeln – es nur auf die alternativenlose Wiederholung von bestimmten Handlungsformen ankommt, kann sich eine Konstruktion kollektiver Identität vollziehen. Das Versicherungsgesellschaftsmodell kann diese wichtigen Formen der Kon-

Foxley, M. S. McPherson, G. O'Donnell (Hg.), *Development, Democracy and the Art of Trespassing: Essays in Honor of Albert O. Hirschman*, Notre Dame, Indiana 1986, S. 355-373. Pizzorno greift dabei auf das auch für unsere Überlegungen grundlegende Werk von Derek Parfit, *Reasons and Persons*, Oxford 1984, zurück.

struktion von Gemeinschaftlichkeit nur mit dem Kunstgriff einer kontrafaktischen Annahme erfassen: Auch wenn man weiß, daß nicht rational entschieden wurde, kann man so verfahren, als ob rationale Entscheidungen vorlägen, und die Abweichungen vom Idealtypus rationalen Handelns zum Thema machen. Eine solche idealtypische Vorgehensweise findet freilich dann ihre Grenzen, wenn andere Idealtypen des Handelns bestimmte Konstruktionsformen von Gemeinschaftlichkeit umstandsloser, einfacher und angemessener erfassen können.

Eine derartige Alternative zum Versicherungsmodell kann man in der Idee der Konstruktion von Gemeinschaft durch Rituale sehen. Rituelles Handeln ist weit weniger voraussetzungsvoll; individuelle rationale Nutzenkalküle werden nicht nur nicht angenommen, sondern werden sogar ausgeschlossen: Die Form des Rituals erscheint den Teilnehmern als weitgehend alternativenlos, sie muß nicht in Hinblick auf bestimmte Ziele begründet werden, sie läßt sich aus der Perspektive der rituell Handelnden nicht verbessern oder kritisieren, und sie macht keinen Unterschied zwischen den Individuen. Rituale wie das Singen einer Nationalhymne oder das Sprechen eines Gebets sind nicht steigerungs- und fortschrittsfähig. Sie haben diese Form, weil sie diese Form haben. Gerade weil das Ritual alle Unterschiede nivelliert und der Grenzziehung zwischen Teilnehmern und Nichtteilnehmern unterordnet, eignet es sich besonders zur Konstruktion von Gemeinschaftlichkeit.[8] Im Ritual werden Individualität und die Variationsmöglichkeiten des Diskurses latent gehalten[9]; das Ritual erlaubt nicht nur, so zu tun, als ob keine Differenzen vorlägen, sondern schreibt dies geradezu vor. Nur eine Unterscheidungslinie zählt: die zwischen innen und außen, zwischen Teilnehmern und Außenstehenden.

Nicht die nutzenorientierten Entscheidungen der Individuen für eine Mitgliedschaft, sondern gerade die Ausblendung dieser Entscheidungen ermöglicht hier Gemeinschaftlichkeit. Im Ritual

8 V. Turner, *The Ritual Process. Structure and Anti-Structure*, Ithaca, N.Y. 1969.

9 Eben aus diesem Grund machen Rituale selbst noch Konfliktsituationen berechenbar und ermöglichen dadurch eine wechselseitige Abstimmung des Handelns. Vgl. dazu aus der Perspektive eines Historikers: G. Althoff, *Spielregeln der Politik im Mittelalter. Kommunikation in Friede und Fehde*, Darmstadt 1997.

zeigt sich die Verwandlung zerbrechlicher und kontingenter Übereinkünfte in Regeln und Ordnungen auf besonders deutliche Weise: Soziale Ordnung ist nur deshalb möglich, weil das Wissen um ihre Veränderbarkeit und Zerbrechlichkeit ausgeblendet und unterdrückt werden kann. Wie Seiltänzer können die Akteure nur deshalb den Absturz aus der Gemeinschaftlichkeit vermeiden, weil sie nicht in den Abgrund schauen und so tun, als stünden sie auf festem Boden.

Diese rituelle Konstruktion von Gemeinschaftlichkeit läßt sich zu einer allgemeinen Sozialtheorie ausweiten, die sich auf Klassiker wie Durkheim ebenso wie auf neuere Theorieangebote, etwa von Mary Douglas, berufen kann: Soziale Ordnung setzt immer einen rituell konstruierten Rahmen von Gemeinschaftlichkeit voraus.[10] Erst wenn über allgemein verfügbare Rituale ein solcher Rahmen hergestellt, bestätigt und vorausgesetzt wird, stellt sich bei den beteiligten Akteuren die Vorstellung von Geordnetheit ein. Diese Gemeinschaftlichkeit beruht zunächst allein auf der Gleichförmigkeit des Handelns – sei es als Wiederholung oder als synchrones Geschehen im Gesang, Schauspiel, Marschieren, Tanzen oder auch nur in der schweigenden Anwesenheit bei feierlichen Ritualen, die stellvertretend für die Anwesenden vollzogen werden. Körperlichkeit und Anwesenheit sind außerordentlich wichtig für eine rituelle Konstruktion von Gemeinschaftlichkeit und kollektiver Identität, aber sie reichen allein nicht aus; die Handelnden müssen im Augenblick des Rituals auch wissen, daß sie gleichförmig mit anderen handeln, sie müssen ein Bewußtsein der Gleichförmigkeit ausbilden.[11]

10 É. Durkheim, *Die elementaren Formen des religiösen Lebens*, Frankfurt am Main 1981; M. Douglas, *Ritual, Tabu und Körpersymbolik. Sozialanthropologische Studien zur Industriegesellschaft und Stammeskultur*, Frankfurt am Main 1974. Eine Zusammenfassung der neueren Diskussion liefert Robert Wuthnow, »Ritual and Moral Order«, in: ders., *Meaning and Moral Order. Explorations in Cultural Analysis*, Berkeley/Los Angeles 1987, S. 97-144. Eine Reihe faszinierender zeitgenössischer Fallstudien finden sich in H. G. Soeffner, *Die Ordnung der Rituale. Die Auslegung des Alltags 2*, Frankfurt am Main 1992.

11 Wir können hier direkt an Émile Durkheims Konzept der mechanischen Solidarität – verstanden als einer aus Ähnlichkeiten entspringenden Solidarität – anschließen. Ders., *Über soziale Arbeitsteilung*, 2. Auflage, Frankfurt am Main 1988, S. 118 ff.

Dieses Wissen um die Gleichförmigkeit mit anderen ist in der Regel nicht nur auf eine Wahrnehmung zufälliger Koinzidenz zurückzuführen, sondern hat kulturelle Gründe und Hintergründe.[12] Die bloße Beschreibung der verschiedenen rituellen Formen, mit denen ein Gemeinschaftsgefühl geschaffen und ein Gemeinschaftsglaube gefestigt werden kann, reicht daher noch nicht aus, um die Konstruktion kollektiver Identität zu erklären. Zwar erfaßt das Ritualmodell weitaus mehr und elementarere Formen der Gemeinschaftlichkeit als das Priestertrugsmodell oder das Modell der Versicherungsgesellschaft, aber es stellt die Bilder und Symbole, mit denen die Teilnehmer am Ritus ihr Tun selbst beschreiben und begründen, noch nicht hinreichend in Rechnung. Die Analyse eines Handlungszusammenhangs als rituelle Herstellung von Gemeinschaftlichkeit erfaßt nur die Form selbst, bleibt aber relativ indifferent gegenüber den Erzählungen und Selbstbildern, die einerseits rituell bekräftigt werden sollen, andererseits aber auch das bloße Gefühl der Gemeinschaftlichkeit symbolisch faßbar und kulturell begründbar machen. Selbstbilder und ihr Gegenstück, die Bilder des Fremden, gewinnen ihre Überzeugungskraft nicht aus der Nützlichkeit für bestimmte Interessen der Mitglieder, sondern aus der Einbettung in allgemeine kulturelle Weltbilder.[13] Wäre ein solches Selbstbild nur über das Eigeninteresse der Mitglieder begründbar, so könnte es weder Außenstehende noch die Mitglieder selbst überzeugen. Eine solche Selbstüberzeugung innerhalb der Gemeinschaft ist jedoch erforderlich, um zu verhindern, daß man sich der Kontingenz von Zielsetzungen und der Konstruiertheit von Identität bewußt wird und in jenen Abgrund von Fragen stürzt, der schon die Romantiker beunruhigt hatte. Kulturelle Weltbilder stützen solche Selbstüberzeugungen ab und fangen Unsicherheiten ein. Dies gilt insbesondere dann, wenn Alternativen verfügbar sind

12 Vgl. hierzu vor allem M. Douglas, *Reinheit und Gefährdung. Eine Studie zu Vorstellungen von Verunreinigung und Tabu*, Frankfurt am Main 1988.

13 Dies ist bekanntlich vor allem von Max Weber betont worden (ders., *Gesammelte Aufsätze zur Religionssoziologie* I, Tübingen 1920/21, S. 252), wie Friedrich H. Tenbruck wiederholt unterstrichen hat. Ders., »Das Werk Max Webers«, in: *Kölner Zeitschrift für Soziologie und Sozialpsychologie* 27 (1975), S. 663-702, S. 684.

und Außenstehende Zweifel an den Gemeinschaftsgrenzen ins Spiel bringen können.

Die Einbettung der Selbstbilder in ein kulturelles Feld von Unterscheidungen und Mustererzählungen ist daher zentrales Thema einer weiteren Stufe der Entfaltung einer konstruktivistischen Perspektive. Die Bedeutung von Gemeinschaftlichkeit wird hier nicht über ihre Funktion für individuelle Nutzenkalküle oder über die Praxis eines Rituals erfaßt, sondern über ihre Verstehbarkeit im Rahmen kultureller Symbolisierungen. Diese kulturellen Symbolisierungen ermöglichen nicht nur Außenstehenden einen verstehenden Nachvollzug der Gemeinschaft, sondern sie ergeben sich auch für die Gemeinschaftsangehörigen selbst, wenn sie versuchen, sich über sich selbst zu verständigen und ihre Stellung, ihre Besonderheit, ihren Blickwinkel im Verhältnis zu anderen zu bestimmen. Nicht nutzenorientiertes Individualhandeln, sondern symbolisch vermittelte Verständigung, die von anderen geteilt werden muß, stellt hier den elementaren Prozeß dar, aus dem Gemeinschaftlichkeit entsteht. Bei dieser Verständigung geht es eben nicht um die Mittel zu offenen Zielhorizonten, sondern um die Bestimmung der gemeinsamen Horizonte, hinter denen die Beteiligten sich keine Welt mehr vorstellen können – zumindest keine geteilte Welt.[14] Kultur bestimmt als ein solcher nicht mehr hinterfragbarer oder begründungsbedürftiger Horizont die Konstruktion von Gemeinschaftlichkeit und kollektiver Identität. Die zentralen Unterscheidungen und Codes einer Kultur werden dabei in die Klassifikationsmuster sozialer Gruppen und Gemeinschaften übersetzt; ohne Bezug auf diese kulturellen Codes bleibt die Analyse von Gemeinschaftlichkeit äußerlich und verfehlt den Inhalt kollektiver Identität.

In der Tat kann die kulturalistische Perspektive beanspruchen, einen besonderen Umstand der Identitätskonstruktion in den Mittelpunkt zu stellen: Identität entsteht als Selbstbehauptung und Selbstbestimmung von handelnden Subjekten. Aber diese Selbstbestimmung gelingt nur dann, wenn sie von anderen anerkannt wird.[15] Kollektive Identität verdoppelt die Kontingenzen

14 In der deutschen Soziologie hat vor allem Friedrich H. Tenbruck den Begriff der Kultur in einer ganz ähnlichen Weise theoretisch zu fundieren versucht. Ders., »Repräsentative Kultur«, in: ders., *Perspektiven der Kultursoziologie*, Opladen 1996, S. 99-124, S. 108 ff.

15 Für individuelle Identität hat Charles Taylor dieses Problem noch

dieser Anerkennung noch: Die Außenstehenden müssen nicht nur die Identitätsbehauptung eines einzelnen Subjekts anerkennen, sondern auch die Gleichheit der Gemeinschaftsangehörigen im Hinblick auf die behauptete Identität. Anerkennung läßt sich dabei eben nicht bloß durch Nützlichkeit erwirken, sondern bezieht sich auf die Autonomie des anerkannten Subjekts. Bei diesem Prozeß der Selbstbestimmung und Anerkennung greifen die Handelnden auf Bilder und Unterscheidungen der Kultur zurück, in der sie sich bewegen. Werden diese kulturellen Inhalte der Identitätsbestimmung übersehen, so riskiert der Beobachter das Eigentümliche von Identifikation und Identität im Unterschied zu bloßen sozialstrukturellen Gruppenmerkmalen, die die Gruppenmitglieder selbst nicht kennen, zu verfehlen.

Wenn das Modell der kulturellen Verständigung auch den Vorzug hat, die besondere Eigenheit von Identität als verständigungsorientierter Selbstbestimmung herauszustellen, so ist es dennoch seinerseits nicht ohne riskante Vereinfachungen und Verkürzungen. Aus einer radikalen kulturalistischen Sicht erscheint kollektive Identität gelegentlich nur mehr als historische Verkörperung eines unveränderbaren kulturellen Musters oder eines mythischen Kerns, der jenseits von geschichtlichem Wandel angesiedelt wird. Soziales Handeln exekutiert oder illustriert dann nur noch die kulturelle Programmierung. Ein solches platonistisches Modell stabiler kultureller Kerne verläßt die konstruktivistische Perspektive, die wir hier entfalten wollten. Es übernimmt die Unterstellung der beobachteten Akteure, ihre Kultur sei ewig und unveränderbar, auch für den Beobachter. Nun ist die Dauerhaftigkeit kultureller Muster zwar keineswegs nur eine Illusion der in dieser Kultur befangenen Handelnden, aber der kulturelle Platonismus unterschätzt die ständigen Wandlungsprozesse, denen symbolische Strukturen unterworfen sind, und blendet die Prozesse und Institutionen aus, mit denen Kultur sozial produziert und rezipiert wird: Formen des Schreibens und Lesens, der Lehre und des Diskurses, der kulturellen Spezialisierung und der ökonomischen Lage von Intellektuellen, der akademischen Wissenschaft und der Märkte für Literatur

einmal in überzeugender Weise rekonstruiert. Ders., *Quellen des Selbst. Die Entstehung der neuzeitlichen Identität*, Frankfurt am Main 1994. Wir werden im dritten Abschnitt von Kapitel III darauf zurückkommen.

etc.[16] Die konstruktivistische Perspektive darf sich eben nicht auf die bloßen Selbstbeschreibungen der Gemeinschaften beschränken, sondern muß in der Tradition der Durkheimschen Religionssoziologie die Perspektive der Alltagshandelnden umkehren: Diese können die gemeinschaftlichen Grundlagen kultureller Vorstellungen vergessen oder gar nicht in den Blick bekommen – und durch dieses Latenthalten der sozialen Bedingungen erst die Gültigkeit der Gemeinschaftsbindung schaffen und erhalten. Die antifundamentalistische Stoßrichtung des Konstruktivismus weist hingegen über die Unmittelbarkeit des Alltagsbewußtseins und die Ewigkeitsunterstellungen des kulturellen Platonismus hinaus und interessiert sich gerade für diese sozialen Prozesse und institutionellen Formen, in denen Kultur hergestellt, verbreitet und aufgenommen wird.[17] In diesen Institutionen entstehen wiederum unterschiedliche Interessen an knappen Ressourcen, Konflikte um Rang und Verteilung, Kämpfe um Anerkennung, Täuschungen und Betrugsversuche, die selbst im Rahmen des kulturalistischen Modells nur unzureichend erfaßt werden können. Damit schließt sich der Kreis. Die Interessen,

16 Alois Hahn hat am Beispiel der Beichte in vorbildlicher Weise gezeigt, wie eine solche theoretische Integration von institutioneller Einbettung und kultureller Selbstbeschreibung aussehen kann. Ders., »Zur Soziologie der Beichte und anderen Formen institutionalisierter Bekenntnisse: Selbstthematisierung und Zivilisationsprozeß«, in: *Kölner Zeitschrift für Soziologie und Sozialpsychologie* 34 (1982), S. 407-434; ders., »Beichte und Biographie«, in: M. Sonntag (Hg.), *Von der Machbarkeit des Psychischen. Texte zur Psychologie II*, Pfaffenweiler 1990, S. 56-76.

17 Dieser Problemstellung hat sich in den letzten beiden Jahrzehnten vor allem die Wissenschaftssoziologie in Form von Laborstudien, aber auch bereits in einem darüber hinausgehenden Rahmen gewidmet. Vgl. B. Latour und S. Woolgar, *Laboratory Life. The Social Construction of Scientific Facts*, Beverly Hills/London 1979; K. Knorr-Cetina, *Die Fabrikation von Erkenntnis. Zur Anthropologie der Wissenschaft*, Frankfurt am Main 1984. Über das Labor hinausgehende Fragen der Verbreitung und Aufnahme werden intensiv behandelt von S. Shapin und S. Shaffer, *Leviathan and the Air Pump: Hobbes, Boyle, and the Experimental Life*, Princeton 1985, und von B. Latour, *The Pasteurization of France*, Cambridge, Mass. 1988. Unter den im engeren Sinne kultursoziologischen Studien mit einer vergleichbaren Fragestellung sei insbesondere auf M. Lamont, *Mon-*

die das Priestertrugsmodell noch zum elementaren Ausgangspunkt für die Erklärung von Gemeinschaftlichkeit verkürzten, erweisen sich als aufschlußreiche Zusatzvariable, wenn es um die Analyse von kulturellem Wandel geht.[18]

Mit der Entfaltung der konstruktivistischen Perspektive wurden verschiedene Stufen erstiegen, die allerdings jeweils für sich genommen nur beschränkte Aussichten auf das Phänomen der kollektiven Identität eröffneten. Selbst ein avancierter kulturalistischer Blickwinkel bedarf der Ergänzung durch eine Analyse von Interessen und Institutionen, von Ritualen und sozialen Lagen, in die Prozesse der kulturellen Selbstbestimmung eingebettet sind und die einen Identitätsentwurf plausibel machen, ihn auf Dauer stellen und ihm die Zustimmung der anderen verschaffen. Eingespannt zwischen dem Repertoire kultureller Symbole und den praktischen Lagen und Lebenswelten der Individuen, in denen sie Resonanz erzeugen können, der Ordnung der Rituale und der Kontingenz der Herrschaftsinteressen, den Symbolen des Heiligen und Profanen, den Berechnungen des Nutzens, den heimlichen Hoffnungen auf Statusgewinn und der spontanen Sympathie mit dem anderen, den Authentizitätsbehauptungen und dem Täuschungsverdacht geschieht die Verständigung über kollektive Identität. Alle diese scheinbar gegensätzlichen Bezugspunkte entfalten erst zusammen den Raum, in dem kollektive Identität konstruiert wird.[19]

ey, *Morals and Manners: The Culture of the French and the American Upper-Middle Class*, Chicago 1994, und P. DiMaggio, *Managers of the Arts*, Seven Locks Press 1987, verwiesen.
Aber auch die soziale Konstruktion kollektiver Identitäten ist in einer so ausgerichteten Perspektive rekonstruierbar. Vgl. dazu vor allem B. Anderson, *Imagined Communities*, London 1991 (2., ergänzte Auflage); E. S. Morgan, *Inventing the People. The Rise of Popular Sovereignty in England and America*, New York 1988; B. Giesen, *Die Intellektuellen und die Nation*, a.a.O.; R. Wuthnow, *Communities of Discourse. Ideology and Social Structure in the Reformation, the Enlightment, and European Socialism*, Cambridge, Mass. 1989.

18 B. Giesen und K. Junge, »Strukturelle Evolution«, in: *Protosoziologie*, Heft 7, 1995, S. 116-125 und S. 311-314; Y. B. Choi, *Paradigms and Conventions: Uncertainty, Decision Making, and Entrepreneurship*, Ann Arbor 1993.

19 Diese traditionelle soziologische Paradigmen übergreifende Multidimensionalität hat vor allem wohl Jeffrey C. Alexander zum Pro-

Dieser doppelte Bezug ist in der Idee der Identitätsbestimmung durch Verständigung schon angelegt: Sprache ist immer auf die Sprechakte und die damit bezeichnete Welt bezogen; und umgekehrt unterstellt Identität immer auch den Unterschied zur Verschiedenheit der anderen und kann nur über situativ variable Interessen verwirklicht werden. Kulturen sind immer auch in Lebenswelten eingebettet und in Konflikte einbezogen; Interessen setzen immer auch Institutionen der Verteilung und Herrschaft und einen Identitätsbezug voraus, der erst Interessen generiert; das Heilige und Unbedingte kann nicht gedacht werden ohne die Abgrenzung zum Profanen, Nützlichen und Bedingten; die Behauptung von Authentizität und das Versprechen von Solidarität ziehen den Verdacht des Betruges und der Täuschung nach sich. Eine Analyse kollektiver Identität, die diese Bezüge nur auf situatives Interessehandeln oder kulturelle Verständigung verkürzt, kann bestenfalls den Vorzug stromlinienförmiger Paradigmentreue beanspruchen – eine angemessene Beschreibung historischer Formen von Gemeinschaftlichkeit vermag sie kaum zu bieten.

Wir werden im ersten Teil der vorliegenden Arbeit eine Theorie skizzieren, die sowohl die kulturelle Verständigung wie auch die strukturellen Bedingungen der Situation, in der und von der aus kollektive Identität konstruiert wird, zu erfassen versucht und beide aufeinander bezieht. Die konstruktivistische Perspektive trifft sich dabei mit der wissenssoziologischen Tradition. Beide versuchen ohne starke anthropologische Annahmen auszukommen und soziale Wirklichkeit nicht aus einer unveränderbaren menschlichen Natur, sondern aus den Besonderheiten sozialer Situationen und verfügbarer kultureller Wissensbestände zu erklären.[20] Eine Theorie kollektiver Identität kann freilich nicht

gramm gemacht. Vgl. dazu mit unserem Thema im Focus insbesondere ders., »Core Solidarity, Ethnic Outgroup, and Social Differentiation: A Multidimensional Model of Inclusion in Modern Societies«, in: J. Dofny und A. Akiwowo (Hg.), *National and Ethnic Movements*, Beverly Hills/London 1980, S. 5-28, leicht verändert auch in: ders., *Action and its Environments: Towards a New Synthesis*, New York 1988, S. 78-106.

20 Wir folgen hier also, wenn auch mit deutlich markierten Einschränkungen, Erving Goffmans prominenter Direktive: »Not, then, men and their moments. Rather moments and their men«; ders., *Interaction Ritual*, New York 1967, S. 3.

umhin, eine schwache anthropologische Annahme hinzuzufügen: Sie hält die Fähigkeit zur Selbstbestimmung und kommunikativen Verständigung für konstitutiv für ihren Gegenstand. Mit dieser Annahme tritt zu den empirischen Bedingungen und kulturellen Voraussetzungen des Konstruktionsprozesses ein Element des Voluntarismus und der Selbstbezüglichkeit, das die verschiedenen Phänomene der Gemeinschaftlichkeit in ähnlicher Weise zu einer Handlungsgattung verbindet wie der Mittelbezug die Formen des ökonomischen Handelns.[21] Nicht jede soziale Handlung wird vordringlich von expressiven Selbstbezügen bewegt, aber in bestimmten Kontexten, an bestimmten Orten und in bestimmten Phasen rückt dieser kollektive Selbstbezug in den Mittelpunkt. Wie eine individuelle Biographie bestimmte Phasen der Selbstfindung und Identitätsformation kennt, so finden sich auch in der Geschichte sozialer Beziehungsnetze besondere Perioden und Räume, in denen die Kommunikation sich auf die Bestimmung und Neubestimmung der Außengrenzen und des kollektiven Selbst richtet; ohne diesen Selbstbezug löst sich kollektive Identität in eine Vielzahl von Formen sozialer Bindungen auf, die jeweils ganz unterschiedlichen Prinzipien unterstellt sind.

Wir gehen im folgenden davon aus, daß kollektive Identität aus dieser Selbstbezüglichkeit in verständigungsorientiertem Handeln entsteht und daß mit kollektiver Identität ein neuer analytischer Bezugspunkt gewonnen wird, der gleichrangig neben die Themen der Herrschaft und Ungleichheit, die die Sozialtheorie des achtzehnten Jahrhunderts bestimmten, und die Themen der Arbeitsteilung und Produktion, die die Gesellschaftstheorie des neunzehnten Jahrhunderts beschäftigten, treten kann.

21 Auf die Grenzen des ökonomischen Handlungsmodells in ökonomischer Perspektive hat in den letzten Jahren wiederholt John Elster aufmerksam gemacht. Vgl. insbesondere ders., *The cement of society. A study of social order*, Cambridge 1989. Wo genau diese Grenze zu ziehen sein wird, dürfte vorerst eine offene Frage bleiben. Michael Schmid hat gegen John Elster überzeugend dafür plädiert, die Frage der Normentstehung noch im Rahmen dieses Modells zu behandeln. Ders., »Soziale Normen und soziale Ordnung. Eine Kritik von John Elsters Theorie sozialer Normen«, in: *Berliner Journal für Soziologie* 1 (1993), S. 19-41. Die hier von uns zu behandelnde Frage der kollektiven Identität jedoch verweigert sich grundlegend dem instrumentellen Handlungsmodell der Ökonomie.

II. Typen der Konstruktion kollektiver Identität

1. Codes kollektiver Identität

Wenn Menschen ihre alltägliche Welt konstruieren, so verwandeln sie das Fremde in das Vertraute, behandeln das Unbekannte als einen neuen Fall des längst Bekannten, stellen sich das Ferne nach dem Muster des Nahen vor und verlängern die Erfahrungen der Vergangenheit in die Erwartung des Zukünftigen. Eine solche analogische Übertragung sichert sich vor allem durch die alltagsweltliche Gemeinsamkeit ab: Wir alle bestätigen uns wechselseitig unsere zerbrechlichen Konstruktionen und tun so, als ob alles schon bekannt und natürlich gesichert wäre.[1] Gelegentlich werden aber auch Unterschiede im Grad der Vertrautheit und Sicherheit in unseren Vorstellungen respektiert und repräsentiert. Wir unterscheiden dann zwischen Vertrautem und Fremdem[2] und grenzen das Bekannte der Vergangenheit vom Neuen und Unbekannten der Zukunft ab. In dieser Unterscheidung zwischen Bekanntem und Unbekanntem wird die analogische Konstruktion nicht gänzlich aufgehoben, sondern nur verwischt und für die Akteure unsichtbar gemacht. Wir stellen uns weiterhin die Vergangenheit oder die Natur nach dem Muster unserer gegenwärtigen sozialen Verhältnisse vor, aber wir verdecken diese Ähnlichkeit durch zusätzliche Unterscheidungen.

Im folgenden wollen wir eine besondere dieser symbolischen Formen behandeln, mit denen Unterschiede in der Sicherheit unseres alltäglichen Wissens erfaßt werden. Es handelt sich um die Konstruktion der Grenze zwischen dem Innenraum einer Gemeinschaft und der Außenwelt jenseits dieser Grenze. Wir gehen davon aus, daß diese Unterscheidung eine elementare Operation der Herstellung sozialer Wirklichkeit bildet – ähnlich wie die Unterscheidung zwischen gewünschten und verbotenen

1 Vgl. hierzu auch M. Douglas, »Institutions Are Founded on Analogy«, in: dies., *How Institutions Think*, Syrakuse, N. Y. 1986, S. 45-53.

2 Vgl. dazu auch aus systemtheoretischer Sicht: N. Luhmann, »Die Lebenswelt – nach Rücksprache mit Phänomenologen«, in: *Archiv für Rechts- und Sozialphilosophie* 72 (1986), S. 176-194.

Handlungen oder diejenige, welche durch Macht und Abhängigkeit konstituiert wird.[3] Das Grundlegende dieser Unterscheidungen zeigt sich darin, daß wir uns keine soziale Wirklichkeit vorstellen können, in denen diese Operationen nicht auf diese oder jene Weise vorgenommen wurden. Sie werden in ihrer Elementarität höchstens von der zeitlichen Differenz zwischen Vergangenheit und Zukunft oder der räumlichen Dimensionierung (oben–unten; nah–fern; links–rechts) übertroffen.[4]

Elementare Unterscheidungen sind uns nur in Ausnahmefällen isoliert und abstrakt verfügbar. In der Regel sind sie mit vielen anderen Unterscheidungen unseres Wissens verbunden und beziehen ihre Bedeutung aus diesen Verbindungen und Verknüpfungen in einem semantischen Feld. Die Unterscheidung zwischen dem Innen und Außen einer Gemeinschaft kann so zum Beispiel an die Differenz von gut und böse, von Natur und Kultur oder von Vergangenheit und Zukunft gekoppelt werden. Kollektive Identität gründet sich dann auf eine gemeinsame Vergangenheit, an der Außenstehende nicht teilhaben, oder auf eine gemeinsame Vorstellung der Zukunft, die von Außenstehenden nicht geteilt wird. Aber ein solches Anreichern von Bedeutung bleibt nicht auf die Ebene elementarer Operationen beschränkt. Es können sehr spezielle Embleme und die Erinnerung an ganz bestimmte Ereignisse sein, mit denen die Angehörigen einer Gemeinschaft sich wechselseitig auszeichnen und von den Außenstehenden unterscheiden. Veränderungen und Verschiebung in diesen Koppelungen von Unterschieden erweisen sich als außerordentlich folgenreich.

Die Konstruktion einer Grenze wird um so nachdrücklicher ausfallen, je stärker der elementare Unterschied zwischen innen und außen mit anderen Differenzen in einem semantischen Feld angereichert und von ihnen gestützt wird. Wenn die Innen-außen-Differenz nur schwach an andere Unterschiede gekoppelt ist, erscheint sie sozusagen ›unmaskiert‹ als reine und nicht wei-

3 Ein Modell, das sich auf drei für unsere Überlegungen entscheidende Dimensionen der sozialen Realität konzentriert, werden wir in Abschnitt 2.4 vorstellen.

4 Vgl. dazu die Abschnitte über topologische Codes und Prozeßcodes in B. Giesen, *Die Entdinglichung des Sozialen. Eine evolutionstheoretische Perspektive auf die Postmoderne*, Frankfurt am Main 1991, S. 21-82.

ter begründete Reichweite von Vertrautheit, die allein durch persönliche Erfahrungen hergestellt wird und keine weitreichende soziale Verbindlichkeit beanspruchen kann. Ist hingegen die Innen-außen-Differenz an viele andere Unterschiede (zum Beispiel gut–böse; oben–unten etc.) gekoppelt, so erscheint die entsprechende Unterscheidung als grundlegend, unverrückbar und sozial verbindlich. Wenn etwa der gegenwärtigen und tatsächlichen Gesellschaft ein erstrebenswertes Ideal entgegengesetzt wird, das mit der Vergangenheit oder der Natur begründet wird (die selbst wieder Projektionen der gegenwärtigen Sozialverhältnisse sind), dann entstehen solche komplexen und verbindlichen Unterscheidungen zwischen innen und außen, deren Konstruiertheit sich dem Blick der Akteure entzieht. Solche zentralen Unterschiede, die eine Vielzahl von Differenzen bündeln, nennen wir *Codes.*

Codes koppeln zumeist mehrere elementare und früh erlernte Unterschiede auf eine handlungswirksame Weise. Die Koppelung an den Unterschied zwischen Gewünschtem und Verbotenem hat in der Regel eine solche Handlungsorientierung zur Folge – selbst wenn, wie im Falle räumlicher Unterscheidungen, der Unterschied selbst noch keine Bewertung enthält.[5]

Codes der kollektiven Identität erlauben nicht nur eine Grenze zu ziehen zwischen dem Binnenraum einer Gemeinschaft, deren Angehörige als gleichartig behandelt werden, und der Außenwelt der Andersartigen, sondern können auch zu komplizierten Klassifikationen genutzt werden. Mehrere Gemeinschaften können sich zum Beispiel wechselseitig als Außenstehende behandeln und aus diesem *gemeinsamen* Bewußtsein der trennenden Grenzen eine Vorstellung von Schichtung und Sozialstruktur beziehen.[6]

5 Rechtshändigkeit ist ein Beispiel für eine solche erlernte Bewertung von räumlichen Unterschieden. Vgl. dazu die mittlerweile klassische Textsammlung von R. Needham (Hg.), *Right and Left. Essays on Dual Symbolic Classification*, Chicago 1973.

6 Dieses Muster ist für stratifikatorisch differenzierte Gesellschaften konstitutiv, es scheint aber auch für einfache, segmentär differenzierte Gesellschaften mehr oder weniger typisch zu sein. Vgl. E. E. Evans-Pritchard, *The Nuer*, Oxford 1940; E. R. Leach, *Political Systems of Highland Burma. A Study of Kachin Social Structure*, London 1970 (zuerst 1954); P. Sahlins, *Boundaries. The Making of France and Spain in the Pyrenees*, Berkeley 1989. Es findet sich aber auch noch heutzutage in der wechselseitigen Abgrenzung von Zivilisationen, Nationen,

Ein solches gemeinsames Bewußtsein von struktureller Ordnung und Klassifikation kann die Gestalt sozialer Landkarten annehmen, die getrennt und abgekoppelt von der direkten alltagsweltlichen Erfahrung verfügbar sind. Wir wollen im folgenden eine solche idealtypische Landkarte von Codes kollektiver Identität entwerfen. Sie beansprucht nicht eine realistische Abbildung historischer Formen kollektiver Identität, sondern sucht die Logik der Grenzkonstruktion sichtbar zu machen, die sich aus bestimmten Koppelungen ergibt.

Konstruktionen kollektiver Identität werden allerdings nicht nur von solchen Koppelungen von Unterschieden in einem semantischen Feld bestimmt, sondern auch von ihrer Einbettung in eine soziale und historische Situation. So wie auch andere symbolische Strukturen – etwa wissenschaftliche Theorien – nicht nur durch ihre Vernetzung in einem semantischen Feld, sondern auch durch ihre empirischen Bezüge und theoriegeschichtlichen Positionen bestimmt werden können, erhalten auch Codierungen sozialer Grenzen durch die strukturelle Lage ihrer Trägergruppe, ihre Alltagspraxis, die verfügbaren Ressourcen und die jeweils vorangegangenen Ereignisse eine besondere Bedeutung. Erscheinungsformen kollektiver Identität lassen sich daher grundsätzlich aus drei Perspektiven beobachten: im Hinblick auf ihre *symbolische Codierung*, im Hinblick auf ihre Position in einem *historischen Prozeß* und im Hinblick auf ihre Einbettung in eine *soziale Situation.*[7] Wir werden uns im vorliegenden Kapi-

wie auch von Dorfgemeinschaften und Jugendbanden. Siehe beispielsweise S. P. Huntington, »The Clash of Civilizations?«, in: *Foreign Affairs*, Sommer 1993, S. 22-49; M. Jeismann, *Das Vaterland der Feinde*, Stuttgart 1992; A. Hahn, »Identität und Nation in Europa«, in: *Berliner Journal für Soziologie*, Heft 2 (1993), S. 193-203; R. Frankenberg, *Village on the border. A study of religion, politics and football in a North Wales community*, Prospect Heights, Ill. 1990 (zuerst 1957); H. Tertilt, *Turkish Power Boys. Ethnographie einer Jugendbande*, Frankfurt am Main 1996.

7 B. Giesen, »Code, Process and Situation in Cultural Selection«, in: *Cultural Dynamics* IV, 2 (1991), S. 172-185; ders., »Code und Situation. Das selektionstheoretische Programm einer Analyse sozialen Wandels, illustriert an der Genese des deutschen Nationalbewußtseins«, in: H.-P. Müller und M. Schmid (Hg.), *Sozialer Wandel. Modellbildung und theoretische Ansätze*, Frankfurt am Main 1995, S. 228-266; ders., *Die Entdinglichung des Sozialen*, a.a.O., S. 156-170.

tel noch nicht mit der historischen Lage und sozialen Einbettung von kollektiver Identität beschäftigen (dies geschieht im Teil III), sondern wollen hier zunächst nur einige allgemeine Merkmale des Verhältnisses von Code und Situation ansprechen. Wir nennen sie *Entkoppelung*, *Angemessenheit* und *Präzision*.

Codes unterscheiden sich danach, inwieweit sie *abgekoppelt* von bestimmten Situationen als symbolische Struktur gegenwärtig sind und zum Gegenstand der Metacodierung, der Begründung, Ausarbeitung und Weitergabe gemacht werden können. Manche Unterscheidungen bestimmen unsere Wahrnehmung und unser alltägliches Handeln, ohne daß sie uns bewußt wären oder ohne daß wir sie auch nur benennen könnten; andere hingegen sind uns durchaus sprachlich verfügbar oder sogar in bestimmten schriftlichen Darstellungen vorhanden. Man kann sich durch eine Landschaft bewegen und je nach augenblicklichen Eindrücken spontan einen bequemen Weg suchen, oder aber man kann sich, mit einer Wegbeschreibung versehen, den besten Weg zu einem Ziel suchen, und schließlich kann man sogar eine Landkarte entwerfen und verbessern, in die Entfernungen, Hindernisse und Höhenunterschiede eingetragen werden. Im ersten Falle ist die ›Erfahrung‹ der spontanen Wegfindung nicht leicht anderen mitzuteilen, im zweiten Falle läßt sich die Wegbeschreibung nur von denjenigen nutzen, die das gleiche oder ein ähnliches Ziel verfolgen, im dritten Falle hingegen lassen sich die Informationen der Landkarte von vielen Wegesuchenden mit ganz unterschiedlichen Zielen leicht nutzen. Die von der konkreten Situation und Zielsetzung abgekoppelten Informationen der Landkarte lassen sich leicht auf andere Situationen übertragen. Diese Übertragbarkeit und Entkoppelung von Code und Situation sind variabel. Fehlt die Entkoppelung gänzlich, so kann man nicht zwischen Situation und Codierung unterscheiden: Die symbolische Äußerung bezieht sich nur auf einen einzigen vorliegenden Fall, sie ist vollständig indexikal und gibt keinen Hinweis auf andere Fälle oder Situationen. Ist hingegen die Verbindung zwischen Situation und Code vollständig beliebig, so vermag der Code nicht mehr zu informieren. Er sagt nichts mehr über die Situation, er macht keinen Unterschied mehr[8], er ist mit allen mög-

8 Hier ist der Verweis auf Gregory Batesons vielfach bemühte Definition von Information als »the difference that becomes information by making a difference« unausweichlich. Ders., *Geist und Natur. Eine*

lichen Situationen verträglich, er entlastet nicht mehr von der mühsamen Erfahrung der Situation. Zwischen den Extremen der völligen Entkoppelung und der direkten Koppelung an die Situation liegt der Bereich, in dem Codes Handlungen und Situationswahrnehmung einerseits sinnvoll informieren, andererseits aber auch auf andere Situationen übertragbar sind.[9] Nur wenn sich Codes auf andere Situationen übertragen lassen und wenn sie über die Situation informieren, können sich Prozesse des Lernens, der Verbesserung und der Evolution unseres Wissens ergeben.[10]

Die zweite wichtige Eigenschaft des Verhältnisses von Code und Situation ergibt sich aus der Möglichkeit, daß Codierungen den Gegebenheiten der Situation mehr oder weniger angemessen sein können, daß sie richtige oder weniger richtige, das heißt Mißverständnisse und Verwirrung auslösende Informationen geben können. Diese *Situationsangemessenheit* der Codierung entspricht der Wahrheit oder Erklärungskraft von Theorien im Hinblick auf empirische Beobachtungen oder Tatsachen.[11] Ebenso

notwendige Einheit, Frankfurt am Main 1982, S. 274, 39 f. Vgl. auch ders., »Redundanz und Codierung«, in: ders., *Ökologie des Geistes*, Frankfurt am Main 1981, S. 530-548.

9 Das hier benannte Verhältnis von Einmaligkeit und Beliebigkeit wird in der Informationstheorie häufig unter dem Begriffspaar Erstmaligkeit und Bestätigung abgehandelt, und auch hier lautet das Ergebnis, daß pragmatisch relevante Information immer zwischen diesen Extremen liegen muß. Vgl. dazu unter Rückgriff auf Überlegungen Ernst von Weizsäckers: B.-O. Küppers, *Der Ursprung biologischer Information. Zur Naturphilosophie der Lebensentstehung*, München 1986, S. 85-92.

10 J. H. Holland, *How Adaption builds Complexity*, Reading 1995.

11 Wir können hier vor allem an Poppers Begriff der Situationslogik anschließen, wie er vor allem am Ende seiner Schrift über *Das Elend des Historizismus*, Tübingen 1965, entwickelt wird. Vgl. dazu M. Schmid, *Handlungsrationalität. Kritik einer dogmatischen Handlungswissenschaft*, München 1979. Wir sehen uns aber nicht zwingend auf das bei Popper damit verbundene Konzept des methodologischen Individualismus verpflichtet, sondern werden den Begriff der Angemessenheit immer auf in bestimmter Weise codierte Interaktionsprozesse beziehen. In der analytischen Philosophie läßt sich seit den siebziger Jahren sogar deutlich die Tendenz beobachten, aus dem hier benannten Entsprechungsverhältnis eines der Unterordnung zu machen und Wahrheit pragmatisch als eine besondere Form

wie in den Händen geschickter Interpreten und mit entsprechenden Zusätzen jede allgemeine Theorie mit fast allen empirischen Daten in Übereinstimmung gebracht werden kann, so kann auch jeder Code grundsätzlich auf beliebige Handlungssituationen bezogen werden. Freilich unterscheiden sich Theorien im Hinblick auf die Erklärungskraft für einen gegebenen Satz von Daten: Weniger erklärungskräftige Theorien erfordern Zusatzannahmen, Ausnahmeklauseln und besonderen Einfallsreichtum der Wissenschaftler, während erklärungskräftige Theorien ohne dies alles auskommen können.[12] In ähnlicher Weise unterscheiden sich Codierungen durchaus nach dem zusätzlichen Interpretationsaufwand, den sie benötigen, um eine gegebene Situation sinnvoll, einsichtig und ohne Mißverständnisse strukturieren zu können. Das Bezugsproblem ist hier allerdings nicht die Wahrheit, sondern die Fähigkeit, den Interaktionsprozeß ohne Stokken, Mißverständnisse, Reparaturversuche und Desorientierung weiterzuführen.[13]

Situationsangemessenheit in diesem Sinne fällt nicht zusammen mit einer weiteren Eigenschaft, die wir *Präzision* nennen wollen. Manche Codes lassen sich schnell und unzweideutig in einer ge-

der Angemessenheit zu begreiffen. Siehe dazu vor allem N. Goodman, *Weisen der Welterzeugung*, Frankfurt am Main 1984; ders. und C. Z. Elgin, *Revisionen. Philosophie und andere Künste und Wissenschaften*, Frankfurt am Main 1989.

12 Dies hat Karl Popper mit seinem Begriff des Gehalts einer Theorie zentral behandelt. Ders., *Vermutungen und Widerlegungen*, 2 Bde., Tübingen 1994/97; ders., *Objektive Erkenntnis. Ein evolutionärer Entwurf*, Hamburg 1993. Aber auch die von Popper attackierten Konventionalisten wie Pierre Duhem und Henri Poincaré haben elegante Versionen dieses Themas vorgestellt.

13 Der von uns benutzte Begriff der Angemessenheit läßt sich deshalb nicht reduzieren auf ein rein instrumentell verstandenes Verhältnis von Subjekt und Objekt oder System und Umwelt, wie dies kurz vor der Jahrhundertwende vor allem unter dem Stichwort »Denkökonomie« diskutiert wurde und auch in der frühen Soziologie nicht ohne Einfluß geblieben ist. Vgl. G. Simmel, »Über eine Beziehung der Selectionslehre zur Erkenntnistheorie«, in: ders., *Gesamtausgabe*, Bd. 5: *Aufsätze und Abhandlungen 1894 bis 1900*, Frankfurt am Main 1992, S. 62-74. Eine für uns ganz wesentliche Einsicht dieser Diskussion möchten wir allerdings im weiteren unter dem Stichwort Präzision integrieren.

gebenen Situation benutzen, andere verlangen das Urteil der Interpreten, Abstimmungen und Verhandlungen zwischen den Beteiligten, um die Situation unmißverständlich und einsichtig zu gliedern. Es geht hier nicht um die Angemessenheit oder Richtigkeit der Codierung, sondern um ihre Technizität und umstandslose Anwendbarkeit.[14] Codes, die eine Situation schnell, eindeutig und ohne Zusatzaufwand strukturieren, haben eindeutige Vorteile, wenn es um viele kurze Begegnungen mit wechselndem und weitgehend unbekanntem Gegenüber geht, und sind diesen Situationen angemessener als diffuse Codes.

Aber auch solche diffuseren Codes, die auf die Situation abgestimmt werden müssen, können Vorteile haben, wenn dauerhafte Beziehungen zwischen persönlich Bekannten codiert werden sollen; sie öffnen Spielräume der persönlichen Abstimmung und variablen Handhabung. Je nach Erfordernissen können sowohl präzise wie diffuse Codes der Situation angemessen sein. Wir werden auf das Verhältnis zwischen Codes kollektiver Identität und den Gegebenheiten der Handlungssituation in Kapitel II.2 noch einmal zurückkommen.

Im folgenden werden wir drei Codes der kollektiven Identität nach der Art der Grenzkonstruktion und den Modi der Grenzerhaltung, nach der Struktur des Binnenbereichs und seinen Ritualen, nach der Vorstellung der Außenwelt und der Bewältigung des Fremden unterscheiden und im Hinblick auf ein elementares Muster untersuchen, das eine Wahlverwandtschaft mit anderen symbolischen Strukturen – mit erkenntnistheoretischen und ästhetischen Prinzipien, mit Institutionen politischer Herrschaft und ökonomischer Verteilung – begründet. Wir nennen sie primordiale, traditionale und universalistische Codes.[15] Ausgangs-

14 Vgl. dazu auch N. Luhmann, »Theoretische und praktische Probleme der anwendungsbezogenen Sozialwissenschaften«, in: Wissenschaftszentrum Berlin (Hg.), *Interaktion von Wissenschaft und Politik*, Frankfurt am Main 1977, S. 16-39.

15 Trotz einer deutlich anderen Akzentsetzung und Typisierung können wir hier vor allem an E. Shils, »Personal, Primordial, Sacred and Civil Ties«, in: ders., *Center and Periphery. Essays on Macrosociology*, Chicago 1975, S. 111-126, anschließen. Wir nehmen auch eine andere Akzentsetzung vor als bei der Unterscheidung von primordialen, konventionellen und kulturellen Codes in B. Giesen, *Die Intellektuellen und die Nation*, Frankfurt am Main 1993, S. 48 ff.

punkt ist dabei die Annahme, daß sich aus der Logik der Grenzkonstruktion bestimmte alternative Modi oder Strategien ergeben, mit denen die Grenze einerseits erhalten, andererseits aber auch bewältigt und erträglich gehalten werden kann, und daß sich diese Modi auch in den wahlverwandten Bereichen wiederfinden.

1.1 Primordiale Codes

Wenn die Unterscheidung zwischen innen und außen auf Geschlecht oder Generation, Verwandtschaft oder Herkunft, Ethnizität oder Rasse beruht, dann sprechen wir von primordialen Codierungen. Primordiale Codes binden die grundlegende Differenz zwischen uns und den anderen an ursprüngliche und scheinbar unveränderbare Unterscheidungen, die an jene Strukturen der Welt gebunden sind, die wir als gegeben betrachten und von der Veränderung durch Diskurs, Tausch und Wahl ausnehmen. Der abendländische Begriff für diesen Bereich ist *Natur*. Sie wird für Identitätsfragen als *Leiblichkeit* erfahrbar.

Primordiale Grenzen kollektiver Identität finden sich schon in sehr einfachen Formen der Vergesellschaftung, und nicht selten wird Primordialität als Kennzeichen vorhochkultureller Identität behandelt.[16] Eine solche Perspektive neigt dazu, den Umstand zu übersehen, daß auch Verwandtschaftlichkeit und Leiblichkeit keineswegs natürlich gegeben, sondern sozial konstruiert werden, diesen Umstand jedoch durch besondere Codierungen latent halten können. Auch in vorhochkulturellen Gesellschaften wird Primordialität sozial erzeugt und geregelt. Zu einem Ideal der Gesellschaftsveränderung, dem besondere Anstrengungen gelten, wird Primordialität jedoch erst in der Neuzeit.[17] Die Primordialisierung von Gemeinschaftsgrenzen wird hier durch

16 C. Geertz, »The Integrative Revolution: Primordial Sentiment and Civil Politics in the New States«, in: ders., *The Interpretation of Cultures*, New York 1973, S. 255-310.

17 Daß dieses Ideal mit seiner Realisierung in einfachen Gesellschaften nur wenig zu tun hat, bestätigt wohl jede anthropologische Feldforschung. Siehe zum Beispiel E. V. de Castro, *From the Enemy's Point of View. Humanity and Divinity in an Amazonian Society*, Chicago 1992.

den neuen Gegensatz zwischen Natur und Gesellschaft begünstigt: Der Bereich der Gesellschaft wird als wandelbar und instabil erfahren und der unveränderbaren Ordnung der Natur entgegengestellt.[18] Diese Ordnung der Natur wird *sakralisiert*; sie erscheint als notwendig und unhinterfragbar, als ein ursprüngliches Paradies, das durch die Geschichte gestört werden kann, das aber auch den Bezugspunkt für Erlösung und geschichtliches Handeln bietet: Erst wenn die Gesellschaft in sich die natürliche Ordnung verwirklicht, erst wenn die Gemeinschaft auf natürliche Grenzen zurückgeführt werden kann, werden Geschichte und Gesellschaft zur Ruhe kommen. Auf dem Umweg über die Natur konstruiert die Gesellschaft ihre ideale Form, ihre Identität. Primordialisierung der sozialen Grenzen erweist sich damit als Teil des neuzeitlichen Mythos von der erlösenden Kraft der natürlichen Ordnung.[19]

Da primordiale Codes kollektive Identität jenseits des Bereichs von wechselnden Engagements und freier Handlungswahl an die natürliche Ordnung binden, erscheinen sie als objektiv und unbezweifelbar; die Grenzen können nicht verschoben werden, und das Überschreiten erscheint als außerordentlich schwierig. Jede Möglichkeit, die Grenze zwischen innen und außen zu überschreiten, würde offensichtlich die Unterscheidung selbst verwischen und die Kontrolle über den Binnenraum schwächen. Diese Grenzen primordialer Gemeinschaft sind nicht nur exklusiv und stabil, sondern sollen auch scharf und genau gezogen sein; mittlere Positionen und fließende Übergänge, Grenzgänger und Unentschiedenheit sind zumeist nicht vorgesehen: Innen und außen werden hart und unvermittelt miteinander konfrontiert.

18 Dementsprechend wird der edle Wilde als natürlich und unschuldig, und das heißt immer auch als geschichtslos imaginiert. Vgl. G. Stein (Hg.), *Die edlen Wilden. Die Verklärung von Indianern, Negern und Südseeinsulanern auf dem Hintergrund der kolonialen Greuel. Ethnoliterarische Lesebücher*, Frankfurt am Main 1984.

19 In der Form des Rassismus beispielsweise kann Primordialisierung dabei selbst zu einem hoch dynamischen Faktor werden. Louis Dumont hat eine Reihe überzeugender Argumente geliefert, die nahelegen, daß es sich beim Rassismus um ein spezifisch modernes Phänomen handelt. Ders., »Caste, Racism and Stratification. Reflections of a Social Anthropologist«, in: ders., *Homo Hierarchicus. The Caste System and its Implications*. Complete Revised English Edition, Chicago 1980, Appendix A, S. 247-266.

1.1.1 Reinigungsrituale

Gelegentlich jedoch ist selbst in primordialen Gemeinschaften eine begrenzte Form der *Grenzüberschreitung* notwendig, sei es um im Falle interner Krisen Mitglieder der Gemeinschaft auszustoßen oder um neue Mitglieder aus der Außenwelt zu gewinnen. Bei dieser Grenzüberschreitung ändert das Individuum seine Natur; ausgearbeitete und gewichtige soziale Passagerituale kontrollieren und sichern diesen Vorgang[20]: Geburt und Beerdigung, Heirat und Aufnahme, Verstoßung und Verfluchung.[21] Wichtiger Bestandteil dieser Rituale ist die *Reinigung*[22], durch die die Spuren der Außenwelt an den Angehörigen der primordialen Gemeinschaft ausgelöscht werden: Zeremonielle Waschungen, Fasten und sexuelle Enthaltsamkeit, Schweigegebote und vorgeschriebene Formen der Einsamkeit und Isolation vor dem Eintritt in eine neue Statusgruppe sollen die Einflüsse der Außenwelt auf Distanz halten und die Eintretenden reinigen. Die Innen-außen-Grenze wird in primordialen Gemeinschaften eng an die Differenz zwischen rein und unrein, sauber und schmutzig, angenehm und übelriechend, eßbar und nichteßbar, gesund und krank gekoppelt.[23] Reinigungsrituale primordialer Gemeinschaften regeln nicht nur die seltene Passage zwischen innen und außen, sondern bestimmen vor allem auch den Alltag der Angehörigen: Askeseübungen, Hygieneforderungen und ein System

20 Dazu allgemein: A. v. Gennep, *The Rites of Passage*, London 1960 (frz. Original 1909).

21 Daneben gibt es aber natürlich auch einen pragmatischen Umgang mit Grenzübergängen, aber dieser muß latent bleiben. Wie solche Grenzübergänge kaschiert oder uminterpretiert werden, kann man bereits in Frederik Barths klassischer Abhandlung erfahren. Ders., »Ethnic Groups and Boundaries«, in: *Selected Essays by Frederik Barth*, Bd. 1: *Process and Form in Social Life*, London 1981, S. 198 bis 227.

22 M. Douglas, *Natural Symbols. Explorations in Cosmology*, New York 1982 (zuerst 1970); dies., *Ritual, Tabu und Körpersymbolik. Sozialanthropologische Studien zur Industriegesellschaft und Stammeskultur*, Frankfurt am Main 1974.

23 Vgl. zu diesen Oppositionen auch C. Lévi-Strauss, *Mythologica*, 4 Bde., Frankfurt am Main 1971 ff., insbesondere Bd. 1: *Das Rohe und das Gekochte* (1971) und Bd. 3: *Der Ursprung der Tischsitten* (1973).

der Eßtabus und Diätvorschriften regeln die Reinhaltung des Leibes. Die Angst vor dem Eindringen des Fremden und Unreinen zeigt sich auch in Vergiftungsvorstellungen der unterschiedlichsten Art. Sie reicht von der Furcht vor Zauberei bis zu der vor Infektions- und Virusepidemien und steigert sich, je unsichtbarer und schleichender die Bedrohung primordialer Reinheit ist. Die Herstellung interner Homogenität über Reinigungsrituale bildet den ersten Modus der Grenzkonstruktion in primordialen Gemeinschaften. Die Bedeutung von Reinigungsritualen, Eßtabus und Diätvorschriften erhält dementsprechend in den einzelnen Gemeinschaften ein ganz unterschiedliches Gewicht. Religionsgemeinschaften wie das Judentum betrachten sie als zentral für ihre Glaubenspraxis, während die griechisch-christliche Tradition eher Opferrituale in den Mittelpunkt stellt. Wir werden darauf zurückkommen.

Im Unterschied zu traditionalen oder universalistischen Gemeinschaften zeichnen sich primordial codierte Gemeinschaften durch eine grundlegende *Gleichheit* der Mitglieder aus.[24] Da die Gemeinschaftlichkeit selbst auf der natürlichen leiblichen Gleichheit der Angehörigen beruht, sind keine zusätzlichen, oberhalb der Elemente selbst angesiedelten Formen und Klammern von Gemeinschaftlichkeit notwendig. Die Zugehörigkeit zur Gemeinschaft ist im wörtlichen Sinne elementar und in der Leiblichkeit eines jeden Angehörigen festgeschrieben. Jeder und jede besitzt in gleicher Weise die primordialen Merkmale, welche die Gemeinschaft stiften: Aussehen und Herkunft, Geschlecht und Abstammung taugen gerade deshalb als Grundlage kollektiver Identität, weil sie in einer Vielfalt von Unterschieden die natürliche Gleichartigkeit und Ähnlichkeit hervorheben – die Angehörigen erkennen einander als von gleicher Art. Vor diesem Hintergrund erstaunt es nicht, daß innerhalb einer primordialen Gemeinschaft Schichtung selten ist: mehr Frau zu sein als andere Frauen, mehr Schwarzafrikaner zu sein als andere, mehr Baske zu

24 Mary Douglas und Aaron Wildavsky haben gezeigt, daß die oben angesprochene Angst vor dem Eindringen des Fremden mit der Sozialstruktur der Gruppe variiert. Unstrukturierte, auf der Gleichheit der Mitglieder beruhende Gemeinschaften bevorzugen eine scharfe, man möchte fast sagen, paranoid besetzte Außengrenze. Dies., *Risk and Culture*, Berkeley 1982.

sein als andere Basken ist schwer vorstellbar.[25] Diese elementare Gleichartigkeit und Gleichheit der Angehörigen findet eine Entsprechung in den Prinzipien der Interaktion im Binnenraum der Gemeinschaft: Er wird weitgehend von Symmetrie und Reziprozität bestimmt – da alle einander als Gleiche wahrnehmen, gilt auch eine wechselseitige und gleiche Verpflichtung.

Der Preis für die natürliche Gleichheit und Homogenität der Angehörigen primordialer Gemeinschaften besteht in der radikalen Differenz zwischen innen und außen. Die Naturalisierung von Gleichheit innerhalb der Gemeinschaft findet ihr Gegenstück in der Naturalisierung der Ungleichheit an den Grenzen der Gemeinschaft.

1.1.2 Dämonisierung

Primordiale Codierungen der Gemeinschaftsgrenzen haben nicht nur eine besondere Art der Konstruktion des Binnenraums zur Folge, sondern auch eine besondere Vorstellung der Außenseite der Gemeinschaft. Die Beziehung der primordialen Gemeinschaft zu ihrer Umwelt ist keineswegs missionarisch: Die anderen können nicht assimiliert oder konvertiert werden, die *Außenseiter* sind nicht schuldig, eine falsche Wahl getroffen zu haben; sie können nicht erzogen, entwickelt, nicht einmal verstanden werden; jede Anstrengung, sie zu bilden oder zu erziehen, wird fehlschlagen, denn ihnen fehlen die wesentlichen und unabdingbaren Voraussetzungen des Verständnisses. Primordiale Grundlagen kollektiver Identität widerstehen durch den Kern ihrer Konstruktion jedem Versuch, sie erfolgreich zu imitieren und zu kopieren; Außenseiter sind fundamental von der Kommunikation oder Reflexion der Mitglieder primordialer Gemeinschaften ausgeschlossen; sie sind einfach und unveränderbar anders, und dieses Anderssein bedeutet Gefahr. Fremde und Außenstehende werden aus primordialer Perspektive häufig als dämonisch betrachtet, als mit einer starken und feindlichen Identi-

25 Gleichwohl sind auch hier Abstufungen möglich. Insbesondere die Frage, ab wann jemand als »black« oder »coloured« gilt, variiert nicht nur zeitlich und räumlich, sondern auch sozial. Vgl. C. Wagley, »The Concept of Social Race in the Americas«, in: ders., *The Latin American Tradition*, New York 1968, S. 155-174.

tät versehen, welche die Existenz der primordialen Gemeinschaft bedroht. Die *Dämonisierung der Außenwelt* stellt damit neben den Reinigungsritualen im Binnenraum der Gemeinschaft einen zweiten wichtigen Modus der primordialen Konstruktion von Grenzen dar. Wenn die Reinigung des Binnenraumes nicht weitergetrieben werden kann, weil die Heterogenität der Gemeinschaftsangehörigen unübersehbar ist oder die Kontrolle begrenzt bleibt, dann wird die dämonische Außenseite häufig zu einem bedrohlichen Kollektivsingular gesteigert. Sie erhält dann weit deutlichere Züge als das Selbstbild der Gemeinschaftsangehörigen, die ihre Gemeinsamkeit schließlich nicht mehr positiv, sondern negativ über die Bedrohung durch den Dämon bestimmen: Der Antisemitismus ist ein besonders markantes Beispiel dieser Verlagerung von interner Reinheitsorientierung auf externe Dämonisierung.

Die Vorstellungen eines übermächtigen, aber unsichtbaren Feindes, der die Lebenskraft und Reinheit der primordialen Gemeinschaft bedroht, sind jedoch nicht auf fremde menschliche Personen festgelegt. Gerade wenn, wie in der Moderne, die primordiale Gemeinschaft auf alle Angehörigen der Menschengattung ausgeweitet wird, muß die dämonische Bedrohung jenseits der scharf gezogenen Gattungsgrenzen gesucht werden: Infektionen, Viren, Epidemien, Drogen einerseits und extraterrestrische Invasionen andererseits. Die Gefährlichkeit der Bedrohung steigert sich hier noch mit ihrer Unsichtbarkeit. Virusepidemien oder die Vergiftung durch Drogen und Chemikalien entsprechen in besonderer Weise dieser Vorstellung des unsichtbaren Dämons.

Die Dämonisierung der Umwelt einer Gemeinschaft hat zumeist einen Druck zur Folge, eine bestimmte Sicherheitsdistanz zu wahren oder, wenn dies unmöglich ist, über Krieg und Gegenangriff herzustellen. Diese Sicherheitsdistanz kann auf räumlicher Trennung beruhen, aber auch auf einem Mangel an Vertrauen und einer entsprechend begrenzten Spannbreite von Interaktion und Kommunikation. Die Grenzen primordialer Gemeinschaften sind exklusiv, sie bestehen aus starken Trennungslinien zwischen unvereinbaren Innen- und Außenwelten – Vermischungen und Grenzüberschreitungen gelten als Verstoß gegen die natürliche Ordnung.

1.1.3 Reductio: Elementarisierung

Wie oben schon angesprochen, werden Codierungen der Innenaußen-Differenz durch andere, ihnen wahlverwandte Unterscheidungen in einem semantischen Feld gestützt.[26] Primordiale Vorstellungen der kollektiven Identität finden so auf dem Gebiet der Erkenntnistheorie ihr Gegenstück in der Idee der Reductio: Übergreifende Zusammenhänge, Theorien oder auch gesellschaftliche Institutionen müssen danach als Summe von Einzelelementen aufgefaßt und auf diese zurückgeführt werden.[27] Theorien sind nur die Zusammenfassung von empirischen Beobachtungen und bedeuten nichts mehr als diese empirischen Beobachtungen; gesellschaftliche Institutionen sind als bloße funktionale Arrangements zu verstehen und vollständig auf die Bedürfnisse der Individuen zurückzuführen; politische Herrschaft ist nur insoweit legitim, als ihr die einzelnen Bürger zustimmen, und darf niemals gegen den Willen des einzelnen Bürgers durchgesetzt werden. Makrosysteme – Theorien, Institutionen, Gesetze – sollen hier auf ihre Mikroelemente reduziert werden und nicht umgekehrt.[28] Alle Mikroelemente werden darüber hinaus

26 Zu den im folgenden identifizierten strukturellen Invarianten in verschiedenen gesellschaftlichen Teilbereichen oder Wertsphären vgl. auch den ausgesprochen anregenden, aber in der Sache vermutlich doch etwas überzogenen Essay von Panajotis Kondylis, *Der Niedergang der bürgerlichen Denk- und Lebensform. Die liberale Moderne und die massendemokratische Postmoderne*, Weinheim 1991.

27 Vgl. B. Giesen und M. Schmid, »Methodologischer Individualismus und Reduktionismus«, in: G. Eberlein und H. J. Kondratowitz (Hg.), *Soziologie oder Psychologie. Zur Reduzierbarkeit sozialer Strukturen auf Verhalten*, Frankfurt am Main 1977, S. 24-47. Zum Programm der induktiven Logik vgl. I. Lakatos, »Changes in the Problem of Inductive Logic«, in: ders., *The Problem of Inductive Logic*, Amsterdam 1968, S. 315-416. Zum Reduktionsproblem vgl. M. Brodbeck, »Methodological Individualism: Definition and Reduction«, in: dies. (Hg.), *Readings in the Philosophy of the Social Sciences*, London 1968, S. 268-279.

28 B. Giesen, *Die Entdinglichung des Sozialen*, a.a.O., S. 109 ff. Vgl. auch: B. Giesen und M. Schmid, *Basale Soziologie: Wissenschaftstheorie*, München 1976, Teil 2, Kapitel 4: Reduktionismus und methodologischer Individualismus, S. 131-155. Zu einer weiterführenden Kritik am reduktionistischen Programm siehe B. Giesen, »Be-

als gleichgewichtig behandelt: Die Wahlentscheidungen der Bürger gelten untereinander als gleichrangig, die Bedürfnisse der Individuen sind natürlich und vergleichbar, und die empirischen Beobachtungen können summiert und untereinander verrechnet werden. In dieser Vorstellung der Reduktion auf gleichrangige und vergleichbare Mikroelemente weisen die induktive Logik, die Wissenschaftslehre des Empirismus, die individualistische Sozialtheorie und die Lockesche Demokratietheorie überraschende Strukturähnlichkeiten untereinander[29] und mit der primordialen Codierung von kollektiver Identität auf.

Es erstaunt dabei nicht weiter, daß Primordialität im neunzehnten Jahrhundert als eine besonders moderne Begründung des *demokratischen Nationalstaats* auftreten konnte: Die politische Gleichheit der Bürger wurde mit ihrer natürlichen Homogenität begründet. Alle waren gleichrangig und gleichberechtigt, soweit sie derselben natürlichen Gemeinschaft, der Nation, angehörten. Damit war das Fragwürdige und Ungleiche der Herrschaftsbeziehung nicht nur versöhnt mit der Idee der Gleichheit aller Bürger, sondern diese Gleichheit wurde auch noch in der Natur verankert und damit der Debatte und dem Zweifel entzogen.[30]

Diese über natürliche Gleichartigkeit begründete Gleichheit der Bürger hat nicht nur die Gleichberechtigung in der Mehrheitsdemokratie zur Folge, sondern erstreckt sich auch auf den Anspruch auf eine Grundausstattung an Bildung, Gesundheitsfürsorge, Sicherheit und materieller Wohlfahrt.[31] Solidarität und Umverteilung werden hier mit der primordial bestimmten Zuge-

yond Reductionism: Four Models Relating Micro and Macro Levels«, in: J. C. Alexander, B. Giesen, R. Münch und N. Smelser (Hg.), *The Micro-Macro-Link*, Berkeley 1987, S. 337-355.

29 Auf den Zusammenhang zwischen der Aufbruchsbewegung des Wiener Kreises und den neu gegründeten demokratischen Republiken im Anschluß an den Ersten Weltkrieg hat auch schon Philipp Frank aufmerksam gemacht. Ders., *Modern Science and its Philosophy*, Cambridge 1949, S. 26.

30 Vgl. dazu auch B. Giesen, »Natürliche Ungleichheit, Soziale Ungleichheit, Ideale Gleichheit. Zur Evolution von Deutungsmustern sozialer Ungleichheit«, in: ders. und H. Haferkamp (Hg.), *Soziologie der sozialen Ungleichheit*, Opladen 1987, S. 314-345.

31 In foucaultscher Perspektive hat François Ewald diese Entwicklung systematisch ausgeleuchtet. Ders., *Der Vorsorgestaat*, Frankfurt am Main 1993.

hörigkeit zur gleichen Nation begründet: Die Pflicht zur Hilfe gegenüber den Brüdern und Schwestern in einer Nation wurde zumeist sehr deutlich von der Großzügigkeit gegenüber Opfern jenseits der nationalen Grenzen geschieden. Der Preis der internen Gleichheit innerhalb des ethnisch begründeten und demokratisch verfaßten Nationalstaates bestand jedoch – wie bei allen primordialen Codierungen von Grenzen – in der Ungleichheit an den Grenzen: die Stärkung der Gleichheit und Gemeinschaftlichkeit nach innen wurde mit der scharfen Frontstellung gegen Außenstehende und Minderheiten erkauft. Ethnische Säuberungen und Umsiedlungsprogramme sind so das unvermeidliche Risiko des primordial begründeten Nationalstaats.

Die Idee der Reduktion von kollektiver Identität auf die natürliche Gleichheit der Individuen weist weiterhin eine gewisse Strukturähnlichkeit zu den Verteilungsprinzipien des *Marktes* auf. Auch die Ökonomie des Marktes geht von der Gleichrangigkeit der einzelnen Marktteilnehmer, der Vergleichbarkeit ihrer Tauschangebote und der Natürlichkeit ihrer Bedürfnisse aus; der Marktpreis, das makroskopische Ergebnis einer Vielzahl von individuellen Tauschhandlungen, die als elementar, natürlich und unhinterfragbar aufgefaßt werden, stellt nichts dar als ein Verhältnis von ebendiesen Tauschhandlungen und läßt sich im idealen Markt gänzlich auf diese Elemente reduzieren – ohne daß hier zusätzliche Prinzipien der Verteilungsgerechtigkeit jenseits der oben erwähnten Minimalsolidarität intervenieren dürften. So wie im demokratischen Nationalstaat die Mehrheit gleicher Bürger entscheidet, richtet sich die marktförmige Nationalökonomie an der Knappheit von vergleichbaren Angeboten und Nachfragen aus. Allerdings findet diese Strukturähnlichkeit ihr Ende bei der Form der Grenzziehung: ethnische Nationalstaaten haben in der Regel scharf gezogene und primordial begründete Grenzen, Märkte hingegen sind auf diffuse und tendenziell expandierende Grenzen angewiesen – niemand darf von der Marktteilnahme aus primordialen Gründen ausgeschlossen werden.[32]

32 Auf den Widerspruch zwischen Nationalstaatlichkeit und Markt hat vor allem Ludwig von Mises aufmerksam gemacht. Ders., *Im Namen des Staates oder Die Gefahren des Kollektivismus*, mit einem Vorwort von A. Müller-Armack, Ludwigsburg 1978. Für einen analogen Zusammenhang vgl. auch F. A. Hayek, *Denationalisation of Money*, London 1976. Dabei läßt sich gerade anhand der Schriften Hayeks

Primordiale Konstruktionen kollektiver Identität zeigen nicht nur Wahlverwandtschaften zu epistemologischen und politischen, sondern auch zu ästhetischen Ideen. Sie weisen eine besondere Nähe zur *Ästhetik* des *Natürlichen, Einfachen und Funktionellen* auf: Die Form soll keine eigene und zusätzliche und unabhängige Rolle gegenüber der Natürlichkeit des Materials und den Notwendigkeiten der Funktion spielen.[33] Die schöne Form ist jene, die keine weitere Reduktion erlaubt und der Funktion folgt – wie das Glaubensbekenntnis des modernen Designs es verlangt.[34] Nützlichkeit und technische Handhabung rücken damit zu ästhetischen Werten auf und ersetzen Bildhaftigkeit und Erzählung. Zitate und Hinweise auf klassische Vorbilder sind einer solchen funktionalen Ästhetik ebenso fremd wie Ornamente und traditionelle Symbole. Primordiale Gemeinschaften betonen unkomplizierte Manieren, zweckmäßige Kleidung und natürliche Lebensformen und lehnen Künstliches und bloß Dekoratives, barocken Überschwang und überladenen Symbolismus ab: Die Reduktion auf das scheinbar Vorsoziale und Natürliche, das dem Zweifel und der Geschwätzigkeit entzogen ist, bestimmt auch die Ästhetik.

Aus der Idee der Reduktion auf eine zeitlose Natur ergibt sich auch ein starkes Motiv geschichtlichen Handelns für primordiale

zeigen, daß er implizit ein Modell der Gruppenselektion benutzte, also letztlich selbst zuweilen kollektivistisch argumentierte. Dazu: V. J. Vanberg, »Spontaneous Market Order and Social Rules: A Critical Examination of F. A. Hayek's Theory of Cultural Evolution«, in: *Economics and Philosophy* 2., April 1986, S. 75-100.

33 T. Hilpert (Hg.), *Le Corbusier »Charta von Athen«. Text und Dokumente*, 2. Auflage, Braunschweig/Wiesbaden 1988. Vgl. auch die polemisch überzogene, aber im Kern treffende Kritik an der Bauhausästhetik bei T. Wolfe, *Mit dem Bauhaus leben*, München 1993.

34 Der vor allem von Popper formulierten wissenschaftstheoretischen Kritik an der Annahme, daß sich wahre Aussagen induktiv gewinnen lassen, entspricht deshalb im übrigen auch eine ganz analoge Kritik im Bereich des Designs: Auch hier empfiehlt sich in evolutionstheoretischer Sicht falsifikationistische Bescheidenheit. Bei Henry Petroski heißt es treffend: »function follows failure«. Ders., *The Evolution of Useful Things. How Everyday Artifacts – From Forks and Pins to Paper Clips and Zippers – Came to be as They are*, New York 1994, S. 22 ff. Vgl. auch C. Alexander, *Notes on the Synthesis of Form*, Cambridge, Mass. 1964.

Gemeinschaften: Geschichte wird vor allem als *Verfallsgeschichte* begriffen – eine ursprüngliche und reine natürliche Ordnung wird durch die Irrtümer menschlichen Handelns zunehmend überlagert und verschmutzt. Es gilt nun, in der gegenwärtigen Krise die Natur vor der bedrohlichen Verderbnis und Dekadenz der Gesellschaft zu schützen und eine neue gesellschaftliche Ordnung in Harmonie mit den reinen Prinzipien der Natur, den natürlichen Bedürfnissen der Menschen und den einfachen Regeln der Reziprozität zu gründen. Je nach historischer Lage und sozialer Einbettung führte dieses primordiale Geschichtsmotiv zu unterschiedlichen Kombinationen der drei wichtigen Modi primordialer Grenzkonstruktion: Reinigung, Dämonisierung und Reduktion. Antiindustrialismus und romantisch-völkischer Antikapitalismus, Antisemitismus und Rassismus, Hygienebewegungen und Vegetarismus, Lebensreformbewegungen und radikaler Ökologismus folgen alle – so unterschiedlich sie sich selbst auch wahrnehmen werden – der Logik primordialer Grenzkonstruktion.

1.2 Traditionale Codes

Den zweiten wichtigen Code der Konstruktion kollektiver Identität nennen wir traditional. Traditionale Formen kollektiver Identität ergeben sich auf der Grundlage der Vertrautheit mit impliziten Regeln des Verhaltens, mit Traditionen und sozialen Routinen. Dieser Code bindet die grundlegende Differenz zwischen uns und den anderen an die Unterscheidung zwischen der Dauerhaftigkeit von Routinen einerseits und dem Außerordentlichen andererseits. Traditionale Codes gehen nicht davon aus, daß die kollektive Identität eine externe Grundlage wie die Natur oder die Transzendenz besitzt. Statt dessen werden die Routinen, die Traditionen und Erinnerungen einer Gemeinschaft als Kern der kollektiven Identität angesehen. In diesem Falle bezieht sich die kollektive Identität auf die zeitliche *Kontinuität*, auf die Dauerhaftigkeit von sozialen Praktiken. Entscheidend für traditionale Formen kollektiver Identität ist dabei nicht die tatsächliche Kontinuität zwischen Vergangenheit, Gegenwart und Zukunft, sondern der Versuch, die eigene Gegenwart in ein solches Kontinuitätsmuster einzureihen und damit zu begründen. Auf dem

Umweg über die Vergangenheit, die selbst wieder eine Projektion der Gegenwart ist, konstruiert eine Gemeinschaft ihre kollektive Identität als Kontinuität.

1.2.1 Rituale der Erinnerung

Der erste und wichtigste Modus, mit dem eine solche Kontinuität konstruiert wird, ist die Erinnerung.[35] Durch Erinnerung wird die Vergangenheit angeeignet, das heißt als die eigene Vergangenheit im Unterschied zu den Vergangenheiten anderer aufgefaßt. Erinnerung setzt immer die Annahme von Identität voraus: derjenige oder diejenigen, welche sich erinnnern, finden die Verbindung zwischen Gegenwart und Vergangenheit über die Kontinuität der eigenen Person oder der eigenen Gruppe. Im letzteren Fall sichern nicht einzelne Personen, sondern sprachliche Traditionen und soziale Routinen die Kontinuität zwischen Vergangenheit und Gegenwart und die Selbstverständlichkeit derjenigen, die sich erinnern.[36]

Traditionen und Erinnerungen sind in der Regel von Argumentation und Debatte ausgenommen. Sie existieren in einer traditionalen Gemeinschaft unhinterfragt; Versuche, sie in Frage zu stellen, nach Anweisungen für das richtige Verhalten zu bitten oder auch nur sie zu rechtfertigen und die Grenze der traditionalen Gemeinschaft genau zu markieren, verweisen in der Regel auf den Außenseiter. Der Angehörige der traditionalen Gemeinschaft ist vertraut mit den Regeln und Erinnerungen, selbst wenn er nicht in der Lage ist, diese Regeln und Routinen zu explizieren. Gerade weil und in dem Maße, wie die traditionale Identität nicht sachlich und prinzipiell begründbar ist, sondern allein auf Gewohnheit beruht, nimmt auch ihre Verbindlichkeit und gemeinschaftsstiftende Kraft zu[37]: Begründung und Prinzipialisierung öffnen auch den Weg zu Verbesserung und Wandel.

35 Daß es sich dabei häufig um einen durchaus innovativen Konstruktionsprozeß handeln kann, sollen die Falluntersuchungen im folgenden noch vor Augen führen. Verwiesen sei auf die mittlerweile als einschlägig geltende Aufsatzsammlung von E. Hobsbawm und T. Ranger (Hg.), *The Invention of Tradition*, Cambridge 1983.

36 E. Shils, *Tradition*, London 1981.

37 Diesen Gegensatz deutlich gesehen zu haben muß als ein wichtiges

Auf eine sehr elementare Weise läßt sich die Herstellung von Traditionalität in alltäglichen Begegnungen beobachten, bei denen zu Beginn eine gemeinsame Vergangenheit kurz oder ausführlicher erinnert wird und so eine kollektive Identität zwischen den Kommunikationspartnern konstruiert wird. Auch im Zusammenhang solcher alltäglicher Erinnerungsrituale kommt es selten dazu, daß eine der beteiligten Personen die Erinnerung selbst in Frage stellt, korrigiert oder zu verbessern versucht. Es geht auch hier um die Schaffung von Gemeinsamkeit und nicht um die sachliche Wahrheit in der Erinnerung der Vergangenheit.

Auch wenn sie auf lokalen lebensweltlichen Regeln beruht, wird traditionale Identität erst durch soziale Interaktion geschaffen; diese soziale Konstruktion von Identität tritt jedoch weitaus deutlicher zutage, wenn gemeinsame Erinnerungen und Traditionen ausdrücklich im Rahmen von elaborierten Ritualen angesprochen und inszeniert werden. Ähnlich wie der Hinweis auf Leiblichkeit und Natur die soziale Erzeugung von primordialen Grenzen latent halten konnte, so verdeckt auch das kommemorative Ritual den Umstand, daß Traditionen und Erinnerungen Projektionen der Gegenwart auf die Vergangenheit sind. Sie vergegenwärtigen die Vergangenheit in besonderen Personen, Örtlichkeiten und Ereignissen und begründen die Grenzen in der scheinbaren Unveränderbarkeit des Vergangenen.[38]

In gegenständlicher Form zeigt sich dies in der Verehrung von Reliquien und Totems, die auf stofflicher Ebene die Gegenwart

Verdienst Maurice Halbwachs' gesehen werden. Das kollektive Gedächtnis besteht in einer kontinuierlichen, gelebten Erinnerung, und davon ist das historische Gedächtnis der Geschichtswissenschaften wie aller anderen Sozialwissenschaften deutlich zu unterscheiden. Ders., *Das kollektive Gedächtnis*, Frankfurt am Main 1985, S. 66 f. Zentral wird hier auch Thomas Luckmanns Begriff der Institutionalisierung. Vgl. ders. und P. Berger, *Die gesellschaftliche Konstruktion der Wirklichkeit*, 4. Auflage, Frankfurt am Main 1974, S. 49-99.

38 J. Assmann, *Das kulturelle Gedächtnis. Schrift, Erinnerung und politische Identität in frühen Hochkulturen*, München 1992, S. 56 ff. (Ritus und Fest als primäre Organisationsformen des kulturellen Gedächtnisses). Vgl. auch R. Koselleck, R., »Kriegerdenkmale als Identitätsstiftungen der Überlebenden«, in: O. Marquard und K. Stierle (Hg.), *Poetik und Hermeneutik: Identität*, München 1977, S. 253-275; und G. L. Mosse, *Gefallen für das Vaterland. Nationales Heldentum und namenloses Sterben*, Stuttgart 1993.

des Vergangenen zeigen. Der Besitz oder zumindest die Nähe des verehrten Gegenstandes – der sterblichen Überreste, Insignien etc. – markiert hier den Kern der traditionalen Gemeinschaft. Im Hintergrund traditionaler Erinnerungsrituale steht in der Regel ein *Gründungsmythos* der Gemeinschaft, der als Wanderung eines Stammes in das versprochene oder gelobte Land, als Abwehr eines äußeren Feindes, als Held, der die Gemeinschaft einte, oder aber in modern-demokratischen Gesellschaften als Revolution des Volkes gegen seine Unterdrücker vorgestellt werden kann.

Rituale der Erinnerung gehen über das bloße Wissen eines Ursprungs der Tradition oder Lokalität hinaus. An bestimmten Orten, den Orten der Erinnerung, und zu bestimmten Zeiten[39] rufen sich die Angehörigen einer traditionalen Gemeinschaft ihren gemeinsamen Ursprung im Rahmen eines ausgearbeiteten *Zeremoniells* in Erinnerung. Gemeinsame Feiern mit besonderen Speisen und Getränken, Versammlungen, öffentliche Reden, Gottesdienste, Festspiele, öffentliche Märsche mit Fahnen, Trachten und Gesängen dienen einer solchen besonderen Veranstaltung der Erinnerung. Obwohl kommemorative Rituale durchaus geschichtlichem Wandel unterliegen, werden sie doch von den Beteiligten als nachdrückliche Bewahrung von Kontinuität aufgefaßt und nicht verbessert oder kritisiert. Wer fragt, kritisiert und verbessern will, zeigt, daß er nicht dazugehört.

Über diese Selbstverständlichkeit von Routinen und Traditionen läßt sich Gemeinschaftlichkeit aber auch nur so lange sichern, wie Fremde und Außenseiter selten auftauchen und keine provozierenden Fragen stellen. Vor den herausfordernden Blikken und Fragen der Fremden muß die Feier der Tradition entweder geschützt oder aber massiv verteidigt werden. Traditionelle Formen kollektiver Identität haben daher sehr häufig lokale Bezüge. Sie sind auf besonders reservierte Räume angewiesen, geschützt vor dem Blick und den Fragen der Fremden.

In modernen Gesellschaften, die Neuigkeit, Konkurrenz und Fortschritt prämieren, werden traditionale Formen kollektiver Identität daher tendenziell bedroht und gegen Bedrohung verteidigt; aber sie werden auch ständig neu geschaffen: Die Ausdehnung des Zeithorizontes in die Zukunft und das geschärfte Bewußtsein des Neuen erzeugen im Gegenzug eine Konstruktion

39 P. Nora, *Zwischen Geschichte und Gedächtnis*, Berlin 1990.

von Vergangenheit und Kontinuität. Die Aneignung der Zukunft über Planung und die Aneignung der Vergangenheit durch Erinnerung sind so komplementäre Bewegungen.[40] Die Traditionen der großen politischen Revolutionen, die regelmäßig rituell erinnert werden, zählen hierzu ebenso wie die Versuche sozialer Bewegungen, ihr Anliegen durch Rekonstruktion einer langen Geschichte mit überzeitlichem Gewicht zu versehen, oder die Erfindungen von Gründungsmythen in neuen Staaten. Konflikte um die Selbstbehauptung einer traditionalen Identität lassen sich dabei nicht immer vermeiden.

1.2.2 Lokalität

Im Unterschied zur scharfen und exklusiven Grenzziehung primordialer Gemeinschaften verläuft die Grenze traditionaler Gemeinschaften vage und ähnelt eher einem diffusen Grenzbereich als einer genau gezogenen Grenze. Dieser Grenzbereich hält unterschiedliche Lokalitäten auseinander. Die Bindung an bestimmte *Lokalitäten*, die lokal beschränkte Geltung von Routinen und Alltagsperspektiven, ist neben der Erinnerung der zweite wichtige Modus, mit dem traditionale Gemeinschaften ihre Identität erzeugen. Traditionen sind zwar nicht immer, aber doch sehr häufig bodenständig[41]; sie beanspruchen keine globale Geltung, sondern verbinden sich mit Regionen, Plätzen und Landschaften auf eine fraglose und elementare Weise.[42] Traditionale Identität ergibt sich nicht aus einem abstrakten Prinzip, sondern aus der Konkretheit eines lokalen Zusammenhangs, aus einem stabilen und durch eine Lokalität zusammengehaltenen Kontext.[43] Ihre Bedeutung ergibt sich indexikal aus diesem loka-

40 Darauf hat wohl zuerst Hermann Lübbe aufmerksam gemacht. Vgl. zum Beispiel ders., *Zeit-Verhältnisse. Zur Kulturphilosophie des Fortschritts*, Graz 1983.

41 Die wohl wichtigste Ausnahme bildet das Judentum. Vgl. S. N. Eisenstadt, *Jewish Civilization. The Jewish Historical Experience in a Comparative Perspective*, New York 1992.

42 Dies hat Maurice Halbwachs am Beispiel Palästinas, an der *topographie légendaire* des Heiligen Landes als einer kommemorativen Landschaft, zu zeigen versucht. Ders., *La topographie légendaire des évangiles en Terre Sainte*, Paris 1941.

43 Lokalität läßt sich also nicht als ein spezifisches Gebiet kartogra-

len Kontext und bleibt in diesen Kontext eingebunden; entsprechend schwierig ist es, Traditionalität auf andere Lokalitäten zu übertragen.

Unterschiede der Lokalität gelten für traditionale Gemeinschaften als im doppelten Sinne grundlegend und schwer überbrückbar. Zeitliche Kontinuität und lokale Differenz bilden die beiden Konstruktionsachsen dieser Gemeinschaften. Unterschiede zwischen Lokalitäten haben freilich nicht die Gestalt scharfer Grenzlinien, sondern verlaufen graduell und diffus wie der Horizont einer Lebenswelt.

Dieser Diffusität lokaler Unterscheidungen entspricht die Langsamkeit der Bewegung zwischen den Lebenswelten: Traditionalität bremst nicht nur die zeitliche Veränderung und die Enstehung des Neuen, sondern auch die soziale Mobilität. Entsprechend nähert man sich dem Kern der traditionalen Gemeinschaft nicht durch eine rituell kontrollierte Grenzüberschreitung, sondern durch allmähliche respektvolle Teilnahme an den lokalen Lebensformen und Traditionen. Zeit, Geduld und eine gewisse Zurückhaltung und Vorsicht, alles Außerordentliche und Auffallende zu vermeiden, sind Voraussetzung für diesen Versuch, die lokalen Sitten und Traditionen zu übernehmen. Regelverletzung oder der Versuch, die traditionellen Formen, Erinnerungen und Routinen einer Lebenswelt im Namen eines übergeordneten äußeren Prinzips in Frage zu stellen, sind mit traditionaler Identität ebenso unverträglich wie missionarische Bemühung. Bei vielen impliziten Regeln und Routinen lokaler Lebenswelten wird darüber hinaus jeder Versuch besonderer Instruktion und Erziehung fehlschlagen. Traditionale Lebenswelten erhalten hier ihre Grenze dadurch, daß sie sie nicht erwähnen.

Auch hier gilt freilich die Unterscheidung zwischen den elementaren Konstruktionsformen von Traditionalität und Lokalität einerseits und den elaborierten Ritualen der Grenzerhaltung traditionaler Gemeinschaften, mit denen die Authentizität der lokalen Lebenswelten für größere Gemeinschaften rekonstruiert werden soll, andererseits. Solche elaborierten Rituale kann man nicht nur in der zeremoniellen Verehrung bestimmter *lieux de*

phisch fest umreißen. Ebendeshalb kann Clifford Geertz unter dem Titel *Local Knowledge*, New York 1983, eine Reihe heterogener Essays sammeln, denen vor allem das Vermeiden abstrakter Deduktionen gemeinsam ist.

memoire, im Denkmalskult oder in nationalen Feiern vergangener Siege sehen, sondern auch in den Regeln bestimmter Geheimgesellschaften, die sich nach außen durch streng sanktionierte Schweigegebote abgrenzen. Derartige Rituale erscheinen Außenstehenden oft als unverständlich, als künstlich und sachlich unbegründet oder gar als indirekte Beleidigung – aber gerade dadurch bleiben sie ausgeschlossen. Wer es nicht ahnt oder fühlt, der soll es auch nie begreifen. Der *Außenseiter* gilt dabei weder als überlegen noch als unterlegen. Er wird als gleichgeordnet, aber unverständlich betrachtet, und diese Unverständlichkeit ist im elaborierten Ritual zu rekonstruieren und zu verstärken.

Innerhalb von traditionalen Gemeinschaften entwickelt sich in der Regel eine diffuse Schichtung zwischen den Trägern der Tradition und des Erinnerungswissens und den neuen Mitgliedern, die vom Rande her sich allmählich dem Zentrum der traditionalen Gemeinschaft nähern. Die Unterscheidung zwischen dem Zentrum der traditionalen Gemeinschaft und der Außenwelt wird nicht nur über Schweigen und Zurückhaltung, sondern auch durch eine gewisse Unsicherheit in der Behandlung des Neuen hergestellt. Das Neue ist in traditionalen Gemeinschaften immer das Unverständliche, Regelwidrige, Unvereinbare, das erst allmählich im Laufe der Zeit zu Vertrautem und Verständlichem werden kann. Auch bei der Bewältigung von Differenz und Fremdheit zeigt sich wieder das Muster der Verlangsamung, mit dem traditionale Gemeinschaften Komplexität zu bewältigen suchen. Aus dieser Indifferenz und Distanz gegenüber dem Fremden entsteht ein Nebeneinander lokaler Gemeinschaften, die zwar die Autonomie der Fremden respektieren, aber auch keine Anstrengungen zu wechselseitigem Verständnis und zur Übernahme der Perspektive des jeweils anderen unternehmen. Die Fremden sollen die Fremden bleiben – tauschen möchte man nicht mit ihnen.

1.2.3 Repräsentatio: Personalisierung

Traditionale kollektive Identität weist eine gewisse Wahlverwandtschaft mit anderen symbolischen Strukturen auf. Im Bereich der Erkenntnistheorie entspricht ihr die Idee der *Repräsentatio(n)*: Die Vergangenheit ist in der Gegenwart auf eine verdeckte Weise lebendig und kann durch besondere Verfahren vergegenwärtigt werden. Das Bewußtsein der Gegenwärtigkeit neigt dazu, Vergangenheit zu vergessen; es ist daher Aufgabe kollektiver Erinnerung, die Vergangenheit der Gegenwart bewußtzumachen und damit die Gegenwart der Vergangenheit zu schaffen. Diese Vergegenwärtigung der Vergangenheit stützt sich nicht auf die naturwissenschaftliche Vorstellung einer immer gleichen Erfahrungswelt, sondern auf geschichtswissenschaftliche *Hermeneutik*. Bei dem Versuch, vergangenes Handeln zu verstehen, wird die Kontinuität eines Subjekts zwischen Vergangenheit und Gegenwart vorausgesetzt, aber die zeitliche Differenz immer mitgedacht. Die Auswahl aus der Vielfalt der möglichen Vergangenheiten geschieht unter dem Gesichtspunkt einer gleichbleibenden individuellen oder kollektiven Identität. Vergangenheit wird so als *eigene* Vergangenheit verstanden, erinnert und vergegenwärtigt.

Im Bereich der Formen staatlicher Herrschaft zeigt die traditionale Codierung von Identität eine besondere Nähe zu lockeren Verbindungen von unterschiedlichen Kulturen und Regionen in *tradionalen Reichen* oder Staatenbünden. Anders als universalistische Imperien mit missionarischem Expansionsdrang respektieren traditionale Reiche mit schwachen Kontrollstrukturen – wie etwa die österreichisch-ungarische Doppelmonarchie – durchaus die lokale und kulturelle Vielfalt ethnischer Gruppen und religiöser Minoritäten in ihrem Herrschaftsbereich.[44] Die Idee der Gleichheit der Bürger tritt hier gegenüber dem Herrscher als Repräsentant des Reiches und Garant des inneren Friedens zurück. Traditionalität wird hier zur Stabilisierung kultureller, sozialstruktureller und regionaler Unterschiede genutzt: Im Rahmen des Reiches hat jede Gemeinschaft, die sich zum Untertan erklärt, Anspruch auf den herrschaftlichen Schutz ihrer Bräuche und Traditionen. Die mitteleuropäischen Juden konnten so über den Kaiser einen gewissen Schutz vor Verfolgungen durch ihre christlichen Nachbarn erlangen. Der Herrscher konnte sogar seine Autorität durch die Notwendigkeit zur Friedensstiftung zwischen unterschiedlichen ethnischen Gruppen in seinem Reich stärken. In seiner Person vereinigen sich

44 Hierzu ausführlicher: B. Giesen, »Kulturelle Vielfalt und die Einheit der Moderne«, in: *Leviathan. Zeitschrift für Sozialwissenschaft* 24, Heft 1, S. 93-108.

die kollektiven Identitäten der Herrschaftsunterworfenen. Die rechtliche Form, mit welcher der Zusammenschluß einer Vielfalt traditionaler Identitäten zumeist dokumentiert wird, zeigt sich in der Titulatur des Herrschers: Der österreichische Kaiser war auch König von Ungarn, Großherzog von Böhmen etc. und repräsentierte alle diese Fürstentümer durch die öffentliche Nennung seiner Titel.

Nicht die natürliche Gleichheit der Bürger, sondern die Heterogenität der Gewohnheitsrechte und Privilegien war der rechtliche Bezugsrahmen in traditional codierten Herrschaftsverbänden. Nicht Gleichheit, sondern Heterogenität bestimmt die Verteilung von Gütern in traditionalen Gemeinschaften. Jede Gruppe erhält Güter und Leistungen nach Maßgabe des gewohnten und traditional Gerechten.

Von der Vielfalt der kleinen Traditionen innerhalb eines Herrschaftsverbandes muß die große Tradition des Herrschaftsverbandes, der sie zusammenhält, selbst wieder unterschieden werden.[45] Die kollektive Identität der Untertanen wird hier durch den Bezug auf die Person des Herrschers, zumeist aber auch des Herrscherhauses gestiftet. Personalisierung bildet neben Erinnerung und Lokalisierung den dritten Modus der Identitätsstiftung in traditionalen Gemeinschaften.[46] In der traditionalen Herrschaft verbindet sich die Ausrichtung auf die Person des Herrschers mit der Erinnerung von Gründung und Kontinuität. Es ist die Person des Herrschers, der Vertrauen entgegengebracht wird, und die Kontinuität der Abstammungslinie, die seinen Herrschaftsanspruch rechtfertigt.

Aus der Sicht moderner, auf Gleichheit der Bürger bezogener Politikformen scheint eine solche über traditionale Herrschaft gestiftete Identität nur schwach und wenig überzeugungskräftig zu sein. In Vergesellschaftungen, in denen die Zugehörigkeit zu einem Patrimonialhaushalt – im Gegensatz zu vogelfreiem, her-

45 Die Unterscheidung von großen und kleinen Traditionen geht auf Robert Redfield zurück. Ders., »Peasant Society and Culture«, in: ders., *The Little Community and Peasant Society and Culture* (Midway Reprint), Chicago 1989 S. 42 ff.

46 Anregend hierzu: C. Schmitt, *Römischer Katholizismus und politische Form*, Stuttgart 1984. Vgl. auch E. H. Kantorowicz, *Die zwei Körper des Königs. Eine Studie zur politischen Theologie des Mittelalters*, Stuttgart 1992.

renlosem Gesinde und streunendem Volk – eine der wichtigsten Formen der sozialen Distinktion war[47], ergibt sich freilich eine ganz andere Perspektive. Die Ungleichheit zwischen Herrscher und Beherrschten gilt hier noch nicht als grundsätzlich fragwürdig, sondern als selbstverständlich.[48] Sie vermittelt den Beherrschten eine soziale Ehre und Würde, die den Freien und herrenlosen Vaganten fehlte. Der Herrscher repräsentiert hier die Einheit der Gemeinschaft und die Kontinuität der Tradition, seine Herrschaft ist gerade deswegen legitim, weil sie dauerhaft und verläßlich ist und von der aktuellen Zustimmung unabhängig.

Auch in vorstaatlichen Bereichen finden sich Formen der Gemeinschaftsstiftung durch die Autorität einer Person: der Patron eines Betriebes gehört hierzu ebenso wie der Schutzheilige einer Gemeinde. Die gemeinschaftsstiftende Autorität beruht hier weniger auf charismatischen Erwartungen als auf gewohntem Vertrauen und überkommener Selbstverständlichkeit, und sie wird durch ihre außertraditionale Grundlosigkeit noch gesteigert.

In modernen demokratischen Ordnungen, in denen Personalisierungen der Autorität problematisch werden, verbindet sich traditionale Identität insbesondere mit den Prinzipien des multikulturellen Pluralismus und des Minoritätenschutzes. Das Mehrheitsprinzip findet danach seine Grenzen im Recht von Minoritäten auf kollektive Selbstbestimmung in kulturellen und religiösen Angelegenheiten. Zentral wird dabei der Nachweis altüberkommener Ansprüche auf eine bestimmte Lokalität, auf ein Land, auf eine Lebenswelt. Die Grenzen dieser Lokalitäten sind allerdings nicht genau und verwaltungswirksam bestimmbar; Konflikte zwischen den Verteidigern traditionaler Lebenswelten sind daher gelegentlich unvermeidbar. Sie führen allerdings kaum zu den Unterwerfungs- oder Vernichtungsfeldzügen, die bei universalistischen und primordialen Identitäten naheliegen. In dem traditional begründeten Nebeneinander lokaler Lebenswelten gerät die Durchsetzung des Mehrheitswillen nicht selten in Schwierigkeiten. Traditionelle Tötungsmethoden

47 N. Luhmann, »Inklusion und Exklusion«, in: H. Berding, *Nationales Bewußtsein und kollektive Identität*, Frankfurt am Main 1994, S. 15 bis 45.

48 Vgl. O. dazu Brunner, »Das ›Ganze Haus‹ und die alteuropäische ›Ökonomik‹«, in: ders., *Neue Wege der Verfassungs- und Sozialgeschichte*, 3. Auflage, Göttingen 1980, S. 103-127.

des Schlachtviehs bei einer Minderheit und die Tierschutzbewegung der Mehrheit, traditionelle Formen patriarchalischer Gewalt und die moderne Frauenbewegung können dabei in Konflikte geraten, deren Ausgang ungewiß ist.

Auch in Verteilungsfragen gewinnen traditionale Muster der Identitätsbestimmung heute ein neues Gewicht: Die Gerechtigkeit des Marktes wird zunehmend von Verteilungsprinzipien eingeschränkt, die sich an Gesichtspunkten des gewohnten Auskommens, der üblichen Ansprüche an materielle Wohlfahrt und der Kompensation für erlittene Benachteiligung orientieren. Sozialpolitische Entscheidungen über Umverteilungen sind zumeist von konservativen Überlegungen bestimmt: ein gestörtes Gleichgewicht soll wiederhergestellt werden, eine materielle Einbuße oder unerwartete Benachteiligung soll ausgeglichen werden, ein gewohntes und verdientes Einkommen soll gesichert werden.

Neben der Kontinuitätssicherung fällt bei derartigen Umverteilungsdiskursen auch die askriptive personale Bindung der Ansprüche auf: Sozialpolitische Subventionen werden nicht verdient, sondern Personen oder Gruppen gewährt, von denen man annimmt, daß sie aus eigener Leistung ihre Lage nicht verändern können. Sie sind status- und personengebunden und können von den Begünstigten nicht verkauft oder kumuliert werden.

Selbst in bestimmten Formen der Quotierung von Verteilungen kann man Versuche sehen, traditionale Identitäten gegen eine Mehrheitskultur zu behaupten und zu verteidigen. Wenn etwa regionale oder lokale Dialekte besonders gefördert werden oder der Gebrauch der Nationalsprache – wie im Falle Frankreichs – durch staatliche Anordnung gegen eine globale Amerikanisierung durchgesetzt werden soll, so handelt es sich offensichtlich um eine solche Verteidigung traditionaler Identität.[49] Gerade vor dem Hintergrund einer Globalisierung der Unterhaltungsindustrie erscheinen lokale und regionale Besonderheiten als besonders kostbar, bedroht und erhaltenswert. Traditionale Identitäten, die sich aus lokalen Lebenswelten und regionalen Kulturen ergeben, sind dabei auf doppelte Weise bedroht: Einerseits wer-

49 Gerade auch in der Diskussion um die europäische Einigung spielt der Verweis auf traditionale Identitäten eine zentrale Rolle. Vgl. zum Beispiel H. Lübbe, *Abschied vom Superstaat – Vereinigte Staaten von Europa wird es nicht geben*, Berlin 1994.

den sie von einer globalen Massenkultur zurückgedrängt, andererseits verlieren sie im Konflikt um ihre Verteidigung nicht selten ihre Selbstverständlichkeit und wandeln sich zur beliebigen folkloristischen Staffage, die auf postmodernen Lifestylemärkten gehandelt wird.

Die traditionale Codierung von Identität zeigt auch eine Wahlverwandtschaft zu ästhetischen Formen, die man klassisch oder heraldisch nennen kann. Diese Form läßt sich nicht auf die Funktion des jeweiligen Gegenstandes reduzieren, sondern tritt zusätzlich zu den natürlichen Eigenschaften des Materials auf. Sie hebt eine davon unabhängige ästhetische Symbolik hervor und läßt die natürliche Struktur des Materials hinter Form und Fassade zurücktreten. Die Ästhetik traditionaler Gemeinschaften lebt von einem Repertoire an Bildern und Symbolen, deren Bedeutungen den Betrachtern oder Zuhörern bekannt und wohlvertraut sind, und neigt zu Wiederholungen und Zitaten, zu Bildhaftigkeit und Erzählungen. In der Regel orientiert sich klassische oder traditionale Ästhetik an der Form eines großen Vorbildes, das als unübertrefflich vorausgesetzt wird und in der Gegenwart nur mehr nachgeahmt und variiert werden kann.[50]

Auch hier gilt wieder die Annahme einer grundlegenden Kontinuität zwischen Vergangenheit und Gegenwart: Die Kunst der Gegenwart soll die große identitätsstiftende Form der Vergangenheit repräsentieren. Die Kunst im Bannkreis eines klassischen Werkes oder einer großen Überlieferung bewegt sich häufig in einem solchen kanonisierten Rahmen, der gelehrt und erlernt werden kann und daher häufig Züge des Handwerklichen trägt. Die europäische Kunst bis zur Spätrenaissance folgte solchen traditionellen Linien, die im modernen Kunstbetrieb nicht selten als langweiliger Akademismus kritisiert werden. Während die anspruchsvolle Ästhetik der Moderne den Gegensatz zur Tradition sucht und das Neue, das bisher Unbekannte als Avantgarde der ästhetischen Erkenntnis sucht[51], hat sich im Bereich der Alltagsästhetik durchaus eine traditionale Orientierung gehalten: die ungebrochene Popularität von Trödelmärkten und Antiqui-

50 Vgl. dazu den Sammelband R. Bockholt (Hg.), *Über das Klassische*, Frankfurt am Main 1987.

51 W. Hofmann, *Von der Nachahmung zur Erfindung der Wirklichkeit. Die schöpferische Befreiung der Kunst 1890-1917*, Köln 1970.

tätengeschäften, sogenannte Stilmöbel aus neuester Produktion und die Vorliebe für alles, was als traditionelle Folklore gelten kann, belegen dies deutlich. Die ästhetische Attraktivität eines Gegenstandes scheint hier deutlich mit seinem Alter zu wachsen; erst wenn ein Gegenstand Vergangenheit zeigt, wird er aus dieser Perspektive ästhetisch interessant; das fragmentarische und bruchstückhafte der Ruine, die keinerlei Nutzen mehr hat und nur mehr für Vergangenheit steht, steigert ihren Reiz. Auch hier findet sich wieder die Idee der Repräsentatio von Vergangenheit, welche die Codierung traditionaler Identität bestimmt. Exemplarisch läßt sich diese Idee der Repräsentatio an der Denkmalsbewegung belegen, die seit dem neunzehnten Jahrhundert die bürgerliche Öffentlichkeit erfaßte.[52] Gleichzeitig und fast im Gegenzug zur Avantgardisierung der Künste richtet sich der Blick der bürgerlichen Gesellschaft in die Vergangenheit und sucht den Anfang ihrer jeweiligen Geschichte, ihre Wendepunkte und Gründerfiguren durch künstlich und absichtsvoll geschaffene Orte der Erinnerung zu vergegenwärtigen. Dabei wird die Erinnerung von ihrer eigentlichen räumlichen Einbettung – dem Geburtsort des Dichters, der Stätte der Schlacht etc. – abgelöst und virtualisiert, das heißt auf jeden öffentlichen Platz übertragbar.

1.3 Universalistische Codes

Eine dritte Codierung von kollektiver Identität setzt nicht bei Erinnerungen und Traditionen oder der leiblich-natürlichen Gleichheit an, sondern bei einer besonderen Idee der Erlösung oder Parusie. Vorausgesetzt wird dabei eine Spannung zwischen einem jenseitigen Bereich des Heiligen, Erhabenen oder Transzendenten und einem diesseitigen Bereich des Weltlichen, den es im Namen des Heiligen zu transformieren gilt. In der Veränderung des diesseitig-mundanen Bereichs im Hinblick auf die transzendente Ordnung ergibt sich die Chance zur Erlösung. Wie

52 W. Hardtwig, »Nationsbildung und politische Mentalität. Denkmal und Fest im Kaiserreich«, in: ders., *Geschichtskultur und Wissenschaft*, München 1990, S. 264-301; Th. Nipperdey, »Nationalidee und Nationaldenkmal in Deutschland im 19. Jahrhundert«, in: ders., *Gesellschaft, Kultur, Theorie*, Göttingen 1976, S. 133-173.

auch im Falle der primordialen oder traditionalen Gemeinschaften bezieht auch die im folgenden skizzierte Codierung von kollektiver Identität sich auf ein elementares Paradigma, das die sozial erzeugte Grenzziehung zwischen innen und außen als fest begründet und authentisch erscheinen läßt. An die Stelle der Unveränderlichkeit der Natur oder der Vergangenheit tritt hier die Unbedingtheit des religiösen Überzeugungserlebnisses, die Gottesschau, die Parusie. Obwohl eine solche Form des Authentizitätsglaubens für diese Gemeinschaften unentbehrlich ist und immer wieder rituell rekonstruiert werden muß, finden sich die wichtigsten Beispiele dieser Codierung kollektiver Identität in den komplexen Gemeinschaftskonstruktionen der großen missionarischen Erlösungsreligionen, im Christentum, im Islam oder im Hinduismus.

Freilich sind sie keineswegs hierauf beschränkt. Auch in den Gesellschaften der Moderne findet sich eine Vielzahl von scheinbar säkularisierten kulturellen Bewegungen, die diese Codierung kollektiver Identität aufweisen: Aufklärung und Sozialismus gehören ebenso dazu wie eine Vielzahl von innerweltlichen Kreuzzügen, welche die Welt im Namen des Fortschritts, der Emanzipation, der Vernunft verändern und erlösen wollen.[53] Von traditionalen und primordialen Codierungen unterscheidet sich diese – im folgenden *»universalistisch«* genannte – Form kollektiver Identität vor allem durch die Form der Grenzziehung und das Verhältnis zu Außenseitern.

53 F. H. Tenbruck, »Wahrheit und Mission«; ders., »Die Glaubensgeschichte der Moderne«, beides in: ders., *Die kulturellen Grundlagen der Gesellschaft*, Opladen 1989, S. 93-125 und S. 126-142; B. Giesen und K. Junge, »Der Mythos des Universalismus«, in: H. Berding (Hg.), *Mythos und Nation. Studien zur Entwicklung des kollektiven Bewußtseins in der Neuzeit 3*, Frankfurt am Main 1996, S. 34-64; S. N. Eisenstadt, *Die Antinomien der Moderne. Die jakobinischen Grundlagen der Moderne und des Fundamentalismus. Heterodoxien, Utopismus und Jakobinismus in der Konstitution fundamentalistischer Bewegungen*, Frankfurt am Main 1998. Grundlegend sind hier auch die Arbeiten Eric Voegelins. Vgl. vor allem sein opus magnum: *Order and History*, Baton Rouge 1956 ff.

1.3.1 Pädagogisierung und Opferrituale

Universalistische Gemeinschaften betrachten alle Außenseiter als potentielle Mitglieder, die nur wegen kontingenter Hindernisse, die es zu überwinden gilt, noch nicht auf dem richtigen Weg zur Erlösung sind. Alle Menschen haben gleichermaßen die Anlage und die Möglichkeit, der Gemeinschaft anzugehören; alle sind gleichermaßen mit der Bestimmung zur Erlösung ausgestattet, aber sie sind sich dessen noch nicht bewußt oder sind durch die Umstände, unter denen sie leben, verblendet. Universalistische Codierungen unterscheiden zwischen der kategorialen Möglichkeit der Erlösung, die für alle gilt, und dem tatsächlichen Bewußtsein des Erlöstseins, das nur für die Angehörigen der Gemeinschaft selbst gilt. Die Spannung zwischen beiden ist der Motor missionarischer Bewegungen, die Außenstehende in Wissende verwandeln und dadurch in die Gemeinschaft aufnehmen.[54]

Mit der Öffnung der Grenzen ergibt sich auch eine neue Vorstellung der Außenstehenden. Ähnlich wie primordiale Codierungen sind auch universalistische Konstruktionen kollektiver Identität intolerant gegenüber Außenseitern.[55] Im Gegensatz zu primordialen Perspektiven werden Fremde jedoch nicht als identitätsstarke dämonische Bedrohung wahrgenommen, zu der man Distanz zu halten hat. Sie gelten vielmehr als Unterlegene und unmündige Wesen, die durch Missionierung, Bekehrung, Aufklärung und Pädagogik ihre Unmündigkeit überwinden und zu ihrer wahren Identität finden können. Ebensowenig wie Kindern billigt man ihnen die Fähigkeit zu, autonom über ihre Identität zu entscheiden; ebenso wie bei Kindern ist ihr Widerstand gegen die erlösende Lehre nicht ernst zu nehmen und ihre Widerspenstigkeit in ihrem eigenen, besser verstandenen Interesse zur Not auch mit Gewalt zu überwinden. Gewalt stellt allerdings aus universalistischer Perspektive nur ein letztes bedauerliches Mittel der Inklusion dar; angemessener sind Pädagagik, Missionierung

54 J. C. Alexander, »Citizen and Enemy as Symbolic Classification. On the Polarizing Discourse of Civil Society«, in: M. Lamont und M. Fournier (Hg.), *Cultivating Differences. Symbolic Boundaries and the Making of Inequality*, Chicago 1992, S. 289-308.

55 H. Kesting, *Geschichtsphilosophie und Weltbürgerkrieg*, Heidelberg 1959.

und Überzeugung. Universalistische Konstruktionen kollektiver Identität setzen daher die Spannung zwischen dem heiligen und identitätssichernden Zentrum und der unerlösten Peripherie in eine Pädagogisierung der Grenze um – eine zivilisierende, emanzipierende und erlösende Bewegung, die in einen leeren Raum hinein verläuft. Diese inklusive Bewegung verlagert die Grenze zwischen der Gemeinschaft und der unerlösten Außenwelt tendenziell immer weiter nach außen – bis schließlich am Ende alle mit dem Bewußtsein einer universalistischen Identität ausgestattet sind.

Eine solche universelle Inklusion riskiert allerdings den Zusammenbruch der grundlegenden Spannung zwischen dem heiligen Kern der Gemeinschaft, in dem sich die jenseitige Ordnung verwirklicht hat, und der profanen Peripherie, die sich ihrer wahren Identität noch nicht bewußt ist. In großen universalistischen Gemeinschaften entwickelt sich daher nicht selten eine abgestufte Form der Grenzziehung, die zwischen den frisch bekehrten Laien an der Peripherie und den virtuosen Wächtern des Heiligen eine interne Schichtung etabliert.[56] Um Zugang zu den Geheimnissen des Zentrums zu erhalten und den unverstellten Anblick des Heiligen genießen zu dürfen, müssen Lehren angenommen, Studien absolviert, Bildungsgänge durchlaufen und Prüfungen abgelegt werden, und nur wenige nehmen die damit verbundenen Mühen und Entbehrungen auf sich. Mit einer solchen Bildungsschichtung wiederholt sich innerhalb der universalistischen Gemeinschaft die Grenzziehung zwischen den identitätsstarken Wissenden und den identitätsschwachen Außenstehenden und die damit verbundene Aufforderung, die erlösende Ordnung des Zentrums an die Peripherie zu tragen und in der Welt zu verwirklichen.

Die grundlegende Spannung zwischen dem Diesseits und Jenseits zeigt sich auch in den rituellen Formen universalistischer Gemeinschaften. Rituelle Verfahren, mit denen die Homogenität des Binnenraumes hergestellt wird, bestimmen nicht nur die Konversion, die Grenzüberschreitung von außen nach innen, sondern auch die Praxis der Gemeinschaft selbst. Die grundle-

56 S. N. Eisenstadt, *Tradition, Wandel und Modernität*, Frankfurt am Main 1979. Vgl. auch B. Giesen, *Die Intellektuellen und die Nation*, Frankfurt am Main 1993, S. 61 ff.

gende Verbindung zwischen den Gemeinschaftsangehörigen und der jenseitigen Ordnung muß ständig bekräftigt, erneuert und sichtbar gemacht werden: Neben die Passagerituale der Taufe und Weihe treten daher die Rituale des Bekenntnisses und des Opfers, mit denen die Hingabe an das Heilige gegen jeden Zweifel und wahrnehmbar für alle gezeigt werden kann. Gerade weil die jenseitige Ordnung unsichtbar und ihr authentisches Erleben ungewohnt und selten ist, bedarf die Verbindung zu ihr einer rituellen Bekräftigung und Dokumentation im Diesseits, die über ein flüchtiges Bekenntnis hinausgeht. Der Verdacht des bloß äußerlichen und nicht wirklich überzeugten Bekenntnisses liegt immer nahe und erfordert im Gegenzug besondere Bekräftigungen wie Opferrituale, deren gemeinschaftsstiftende Kraft mit ihrer innerweltlichen Absurdität steigt.[57] Man opfert also kostbares und unschuldiges, im Grenzfall sogar sein eigenes Leben und zeigt damit die besondere Hingabe an die heilige Ordnung des Jenseits. Wäre das Opfer innerweltlich sinnvoll und zweckmäßig, so bekräftigte es nicht das Heilige, Erhabene und Jenseitige, sondern diente diesseitigen Interessen. Durch das Opferritual wird die Spannung zwischen dem Diesseits der Zweckmäßigkeit und Nützlichkeit und dem erhabenen Jenseits erneuert und der Bund der universalistischen Gemeinschaft geschlossen.

Dies gilt nicht nur für religiöse Opferrituale, sondern auch für die Opfer, die moderne politische Bewegungen von ihren Anhängern verlangen. Erst in einer innerweltlichen Rücksichtslosigkeit und erbarmungslosen Konsequenz, über Entbehrungen und Blutopfer, durch Kriege und Hinrichtungen werden der Abschied von der vergangenen und die Hingabe an die neue Ord-

57 Wir sehen hier vom häufig sehr zweifelhaften mimetischen Aspekt solcher Rituale, wie er wohl zuerst vor allem von Freud im Rückgriff auf Robertson-Smith systematisch entwickelt worden ist (ders., *Totem und Tabu. Einige Übereinstimmungen im Seelenleben der Wilden und der Naturvölker*, in: ders., *Kulturtheoretische Schriften*, Frankfurt am Main 1974, S. 287-444, vor allem S. 417 ff.), ab. Auch die in ihrer Systematik ausgesprochen faszinierenden Analysen von René Girard dürften unter historischer und ethnographischer Perspektive wohl als etwas überzogen gelten. Ders., *Das Heilige und die Gewalt*, Frankfurt am Main 1992, und ders., *Ausstoßung und Verfolgung. Eine historische Theorie des Sündenbocks*, Zürich 1988.

nung verdeutlicht und gegen jeden Zweifel verteidigt. Individuelle Interessen, Fragen der Zweckmäßigkeit und Nützlichkeit, der Angemessenheit und Üblichkeit gelten hier als Hinweis auf das weltliche Diesseits und scheiden als Maßstab des richtigen Handelns aus. Der heroische Opfertod des Soldaten für den richtigen Glauben, die gerechte Sache oder die Verteidigung der Gemeinschaft ist für die innerweltlichen Ziele des einzelnen, der sich opfert, völlig sinnlos – seine Lebensperspektive bricht damit ab.

Wird der Opfertod zur Angelegenheit der heroischen Entscheidung des einzelnen, so wird seine barbarische Gewalttätigkeit abgemildert. Sie kehrt hingegen mit voller Schärfe in den Versuchen revolutionärer Bewegungen zurück, die Gesellschaft von den Feinden des Fortschritts zu befreien. Die Säuberungen Stalins und der jakobinische Terror sind aus dieser Perspektive keine Reinigungsrituale primordial codierter Gemeinschaften oder rational kalkulierte Abschreckungsaktionen, sondern Opferrituale revolutionärer universalistischer Gemeinschaften.[58]

Auch bei universalistischen Gemeinschaften, die sich das Heilige nicht mehr als persönliche Gottheit vorstellen und gerade aus dem Kampf gegen Personalisierung und Privileg ihr revolutionäres Pathos beziehen, nehmen Opferrituale – und das heißt eben auch Blutopferrituale – eine zentrale Stelle in der Beziehung zum Jenseits, zur Vernunft, zum Fortschritt, zur Befreiung von den Fesseln des Weltlichen und Vergangenen ein. Dies gilt insbesondere dann, wenn andere Modi der Spannungsbewältigung, die missionarische Expansion nach außen oder die interne Schichtung zwischen Zentrum und Peripherie aus bestimmten Gründen nicht verfügbar sind. Revolutionäre Regime mit starker Gleichheitsorientierung, die einerseits von äußeren Feinden bedroht sind, andererseits aber interne Kritik und Innovation unterdrücken, geraten in eine solche Lage, die öffentliche Blutopfer als wichtigsten Weg zur Bewältigung der Spannung zwischen Diesseits und Jenseits erscheinen läßt.

58 Und soweit man hier Arthur Koestler folgen darf, sind hier selbst Fälle denkbar, in denen das Opfer seiner eigenen Rolle im Interesse der Sache zuzustimmen vermag. Vgl. ders., *Sonnenfinsternis*, München 1991.

Sind durch pädagogische Anstrengung schließlich alle zivilisiert, aufgeklärt, bekehrt und im richtigen Geiste erzogen, so ergeben sich Risiken für die konstitutive Spannung zwischen Diesseits und Jenseits, die nicht nur durch interne Schichtung oder Opferrituale, sondern auch durch immer neue und anspruchsvollere Interpretationen des Heiligen im Zentrum überwunden werden können. Diese neuen anspruchsvollen Interpretationen der jenseitigen Ordnung sind zunächst schwer verständlich und nur einer kleinen Gruppe von Intellektuellen und Gebildeten zugänglich. Die erlösende Botschaft des Zentrums drängt so einerseits auf missionarische Inklusion der Peripherie, muß sich andererseits aber vor der Profanisierung und Banalisierung des Heiligen schützen, um die grundlegende Spannung zu erhalten. Universalistische Gemeinschaften sind daher durch eine doppelte und gegenläufige Strukturdynamik gekennzeichnet: Die expansive Inklusionsbewegung wird durch interne Barrieren wie Schichtung oder Diffusionsverzögerungen wie die Erfindung des Neuen gebrochen.

Mit der Betonung des Neuen wird eine zeitliche Orientierung sichtbar, die sich von der traditionaler Gemeinschaften radikal unterscheidet. Universalistische Codes kollektiver Identität gehen nicht mehr von der Kontinuität zwischen Vergangenheit und Zukunft, sondern von dem radikalen Gegensatz zwischen beiden Zeithorizonten aus: es gilt die Welt der Vergangenheit aufzugeben und die Zukunft im Sinne der neuen besseren Ordnung zu gestalten. Vergangenheit und Zukunft werden hier an die Unterscheidung zwischen profan und heilig, Diesseits und Jenseits, innen und außen gekoppelt.[59] Die erlösende Botschaft der universalistischen Gemeinschaft steht nicht nur für die jenseitige Ordnung, sondern auch für die Zukunft. Geschichtsbewußtes Handeln zeigt sich folglich in dem Bemühen, die beharrenden Kräfte der Vergangenheit im Namen der Zukunft zu überwinden und den unvermeidlichen Gang des Fortschritts und der Erlösung in der Geschichte zu beschleunigen. Ganz anders als im Falle traditionaler Codierungen kollektiver Identität wird hier

59 E. Voegelin, *Die politischen Religionen*, Wien 1938; ders., *From Enlightenment to Revolution*, Durham, N.C. 1975; K. Löwith, *Weltgeschichte und Heilsgeschehen*, Stuttgart 1953.

nicht mehr eine Vielzahl von nebeneinanderstehenden Geschichten, sondern eine einzige, alles umfassende universale Geschichte vorausgesetzt, deren treibende Kraft sich in der Inklusionsbewegung einerseits und der Fortschrittsbewegung andererseits zeigt.[60] Die erstere vermittelt den Außenstehenden das Bewußtsein der Erlösung und des Fortschritts, die zweite nähert die Geschichte dem Ideal der vollkommenen jenseitigen Ordnung an. So wie die traditionale Gemeinschaft der Kontinuität und Bewahrung verpflichtet ist, so drängt die universalistische Orientierung auf Veränderung des Bestehenden und revolutionäre Beschleunigung der Geschichte. Die Vergangenheit wird als die zersplitterte, uneinige und heterogene Welt gesehen, die erst in der Zukunft ihre Einheit finden wird. Das Bestehende ist immer auch das Falsche, und die wahre Ordnung ist immer auch die noch nicht verwirklichte, die Ordnung der Zukunft.

Die Spannung zwischen der bestehenden Wirklichkeit und der erst noch zu verwirklichenden Ordnung der Zukunft führt nicht selten auch zu internen Kreuzzügen. Solche Kreuzzüge werden zumeist getragen von moralischer Emphase und der Spannung zwischen dem öffentlichen Ideal des guten und richtigen Handelns einerseits und der sündigen, unvernünftigen und von persönlichen Interessen bestimmten Wirklichkeit des privaten Handelns andererseits. Jenes steht für die transzendente Ordnung der Zukunft, diese für die partikulare Ordnung der Vergangenheit. Durch moralische Emphase wird die konstitutive Spannung universalistischer Gemeinschaften in eine kontinuierliche, nach innen gerichtete Veränderungs- und Erneuerungsbewegung umgesetzt, die an die Stelle der expansiven Inklusionsbewegung treten kann. Aus der Perspektive moralischer Kritik ist keine Wirklichkeit zufriedenstellend, keine soziale Ordnung moralisch vollkommen – das Streben nach moralischer Perfektion darf niemals erlahmen, und Steigerungen sind niemals ausgeschlossen. Universalistische Gemeinschaften zeigen so eine Dynamik des Fortschritts und der Beschleunigung, die der Beharrlichkeit traditionaler Identität und ihrer Verlangsamung des Wandlungstempos direkt entgegengesetzt sind.

60 R. Koselleck, »›Fortschritt‹ und ›Niedergang‹ – Nachtrag zur Geschichte zweier Begriffe«, in: ders. und P. Widmer (Hg.), *Niedergang. Studien zu einem geschichtlichen Thema*, Stuttgart 1980, S. 214-230.

1.3.3 Reflectio: Umdeutung und Veränderung der Welt

Universalistische Codierungen kollektiver Identität werden durch ein semantisches Feld wahlverwandter Unterscheidungen und entsprechender institutioneller Ordnungen gestützt. Im Bereich der Erkenntnistheorie entspricht ihnen die Dialektik von verborgenem Wesen und äußerer Erscheinung, von Kategorialem und Empirischem, von historischer Einzelheit und geschichtlicher Totalität.[61] Wenngleich sich die Vernunft des Ganzen nicht dem ungebildeten Betrachter erschließen kann, erhält doch die einzelne Erscheinung der diesseitigen Welt ihre wirkliche Bedeutung und Identität erst im allgemeinen Rahmen des Ganzen. Das Einzelne an sich ist unvernünftig und kann ein Bewußtsein seiner Selbst und damit Identität erst gewinnen, indem es das vernünftige Ganze reflektiert und sich in den Dienst der transzendenten Ordnung stellt. Nicht für alle hat sich jedoch schon ein solches Bewußtsein des Wahren der in der Transzendenz begründeten Identität verwirklicht. Für eine besondere Gemeinschaft, die sich als Avantgarde der Geschichte begreifen darf und eine besondere Verantwortung trägt, ist das Bewußtsein des Jenseits schon im Diesseits verwirklicht. Aus diesem Reflexionsprivileg der Avantgarde[62] ergibt sich auch eine besondere missionarische Verpflichtung zur Konversion der Außenwelt. Bewußtsein impliziert hier Veränderung der Welt.[63]

Aus dieser Idee der Reflectio des Jenseits im Diesseits läßt sich auch eine besondere Form der staatlichen Herrschaft ableiten: nicht die lockere Verbindung verschiedener Regionen in der tra-

61 S. N. Eisenstadt, »The Axial Age: The Emergence of Transcendental Visions and the Rise of Clerics«, in: *Archives Européande Sociologie* 23 (1982) 2, S. 294-314; ders. (Hg.), *Kulturen der Achsenzeit I. Ihre Ursprünge und ihre Vielfalt*, 2 Bde., Frankfurt am Main 1987.

62 Das von Georg Lukács wohl in raffiniertester Weise durchdekliniert wurde. Ders., *Geschichte und Klassenbewußtsein*, Darmstadt 1979. Aus heutiger Sicht hingegen muß dieses Buch wohl, wie auch das später geschriebene Vorwort nahelegt, bereits zur Krisenliteratur des westlichen Marxismus und damit zur Selbstverabschiedung der Avantgarde gerechnet werden.

63 F. H. Tenbruck, *Wahrheit und Mission*, a.a.O.; B. Giesen, *Die Intellektuellen und die Nation*, a.a.O., S. 61 ff. (Missionierung und Schichtung).

ditionalen Herrschaft, sondern die expansive Dynamik der großen Imperien, die im Namen einer religiösen Mission, einer zivilisatorischen Sendung oder einer Idee der Befreiung die Welt zu erobern und zu verändern suchten, entspricht den universalistischen Codierungen kollektiver Identität. Sie wird nicht durch das partikulare Machtinteresse einzelner vorangetrieben, sondern durch einen Auftrag gerechtfertigt, der in der kosmischen oder transzendenten Ordnung begründet ist und im wahren Interesse aller liegt. Das römische Imperium und die islamischen Reiche des Mittelalters, die europäischen Kolonialreiche der Neuzeit, die französische Revolutionsbewegung zu Beginn des neunzehnten und das sozialistische Imperium in der Mitte des zwanzigsten Jahrhunderts sind Beispiele solcher Herrschaftsverbände, die von einer universalistischen Sendung angetrieben wurden. Die Eliten, die diese Missionsbewegung tragen, sind zu Beginn meist asketischen Idealen verpflichtet und stellen das öffentliche Interesse des Gemeinwesens über privaten Luxus und den Mehrheitswillen des Volkes. Sehr häufig ergibt sich jedoch eine Spaltung zwischen den Intellektuellen, die die Reinheit der universalistischen Lehre vertreten, und den Politikern, die sich aus pragmatischen Gründen des Machterhalts auf die dieseitige Ordnung einlassen.[64] Beide sind in universalistischen Reichen aufeinander angewiesen: Die Politiker benötigen die transzendente Rechtfertigung der Eroberung, und die Intellektuellen benötigen die herrschaftliche Eroberung zur Veränderung der Welt. Aus der expansiven Dynamik der universalistischen Reiche ergibt sich auch eine neue Form der Grenze. Grenzen sind hier nicht mehr scharf gezogene Linien, die Bereiche staatlicher Souveränität trennen, sondern Zonen der militärischen Konfrontation mit den Gemeinschaften, die sich dem Erlösungsauftrag der universalistischen Reiche widersetzen.

In modernen demokratischen Herrschaftsordnungen stützen universalistische Codierungen kollektiver Identität insbesondere öffentliche Diskurse, in denen sich das vernünftige Gemeinwohl und die *volonté generale* im Unterschied zur bloßen Mehrheitsmeinung, der *volonté des tous*, der Summe der Einzelwillen, kon-

64 S. N. Eisenstadt, »The Axial Age: The Emergence of Transcendental Visions and the Rise of Clerics«, a.a.O.; E. Voegelin, *Order and History*, a.a.O.

stituiert.[65] Zwar ist Reflexion hier nicht mehr in erster Linie das Privileg einer Elite, aber doch an eine institutionelle Arena und ihre Diskursregeln gebunden, die das sakrale Zentrum der Gemeinschaft bilden. In dieser öffentlichen Diskursarena vollzieht sich die Vermittlung zwischen den aktuellen historischen Problemen und der transzendenten Vernunft.[66] Das über öffentliche Diskurse ermittelte vernünftige Gemeinwohl und der dadurch legitimierte Staat kann durchaus in Gegensatz zu der Summe privater Einzelmeinungen der Bürger treten und gewinnt diesen gegenüber eine überlegene moralische Qualität.[67] Das Einzelne, Private, Persönliche und Besondere erscheint aus der Sicht der universalistischen Codierung immer als das Irrende und Falsche, das sich dem Öffentlichen, Allgemeinen und Unpersönlichen unterzuordnen hat und im vernünftigen Ganzen aufgehen soll. Die universalistische Identität erzeugt eine unpersönliche abstrakte Ordnung der Gerechtigkeit und Vernunft, und diese darf nicht auf die persönlichen Interessen einzelner Bürger reduziert werden. Ein Staat, der sich an der allgemeinen Vernunft des öffentlichen Diskurses ausrichtet, soll daher seine Bürger erziehen und die Verfolgung privater und persönlicher Interessen streng aus dem öffentlichen Bereich des Staates ausschließen. Vor dem Hintergrund dieser Trennung des Privaten und Öffentlichen werden auch interne Kreuzzüge gegen und Skandalisierungen in bezug auf jede Form der privaten Nutzung öffentlicher Ämter plausibel. Politik wird in universalistischen Gemeinschaften vor allem als eine Bewegung verstanden, die die falsche Praxis der einzelnen Bürger im Sinne der neuen vernünftigen Idee verändert und reformiert. Diese Bewegungsform der Politik wird getragen

65 Daß hier Ideal und Wirklichkeit strukturnotwendig auseinanderklaffen, wird heute von niemandem mehr bestritten. Vgl. dazu vor allem: J. Habermas, *Strukturwandel der Öffentlichkeit. Untersuchungen zu einer Kategorie der bürgerlichen Gesellschaft*, Neuwied 1962.

66 Den zuweilen sogar tagespolitisch anschlußsuchenden Beiträgen von Jürgen Habermas kommt hier ein exemplarischer Wert zu. Vgl. zum Beispiel ders., »Geschichtsbewußtsein und posttraditionale Identität. Die Westorientierung der Bundesrepublik«, in: ders., *Die Moderne – ein unvollendetes Projekt. Philosophisch-politische Aufsätze 1977 bis 1990*, Leipzig 1990, S. 159-179.

67 Dazu vor allem: T. Kuran, *Private Truth, Public Lies. The Social Consequences of Preference Falsification*, New York 1995.

von der Überzeugung des Neuen und der Notwendigkeit des Bruchs zwischen Vergangenheit und Zukunft.

Universalistische Codierungen der kollektiven Identität begünstigen nicht nur einen starken vernunftorientierten Staat, sondern stützen auch eine staatliche Verteilung von Mitteln nach den in öffentlichen Diskursen ermittelten Prioritäten; öffentliche Ziele und Erziehung im Sinne der Gemeinschaft haben dabei klaren Vorrang gegenüber der Förderung privaten Reichtums und privaten Konsums. Entsprechend stark fällt auch die Rolle des Staates als Redistributionsagent gegenüber marktförmig erzeugten Verteilungen aus. Im Unterschied zu traditionalen Verteilungsmustern zielt diese Redistributionspolitik jedoch nicht auf den Erhalt eines überkommenen Musters gerechter Verteilung und die Subvention einer Vielfalt von benachteiligten Minoritäten, sondern auf die Modernisierung und institutionelle Reform der Gesellschaft.[68] Das Projekt der universalistischen Gemeinschaft fordert eine klare Abkehr von der Vergangenheit und eine grundlegende Erneuerung der Gesellschaft.

Diese Spannung zwischen Vergangenheit und Zukunft bestimmt auch die Kunst der universalistischen Gemeinschaft. Sie besteht auf einer radikalen Entwertung der klassischen und traditionellen Ästhetik und der Schaffung des Neuen, Überraschenden, bisher Unbekannten und noch nie Dagewesenen.[69] Die der universalistischen Identität wahlverwandte Kunst ist radikal und avantgardistisch; sie ist rücksichtslos auf eine ästhetische Idee ausgerichtet, sie entwertet sich ständig selbst – was gestern noch Avantgarde war, gilt heute schon als traditionell und überholt. In der avantgardistischen Kunst wiederholt sich das Modell der Erfindung des Neuen, mit dem die universalistische Gemeinschaft die Spannung zwischen Dieseits und Jenseits oder zwischen Zentrum und Peripherie auch in zentrifugalen inklusiven Bewegungen und bei aufgeweichten Schichtungsbarrieren erhält: Verzeitlichung bildet neben Schichtung und öffentlichen Opfern den wichtigsten Modus der Spannungsrekonstruktion in universalistischen Gemeinschaften.

Die der universalistischen Identität verwandte Kunst ist jedoch nicht nur radikal verzeitlicht, sondern auch *autonom*: Außer-

68 F. Ewald, *Der Vorsorgestaat*, a.a.O.

69 Anregend hierzu: B. Groys, *Die Entstehung des Neuen*, München 1996.

ästhetische Zwecke – die Abbildung der Natur, die Verehrung Gottes oder die Erzählung von Geschichten oder auch nur die Darstellung des konventionellen und angenehmen Schönen – werden abgekoppelt. Die Kunst bezieht sich nur mehr auf sich selbst und verfolgt radikal und ausschließlich ästhetische Prinzipien, sie steigert sich in dieser Selbstbezüglichkeit und Radikalität und lehnt jede Art von Kompromissen ab.[70] Diese radikale und autonome Kunst zielt nicht auf Verständnis, sondern auf Unverständnis, um die konstitutive Spannung zwischen dem Diesseits des weltlich und zweckhaft Konsumierbaren einerseits und dem erhabenen Jenseits der Kunst andererseits zu erzeugen. Sobald sie von einem breiteren Publikum angenommen und geschätzt wird, gerät diese grundlegende Spannung universalistischer Identität in Gefahr.

Universalistische Gemeinschaften öffnen so nicht nur den Weg für die Dynamik von Wandel, Steigerung und Fortschritt, sondern begünstigen auch die Abstraktion unter eigenlogischen Gesichtspunkten und damit die Abkoppelung autonomer Wertsphären.[71] Dies gilt nicht nur für die Sphäre der Kunst, sondern auch für die der Wissenschaft, die ausschließlich der wahren Erkenntnis verpflichtet sein soll, oder die der Moral, die ausschließlich auf die Ideale des Guten und Gerechten ausgerichtet sein soll. Damit deutet sich eine weitere Strategie an, durch die universalistische Identität die grundlegende Spannung herstellt und wiederherstellt: neben pädagogische Inklusion, Schichtung und öffentliche Opfer und die Dynamik von Erneuerung und Fortschritt tritt die Abkoppelung von eigenlogischen Wertsphären. In ihnen wird die einheitsstiftende Transzendenz sozusagen mundanisiert: An die Stelle eines einheitlichen und dem Diesseits radikal entgegengesetzten Jenseits tritt das Nebeneinander von mehreren einheitsstiftenden Gesichtspunkten, die bestimmte Provinzen der Welt neu ordnen. Sie abstrahieren dabei von jeder konkreten Erfahrung und sinnlichen Gewißheit, von personaler

70 Dort, wo sich die avantgardistische Kunst auf Politik eingelassen hat, führte dies nicht zu einer simplen Instrumentalisierung der Kunst, sondern gerade umgekehrt zu einer Ästhetisierung der politischen Arena. Vgl. B. Groys, *Gesamtkunstwerk Stalin*, München 1988.

71 Deren wissenschaftliche Entdeckung vor allem auf Dilthey und Weber zurückgeht. Vgl. A. Hahn, »Verstehen bei Dilthey und Luhmann«, in: *Annali de Sociologia* 8 (1992), S. 421-430.

Anschauung und Gewohnheit, sie schließen niemanden aus ihrem Diskurs aus und fordern die ständige Steigerung und die unaufhörliche Erneuerung. Funktionale Differenzierung tritt so das Erbe der universalistischen Identität an.

Allerdings fordert die Logik des Funktionsbezugs auch ein besonderes Opfer in Hinblick auf die Schaffung von Gemeinschaftlichkeit: Die Grenzen solcherart konstruierter Beziehungsnetze sind nicht nur in ständiger Bewegung, sondern gestatten auch kaum mehr klare und eindeutige Solidarbeziehungen – sie erzeugen eher Mitgliedschaft als Gemeinschaftlichkeit. Freilich bilden funktional ausdifferenzierte Netzwerke keineswegs die einzige und unausweichliche Folge universalistischer Codes in modernen und postmodernen Gesellschaften. Wichtiger noch für die Gemeinschaftsbildung in universalistischem Rahmen erweist sich möglicherweise das öffentliche Eingeständnis einer kollektiven Schuld, die durch das Verletzen universalistischer Werte und Prinzipien in der Vergangenheit enstanden ist. Im Unterschied zur traditionalistischen Codierung gilt die Vergangenheit hier nicht als wiederholenswert, sondern als Anlaß zum Bruch, zur Umkehr und zur Umerziehung. Das klassische Beispiel für eine solche Identitätskonstruktion durch das Eingeständnis kollektiver Schuld ist sicherlich die Öffentlichkeit Nachkriegsdeutschlands, das die Verbrechen des Nationalsozialismus eingestand und sich durch dieses öffentliche Schuldeingeständnis eine neue, demokratische und der Zukunft zugewandte Identität schaffen konnte.[72] Der Holocaust gewann seine unüberbietbar katastrophale Kontur erst vor dem Hintergrund universalistischer Werte, die den Diskurshorizont der deutschen Gesellschaft vor 1933 bestimmten und deren Verbindlichkeit vom Nationalsozialismus aufgekündigt worden war. Aus der Katastrophe folgte eine außerordentlich weitgehende Entwertung der nationalen Vergangenheit und eine Bekräftigung einer neuen universalistischen Identität, in der die Vergangenheit niemals mehr wiederkehren sollte. In dem öffentlichen Schuldbekenntnis durch die politi-

72 Dieser Aspekt scheint in der Polemik von Hermann Lübbe gegen die von ihm so genannten »Nationaltherapeuten« übersehen worden zu sein. Ders., »Verdrängung – oder die Heilmethoden kritischer Nationaltherapeuten«, in: ders., *Zwischen Trend und Tradition. Überfordert uns die Gegenwart?*, Zürich 1981, S. 22-37. Zu einer Gegenposition vgl. G. Schwan, *Politik und Schuld*, Frankfurt am Main 1997.

schen Repräsentanten der Gemeinschaft wird die Vorstellung des innerweltlich sinnlosen Opfers auf eine ganz neue Ebene gehoben. Der Tod der Opfer steht für die äußerste, durch nichts mehr begründbare Barbarei der Vergangenheit, von der sich die Gegenwart abzusetzen hat.

Zwar ist das deutsche Beispiel einer Identitätskonstruktion durch öffentliches Schuldeingeständnis besonders markant, aber keineswegs einzigartig. In vielen westlichen Staaten finden sich parallele Erscheinungen: die amerikanische Öffentlichkeit rückt die Sklaverei der schwarzen Bevölkerung und die partielle Ausrottung der indianischen Völker in den Mittelpunkt, die Zweihundertjahrfeier der Französischen Revolution wird zum Anlaß ihrer geschichtswissenschaftlichen Revision[73], die öffentliche Diskussion der französischen Kollaboration mit den deutschen Besatzern nimmt zu und drängt die Feiern der Résistance in den Hintergrund, die Verbrechen der vergangenen Kolonialherrschaft beschäftigen heute die holländische Öffentlichkeit, in Großbritannien wird der Bombenkrieg gegen die deutschen Städte zum Thema nachdenklicher Betrachtungen, in Australien werden kollektive Schuldgefühle gegenüber den Aborigines zum zentralen Thema des nationalen Diskurses, in Italien besucht selbst der Chef der neofaschistischen Partei das Mahnmal für die Opfer des Faschismus, Staatsoberhäupter bitten öffentlich um Verzeihung für vergangene Verbrechen, Nationaldenkmäler bedenken nicht mehr den Sieg über den Nachbarn, sondern die Opfer des Krieges oder der Terrorherrschaft, kurz: die Revision von triumphalistischen Konstruktionen nationaler Identität steht heute vielfach auf der Tagesordnung.

Diese neuen Identitätsdiskurse durch Schuldbekenntnis erklären sich aus der Logik universalistischer Codierungen, die einerseits die Differenz zwischen Vergangenheit und Zukunft betont und verschärft, andererseits aber die geschichtliche Bewegung der Gegenwart nicht mehr über die Attraktivität der Zukunft in Gang halten kann. Die Zukunft ist längst nicht mehr das Feld einheitsstiftender Utopien, sondern wird zunehmend über Katastrophenszenarien imaginiert. Wurde die Gegenwart im Geschichtsmodell der Moderne vor allem durch die Beschleunigung in eine anziehende Zukunft bewegt, so stößt sie sich heute in postutopischen Demokratien eher von der Vergangenheit ab. Er-

73 F. Furet, *1789 – Jenseits des Mythos*, Hamburg 1989.

innerung wird auch für universalistische Diskurse zum Medium der Gemeinschaftsstiftung.

Verstärkt wird diese universalistische Umkehr des Zeithorizontes durch die Bedingungen globaler Kommunikationsnetze: die Nachbarn, die außenstehenden Fremden, vor allem aber die Nachkommen der Opfer können heute die öffentliche Identitätskonstruktion einer Nation mit Leichtigkeit beobachten, und ihre Empfindlichkeit gegenüber einer Proklamation nationaler Größe muß in Rechnung gestellt werden. Triumphalistische Rekonstruktionen traditionaler Identität setzen eine gewisse Entfernung der Außenstehenden voraus; aus der Nähe betrachtet, lassen sich Beleidigungen derjenigen, die nicht mitmachen können, nur dann vermeiden, wenn die Siegesfeier zur unverbindlichen Folklore verwässert wird. Allein denjenigen, die nicht als *global players* betrachtet werden, wie etwa afrikanische Staaten, oder denen, die historisch einen kaum bezweifelbaren Opferstatus beanspruchen können, gestattet die Weltöffentlichkeit ein ungebrochenes Bekenntnis zu nationaler Größe. Über die situativen Bedingungen, die solche universalistischen Codierungen stützen, werden wir im nächsten Kapitel mehr erfahren.

2. Situative Bedingungen kollektiver Identität

2.1 Die Elemente der Situation

Wenn wir kollektive Identität als eine soziale Konstruktion betrachten, dann verweist diese Perspektive nicht nur auf die kulturellen Codes, mit denen konstruiert wird, sondern auch auf Umstände, die jenseits der Verfügung der beteiligten Akteure liegen, aber dennoch die gemeinsame Herstellung von Grenzen nachdrücklich beeinflussen. Symbolische Kommunikationen erhalten ihre Bedeutung nicht nur aus der allgemeinen Logik der Codierung, sondern auch aus dem Bezug auf die jeweils vorhandenen lokalen Gegebenheiten, die als offensichtlich und selbstverständlich bei jeder Kommunikation vorausgesetzt werden. Im Unterschied zu den symbolischen Codes sprechen wir hier von situativen Bedingungen der Konstruktion von Identität. Solche situativen Bedingungen, wie Anwesenheit oder persönliche Bekanntheit des angesprochenen Anderen, die Verfügbarkeit von

Ressourcen oder die vorangegangenen Handlungen, sind selbst wiederum Ergebnisse vorhergehender Prozesse sozialer Konstruktion, aber für die Akteure in der Situation sind sie selbstverständlich und scheinen unveränderbar und stabil zu sein. Als Resultate vergangener Prozesse der Kommunikation stellen sie verallgemeinerte Erfahrungen von Vertrauen und Mißtrauen, Identität und Differenz dar. In dieser Hinsicht ersetzen und verkürzen sie individuelles Kennenlernen und kompensieren den Mangel an persönlichen Erfahrungen mit einem Gegenüber.

Im Mittelpunkt dieser situativen Bedingungen der Konstruktion von Identität stehen soziale Beziehungen, aber auch die Art, wie Kommunikationen mitgeteilt werden, oder die Abfolge der Handlungen selbst. Sie entscheiden darüber, welche Folgen eine bestimmte Codierung von Grenzen erzeugt, ob sie als angemessen und passend empfunden wird oder ob sie Mißverständnisse und Konflikte nach sich zieht und weitere Verständigungsversuche erforderlich macht. Diese im Rahmen der Situation nicht verfügbaren Bedingungen können natürlich ganz unterschiedliche Gestalt annehmen, und es fällt schwer, diese Vielfalt situativer Bedingungen in einer allgemeinen Theorie über den Zusammenhang von Code und Situation zu erfassen.

Die Besonderheit der einzelnen Situation entzieht sich jeder allgemeinen Beschreibung und läßt sich nur über indexikalische Ausdrücke erfassen. Gerade diese Einbettung in die Situation verleiht der Codierung von Grenzen jedoch ihre besondere Bedeutung und lebensweltliche Begründung. Wir werden daher im folgenden situative Bedingungen auf idealtypische Weise vereinfachen müssen. Eine solche Verfahrensweise ist in den Sozialwissenschaften gut eingeführt und vermag hier komplexe empirische Zusammenhänge zu erhellen, selbst wenn der Idealtypus in der sozialen Wirklichkeit bestenfalls in Annäherung aufzufinden ist.

Bei der Konstruktion dieser situativen Idealtypen werden wir von den Begriffen der klassischen Handlungstheorie ausgehen. Wir werden Prozesse der Kommunikation hinsichtlich dreier grundlegender Positionen analysieren: *Ego*, der Akteur, richtet seine Handlung oder Kommunikation an *Alter*, sein Gegenüber, der – wie *Ego* weiß – in der Lage ist, auf die Handlung zu reagieren und sie zu beantworten, und dies wahrscheinlich auch tun wird. Soziale Kommunikation benötigt außerdem eine Bezugnahme auf eine dritte Position, die *Anderen*, die prinzipiell ebenfalls an der Kommunikation teilnehmen können, aber nicht direkt angesprochen werden.[74] Ganz gleich wie die Art der Beziehung zwischen *Ego*, *Alter* und den Dritten beschaffen ist, werden Prozesse der Kommunikation zwischen diesen Positionen durch zeitliche Sequenzierung strukturiert und durch sinnkonstituiertes Handeln bestimmt.

Betrachten wir zunächst die zeitliche Abfolge des Handelns. Es gibt sequentielle Ordnungen von Handlungen, die nur schwer zu mißachten oder zu verändern sind.[75] Die Antwort von *Alter* muß der Handlung von *Ego* folgen, beide beobachten sich gegenseitig und müssen anschließend eine entsprechend angemessene Reaktion auswählen.[76] Kommunikation basiert auf vergangenen Handlungen, die durch ihre Zeitlichkeit die »materialen« Strukturen der Situation erzeugen. Kommunikation kann hinweisen auf potentielle Handlungen, die möglicherweise in der Zukunft stattfinden, und die Sequenz ausgeführter Handlungen eröffnet selbst bestimmte Spielräume nachfolgender Reaktionen, die als sinnvoll und angemessen erscheinen. Natürlich ist die Vergangenheit narrativ konstruiert und kann zur Diskussion gestellt werden, und die Angemessenheit zukünftiger Handlungen kann in Frage gestellt werden, aber die grundlegende Asymmetrie zwischen vergangenen Handlungen, die als gegeben und unveränderbar betrachtet werden, und zukünftigen Handlungen, die Gegenstand von Entscheidungen sind, kann nicht geleugnet werden.[77]

74 Die Analyse solcher triadisch statt ausschließlich dialogisch strukturierter Situation geht bekanntlich auf Georg Simmel zurück. Ders., »Die quantitative Bestimmtheit der Gruppe«, in: ders., *Soziologie*, Berlin 1983, S. 32-100. Vgl. dazu auch J. Freund, »Der Dritte in Simmels Soziologie«, in: H. Böhringer und K. Gründer (Hg.), *Ästhetik und Soziologie um die Jahrhundertwende: Georg Simmel*, Frankfurt am Main 1976, S. 90-101. Eine weitere wichtige Anregung erfuhren die folgenden Überlegungen durch die klassische Arbeit Fritz Heiders. Ders., »Attitudes and cognitive Organization«, in: *Journal of Psychology* 21 (1946), S. 107-112.

75 Vgl. hierzu ganz allgemein S. C. Levinson, *Pragmatics*, Cambridge 1983.

76 W. L. Schneider, *Die Beobachtung von Kommunikation. Zur kommunikativen Konstruktion sozialen Handelns*, Opladen 1994.

77 In der jeweils aktuellen Gegenwart artikuliert sich diese Asymme-

Das zweite grundlegende Merkmal von Interaktionsprozessen ist ihre Abhängigkeit von sinnhaften Handlungen oder Entscheidungen der Akteure. Die Situation kann bestimmte Handlungen als brauchbar und angemessen erscheinen lassen, und kulturelle Codes können bestimmte Handlungen als adäquat und sinnvoll nahelegen, aber es gibt immer eine gewisse Bandbreite möglicher Handlungen, zwischen denen die Akteure wählen können. Letztlich können sie sich weigern, dem nahegelegten Handlungsweg zu folgen. Dieses Element der Autonomie oder Wahlfreiheit bezieht sich selbstverständlich nicht nur auf Handlungen von *Ego*, sondern auch auf die Reaktionen von *Alter* und die möglichen Interventionen außenstehender Beobachter.[78] Wir wollen die grundlegenden Merkmale der drei Positionen eines Interaktionsprozesses hinsichtlich der Konstruktion kollektiver Identität betrachten.[79]

Um die Analyse auf die Dynamik der Interaktionen zu konzentrieren, nehmen wir zunächst vollständige Unabhängigkeit zwischen den Entscheidungen der an der Situation beteiligten Akteure an. Der erste Akteur weiß nichts über die möglichen Entscheidungen der nachfolgenden Akteure, und diese können ihre Antworten unabhängig voneinander auswählen. Vollstän-

trie, wie Ulrich Oevermann wiederholt gezeigt hat, durch einen unausweichlichen Entscheidungszwang zu einer bestimmten Handlung und einer damit notwendig verbundenen, aber eben nur sequentiell einzulösenden Begründungsverpflichtung. Vgl. ders., »Ein Modell der Struktur von Religiosität. Zugleich ein Modell von Lebenspraxis und von sozialer Zeit«, in: M. Wohlrab-Sahr (Hg.), *Biographie und Religion. Zwischen Ritual und Selbstsuche*, Frankfurt am Main 1995, S. 27-102, S. 39 f.

78 Wir werden also Talcott Parsons' klassische Bestimmung des Problems der doppelten Kontingenz (vgl. vor allem ders., »Social Interaction«, in ders., *Social Systems and the Evolution of Action Theory*, New York/London 1977, S. 154-176) durch eine dritte Position oder Partei ergänzen. Deren Handlungsalternativen werden wir allerdings nicht in ihrer ganzen rein kombinatorisch möglichen Relevanz für Ego und Alter durchdeklinieren, sondern uns auf einige, aber wesentliche Aspekte beschränken.

79 Eine primär konflikttheoretische Analyse der Position des Dritten für die in einen Konflikt involvierten Akteure findet sich in B. Giesen, »Die Konflikttheorie«, in: G. Endruweit (Hg.), *Moderne Theorien der Soziologie*, Stuttgart 1993, S. 87-134.

dige Unabhängigkeit zwischen den Akteuren anzunehmen läuft darauf hinaus, jeden Einfluß einer gemeinsamen Situation und einer gemeinsamen Vergangenheit zu vernachlässigen. Außerdem wollen wir annehmen, die Akteure hätten keine besonderen strategischen Motive, Bedürfnisse oder Ziele – mit einer unentbehrlichen Ausnahme: Die Akteure wollen handelnde Subjekte bleiben, die eine Identität beanspruchen und diese Identität von anderen anerkannt haben möchten.[80] Der Inhalt dieser Identität ist variabel und offen für soziale Konstruktion.[81] Diese Annahme der Unabhängigkeit ist äußerst unrealistisch, stellt aber einen guten Ausgangspunkt für eine Analyse von *Prozessen* der Konstruktion von Identität dar.

2.1.1 *Egos* Grenziehung

Ego, also der Sprecher, der eine Sequenz beginnt, kann durch den Inhalt seiner Kommunikation eine Grenze ziehen. Er kann Differenzen bemerken oder sie ignorieren, er kann *Alter* inklusiv oder exklusiv ansprechen. Im einfachsten Fall bezieht sich seine Kommunikation auf ihn selbst, das heißt auf den Sprecher und

80 Darauf kommen wir ausführlicher im 3. Abschnitt von Teil II zurück. Zu einer ganz spezifischen, man könnte vielleicht sagen: ironisch gebrochenen, wenn nicht gar zynischen Variante des Konzepts individueller Identität als Anspruch an andere vgl. N. Luhmann, »Individuum, Individualität, Individualismus«, in: ders., *Gesellschaftsstruktur und Semantik*, Bd. 3, Frankfurt am Main 1989, S. 149-258, S. 242 ff.

81 Im Rahmen der Konversationsanalyse bildet die hier relevante, auf Harvey Sacks zurückgehende *Membership Categorization Analysis* mittlerweile ein eigenes Forschungsfeld. Vgl. dazu aus neuerer Sicht den Sammelband: S. Hester und P. Eglin (Hg.), *Culture in Action. Studies in Membership Categorization Analysis* (Studies in Ethnomethodology and Conversation Analysis, No. 4), Washington, D.C. 1997. Theoretisch interessant sind Untersuchungen dieses Typs vor allem deshalb, weil sie es erlauben oder wenigstens in Zukunft erlauben könnten, den engen mikrosoziologischen Bezugsrahmen der Konversationsanalyse zu überwinden. Dabei wird es entscheidend sein, die *constraints* der aktuellen Situation und des institutionellen settings genauer zu ermitteln. Auch die folgenden Überlegungen verstehen sich als ein Schritt in diese Richtung.

sein Publikum, und setzt eine gemeinsame Identität beider voraus, während Außenstehende als dritte Partei ausgeschlossen sind. Diese kollektive Identität kann sich lediglich auf eine gemeinsame Vergangenheit der Kommunikation gründen; vergangene Erfahrungen und Interaktionen miteinander werden durch indexikalische Ausdrücke wie »wie du weißt« angedeutet. Dieses indexikalische Erinnern einer gemeinsamen Vergangenheit ist in hohem Maße exklusiv.[82] Außenstehende können an dieser gemeinsamen Vergangenheit nicht teilhaben, sie sind nicht einmal in der Lage, die Geschichte, von der sie ausgeschlossen werden, zu verstehen und zu kennen. Eine gemeinsame Vergangenheit ist offensichtlich unvereinbar mit unserer Annahme von gegenseitiger Unabhängigkeit. Ohne eine solche gemeinsame Vergangenheit kann der erforderliche Konsens vorgeschlagen werden durch Bezugnahme auf kulturelle Überzeugungen oder primordiale Gemeinsamkeiten, die *Ego* und *Alter* miteinander einen und Außenstehende ausschließen. Hat *Ego* keine vergangenen Erfahrungen mit *Alter* und keine Informationen über seine Reaktionen, wird er wahrscheinlich auf eine kollektive Identität Bezug nehmen, die unzweifelhaft gültig und unabhängig von *Alters* aktuellen Einstellungen ist. Primordiale Konstruktionen von kollektiver Identität sind deshalb eine angemessene Strategie in Situationen, in denen Unbekannte einander begegnen und Vertrauen aufgebaut werden soll.[83]

Kommunikation kann sich ebenso auf einem anderen Wege auf Identität beziehen. Der Sprecher kann auch absichtlich oder unbeabsichtigt zwischen ihm selbst einerseits und seinem Publikum und einer dritten Partei andererseits unterscheiden, oder er kann sich selbst als einer dritten Partei zugehörig darstellen und somit eine Grenze zum Publikum ziehen. Wichtig für unsere Frage ist die Unterscheidung zwischen der kollektiven Identität des Spre-

82 H. Garfinkel, und H. Sacks, »On Formal Structures of Practical Actions«, in: J. C. McKinney und E. A. Tiryakoan (Hg.), *Theoretical Sociology. Perspectives and Developments*, New York 1970, S. 337 bis 366, S. 339.

83 Daß Ego dabei die bereits in den ersten Zügen der Interaktion sichtbar werdenden oder vermuteten Erwartungen Alters auch in konstruktiver Weise zu bedienen vermag, hat Michael Moerman in überzeugender Weise aufgezeigt. Ders., »Accomplicing Ethnicity«, in: R. Turner (Hg.), *Ethnomethodology*, Harmondsworth 1974, S. 54-68.

chers und seines Publikums und der Konstruktion einer Spaltung zwischen ihnen. Diese Spaltung oder Trennlinie zwischen *Ego* und *Alter* kann selbstverständlich von *Ego* absichtlich konstruiert sein – normalerweise um *Alter* abzuwerten und seine Position als ein verantwortliches und vertrauenswürdiges Mitglied der Gemeinschaft herabzusetzen. Die Arten des Herabsetzens variieren beträchtlich[84]: von Beleidigung und Kränkung über herablassendes Verhalten bis zu heftigen Anklagen.

Bekanntheit verstärkt die Heftigkeit des Herabsetzens. *Alter* in der Öffentlichkeit, vor den Augen anderer, herabzusetzen ist leichter, als dies privat zu tun. Hier wäre eine Herabsetzung unvereinbar mit der Annahme wechselseitiger Achtung; *Alter* müßte, wenn er die Beteiligung ernst nähme, die Kommunikation abbrechen. *Alter* kann aber auf dieses versuchte Herabsetzen im Privaten auch dadurch antworten, daß er es ignoriert oder als einen unbeabsichtigten Fehler von *Ego* auffaßt. *Egos* bloß strategisches Interesse ist deshalb nicht ausreichend für die soziale Konstruktion von kollektiver Identität.

2.1.2 *Alters* Einverständnis

Egos Vorschlag einer Grenze muß ergänzt werden durch das Akzeptieren oder Zurückweisen dieses Vorschlags von *Alter*, das heißt dem angesprochenen Publikum. Offensichtlich hat *Alter* dabei mindestens drei Möglichkeiten. Er kann akzeptieren oder es ablehnen zu akzeptieren, das heißt der von *Ego* angenommenen oder vorgeschlagenen Grenzziehung zustimmen oder nicht zustimmen, und er kann sich entscheiden, den Vorschlag zu ignorieren.[85] Ohne Alters Antwort existiert die soziale Grenze

84 Vgl. dazu die klassische Analyse von H. Garfinkel, »Conditions of Successful Degradation Ceremonies«, in: *American Journal of Sociology* 61 (1956) S. 420-424.

85 Ulrich Oevermann hat in filigraner Analyse der Begrüßungszeremonie offengelegt, wie sich bereits durch die elementare Wahl zwischen Grüßen, Nichtgrüßen und Ignorieren zwischen Freund, Feind und Fremdem differenzieren läßt. Ders., »Zur Sache. Die Bedeutung von Adornos methodologischem Selbstverständnis für die Begründung einer materialen soziologischen Strukturanalyse«, in: L. v. Friedeburg und J. Habermas (Hg.), *Adorno-Konferenz 1983*, Frankfurt am

nicht.[86] Ignoriert *Alter Egos* Vorschlag einer Grenze, so kann ihm das eine beträchtliche Macht verleihen, die gleichwohl typisch ist für private Situationen.

Wenn hingegen dritte Parteien *Egos* Vorschlag beobachten und anerkennen, wird es schwieriger, den Vorschlag zu ignorieren. Andererseits kann *Alter Egos* Handlung auf eine Art interpretieren, die *Ego* nicht beabsichtigte und nicht einmal vorhersehen konnte. Dies gilt natürlich auch für den Fall, daß *Ego* beabsichtigt, keine Grenze zwischen sich und *Alter* zu behaupten. *Alter* kann hier unbeabsichtigt gesetzte Grenzen in *Egos* Kommunikation aufdecken und auf diese reagieren. Wenn außenstehende Beobachter mit *Alters* Interpretation übereinstimmen, kann eine Grenze konstruiert worden sein, obwohl *Ego* dies nicht beabsichtigte.

Aber zuerst nehmen wir den einfachsten Fall an, daß *Alter* und *Ego* hinsichtlich der Grenzziehung übereinstimmen. Ihre Erwartungen ergänzen sich gegenseitig, und sie teilen eine gemeinsame Definition der sozialen Grenzen. Wenn sie sich beide über ihre gemeinsame kollektive Identität einig sind, wird ihre Handlungsorientierung eine gewisse Ähnlichkeit aufweisen, und sie werden sich gegenseitig bis zu einem gewissen Grad vertrauen. Aber das Einverständnis zwischen *Ego* und *Alter* kann sich nicht nur auf die Annahme einer gemeinsamen Identität beziehen, sondern auch auf das Gegenteil, die Annahme fundamentaler Differenzen. In diesem Fall ist der Spielraum zukünftiger Kooperationen und Interaktionen begrenzt.

Wenn wir Uneinigkeit zwischen *Ego* und *Alter* annehmen, müssen wir wiederum zwei Fälle unterscheiden. Im ersten Falle

Main 1983, S. 234-289. Eine strukturell vergleichbare Alternative von Optionen hat Albert Hirschman ausführlich diskutiert. Ders., *Abwanderung und Widerspruch. Reaktionen auf Leistungsabfall bei Unternehmungen, Organisationen und Staaten*, Tübingen 1974.

86 Diese Figur ist zwar seit George Herbert Meads Analyse der Gestenkommunikation soziologisches Allgemeingut – vgl. ders., *Mind, Self and Society from the Standpoint of a Social Behaviorist*, hg. von Ch. W. Morris, Chicago/London 1934 [deutsch: *Geist, Identität und Gesellschaft. Aus der Sicht des Sozialbehaviorismus*, Frankfurt am Main 1968], etwa S. 76: »meaning is given or stated in response« –, hat aber in der soziologischen Literatur zum Thema kollektive Identität bislang kaum einen angemessenen Platz gefunden.

wird *Egos* Vorschlag einer gemeinsamen kollektiven Identität von *Alter* zurückgewiesen, der auf einem Unterschied und einer Grenze besteht. Im zweiten Fall schlägt *Ego* eine Grenze vor, und *Alter* stimmt nicht zu, weil er an einer gemeinsamen kollektiven Identität teilhaben möchte. Unter Berücksichtigung der Vorschläge des Sprechers und der Antworten des Publikums können wir folgende Tabelle entwerfen:

		Antwort des Publikums (Alter)	
		Zustimmung	Ablehnung
Vorschlag des Sprechers (Ego)	Differenz	Exklusion	Debatte über Grenze
	Identität	Inklusion	keine Annäherung

2.1.3 Die Reaktion der Außenstehenden

Das Modell muß außerdem noch die außenstehenden Beobachter mit einbeziehen, die durch die Kommunikation nicht direkt angesprochen sind, die aber auf die Kommunikation ebenfalls auf verschiedene Arten reagieren können. Außenstehende Beobachter können eingreifen und auf die Beziehung zwischen *Ego* und *Alter* reagieren oder sie ignorieren. Ihre Reaktion wird selbstverständlich von den erwarteten Kosten und Nutzen des Eingreifens beeinflußt sein, aber auch davon, ob die – etwa durch ein öffentliches Verhalten ausgeübte – Provokation so groß ist, daß sogar strategische und Effektivitätserwägungen vernachlässigt werden, weil die dritte Partei ihre Identität und ihr öffentliches Image durch diese Provokation als ernsthaft verletzt ansieht. Sie können in diesem Falle die Provokation nicht mehr ignorieren. Das trifft selbstverständlich vor allen Dingen auf Handlungen zu, die eine dritte Partei absichtlich ausschließen oder beleidigen. Durch ebendiese Absicht wird die dritte Partei zum Publikum transformiert, das zumindest indirekt vom Sprecher angesprochen wird. Natürlich können die angesprochenen Personen es ablehnen, die Transformation zu akzeptieren, und sie können ebenso die Beleidigung ignorieren; aber das wird zunehmend schwieriger, wenn es weitere Andere gibt, die von *Egos* Kommunikation angesprochen und beleidigt sind.

Wenn *Ego* nicht absichtlich dritte Parteien anspricht (und sie damit zu weiteren *Alteri* transformiert), können wiederum drei Fälle unterschieden werden: Die Außenstehenden können sowohl von *Ego* als auch von *Alter* ausgeschlossen werden, die sich beide über den Ausschluß einig sind; oder sie können nur von einem der beiden ausgeschlossen werden, während der andere sie mit einbeziehen will; oder aber sie können von beiden mit einbezogen werden. Das eröffnet Möglichkeiten für Koalitionen und bereitet den Weg für Eingriffe und Konflikte. Für die soziale Konstruktion von Grenzen und kollektiver Identität wird das Einverständnis von mindestens zwei Strukturpositionen in einer Situation benötigt; wenn die dritte Strukturposition nicht zustimmt, steht die Grenze immer noch zur Debatte und ist umstritten. *Eine Grenze ist fest und unzweifelhaft etabliert nur dann, wenn alle drei Strukturpositionen über die Grenzziehung übereinstimmen.*[87] Das muß als unwahrscheinlich angenommen werden, solange wir vollständige Unabhängigkeit der Entscheidungen annehmen. Reale Kommunikationsprozesse kommen jedoch den klassischen spieltheoretischen Dilemmata, zum Beispiel dem Modell des Gefangenendilemmas, nur in seltenen Fällen nahe. Im Gegensatz zu der unrealistischen, gleichwohl erhellenden Annahme gegenseitiger Unabhängigkeit liefern soziale Situationen gewöhnlich einige Informationen über die anderen. In einer gemeinsamen Situation zu sein heißt, gemeinsame Definitionen über den kulturellen Hintergrund, die relative Stellung und die gewohnten Praktiken des anderen miteinander zu teilen und die besonderen Unterschiede und Gemeinsamkeiten als selbstverständlich anzunehmen.[88]

87 Hier folgen wir Fritz Heiders Balance-Theorie (a.a.O.). Vgl. D. Cartwright und F. Harary, »Structural Balance: A Generalization of Heiders Theory«, in: S. Leinhardt (Hg.), *Social Networks – A Developing Paradigm*, New York 1977, S. 10-25.

88 Die obligatorische Referenz ist hier natürlich W. I. Thomas, *The Unadjusted Girl*, Montclair, N. J. 1969 (zuerst 1923), S. 42. Für eine

Soziale Konstruktion von Identität wurde bisher analysiert als eine Beziehung, die aus *Ego, Alter* und den *Anderen* besteht. Dieses Paradigma dreier struktureller Positionen, die miteinander in Beziehung gesetzt werden müssen und sich durch jeden Prozeß von sozialer Kommunikation aufeinander beziehen, erschließt einen Bereich möglicher Konfigurationen, die wir *Situationen* nennen. Unser Interesse an kollektiver Identität konzentriert die Aufmerksamkeit dabei auf jene Konfigurationen, die eine Grenze zwischen zwei Positionen ziehen. Die Stärke dieser Grenzziehung und ihre Form kann beträchtlich variieren, und ihre Variationen sind deutlich beeinflußt von besonderen Situationsbedingungen.

Wir beschäftigen uns im folgenden vor allem mit zwei dieser Situationsbedingungen: Gegenwart des angesprochenen Publikums und Beobachtbarkeit der Kommunikation für Außenstehende, die nicht angesprochen sind. Die erste Variable (Gegenwart) bezieht sich auf die Lokalität, die zweite bezieht sich auf die Nebeneffekte absichtlicher Handlungen und auf die durch die Kommunikation errichteten Grenzen.

2.1.4 Die Gegenwart des angesprochenen Publikums

Das klassische Paradigma der Interaktion setzt in einer Situation sowohl die Anwesenheit von *Ego* (dem Sprecher) als auch die von *Alter* (dem Publikum) voraus. In dieser Konstellation können die Akteure die Antworten des angesprochenen Publikums unmittelbar wahrnehmen, sie können ihre Kommunikation entsprechend diesen Reaktionen verändern, und sie können ihre Botschaft relativieren und wiederholen, betonen und verstär-

im Kontrast dazu weit raffiniertere definitorische und experimentelle Ausarbeitung des Konzepts der Definition der Situation im ethnomethodologischen Sinn vgl. vor allem: P. McHugh, *Defining the Situation. The Organization of Meaning in Social Interaction*, Indianapolis 1968. Als vielleicht wichtigsten neueren Beitrag im Rahmen des enthnomethodologischen Paradigmas, dem wir hier entscheidende Anregungen verdanken, vgl. E.C. Cuff, *Problems of Versions in Everyday Situations* (Studies in Ethnomethodology and Conversation Analysis, No. 2), University Press of America 1993.

ken.[89] Wenn jedoch das Publikum nicht anwesend ist, beispielsweise im Falle von schriftlicher oder medialer Kommunikation, dann richtet sich der Sprecher nicht nach diesen unmittelbaren Antworten und Bestätigungen, um seine Kommunikation abzustimmen. Dem Sprecher mangelt es an einem konkreten Gegenüber, zu dem und für den er spricht.[90] Kommunikation zwischen nicht anwesenden Akteuren benötigt deshalb einen funktionalen Ersatz für die Gegenwart des Publikums. Eine Art, das zu erfüllen, ist die Simulation von persönlichen Begegnungen und die Vorstellung einer starken gemeinsamen Bindung von Sprecher und Publikum.[91] Der Sprecher kann zum Beispiel an moralische oder religiöse Überzeugungen appellieren, er kann auf eine Bedrohung oder einen Feind von außen verweisen, oder er kann die Gefahr des Verfalls von Tradition und Gemeinschaft geltend machen. Die kollektive Identität von Sprecher und Publikum wird also auf diese Weise konstruiert, inszeniert und vorgestellt durch Bezugnahme auf kulturelle Codes, deren Gültigkeit als unbezweifelbar und selbstverständlich angenommen wird.

2.1.5 Die außenstehenden Beobachter

Eine zweite wichtige Situationsvariable ist der Grad, in dem die Interaktion und Kommunikation der Beobachtung durch dritte Personen, die vom Sprecher nicht direkt angesprochen werden, zugänglich ist. Dieser Grad kann in der Interaktion nicht beein-

89 Und komplementär dazu verfügt natürlich auch *Alter* über eben genau die gleichen Möglichkeiten. Insofern *Alter* anwesend ist, ist es ihm jedoch nicht möglich, die Angebote *Egos* einfach zu ignorieren. Genau deshalb haben rituelle Kommunikationen unter Anwesenden auch einen so vergleichsweise hohen Bindungseffekt. Verfolgt eine Person dasselbe Ritual jedoch im Fernsehen, eröffnen sich ihr ganz andere Alternativen. Robin Erica Wagner-Pacifici unterscheidet deshalb zwischen Ritual und Drama. Ders., *The Moro Morality Play. Terrorism as Social Drama*, Chicago 1986.

90 Vgl. B. Giesen, »Der Dialog mit dem unsichtbaren Gegenüber«, in: ders., *Die Intellektuellen und die Nation*, a.a.O., S. 79 ff.

91 Benedict Anderson hat der neueren soziologischen und historischen Forschung mit der Formel von der »imagined community« das zentrale Losungswort geliefert. Ders., *Imagined Communities*, 2., ergänzte Auflage, London 1991.

flußt werden, die Akteure müssen ihn als unveränderliche Bedingung für den Erfolg des Interaktionsprozesses hinnehmen.

Aus dieser Variable ergibt sich die wichtigste Unterscheidung zwischen privaten und öffentlichen Situationen. *Private Situationen* bestehen aus der direkten Kommunikation zwischen zwei Personen oder Gruppen ohne außenstehende Beobachter. Private Interaktion und Kommunikation muß die Reaktionen von Außenstehenden oder dritten Parteien nicht berücksichtigen. Sie können daher eher radikale und außergewöhnliche Positionen beziehen, sie können es wagen, Außenstehende zu verspotten und ironisch zu sein, ohne es zu riskieren, Außenstehende direkt anzugreifen. Auf der anderen Seite ist private Kommunikation ungeschützter und empfindlicher hinsichtlich des Konsenses zwischen Sprecher und Hörer. Der Sprecher braucht eine gewisse Zustimmung und Bekräftigung seines Gegenübers, um die Situation aufrechtzuerhalten.

Im Gegensatz dazu sind *öffentliche Situationen* zugänglich für alle. Öffentliche Kommunikation und Interaktion können deshalb die Möglichkeit nicht ausschließen, daß außenstehende Beobachter auf die Form oder den Inhalt der Kommunikation reagieren. Sie können sich angegriffen fühlen, sie können ihr Wissen über die Kommunikation auf strategische Weise gebrauchen, sie können geschmeichelt und beruhigt sein. Diese kommunikativen Seiteneffekte müssen mit einbezogen werden; manchmal sind sie absichtlich geplant und werden zum zentralen Gegenstand der Interaktion.

Die Unterscheidung zwischen öffentlich und privat sollte nicht verwechselt werden mit der An- oder Abwesenheit des angesprochenen Publikums. Private Kommunikation kann sich auch auf nicht anwesende Personen beziehen – in Briefen, Telegrammen oder elektronischer Post. Öffentliche Kommunikation kann andererseits auch zwischen anwesenden Personen stattfinden – auf der Straße, im Bahnhof oder in Gaststätten. In öffentlicher Kommunikation mit nicht anwesendem Publikum sind die Bindungen schwach, aber diese Schwäche kann durch die Konstruktion einer starken kollektiven Identität kompensiert werden. Öffentliche Kommunikation mit einem nicht anwesenden Publikum wird erleichtert, wenn sie sich auf eine kollektive Identität berufen kann, die jeder mögliche Beobachter der Kommunikation prinzipiell für sich übernehmen könnte. Diese Form der Kommunikation muß sich deshalb auf universelle kulturelle Codes beziehen, auf Werte und Vorstellungen von Zusammenhängen und Krisen, denen man gesellschaftsweite Gültigkeit unterstellen kann.

Im Gegensatz dazu hat private Kommunikation die Tendenz, exklusiv zu sein und die Bindung zwischen Sprecher und Publikum dadurch zu verstärken, daß sie sich auf Gefahren von außen und unleugbare primordiale Gemeinsamkeiten zwischen Sprecher und Hörer beruft. Diese Wahlverwandtschaft oder funktionale Beziehung zwischen Codes und Situationen trifft nicht auf jeden empirischen Einzelfall zu, aber sie ist sicher plausibel für die oben beschriebenen idealtypischen Situationen.

Hinsichtlich dieser zwei Variablen (Gegenwart, Beobachtung), können vier wichtige Typen kommunikativer Situationen unterschieden werden[92]:

Situationen	Alter anwesend	außenstehende Beobachter
Private Rituale	+	–
Öffentliche Rituale	+	+
Politischer Appell	–	–
Öffentliche Propaganda	–	+

Diese vier Typen von Situationen werden im folgenden eingehender analysiert.

2.2 *Rituale der Grenzziehung*

2.2.1 Private Rituale

Rituale haben eine entscheidende Bedeutung für die Konstruktion einer kollektiven Identität. Sie erzeugen Einheitlichkeit und Übereinstimmung durch Teilhabe an gemeinsamen Aktivitäten. Selbst wenn sie nicht explizit Grenzen ziehen und auf eine gemeinsame Identität Bezug nehmen, setzen sie die kollektive Identität der Teilnehmer in die Tat um und vernachlässigen die

92 Wir vernachlässigen hier die Situationen der direkten Begegnung, die einen Sonderfall ritueller Situationen darstellen.

Merkmale des Lebens außerhalb oder schätzen sie gering – die dunkle Vergangenheit vor dem Beitritt in die Gemeinschaft, die zufälligen Reize des weltlichen Lebens, die persönlichen Zweifel und individuellen Idiosynchrasien. Rituale sind standardisierte gemeinsame Aktivitäten, die die Aufmerksamkeit in eine bestimmte Richtung lenken, individuelle Veränderungen und Kritik ausschließen und dadurch die kollektive Identität der Teilnehmer produzieren.[93]

Obwohl wir sogenannte Alltagsrituale, die Begegnungen regulieren, nicht mit einbeziehen, bleibt der Spielraum sozialer Aktivitäten, die man als Rituale in diesem engeren Sinn bezeichnen könnte, noch groß: Weihnachtsessen in einer Familie, religiöse Zeremonien wie Taufe oder Gottesdienst, öffentliche Veranstaltungen für einen guten Zweck, Gedenken eines vergangenen Ereignisses durch Reden, Singen und Tanzen usw. Im Gegensatz zu alltäglichen Ritualen, etwa dem Grüßen, vermitteln diese Rituale den Teilnehmern einen Eindruck von außergewöhnlicher Kommunikation. Die Aufmerksamkeit wird gebündelt, der Grad der Emotionalität und Beteiligung steigt, und strenge Regeln der Kommunikation werden beachtet. Rituelle Formen der Kommunikation haben eine gemeinsame grundlegende Struktur[94]: Es gibt die Positionen des Sprechers und der Angesprochenen, und es gibt eine dritte Position des beteiligten Publikums, das die rituelle Kommunikation mit einer zustimmenden und unterstützenden Grundhaltung beobachtet, begleitet und ihr zustimmt. Die eingeladenen Gäste eines Familienrituals oder die Anwesenden bei einem religiösen Ritual sind Beispiele für dieses beteiligte Publikum. Im Gegensatz zu diesen internen Positionen müssen externe Differenzen der Beteiligten ignoriert werden.

Den Kern der Aktivitäten in Frage zu stellen ist ausgeschlossen. Es ist für Beteiligte unmöglich, etwa die Prozedur einer Taufe zu verbessern oder die Melodie einer Nationalhymne zu kritisieren.

93 Das ist natürlich eine Minimaldefinition, sie scheint sich aber mit den wichtigsten klassischen Arbeiten in diesem Feld in akzeptabler Weise zu decken. Vgl. insbesondere A. v. Gennep, *The Rites of Passage*, a.a.O.; V. Turner, *The Ritual Process. Structure and Anti-Structure*, Cornell 1969; M. Douglas, *Ritual, Tabu und Körpersymbolik*, a.a.O.; E. Goffman, *Interaction Ritual*, a.a.O.; H.-G. Soeffner, *Die Ordnung der Rituale. Die Auslegung des Alltags 2*, Frankfurt am Main 1992.

94 V. Turner, *The Ritual Process*, a.a.O.

In dieser Hinsicht unterscheidet sich rituelle Kommunikation nachdrücklich von diskursiven Reflexionen ebenso wie von strategischen Handlungen. Rituale sind standardisiert und beziehen ihren besonderen Sinn gerade aus der standardisierten Ausführung. Für diejenigen, die das Ritual ausführen, konstituiert es kollektive Identität, und es gibt keine weitere Instanz, zu der es in Beziehung gesetzt werden kann, und kein übergeordnetes Ziel, an dem es gemessen und bewertet werden muß. Rituale setzen einen grundlegenden Konsens zwischen den Beteiligten voraus und reduzieren die Kontingenz von Antworthandlungen. Es ist nicht möglich, in einer religiösen Zeremonie dem Priester zu antworten: »Wie meinen Sie das?« oder »Ich mag diesen Ausdruck nicht. Könnte ich einen anderen vorschlagen?« Die rituellen Muster geben die Richtung der Interaktion und Kommunikation streng vor. Dissens und Ablehnung sind nicht erlaubt. Individuen können die Teilnahme verweigern, aber wenn sie der Teilnahme einmal zugestimmt haben, müssen sie auf ihre Individualität verzichten und die Form des Rituals akzeptieren. Jede Andeutung individueller Veränderung oder externer Differenzen zwischen den Beteiligten würde offensichtlich die grundlegende Annahme der Übereinstimmung und kollektiven Identität, die durch das Ritual konstruiert und unterstützt werden soll, herausfordern.

Der extreme Druck, konform zu sein, und der Ausschluß von Differenzen, die rituelle Kommunikation voraussetzt, verlangt spezielle Bedingungen der Situation. Rituale benötigen die Gegenwart der Teilnehmer. Es ist schwer, sich eine Familienfeier oder eine religiöse Zeremonie vorzustellen, bei der die Teilnehmer an getrennten Orten sind. Rituelle Kommunikation basiert auf Gleichzeitigkeit und Einheitlichkeit, auf gleicher Orientierung und der Gegenwart aller Beteiligten. Gerade die Sichtbarkeit anderer Akteure führt zu gegenseitiger Verstärkung und Stimulation von Handlungen, beseitigt Verlegenheit und Unsicherheit und regt Aktivitäten an, deren Ausübung isolierten Individuen widerstreben würde. Gegenwart erlaubt unmittelbare Kommunikation durch körperliche Gesten, die durch indirekte Kommunikation mittels geschriebener Texte oder Mikrofon nicht übermittelt werden könnte. Kommunikation durch diese körperlichen Gesten kann nicht hinterfragt oder diskutiert werden, sie hat unmittelbare Gültigkeit und ist deshalb für Rituale besonders gut geeignet. Körperliche Gesten rufen regelmäßig Emotionen und gegenseitige affektive Bindungen hervor, fördern so das Gefühl von Gleichheit und die – um mit Parsons zu sprechen – kathektische Bindungen[95] aufbauende Konstruktion von kollektiver Identität.

Gegenwart erleichtert auch soziale Kontrolle: Sie zeigt das abweichende Verhalten derer, die nicht teilnehmen, die nicht tanzen, singen, beten oder trinken wie alle anderen.

Solange Außenstehende die rituelle Kommunikation nicht beobachten, ist der Druck zur Teilnahme und Einheitlichkeit unter den anwesenden Mitgliedern stark. Wenn jedoch irgendwelche außenstehenden Beobachter anwesend sind oder Zugang zu der rituellen Kommunikation haben, kann unter Umständen eine gewisse Unentschlossenheit oder Verlegenheit auftauchen: Es gibt offensichtlich andere, die die Möglichkeit, nicht teilzunehmen, repräsentieren. Die Gegenwart von Außenstehenden, die nicht teilnehmen, beeinträchtigt so die zerbrechliche Annahme von Einheitlichkeit und Inklusivität. Sie können explizit auf das beobachtete Ritual reagieren, und diese Reaktionen passen nicht in das festgelegte Muster des Rituals; sie können sich über die feierliche Zeremonie lustig machen oder der Feierlichkeit den gebührenden Respekt verweigern. In jedem Fall ist ihre Gegenwart ungelegen und peinlich. Rituelle Kommunikation ist deshalb besonders in privaten Situationen angemessen, in denen Nichtteilnehmer sozial und räumlich ausgeschlossen sind. Im Privaten kann rituelle Kommunikation sich sogar offensichtlich auf erniedrigende oder verächtliche Weise auf Außenstehende beziehen, eine Grenze gegenüber schlechten, ignoranten oder unreinen Außenstehenden ziehen und eine radikale Grenze kollektiver Identität bilden. Rituale sind nicht nur inklusiv, sondern sehr stark exklusiv, und diese soziale Exklusivität benötigt einen speziell reservierten Raum, der abgeschlossen ist von den Augen und Ohren der ausgeschlossenen Anderen: Religiöse Zeremonien ebenso wie familiäre Ereignisse finden daher häufig hinter Wänden statt, in Gebieten, in denen der Zugriff von Außenstehenden begrenzt und Störungen von Außenstehenden ausgeschlossen sind.[96]

95 T. Parson u.a., »The General Theory of Action«, in: dies. (Hg.), *Toward a General Theory of Action*, New York 1951, S. 3-29, S. 10 f.

96 Um private Rituale von öffentlichen schärfer abzugrenzen, schlägt

Diese räumliche Abgrenzung schützt nicht nur die Zerbrechlichkeit des rituellen Konsenses, sondern bewahrt auch die Außenstehenden davor, dem Anblick, den Geräuschen und den Gerüchen einer Prozedur ausgesetzt zu sein, von der sie ausgeschlossen sind und die sie nicht verstehen können. Wenn auf irgendeine Art trotz der räumlichen Trennung Geräusche und Gerüche des rituellen Verhaltens von Außenstehenden wahrgenommen werden, ist ihre Verwirrung und Verlegenheit in der Regel stärker, als wenn sie anwesend und dem Anblick des rituellen Verhaltens ausgesetzt wären. Der Grund für diese Reaktion mag in dem Mangel an Gegenwart zu finden sein, die das Gefühl von Privatheit auf seiten der Außenstehenden unterstützt. Solange wir die Nachbarn hinter der Wand nicht wahrnehmen, können wir sie ignorieren; sogar, wenn wir uns im gleichen Raum befinden, können wir unsere Augen schließen und wegschauen, aber es ist schwer, etwas nicht zu hören oder zu riechen, das die Grenze überschreitet. Zusätzlich zu der Schwierigkeit, Geruch und Geräusche zu ignorieren, tritt das Problem, die Bedeutung von Handlungen zu verstehen, die wir nicht sehen, aber hören und riechen: Wir betrachten sie als eine Belästigung. Geräusche und Gerüche werden akzeptiert, solange der Außenstehende meint, sich in einem öffentlichen Raum zu befinden, aber sie werden sehr übelgenommen, wenn sie in seine Privatsphäre eindringen. Eine Straße entlangzulaufen, an der sich ausländische Restaurants befinden, aus denen Geräusche und Gerüche strömen, ist etwas anderes, als diese Geräusche und Gerüche von außen in seiner eigenen Wohnung wahrnehmen zu müssen. Rituale, von denen eine Person offensichtlich ausgeschlossen ist, sollen nicht in der Privatsphäre dieser Person stattfinden. Dort treffen zwei verschiedene und miteinander unvereinbare Identitätskonstruktionen aufeinander. Alles hängt dabei freilich von der Grenzziehung und Definition von privatem und öffentlichem Raum ab. Wir werden darauf später zurückkommen. Rituale setzen nicht die absolute Homogenität der Teilnehmer hinsichtlich Kultur, Status oder Gewohnheiten voraus, aber die bestehenden Differenzen und Heterogenität müssen als irrelevant, latent, unbekannt oder zufällig betrachtet werden. Wenn ein Teilnehmer

Robin Erica Wagner-Pacifici, a.a.O., vor, im Falle von öffentlich aufgeführten und medial vermittelten Ritualen vorzugsweise von Dramen zu sprechen.

soziale Unterschiede erwähnt und versucht, sie im Ritual darzustellen, wird eine ernsthafte Krise der Kommunikation entstehen. Jede Intervention von außen hemmt die Konstruktion der internen Konformität und verwischt die Grenze zwischen innen und außen. Hier und jetzt, im Ritual, zählt nur die Identität der Gruppe und sonst nichts.

Die Annahme von Gleichheit und Gleichartigkeit in privaten Ritualen begünstigt den Gebrauch primordialer Codes. Primordiale Codes stellen nicht nur die Gleichartigkeit der Teilnehmer als natürlich dar, sondern sie nehmen ebenso die konstitutiven Merkmale für alle Mitglieder der Gemeinschaft als gleichermaßen gegeben an und ziehen scharfe Grenzen zwischen innen und außen. Primordialität hält Außenstehende auf Distanz und verhindert jeden Versuch, die Grenze zu überschreiten. Man kann eben nicht fordern und erwarten, zu einem privaten Ritual – einer Hochzeit, einer Geburtstagsfeier oder einem Weihnachtsessen – eingeladen zu werden, wenn man nicht zur Familie gehört oder über starke persönliche Bindungen verfügt. Selbst wenn das konstitutive Merkmal der Gemeinsamkeit nicht durch Geburt oder Herkunft gegeben ist, sondern auf persönlichen Beziehungen beruht, wird es betrachtet, als wäre es zugeschrieben und nicht mehr zu ändern: Wir müssen eine Person einladen, auch wenn wir sie nicht besonders mögen, weil sie mit uns verwandt ist, weil sie eine der wenigen anderen Individuen mit unserer religiösen oder ethnischen Gruppenzugehörigkeit ist oder weil sie unser nächster Nachbar ist. *Primordialität rechtfertigt Ausschluß in einer Situation großer räumlicher Nähe zwischen einer Vielzahl von Fremden*: Wenn eine Auswahl unter vielen Kandidaten für eine Interaktion unvermeidlich und die Zeit für Diskussionen über einzelne Fälle begrenzt ist, stellt primordiale Codierung von kollektiver Identität ein Muster der Exklusion zur Verfügung, ohne die ausgeschlossenen Personen unbedingt zu kränken. Es ist nicht die persönliche Entscheidung der Teilnehmer und nicht die Schuld der Außenstehenden, und – noch viel wichtiger – der Ausschluß ist gegenseitig. Deshalb erzeugt und verstärkt Primordialität Privatheit unter der Bedingung von dichter Bevölkerung und naher Nachbarschaft, das heißt in modernen städtischen Gebieten.[97]

97 Zur sozialen Organisation des öffentlichen Raumes in modernen Großstädten vgl. aus Goffmanscher Perspektive: L. H. Lofland,

Dieser primordiale Abschluß privater Rituale verhindert Konflikte, solange er nicht Spaltungen in lange bestehenden Gemeinschaften erzeugt. Eine Nachbarschaft, die unter dem Einfluß einer Rassenideologie einige Mitglieder von gemeinsamen rituellen Aktivitäten ausschließt, produziert Außenstehende, die sich gekränkt fühlen, weil ihr traditionell oder primordial begründeter Anspruch auf Teilnahme nicht beachtet und respektiert wird. In diesem Fall beeinträchtigt eine neue Primordialität eine alte und veranlaßt Krisen und Konflikte.

2.2.2 Öffentliche Rituale

Viele Rituale finden nicht an abgeschlossenen und abgetrennten Orten, isoliert von den Augen und Ohren Außenstehender, statt: Öffentliche Wettbewerbe, Feiern, Umzüge und Demonstrationen zeigen die Rituale den Außenstehenden: Singen und Marschieren, Ausrufen von Sprüchen und Vorzeigen heiliger Symbole, Tanzen und Singen vor Vorübergehenden, die einen anderen Glauben haben, einem anderen Volk, einer anderen Nationalität angehören oder sich schlicht für die Sache nicht interessieren, die die Personen im Ritual eint.[98] Im Gegensatz zu privaten Ritualen gibt es hier keine räumliche oder örtliche Abgrenzung von Gruppen mit anderer Religion, anderen Sprachen, anderem Lebensstil oder anderen Gewohnheiten. Prinzipiell hat jeder Zugriff auf den öffentlichen Raum. Die allgemeinen Struktureigenschaften ritueller Kommunikation, die oben erwähnt wurden (Standardisierung, Homogenität, Gegenwart usw.), sind auch hier vorhanden, sind aber modifiziert durch die unübersehbare und unleugbare Gegenwart von Außenstehenden. Dies hat kritische Bedeutung. Rituale setzen einen Konsens unter den Teilnehmern voraus, doch das Einverständnis der Außenstehenden zum Vollzug des Rituals ist höchst fragwürdig; Rituale mißachten und vernachlässigen Unterschiede der Religion, des Status und der Gewohnheit unter den Teilnehmern, aber die Vielfalt der Menschen an öffent-

A World of Strangers. Order and Action in Urban Public Space, New York 1973.

98 Vgl. V. Turner, »Pilgrimages as Social Processes«, in: *Dramas, Fields, and Metaphors. Symbolic Action in Human Society*, Ithaca 1974, S. 166-230.

lichen Orten kann nicht gänzlich verleugnet oder ausgeschlossen werden. Betrachten wir einige Möglichkeiten, diese Probleme zu bewältigen.

(a) Begrenzte Öffentlichkeit. – Einige Formen ritueller Kommunikation schließen außenstehende Beobachter nicht gänzlich aus, sondern gestatten denjenigen Zugang, die sich entsprechend benehmen und sich offensichtlich nicht dagegen wehren, als passive Insider definiert zu werden. Kirchen und Tempel sind beispielsweise abgeschlossene Orte, die aber offenstehen für jeden Gläubigen und sogar für Touristen, die ein angemessenes Benehmen zeigen. In diesem Fall begünstigt die Ambiguität zwischen innen und außen die Inklusion Außenstehender, und diese inklusive Haltung wird unterstützt durch *universalistische* kulturelle Codes, die den Kern der großen Religionen bilden. Aber universalistische kulturelle Codes stufen auch die Grenzen ab und erlauben grundsätzlich ein Fortschreiten in Richtung des Zentrums. Der Weg von der Peripherie zum Zentrum des Heiligen wird hier bestimmt von Ritualen der Initiation, des Bekenntnisses und der Verpflichtung. Wer eine Kirche oder einen Tempel betritt, auch wenn er nicht den entsprechenden Glauben besitzt, muß daher durch Ruhe, angemessene Kleidung und vorgeschriebene Bewegungen Respekt zeigen. Touristen in Strandkleidung mit Fotoapparaten sind von bestimmten Gebieten der Kirche ausgeschlossen, und sogar Gläubigen ist es nicht erlaubt, das heilige Zentrum, den Altar oder Schrein zu betreten. Dieses Privileg ist Priestern vorbehalten, die spezielle Rituale der Weihung und Initiation durchlaufen haben. Die inklusive Dynamik universeller Codes wird so durch spezielle Rituale kontrolliert, die einen schrittweisen Zugang zum heiligen Zentrum sicherstellen.

(b) Traditionalismus. – Diese Situation einer begrenzten Öffentlichkeit muß unterschieden werden vom Vollzug von Ritualen in öffentlichen Räumen, wo der Zugang für Außenstehende nur durch ihre tatsächliche Gegenwart begrenzt wird und nur durch das Prinzip zeitlicher Priorität reguliert wird: Wer zuerst kommt, kann den öffentlichen Raum nutzen, auf dem Bürgersteig gehen, sein Auto parken, vor einem Monument stehen usw. Folglich müssen sich öffentliche religiöse Prozessionen oder öffentliche nationale Gedenkfeiern genauso wie ethnische Straßenfeste mit

Passanten auseinandersetzen, die offensichtlich außenstehend und nicht daran interessiert sind, die Rolle des wohlwollenden Publikums zu übernehmen. Eine mögliche Reaktion Außenstehender auf diese öffentlich vollzogenen Rituale kann höfliche Nichtbeachtung[99] sein: den unvermeidlichen Anblick und die Geräusche ignorieren und seinen eigenen Geschäften nachgehen. Eine solche Reaktion wird begünstigt durch *traditionelle* Codierungen von kollektiver Identität; die das Ritual vollziehenden Menschen haben es in wiederkehrender und regelmäßiger Weise seit undenklichen Zeiten so gemacht; sie wollen, daß ihre rituellen Praktiken und Gebräuche ebenso respektiert und toleriert werden, wie sie ihrerseits bereit sind, öffentliche Rituale anderer Gemeinschaften zu tolerieren, selbst dann, wenn dies zu Unannehmlichkeiten führt und einiges an Rücksichtnahme erfordert. Außenstehende werden diese öffentlichen Rituale akzeptieren und tolerieren, wenn sie sich daran gewöhnt haben, wenn sie sie erwarten können und wissen, daß sie zeitlich begrenzt sind: Solidaritätsmärsche am Tag der Arbeit, katholische Prozessionen am Karfreitag oder karibischer Straßenkarneval sind solche öffentlichen Rituale, die traditionell codiert sind und deshalb von unbeteiligten Passanten akzeptiert werden, obwohl die rituellen Aktivitäten Straßen blockieren und Verkehrsstauungen verursachen. Das universalistische und inklusive Motiv, das einen zentralen Bestandteil der Arbeiterbewegung und der christlichen Religion darstellt, wird in diesen Fällen von einer traditionalistischen Codierung eingefaßt, die jede direkte Provokation von Außenstehenden verhindert; sie müssen sich nicht erniedrigt oder angeklagt fühlen, daß sie nicht den richtigen Glauben besitzen. Passanten können sich sogar in die Position eines distanzierten Publikums begeben, das die Rituale als Spektakel oder Folklore betrachtet. Das Einfassen der öffentlichen Rituale in traditionalistische Codes vermag sogar die Spannung zwischen Beteiligten und Unbeteiligten zu mindern, die durch jene missionarischen oder moralistischen Ansprüche erzeugt wird, die die Teilnehmer geltend machen. In liberalen Gesellschaften werden

99 Im Sinne von Erving Goffmans »civil inattention«. Ders., *Relations in Public*, New York 1971 (insbesondere die beiden Aufsätze »Tie-Signs« und »Normal Appearances«). Vgl. dazu auch die entsprechenden Bemerkungen bei Anthony Giddens, *Konsequenzen der Moderne*, Frankfurt am Main 1995.

öffentliche Demonstrationen, Kundgebungen und Märsche, die die Aufmerksamkeit auf ein Problem lenken wollen und sich mit moralischen Appellen an Außenstehende wenden, normalerweise von Unbeteiligten toleriert. Man muß dem Anlaß der Demonstrierenden nicht zustimmen, um ihnen die Möglichkeit einzuräumen, ihre Meinung auszudrücken. Wohlwollende, höfliche Nichtbeachtung sogar einer moralischen Anklage ist in diesem Fall die angemessene Reaktion von Unbeteiligten.

(c) Mission und Kreuzzüge. – Manchmal jedoch versuchen die Demonstrierenden erfolgreich, in den Raum höflicher Nichtbeachtung einzudringen, indem sie absichtlich Normen öffentlichen Benehmens verletzen, deren Erfüllung man von Demonstrierenden gewöhnlich erwartet. Öffentliche Rituale zielen oft darauf ab, die Aufmerksamkeit der Außenstehenden zu gewinnen und ihre Unterstützung für eine bestimmte Sache zu bekommen. Traditionalistische Gleichgültigkeit und höfliche Nichtbeachtung wirken offensichtlich gegen diesen Versuch, Aufmerksamkeit durch öffentliche Rituale zu mobilisieren. Deshalb scheint eine *universalistische* missionarische Codierung der Grenze zwischen Teilnehmern und Unbeteiligten eher zweckmäßig: Durch das Berufen auf angebliche allgemeingültige moralische Prinzipien werden die Außenstehenden herausgefordert, der Bewegung beizutreten. Solche bescheidenen Rituale der Verpflichtung und des Zugeständnisses, die die Außenstehenden einbeziehen sollen, bestehen beispielsweise darin, einen Protestbrief zu unterschreiben, Symbole der »guten Sache« zu kaufen oder einfach Geld zu spenden, um die Aktivitäten der Bewegung zu unterstützen. Dieser Vorgang der Inklusion wird jedoch kaum durch das bloße Vollziehen öffentlicher Rituale erreicht: das Singen und Marschieren allein wird nur wenige Unbeteiligte dazu bewegen, sich an der Kundgebung zu beteiligen. Statt dessen muß der Vollzug des öffentlichen Rituals kombiniert werden mit *öffentlichen Begegnungen*, die Außenstehende ansprechen, die sich in der gleichen Lage befinden. Die Degradierung Unbeteiligter, die in universalistischen Codes angelegt ist, wird so durch die direkte Kommunikation zwischen Individuen gemindert. Manchmal jedoch verübeln die Außenstehenden eine provokative und unerhörte Art, ihre Aufmerksamkeit zu erlangen und sie in ein Publikum zu verwandeln: Sie weigern sich, mit

denen ins Gespräch zu kommen, die sie als intolerante Kreuzfahrer betrachten, die den Rechten der Unbeteiligten nicht den gehörigen Respekt zollen. Konversion zu einem neuen Glauben ist schwierig für diejenigen, die gegen ihren Willen mit moralischen Forderungen konfrontiert oder daran gehindert werden, sich frei zu bewegen und ihren Geschäften nachzugehen. Sie fühlen sich eher als Geiseln denn als autonome moralische Subjekte. Konversion und Inklusion werden zudem kompliziert durch die scharfe Trennlinie zwischen innen und außen, die durch provokative Rituale erzeugt wird: Der moralische Druck, der Bewegung beizutreten, erhöht sich deutlich, wenn die Außenstehenden als verantwortlich angeklagt werden. Desinteresse der angeblichen Opfer wird hier häufig als Schuld ausgegeben. Es gibt keine Zwischenstufe: Man ist Teilnehmer oder Außenstehender, Heiliger oder Sünder, und keine Position dazwischen ist denkbar.[100] Nicht nur für Unbeteiligte ist es hier schwer, die Grenze zu überschreiten, sondern auch für Teilnehmer; es herrscht ein starker Druck, weiterzumachen und nicht die Reihen der Marschierenden, Singenden usw. zu verlassen.

(d) Primordialität und Konflikt. – Diese scharfe Trennung durch die Grenzen wird manchmal unterstützt durch eine primordiale Codierung der Grenze: Außenstehende, die sich weigern zu konvertieren und teilzunehmen, werden als zu dumm, egoistisch oder engstirnig betrachtet, um die Bedeutung der moralischen Botschaft zu erfassen, oder, schlimmer, gelten als grundlegend schlecht und unabänderlich böse. Die Primordialisierung der Grenzen kann von den Außenstehenden entsprechend erwidert werden: Sie bezeichnen die Teilnehmer provokativer Rituale als Fanatiker oder Verrückte, die dem gesunden Menschenverstand oder der Vernunft nicht zugänglich sind. Solch eine primordiale Konstruktion von Unterschieden wird unterstützt durch die situationsbedingte Spaltung durch Religion oder Sprache: Verstehen ist offensichtlich schwierig, Argumentieren sinnlos, und mittels Kommunikation kann der Graben nicht überbrückt werden. Ähnlich wie die Abschließung im Falle privater Rituale rechtfer-

100 Zu dieser Logik einer ansatzweise oder auch konsequent extremistischen, jedenfalls den *common sense* negierenden moralischen Selbstbehauptung vgl. H. Lübbe, *Politischer Moralismus. Der Triumph der Gesinnung über die Urteilskraft*, Berlin 1987.

tigt auch hier Primordialität eine beschränkte Kommunikation, aber sie geht noch weiter: sie zielt auf Ausschluß aus dem Reich des gesunden Menschenverstandes und der Vernunft.

Im Gegensatz zu der primordial codierten Grenze gegenüber den anwesenden Außenstehenden wird die universalistische Mission einem nicht anwesenden Publikum über Medien kommuniziert. Das abwesende Publikum ist von den ungelegenen Seiteneffekten öffentlicher Rituale nicht betroffen – von Verkehrsstau, Lärm und persönlichen Angriffen – und deshalb eher dazu geneigt, der moralischen Botschaft von einem neutralen oder sogar wohlwollenden Standpunkt aus zuzuhören. Die anwesenden Außenstehenden anzugreifen und zu belästigen kann sogar die Chance erhöhen, ein Ereignis zu initiieren, das die Aufmerksamkeit der Medien auf sich zieht. Die Mikrosituation (die anwesenden Außenstehenden) ist also völlig verschieden von der Makrosituation (die über Medien erreichten Außenstehenden), obwohl die Dynamik beider Ebenen eng miteinander in Beziehung steht. Die gegenseitige Primordialisierung der Grenzen auf der Mikroebene muß nicht unbedingt Konflikte erzeugen – solange es für beide Seiten Möglichkeiten gibt, auszusteigen.[101] Wenn jedoch Nähe unvermeidbar ist und Ausstiegsoptionen nicht vorhanden sind, wird die primordial codierte Situation zu Konflikten neigen. In diesem Fall werden öffentliche Rituale, die in einer provozierenden Art und Weise ausgeführt werden, die Grenzen verstärken und gegenseitige Feindseligkeiten verschlimmern.

Das Risiko von Spannung und Konflikt wird zusätzlich vergrößert durch divergente Definitionen von *öffentlichem* und *privatem* Raum. In den Raum höflicher Nichtbeachtung durch provokative Rituale einzudringen verletzt die minimale Privatheit der Passanten, und wütende Reaktionen darauf können teilweise erklärt werden durch eine unsichtbare Grenzlinie der Privatheit, die den Bewegungen der Passanten im öffentlichen Raum zugrunde liegt.[102] Wenn jedoch die Teilnehmer eines provozieren-

101 Ein modernes und – trotz gewichtiger Einschränkungen – unerwatet harmonisches Beispiel hierzu analysiert M. C. Waters, *Ethnic Options. Choosing Identities in America*, Berkeley 1990.

102 Vgl. dazu E. Goffman, »The Territories of the Self«, in: ders., *Relations in Public*, a.a.O., S. 28-61.

den Rituals als fremde Eindringlinge codiert werden können, die nicht traditionell Zugriff auf diesen öffentlichen Ort haben, dann wird der ganze Ort nicht mehr als öffentlicher, sondern als kollektiver privater Raum definiert: Deutsche in traditioneller Nachbarschaft betrachten Kurden, die provokativ für die Belange ihrer Nation kämpfen, als fremde Eindringlinge, die »nicht das Recht haben, sich auf deutschem Boden so zu verhalten«, während die Kurden Straßen und Plätze in der Stadt als öffentlichen Raum ansehen, der von jedem genutzt werden kann, je nach seiner Verfügbarkeit und zeitlichen Priorität. »Fremde« von der Benutzung öffentlicher Mittel auszuschließen setzt nicht nur traditionell etablierte Ansprüche voraus, sondern auch klar primordial codierte *Mehrheiten*.[103] Solange die Außenstehenden eines öffentlichen Rituals eine kleine Minderheit darstellen, die einer großen Mehrheit Außenstehender gegenübertritt, ist die Gefahr einer Provokation relativ gering: Die Mehrheit definiert das angemessene öffentliche Benehmen und betrachtet die Minderheit als Gäste, die sich entsprechend den lokalen Gebräuchen zu verhalten haben. Verschiebt sich das Verhältnis der Gruppengrößen in Richtung eines Gleichgewichts, vergrößert sich das Risiko, weil die Rangordnung unklar wird: Es muß nun entschieden werden, auf wessen Boden sich der öffentliche Platz befindet.

Gerade die gegenteilige Situation tritt ein, wenn die Teilnehmer eines öffentlichen Rituals eine Mehrheit darstellen und es nur wenige nichtteilnehmende Außenstehende gibt: Fremde, die an einer nationalen Gedenkfeier vorüberziehen, protestantische Touristen, die Pilger bei Tschenstochau oder Lourdes beobachten usw. Weil die Rangordnung klar ist und die beherrschende Mehrheit die Regeln bestimmt, ist das Risiko eines Konfliktes

103 Mehrheitsverhältnisse ergeben sich nicht ohne weiteres aus der unmittelbaren Situation, ja häufig nicht einmal aus dem weiteren Setting, in das eine Situation eingebettet ist, sondern müssen erst über komplexe verwaltungstechnische Verfahren eruiert werden. Dies kann zu einer abrupten Infragestellung von bis dahin geltenden Situationsdefinitionen führen, wenn aus den neuesten Zensusdaten plötzlich eine ganz andere Zusammensetzung der Bevölkerung sichtbar wird, als bis dahin allgemein angenommen. Dazu: C. Geertz, »The Integrative Revolution: Primordial Sentiment and Civil Politics in the New States«, in: ders., *The Interpretation of Cultures*, a.a.O., S. 255-310, S. 275.

gering, sogar dann, wenn chauvinistische Aufführungen öffentlicher Rituale die Gefühle der Außenstehenden verletzen. Solange die Grenzen universalistisch und inklusiv codiert sind, sind Außenstehende eingeladen, sich der Mehrheit anzuschließen; sie können wohlwollendes Publikum werden oder höfliche Aufmerksamkeit zollen und ihren Geschäften nachgehen. Wenn jedoch die Grenzen der Mehrheit primordial codiert sind, wird die Gegenwart der Außenstehenden gelegentlich auch als Drohung empfunden, die eine Distanzierung erforderlich macht und nach Reinigung und Vertreibung verlangt, wenn die Außenstehenden sich nicht selbst dafür entscheiden, den Ort zu verlassen. Primordialisierung der Grenzen in öffentlichen Ritualen hat so ganz verschiedene Effekte, je nach der über- oder unterlegenen Position der Gruppe, die das Ritual vollzieht.

2.2.3 Politische Rede

Wenn politische Führer ihre Gefolgschaft auf direkte Weise ansprechen, um ihre Unterstützung für eine gemeinsame Sache zu gewinnen, wird sich die Kommunikation von öffentlicher Propaganda und anderen Arten der Kommunikation in vielerlei Hinsicht unterscheiden. Anders als im Falle öffentlicher Propaganda sind außenstehende Beobachter weitgehend ausgeschlossen. Deshalb kann die Bindung an die gemeinsame Sache verstärkt werden auf Kosten der Außenstehenden, ohne zu riskieren, diese anzugreifen. Selbst wenn der beleidigende Inhalt einer politischen Rede nicht vollständig geheimgehalten werden kann, wird es schwierig sein, auf diese ›private‹ Rede in der Öffentlichkeit zu reagieren, weil der unberechtigte Leser oder Hörer seine Indiskretion zugeben muß. Politische Reden sind normalerweise private Kommunikationen, und sie müssen keine Vorsichtsmaßnahmen gegen ironische oder aggressive Reaktionen von Außenstehenden ergreifen. Statt dessen können und werden sie eine bereits existierende kollektive Identität des Publikums voraussetzen und die Grenze zwischen dem Publikum und den Außenstehenden verstärken.

Diese zuweilen fast rücksichtslos und maßlos vorgenommene Spaltung zwischen dem angesprochenen Publikum und den anderen ist eine der auffallendsten Eigenschaften politischer Rede;

sie erlangt eine besondere Bedeutung, wenn das Publikum durch seine Gegenwart nicht definiert und ausgezeichnet ist. Wenn die politische Rede ein begrenztes, aber großes und abwesendes Publikum erreichen soll, muß sie die Grenzen durch den *Inhalt* der Kommunikation selbst konstruieren: Das angesprochene Publikum wird als besonders vertrauenswürdig und verantwortlich betrachtet, es genießt ein besonderes Privileg der Vertraulichkeit, das wiederum eine besondere Verpflichtung zur Diskretion und Verschwiegenheit herstellt. Wer sich dieser Verpflichtung nicht fügen will, gilt als Verräter.[104]

Politische Reden wiederholen und rekonstruieren gewöhnlich nicht einfach die Spaltung zwischen innen und außen; statt dessen zeigen sie eine neue Bedrohung oder eine Vergrößerung der *Bedrohung von außen* auf: Die Manöver der Rivalen, eine unerwartete allgemeine Krise, ein plötzlicher Bruch der Tradition und/oder ein Verfall der Fairneß und der guten Sitten. Ein Überschreiten der traditionellen Regeln und Herausfordern der Grenzen von außen verlangt nach einer Verteidigung der gemeinsamen Sache. Deshalb kann und muß die politische Rede kollektive Handlungen stimulieren und das Publikum dazu mobilisieren, der Bewegung beizutreten, Zeit und Geld zu investieren, die gemeinsame Sache in der Öffentlichkeit darzustellen usw.

Eine kollektive Handlung benötigt jedoch Macht, um erfolgreich zu sein. Ohne ausreichende Ressourcen kann die kollektive

104 Die dramatische Intensivierung der Unterscheidung von innen und außen verdankt sich hier also wesentlich den spezifischen Kommunikationsproblemen zwischen *Ego* und *Alter*. Wir folgen hier also weder Ulrich Oevermann, »Zur Sache«, a.a.O., noch Carl Schmitt. Die von Carl Schmitt stark gemachte spezifische Ausprägung der Innen/außen-Unterscheidung im Sinne einer Unterscheidung von Freund und Feind kann im Rahmen der hier von uns angestellten Überlegungen deshalb als sekundäres Merkmal einer an spezifische Modalitäten der Kommunikation gebundenen Politik betrachtet werden. Daß auch die nicht nur von amerikanischen Intellektuellen vielfach beschworene Zivilgesellschaft zur Überraschung ihrer deutschen Leser nicht ohne eine Freund/Feind-Unterscheidung auszukommen vermag, zeigt mit sympathisierendem Engagement J. C. Alexander, »Citizen and Enemy as Symbolic Classification: On the Polarizing Discourse of Civil Society«, in: M. Lamont und M. Fournier (Hg.), *Cultivating Differences. Symbolic Boundaries and the Making of Inequality*, Chicago 1992, S. 289-308.

Handlung ein Mißerfolg werden und zu Enttäuschung, sogar zu einem Unglück für die einzelnen Teilnehmer führen. Deshalb muß die politische Rede nicht nur den Augenblick der unannehmbaren Krise herausstellen, sondern gleichzeitig ein Gefühl der Macht und der Zuversicht vermitteln, daß die Herausforderung angenommen werden kann. Im Gegensatz dazu sind interne Diskussionen und strategische Beratungen zwischen Politikern gewöhnlich *private mündliche Kommunikationen* zwischen anwesenden Personen, die sich gegenseitig als relativ gleich betrachten. Risiken, Kosten und Probleme jeder strategischen Option können nüchtern und leidenschaftslos aufgezeigt und eingeschätzt werden, weil niemand die Bindung der anderen in Frage stellt und weil mündliche Kommunikation zwischen anwesenden Akteuren eine unmittelbare Reaktion auf Zeichen der Unschlüssigkeit und des Zweifels erlaubt. Im Unterschied zu diesen internen und privaten Situationen müssen politische Reden die *Abwesenheit* des Publikums mit einbeziehen und ausgleichen. Das Fehlen unmittelbarer Rückmeldungen und das mögliche Zögern des Publikums, die Herausforderung anzunehmen, verlangt eine starke Schilderung der Krise, den Appell an Verantwortlichkeit und Vorstellungen von Stärke und Macht – kurz: Arten der Kommunikation, die all diejenigen herabsetzen oder sogar moralisch ausschließen, die zögern oder sich enthalten.

2.2.4 Propaganda

Im Gegensatz zu öffentlichen Ritualen, die die Anwesenheit derjenigen voraussetzen, die eine gemeinsame kollektive Identität konstruieren, wendet sich öffentliche Propaganda zur Mobilisierung einer kollektiven Identität ausdrücklich an ein abwesendes Publikum.

Wenn die Zeitungen über die Opfer ausländerfeindlicher Gewalttaten berichten oder wenn das Fernsehen die Situation von Minderheiten aufdeckt, dann kann sich der kommunikative Prozeß nicht auf körperliche Gegenwart verlassen, um Solidaritätsbindungen zu verstärken und wechselseitige Empathie zu wekken. Auch die Bezugnahme auf eine gemeinsame persönliche Geschichte oder auf vergangene Kommunikationserlebnisse ist meist unmöglich. Mediale Kommunikation spricht eine große anonyme Öffentlichkeit von Personen an, deren Unterschiede untereinander überwiegend unbekannt sind und daher nicht in Rechnung gestellt werden können. Deshalb ist die Konstruktion einer kollektiven Identität auf den Inhalt der Kommunikation selbst beschränkt; der Antrieb, zuzustimmen und das vorgeschlagene Identitätsmuster zu akzeptieren, muß sehr stark sein, um jedes Zweifeln, Infragestellen und Enthalten zu verhindern. Sollte jemand nicht zustimmen, gibt es keine Möglichkeit, den Dissens durch direkte Kommunikation zu reparieren. Der Druck, große Ansprüche der Inklusion darzustellen, wird noch erhöht durch das allgemeine Problem, die Aufmerksamkeit eines Publikums zu erlangen, das möglichst groß ist. Wiederholen der wohlbekannten Nachrichten und Themen von gestern wird die Aufmerksamkeit nicht fesseln oder das Publikum verbinden; im Gegenteil, es müssen neue und überraschende Botschaften erfunden und präsentiert werden.

Hinsichtlich dieses Publikums ist die Unterscheidung zwischen Teilnehmern, die einbezogen sind, und Außenstehenden, die auf Abstand gehalten werden, verwischt. Jeder mögliche Leser, Zuschauer oder Hörer ist auch ein möglicher Teilnehmer, und die mediale Botschaft muß die verbleibenden Außenstehenden in das Publikum mit einbeziehen, das allein durch die institutionelle Logik medialer Kommunikation wächst. Ein Publikum ansprechen bedeutet, niemanden gegen seinen Willen auszuschließen – zumindest im Prinzip nicht. Im Gegensatz zum Fall des Rituals sind Außenstehende hier kein störendes externes Element, sondern die dynamische Herausforderung der Kommunikation. Der angemessene Code, der diese inklusive Dynamik begünstigt, ist offensichtlich *kultureller Universalismus.* Er spricht Außenstehende als potentielle Mitglieder an, die noch nichts über ihre wahre Identität wissen und daher konvertiert und von der Mission überzeugt werden müssen. Mobilisieren der widerwilligen und zögernden Peripherie für die gemeinsame Sache ist deshalb das Hauptziel universalistisch codierter öffentlicher Propaganda. Primordialer Abschluß von Grenzen oder traditionalistische Gleichgültigkeit gegenüber Außenstehenden, die die Botschaft lesen, hören oder sehen können, wirken der Bewegung entgegen. Nur diejenigen Außenstehenden sollen hier ausgeschlossen werden, die die Kommunikation niemals erreichen wird, weil sie nicht die gleiche Sprache sprechen oder die gleiche Wertorientierung haben. Öffentliche Propaganda nimmt gewöhnlich die Form eines Kreuzzuges an, der sich auf angenommene gemeinsame moralische Überzeugungen des Publikums beruft. Universelle moralische Standards schließen niemanden aus, der guten Willens ist; sie konstruieren eine Gemeinschaft von Gleichen im Hinblick auf die Mission, die Welt zu verbessern.[105] Moralische Kommunikation basiert auf der Spannung zwischen der beklagenswerten Realität und der sozialen Uneinheitlichkeit der sichtbaren Welt auf der einen Seite und der unsichtbaren, aber wahren Identität und moralischen Einheit, nach der es zu trachten gilt, auf der anderen Seite. Sie unterstützt auf diese Weise die Struktur öffentlicher Kommunikation, die die Unsichtbarkeit des Publikums und den Mangel an Wissen über das Publikum bewältigen muß. Die Annahme einer unsichtbaren moralischen Gemeinschaft von Gleichen mit offenen Grenzen für jede Person guten Willens erlaubt es, die tatsächlichen Unterschiede zwischen den Teilnehmern zu vernachlässigen; jedenfalls ist die entstandene Konstruktion kollektiver Identität besonders empfindlich für jede Wahrnehmung individueller Unterschiede. Sobald sie entstehen, müssen sie verurteilt und beseitigt werden; die einzig erlaubte interne Unterscheidung ist die der Unterschiedlichkeit des moralischen Eifers und der Verpflichtung gegenüber den moralischen Vorstellungen.

Das hat Folgen für die Behandlung ethnischer Gruppen in öffentlicher Propaganda: Primordialität kann nicht dargestellt werden, als würde sie eine vorherrschende Mehrheit abgrenzen, sondern sie muß aufgefaßt werden als das Stigma einer ausgeschlossenen *Minderheit*. Die Minderheit als Opfer zu bezeichnen löst die Bewegung der Inklusion und Unterstützung für diejenigen aus, die gegen ihren Willen und ihre Absicht ausgeschlossen sind. Ausgeschlossene Opfer sind der Kern der Aufmerksamkeit moralischer Konstruktionen kollektiver Identität in öffentlichen Medien: Allein durch ihre Existenz fordern sie zur Inklusion auf und betonen die Dringlichkeit, jene Grenzen zu überschreiten, die nicht auf Moral, sondern auf Natur gegründet sind. Sind die Opfer einmal in die moralische Gemeinschaft integriert, können diese primordialen Differenzen nur auf der Ebene persönlichen

105 Ein gutes Beispiel dafür liefert J. R. Gusfield, *Symbolic Crusade. Status Politics and the American Temperance Movement*, Urbana 1970 (zuerst 1963).

Geschmacks und der Folklore überleben oder dadurch, daß der Prozeß der Integration als noch nicht abgeschlossen gilt. Diese Perspektive unvollständiger Integration wird unterstützt durch die generelle Tendenz universalistischer Codes, kulturellen Status abzustufen: Die Bewegung von der Peripherie zum Zentrum ist zwar unaufhaltsam und unwiderstehlich, aber sie wird durch interne Barrieren verzögert – folglich wird jedes Mitglied der Gemeinschaft ermutigt und darin gefördert, so weit wie möglich zum Zentrum vorzudringen.

Die Integration von Opfern in die moralische Gemeinschaft wird ergänzt durch den Ausschluß derer, die sich der Verletzung der moralischen Ordnung schuldig gemacht haben. Die Entdekkung von Missetätern innerhalb der Gemeinschaft erweist sich allerdings als schwierig, denn die Sünder sind unsichtbar und neigen dazu, sich hinter einer heuchlerischen Fassade zu verstekken. Deshalb muß die Suche nach Schuld und Sünde durch Mißtrauen und Verdächtigungen vorangetrieben werden; dieser permanente Verdacht auf verborgene Sünden tritt besonders im Zentrum hervor, zu dem nur wahre Gläubige und moralische Virtuosen Zugang haben. Konsequenterweise gibt es einen starken Druck, Sünder unter den einflußreichsten und mächtigsten Mitgliedern der Gemeinschaft zu entlarven. Skandalisierung und Erneuerung des unmoralischen Zentrums einerseits[106] und Integration der Opfer an der Peripherie andererseits sind die zwei dynamischen Motive öffentlichen moralischen Diskurses, die die Spannung zwischen der universalistischen Mission und dem Partikularismus der wirklichen Welt aufrechterhalten.

Diese Merkmale öffentlicher moralischer Feldzüge treten sogar dann auf, wenn das Publikum selbst primordial begrenzt ist: Öffentliche Propaganda für die Verteidigung einheimischer Werte gegen fremde Störungen oder für den Kampf gegen einen dämonischen öffentlichen Feind vollzieht sich entlang der Linien moralischer Missionen: Die Einheimischen werden dargestellt als die unschuldigen und unwissenden Opfer fremder Kolonisation und sind aufgefordert, ihre wahre Identität zu entdecken, sich aufzumachen und der Bewegung nationaler oder regionaler Befreiung beizutreten. Offensichtlich garantiert die primordiale

106 Vgl. dazu J. C. Alexander, »Culture and Political Crisis: ›Watergate‹ and Durkheimian Sociology«, in: ders. (Hg.), *Durkheimian Sociology. Cultural Studies*, Cambridge 1988, S. 187-224.

Basis nicht allein schon das richtige Bewußtsein und die kollektiven Handlungen für die gute Sache.

Die moralische Codierung öffentlicher Propaganda hinterläßt ihre Eindrücke auch dann, wenn sie primordialem Ausschluß dient. Außenstehende können nicht allein wegen primordialer Gründe ausgeschlossen werden; statt dessen muß der Ausschluß moralisch gerechtfertigt werden, weil die Außenstehenden abweichende Handlungen vollzogen haben, die sie prinzipiell auch hätten unterlassen können: Sie werden des Verbrechens oder der Unreinheit angeklagt oder des Mißbrauchs von Ressourcen, die grundsätzlich als Eigentum der einheimischen Völker angesehen werden. Sogar die Nazi-Propaganda mußte Juden als moralisch verirrt darstellen, um Antisemitismus in der öffentlichen Arena zu mobilisieren. Öffentliche Propaganda kann sich der moralischen Codierung ihrer Gründe offensichtlich kaum entziehen. Nur wenn die Ausgeschlossenen als schuldig und deshalb als selbst für ihren Ausschluß verantwortlich dargestellt werden können, kann der Ausschluß auf der Basis moralischer Codierungen gerechtfertigt werden.

Natürlich gibt es auch öffentliche Medien, die primordiale Codes in ihrer eigenen Darstellung benutzen – wenn beispielsweise Fremde als gefährliche Dämonen dargestellt werden, die wie ein Virus heimlich ins Land eindringen. Aber diese alarmierenden Horrorgeschichten der Regenbogenpresse können kaum als öffentliche Propaganda betrachtet werden: Wie andere Geschichten über Monster sorgen sie für Aufregung und reizen die Aufmerksamkeit derjenigen, die weit weg und nicht betroffen sind. Obwohl die direkten Effekte dieser Horrorgeschichten regelmäßig überbewertet werden, können die indirekten Folgen für die politische Mobilisierung nicht völlig ausgeblendet werden. In jedem Fall muß die primordiale Codierung von Außenstehenden im öffentlichen Diskurs beschränkt werden auf einzelne Ausnahmen, die nicht aus dem Bereich des Menschlichen stammen. Die Konzentration von öffentlicher Aufmerksamkeit und Haß auf einen einzelnen Feind, der primordial und unveränderlich schlecht ist, kann natürlich eine starke primordiale Identität der bedrohten Gemeinschaft konstruieren, die in diesem Fall fast alle einbezieht. Aber auch hier wird die öffentliche Propaganda wieder überwiegend moralische Codes für einen Feldzug gegen den Dämonen benutzen.

Ebenfalls beeinflussen manchmal traditionale Konstruktionen von Grenzen die expansive und inklusive Dynamik öffentlicher Medien. Eine gemeinsam durchlebte Vergangenheit kann in öffentlicher Propaganda in Erinnerung gerufen werden, um eine Sache durch unleugbare Verpflichtungen zu stärken. Erinnerung an die Vergangenheit und Betonung der Kontinuität zwischen Vergangenheit und Gegenwart ist allerdings wohl kaum eine Neuigkeit, die die Aufmerksamkeit einer breiten Öffentlichkeit auf sich zieht. Im Gegensatz hierzu entspricht der radikale Bruch zwischen Vergangenheit und Zukunft, der durch universalistische und utopische Codes erzeugt wird, den strukturellen Erfordernissen öffentlicher Propaganda. Die Kontinuität zwischen Vergangenheit und Gegenwart kann nur Thema des öffentlichen Diskurses werden, wenn sie als besondere oder als moralische Sache betrachtet wird, die gegen Umsturz und Veränderung verteidigt werden muß.

2.3 Soziale Beziehungen

Bisher haben wir die Dynamik von Identitätskonstruktionen in einem sehr allgemeinen strukturellen Rahmen betrachtet, der noch keinerlei besondere Merkmale der Akteure in Rechnung stellte. *Ego* und *Alter* traten als eigenschaftslose Individuen gewissermaßen ohne Biographien auf. Diese äußerst unrealistische Annahme verdeutlichte zwar die situative Logik der Konstruktion kollektiver Identität, soll aber im folgenden aufgegeben werden. Personen begeben sich in eine Situation nicht nackt, ohne Biographie und ohne Erfahrungen; sie werden vielmehr ihr Gegenüber im Hinblick auf frühere Erfahrungen einzuschätzen versuchen und herausfinden wollen, welche Erwartungen an die anderen zu stellen sind. Solche in einer Situation aktualisierten Erfahrungen und Erwartungen entscheiden darüber, ob unterschiedliche Identitäten zu Konflikten führen oder nicht.

Eine Gesellschaft kann aus zwei radikal verschiedenen ethnischen oder religiösen Gruppen bestehen und braucht trotzdem keine ernsthaften Konflikte entlang dieser beiden Linien aufzuweisen, weil die Mitglieder der Gruppen lokal getrennt bleiben und einander nicht regelmäßig begegnen oder weil der Bezug ethnischer oder religiöser Identität auf Privatheit beschränkt wird und durch eine starke bürgerliche Kultur strikt von öffentlichen Begegnungen ausgeschlossen ist. Folglich erzeugen makrostrukturelle Spaltungen nicht automatisch Konstruktionen kollektiver Identität und Konflikte über soziale Grenzen. Statt dessen dienen sie als Hinweise, Auslöser und Orientierungen, um die sich situationell erzeugte Konfliktpotentiale kristallisieren können. Ohne jegliche situative Auslöser wird keine Makrostruktur einen Konflikt oder die Konstruktion einer Grenze herbeiführen, aber ohne makrostrukturelle Grenzen werden die situationell erzeugten Konflikte ihre Orientierung verlieren und keine stabilen Grenzen produzieren können.

Wir werden im folgenden soziale Beziehungen wiederum im Rahmen des klassischen Handlungsmodells untersuchen. Wir unterscheiden danach 1. die Beziehungen zwischen Akteuren, die wir im Hinblick auf Ungleichheit des Rangs betrachten; 2. das Verhältnis ihrer Handlungsziele, das durch einen kulturellen Konsens bestimmt wird, und 3. das Verhältnis ihrer Handlungsmittel zueinander, das wir durch das Ausmaß der Hetorogenität von Praktiken beschreiben.

2.3.1 Akteure: Institutionelle Rangordnung und Ungleichheit

Situationen variieren hinsichtlich der Rangordnung und der Gleichheit, die sie zwischen den Akteuren etablieren. Es geht dabei um jene Differenzen, die den Akteuren als fest, vorgegeben und unveränderbar erscheinen, weil sie aus der Sozialstruktur abgeleitet sind und sich aus Positionen ergeben, die von den Akteuren in früheren Situationen eingenommen wurden. Wenn Akteure in einer Situation sich als Gleiche betrachten, die mit denselben Rechten und Rängen ausgestattet sind, dann werden sie leichter dazu tendieren, eine kollektive Identität auszubilden, als wenn es klar abgestufte Positionen gibt, die einer Gruppe diffuse Autorität und Prestige vorbehalten, während sie andere davon ausschließen. Im letzteren Fall ist die Erwartung, als gleich betrachtet und in eine umfassende kollektive Identität einbezogen zu werden, relativ gering. Kollektive Identität wird meist auf die beschränkt bleiben, die keine deutlichen Unterschiede im positionellen Rang aufweisen. Das gilt selbst in Fällen, in denen charismatische Führer sich an ihr Publikum und ihre Gefolgschaft wenden. Die Unterschiede in Rang und Autorität zwischen Führer und Gefolgschaft treten hier in den Hintergrund, wenn beide außenstehenden Feinden und Gefahren begegnen müssen, gegen die Führer und Gefolgschaft vereint sein müssen. Deshalb müssen Führer äußere Dämonen vorstellen, wenn sie nicht das kollektive Band mit der Gefolgschaft oder ihre herrschaftliche Position riskieren wollen. Ungleichheit im Rang muß aufgezeigt, inszeniert und sozial demonstriert werden. Die Darstellung der Ungleichheit kann sehr zurückhaltend und moderat oder betont und sogar provokativ sein. Wenn die äußeren Zeichen der Ungleichheit unterdrückt werden, wenn etwa der Führer sich kleidet, verhält und spricht wie die anderen, kann das Band der kollektiven Identität auch verschiedene Rangstufen verbinden.

Selbst wenn es keine deutlichen Abgrenzungen in einer Situation und keine Herausforderung von außen gibt, kann sich dennoch eine kollektive Identität der Anwesenden ergeben. Diese kollektive Identität ist normalerweise relativ schwach und unterscheidet sich sicherlich deutlich von derjenigen, die in einer Situation starker Konfrontation auftaucht, in der eine Gruppe den Druck verspürt, gegen eine andere vorzugehen. Am einen Extrempunkt des Kontinuums stehen die Fahrgäste in einem Stadtbus, am anderen die Teilnehmer einer öffentlichen Demonstration oder eines Marsches, die mit der Polizei konfrontiert sind. Die Herausforderung von außen erzeugt die kollektive Identität einer Gruppe, die andernfalls möglicherweise nach kurzer Zeit zerstreut und aufgelöst würde.[107]

Ein Sonderfall situationeller Gleichheit oder Ungleichheit wird durch die relative Größe der Gruppen erzeugt, der die Akteure angehören. Die Gruppengröße hat hier nur dann Einfluß, wenn beide Parteien sich in dieser Hinsicht nennenswert unterscheiden. Wenn ein Akteur sich selbst als Mitglied einer Minderheit betrachten muß, die einer Mehrheit gegenübersteht, wird das sicherlich die Art der Konstruktion der Grenzen beeinflussen.

107 Hans Magnus Enzensberger hat diese Herausforderung sehr schön an dem ganz elementaren, aber exemplarischen und wohl jedem vertrauten Fall des Eintretens neuer Fahrgäste in ein schon mehr oder weniger belegtes Zugabteil verdeutlicht. Ders., *Die Große Wanderung. 33 Markierungen*, Frankfurt am Main 1992, S. 11 ff.

2.3.2 Ziele der Handlung: Kulturelle Voraussetzungen des Verstehens

Die Form einer Kommunikation wird beeinflußt vom Dissens und Konsens zwischen den Teilnehmern und dem Ausmaß gemeinsamer kultureller Voraussetzungen. Das Vorhandensein einer gemeinsamen Sprache, unabhängig vom Inhalt des Gesprochenen, kann so selbst als Teil der Situation betrachtet werden. Eine Sprache kann nicht von den Akteuren aus dem Nichts geschaffen werden. Eine gemeinsame Sprache schafft Möglichkeiten gegenseitigen Vertrauens. Selbst wenn es nicht zu ausdrücklichen Vereinbarungen über die Bedeutung der jeweiligen Situation kommt, bietet eine gemeinsame Sprache doch eine Gewähr dafür, sich grundsätzlich einigen zu können, die Meinungsverschiedenheiten zu verstehen und Mißverständnisse zu beheben. Sogar das Fehlen einer gemeinsamen Vergangenheit, die gegenseitiges Vertrauen und kollektive Identität sichert, kann durch eine gemeinsame Sprache kompensiert werden. Die fehlende Vergangenheit wird dann ersetzt durch jene Geschichten, die in einem kontinuierlichen Austausch der Akteure geschaffen werden.

Im Gegensatz dazu ist das unmittelbare Verstehen von jemandem, der eine fremde Sprache spricht, auf eine Menge elementarer Gesten beschränkt und an körperliche Anwesenheit gebunden. Deshalb müssen Versuche, eine umfassende kollektive Identität für unterschiedliche Sprachgruppen zu konstruieren, stark bildhafte Symbole benutzen, wie etwa das Bild eines charismatischen Führers – wenn sie überhaupt erfolgreich sein können. Ohne eine gemeinsame Sprache sind alle Anstrengungen, aus verschiedenen ethnischen Gruppen eine neue Nation zu bilden, ernsthaft gefährdet.[108] Das wird besonders deutlich, wenn politische Führer in öffentlichen Ritualen ein Publikum unterschiedlicher Sprachen direkt ansprechen müssen. Natürlich ist es möglich, die Botschaft in verschiedenen Sprachen zu wiederholen, aber das kommunikative Band zwischen dem Sprecher und den anderen Gruppen ist unterbrochen, und es treten Fragen der sequentiellen Ordnung auf.

108 W. Kymlicka, *Multicultural Citizenship. A Liberal Theory of Minority Rights*, Oxford 1995.

Religion und *Grundwerte* dienen derselben Funktion. Obwohl sie unzweifelhaft symbolisch konstruiert sind, lassen sie sich nicht innerhalb einer Situation austauschen. Einmal akzeptiert, müssen religiöse Überzeugungen und Grundwerte als kulturelle Gegebenheiten einer Situation behandelt werden, die letzte Bezugspunkte einer gemeinsamen Orientierung sicherstellen, während deutliche Unterschiede in der religiösen Überzeugung das Gefühl gegenseitigen Verstehens und Vertrauens verhindern. Es fällt schwer, eine gemeinsam geteilte Deutung der Welt zwischen Akteuren zu finden, die stark unterschiedlichen religiösen Konfessionen zugeneigt sind und ihre Überzeugung in einer demonstrativen Art und Weise zeigen. Couragierte öffentliche Erklärungen religiöser Überzeugungen können einen Wert für die Gläubigen haben, aber sie behindern das Entstehen von Vertrauen und die Herstellung kollektiver Identität mit Menschen anderen Glaubens. Auf der anderen Seite wird ein gemeinsamer religiöser Glaube die Zuversicht schaffen, daß es entgegen allen zufälligen Differenzen eine letzte Ebene der Verständigung und des Vertrauens geben wird.

Aber es sind nicht nur voll entwickelte religiöse Differenzen, die der Konstruktion einer kollektiven Identität entgegenstehen. Die Orientierung von Grundwerten einzelner sozialer Gruppen kann in die gleiche Richtung zielen. Aristokraten, Kaufleute, Landwirte und Bürokraten unterscheiden sich so stark in ihren Vorstellungen von Tugend und Laster, daß eine gemeinsame kollektive Identität, die auf Werten basiert, zwischen ihnen schwer vorstellbar ist. Harte Arbeit ist ein Wert für Landwirte, stellt aber die Ehre der Aristokratie in Frage; Profitorientierung ist Bürokraten fremd, aber zentral für Kaufleute; Muße und Luxus sind das Zentrum aristokratischen Lebensstils, aber ein Laster für Landwirte und kleine Ladenbesitzer etc.

Wir können religiöse Überzeugungen und Wertorientierungen nicht direkt beobachten. Sie müssen durch Kleidung, Verhalten oder Konfession angezeigt werden, und dieses Anzeigen kann schwach und zurückhaltend oder stark und provokativ sein. Das konkrete Inszenieren kultureller Differenzen in einer Situation, das Benehmen gegenüber anderen, die möglicherweise Anhänger eines anderen Glaubens sind, ist dabei entscheidender für das Entstehen von Konflikten als die Unterschiede der Inhalte der Glaubensüberzeugungen selbst. Selbst winzige Unterschiede zwischen religiösen Denominationen können zu gewaltigen Konflikten führen, wenn sie in provokativer Weise inszeniert werden. Wenn hingegen Anzeichen religiöser Überzeugungen in einer moderaten und nicht offensiven Weise offenbart werden; wenn ihre Unwichtigkeit für die aktuelle Interaktion betont wird, beispielsweise durch ironische Bezugnahme auf allzu deutliche Anzeichen der Konfession, oder wenn das Zeigen oder sogar das Erwähnen kultureller Spaltungen aus der öffentlichen Sphäre strikt ausgeschlossen und dem Privaten zugeordnet wird, dann kann sich Vertrauen sogar zwischen Akteuren radikal unterschiedlichen Glaubens einstellen. Gewiß ist alles abhängig von den Erwartungen, die den Rahmen angemessenen Verhaltens definieren, und von den Handlungen, die den Interaktionsprozeß beginnen. Wenn einer der Akteure oder sogar ein außenstehender Beobachter das Tabu, Grenzen zu markieren, durchbricht, sind die anderen herausgefordert, darauf zu antworten. Sie mögen der Grenzziehung zustimmen oder sie ablehnen, aber der Diskurs über Grenzen entfaltet seine eigene Dynamik, der sie kaum entgehen können.

2.3.3 Mittel der Handlung: Heterogenität der Praktiken

Wenn bestimmte Arten von Ressourcen einzelnen Akteuren oder sozialen Positionen institutionell zugeordnet sind, wird die resultierende Struktur normalerweise als in der Situation unveränderbar selbst angesehen. Professionelle Routinen und Praktiken beispielsweise lassen sich nicht umstandslos auf andere übertragen. Diese »Ressource« ist sicherlich weniger leicht verschiebbar als Geld oder politische Unterstützung, die nur in Ausnahmefällen allein einer bestimmten Gruppe oder Position vorbehalten bleiben und die relativ leicht von einem Akteur zum anderen innerhalb einer Situation transferiert werden können. Im Gegensatz dazu werden professionelle Praktiken und Routinen normalerweise im Verlauf langer Zeiten des Trainings und der Erziehung erworben, die eine lange Folge von Situationen umfassen. Sie verdichten sich nicht selten zu einem *Habitus*, einer Menge verinnerlichter Praktiken und Routinen, die als selbstverständlich angenommen werden und von den Akteuren, die sie vollziehen und zu denen sie gehören, nicht in Frage gestellt werden.[109] Angesichts neuer Herausforderungen ebenso wie in Routineangelegenheiten werden die Akteure in ihren Habitus zurückfallen, um mit den Zufälligkeiten der Situation fertig zu werden. Diese Heterogenität der Praktiken und Habitus führt zu einer horizontalen Struktur, die klar unterschieden werden muß von der vertikalen Struktur, die durch Rangordnung oder den unterschiedlichen Zugriff auf *eine* Ressource wie Geld produziert wird. Könnten die Praktiken einfach erworben, transferiert oder reproduziert werden, verschwände die positionelle Heterogenität schnell. Die Praktiken würden Ressourcen, die ausgetauscht werden und damit zu einer neuen Verteilung führen könnten, bei der jeder Akteur über verschiedene Arten von Ressourcen in beliebigem Umfang verfügen könnte.

Wenn die positionelle Heterogenität der Praktiken institutionalisiert und formal anerkannt wird, wird die Praxis zu einer Kompetenz. Normalerweise wirken solche institutionalisierten Grenzziehungen von Kompetenzen der Konstruktion einer starken kollektiven Identität entgegen. *Alter* wird dann als eine andere Art von Mensch betrachtet. In besonderen Situationen sozialer Kooperation und Koalition können sogar klar abgegrenzte Positionen ihre funktionale Heterogenität ignorieren und sich zusammenschließen in dem Versuch, einem außenstehenden Rivalen oder einem bestimmten Risiko gegenüberzutreten. Die Stärke der kollektiven Identität ist hier abhängig von der wahrgenommenen Herausforderung von außen und nicht von der durch Kooperation etablierten gegenseitigen Reziprozität.

2.4 Ein dimensionales Modell sozialer Situationen

Im vorangegangenen Abschnitt haben wir drei elementare Variablen sozialer Beziehungen skizziert: Konsens und Dissens zwischen Individuen über die jeweiligen Ziele des Handelns und die Deutung der Welt; Verschiedenartigkeit oder Gleichartigkeit der Ressourcen und Mittel, über die die Akteure verfügen; schließlich Ranggleichheit oder Rangungleichheit zwischen dem Akteu-

109 P. Bourdieu, *Sozialer Sinn. Kritik der theoretischen Vernunft*, Frankfurt am Main 1987.

ren in einer Situation. Diese drei Variablen lassen sich als unterschiedliche Dimensionen eines Raumes auffassen, in dem reale Situationen sozialer Beziehungen verortet werden können. Das folgende Modell stellt diesen Raum dar:

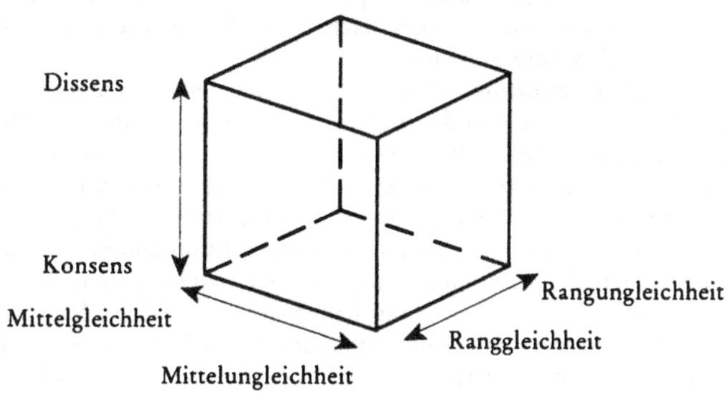

Die vertikale Achse des Würfels bildet die Dimension »Konsens – Dissens« ab, wobei unten, am Boden des Würfels der Konsens, am Deckel des Würfels hingegen der Dissens verortet wird. Die horizontale Achse des Würfels zeigt den Wechsel von der Situation, in der alle Akteure über die gleichen Arten von Ressourcen verfügen (im Bild an der linken Seite des Würfels), zu der Situation, in der jeder Akteur über jeweils ganz besondere Ressourcen verfügt und sich damit von allen anderen in der Art der Ressourcen unterscheidet (im Modell an der rechten Seite des Würfels). Es geht hier nicht um Ungleichheiten in der Verteilung der gleichen Güter auf die Akteure, sondern um die Differenzierung der Fähigkeiten, Güterarten, Talente etc. zwischen den Beteiligten. Die Tiefendimension des Modells bezieht sich schließlich auf den Unterschied zwischen der Ranggleichheit (im Modell an der vorderen Seite des Würfels) und der Ungleichheit des Ranges (im Bild auf der hinteren Seite des Würfels).

Interessant sind in diesem dimensionalen Modell sozialer Situationen vor allem die Eckpunkte. Aus der Beobachterperspektive erscheinen sie als Idealtypen sozialer Beziehungen, die – so unsere These – in der Realität nur in Annäherung erreicht werden können. Aus der Sicht der handelnden Akteure erscheinen diese Eckpunkte hingegen als wichtige Orientierungspunkte oder regulative Ideen, die die Beteiligten zu verwirklichen oder zu vermeiden suchen und mit denen sich institutionalisierte Wertüberzeugungen gewinnen lassen. Darüber hinaus behandeln Sozialtheorien einige dieser Eckpunkte als Grundprobleme oder zentrale Themen der Vergesellschaftung. Wir werden sie daher im folgenden kurz skizzieren.

Perfekte Integration. – Wenn in einer sozialen Beziehung völliger Konsens zwischen den Beteiligten herrscht, wenn sie jeweils über gänzlich identische Ressourcen und Handlungsmittel verfügen und wenn weiterhin zwischen allen Anwesenden völlige Gleichheit des Rangs angenommen wird, dann ergibt sich eine Situation, aus der kaum ein Anlaß zu Interaktion und Kommunikation mehr herzuleiten ist: strukturelle Ungleichheiten, die den sozialen Prozeß in Bewegung halten könnten, fehlen hier, und die Dynamik des Handelns bleibt auf externe Anregungen angewiesen. Soweit diese fehlen – und in einem idealisierten Modell werden sie nicht angenommen –, droht dem Handlungssystem eine Art »Wärmetod«. Die Situation perfekter Gleichheit der Weltdeutung, der Handlungsmittel und des Rangs läßt sich so auch als jene Idealisierung sozialer Integration auffassen, die Konflikttheoretiker wie Dahrendorf im Auge hatten, als sie die funktionalistische Systemtheorie kritisierten. In der Tat führt die perfekte Gleichheit und Integration zu einem Stillstand der sozialen Bewegung, des Wandels und der Geschichte; sie müssen als idealisierte Annahmen gelten, die in realen sozialen Situationen niemals verwirklicht werden. Ein gewisses Ausmaß an Ungleichheit, Dissens und struktureller Heterogenität bildet hingegen die Normalbedingung sozialer Bewegung, sozialer Konflikte und sozialen Wandels. In der Situation der perfekten Integration fehlen auch Grenzziehungen zwischen den Akteuren, die Linien kollektiver Identität vorzeichnen. Die Unterscheidung zwischen innen und außen findet keine Möglichkeit, sich an unterschiedliche Deutungen der Welt, unterschiedliche Interessen an Ressourcen oder an Rangunterschiede anzukoppeln.

Idealer Diskurs. – Wenn in einer sozialen Beziehung Ranggleichheit zwischen den Akteuren angenommen wird, wenn Fragen der Ressourcenverteilung zwischen den Anwesenden keine Rolle für die Interaktion spielen, wenn aber Dissens über die

Deutung der Welt sehr wohl vorhanden ist und zum Thema der Interaktion wird, dann entspricht die Situation derjenigen des idealen Diskurses, an der sich die kritische Idee der Wissenschaft orientiert und die von Diskurstheoretikern wie Habermas zum Ideal sozialer Kommunikation erhoben wird. In der Einstellung des idealen Diskurses begegnen sich die Beteiligten nicht nur unter der Annahme der Gleichberechtigung, sondern sie schließen auch partikulare, nicht verallgemeinerungsfähige Interessen ausdrücklich von der Argumentation und Betrachtungsweise aus. Die Teilnehmer treten einander nicht als Angehörige unterschiedlicher Kollektive, sondern als Individuen gegenüber, die von dem gleichen Bemühen um Wahrheit, Gerechtigkeit und Schönheit angetrieben werden. Nicht strategische, sondern allein universalistische Motive sollen den Diskurs bewegen. Auch hier ergeben sich keine Abgrenzungen kollektiver Identitäten aus der Situation. Alle sind gleich, und die soziale Differenz ergibt sich allein aus der Unendlichkeit des Diskurses, der immer nach Konsens strebt, aber dabei immer neuen Dissens hervorbringt. Zwar ist eine solche soziale Situation nicht mehr ganz so unwahrscheinlich wie die der perfekten Integration; sie muß jedoch ebenfalls als Idealisierung gelten, die in der Realität niemals erreicht wird, aber freilich durchaus Attraktion entwickeln kann. Zwar sind immer verborgene Interessen und subtile Rangordnungen im Spiel, aber sie müssen in bestimmten institutionellen Feldern latent bleiben und sind von Begründungen und Rechtfertigungen ausgeschlossen.

Fairer Tausch. – Wenn in einer sozialen Beziehung die Verschiedenartigkeit der Ressourcen, über die die Akteure verfügen, zum Thema gemacht wird, wenn dabei Gleichrangigkeit unter den Akteuren angenommen wird und die Kommunikation auf Freiwilligkeit und Konsens beruht, dann entsteht eine Situation, die wir als fairen Tausch bezeichnen können. Die Fairneß des Tausches setzt voraus, daß die Tauschpartner beide für sich Vorteile erwarten können, aber nicht wissen, wer von beiden durch den Tausch am Ende das bessere Geschäft gemacht haben wird. Auch der faire Tausch beruht auf Annahmen, die in der Realität nur in Annäherung, das heißt als eine attraktive Illusion, verwirklicht werden können: Beide Tauschpartner sind niemals völlig gleichrangig, haben unausgesprochene Erwartungen, ein besseres Geschäft als der jeweils andere machen zu können etc. Ähnlich wie etwa die wissenschaftliche Argumentation sich am Ideal des Diskurses orientiert, so sind auch viele Transaktionen zwischen individuellen Personen auf das Ideal des fairen Tausches hin angelegt. Eine genauere Betrachtung würde zwar herausfinden, daß die Bedingungen des Ideals nicht vorliegen, aber die Abweichungen müssen latent gehalten werden – würden sie offenbar, käme der Tausch nicht zustande. Auch hier treten sich die Tauschpartner als individuelle Personen gegenüber und lassen soziale Unterschiede und Grenzen außer acht. Die Konturen kollektiver Identitäten verschwimmen hier ebenso wie im idealen Diskurs und in der perfekten Integration.

Anarchischer Naturzustand. – Wenn Individuen einander als gleichrangig gegenübertreten oder zumindest ihre Rangunterschiede noch nicht festgelegt haben, wenn kein Konsens über die Deutung der Welt vorhanden ist und wenn alle Anwesenden über ganz verschiedene Ressourcen und Fähigkeiten verfügen, dann läßt sich die Lage als anarchischer Naturzustand beschreiben. In einer so definierten Anarchie sind die einzelnen nicht nur völlig frei und ungebunden, sondern sie verfügen auch über keinerlei Einigungsmöglichkeiten aus einem Deutungskonsens, aus verbindlichen Verfahrensregeln oder aus der überlegenen Autorität eines der Beteiligten; Sicherheit über die Absichten der anderen fehlt, und das Wissen um die Freiheit der anderen und die mögliche Unterschiedlichkeit der Ressourcen und Talente kann nicht nur die Begehrlichkeit steigern, sondern erzeugt auch ein elementares Gefühl von Unsicherheit und Kontingenz. Je nach gewählter Perspektive erscheint dieser Naturzustand der Anarchie als Quelle von Mißtrauen und Angst oder von Freiheit und Autonomie. Hobbes steht für den ersten, Locke für den zweiten Blickwinkel. Ähnlich wie im Falle der anderen bisher angeführten Eckpunkte des Modells handelt es sich auch beim anarchischen Naturzustand um eine Idealisierung, die in der Wirklichkeit sozialer Beziehungen niemals anzutreffen ist: Sozialität ist immer durch irgendeine Form der Verbindlichkeit und Erwartbarkeit von Handlungen bestimmt. Der anarchische Naturzustand stellt in dieser Hinsicht das Gegenteil der perfekten sozialen Integration dar: Während jene durch ein Höchstmaß an Erwartbarkeit und das Fehlen von Bewegung gekennzeichnet ist, führt dieser zu völlig offenen Situationen, in denen alles möglich ist. Das Interesse, das die Situation des anarchischen Naturzustandes insbesondere in der politischen Theorie auf sich gezogen hat, ergibt sich gerade aus dieser Offenheit und dem Fehlen von sozialer Verbindlichkeit. Ähnlich wie die Idee des Vakuums, des absoluten Nullpunkts oder andere Idealisierungen in den Naturwissenschaften als Ausgangspunkt für die Erklärungen realer Prozesse dienen, so läßt sich auch die Idee des Naturzustandes oder der perfekten sozialen Integration in den Sozialwissenschaften als Bezugsrahmen für die Analyse sozialer Wirklichkeit nutzen. Auch und gerade für den anarchischen Naturzustand gilt: Die Individuen haben hier keinerlei kollektive Identität ausgebildet – diesmal allerdings nicht, weil Grenzen fehlten, sondern weil alle sich von allen anderen abgrenzen und niemand dem anderen trauen kann.

Legitime Herrschaft. – Wenn eine soziale Beziehung durch eindeutige Rangunterschiede und unterschiedliche Ressourcen bei den Ranghöheren und Rangniedrigen gekennzeichnet ist, gleichzeitig aber Konsens zwischen beiden über diese Rangunterschiede besteht, so nähern wir uns einer Situation, die man in Anlehnung an Max Weber als legitime Herrschaft bezeichnen könnte. Die Herrschenden können hier mit dem Einverständnis der Beherrschten rechnen, wenn sie ihnen Leistungen und Ressourcen abverlangen. Herrschaft in diesem Sinne beschränkt sich nicht auf ein reines Rangverhältnis der Achtung oder Wertschätzung, sondern schließt grundsätzlich die Möglichkeit ein, Mitteltransfers, Arbeiten, Abgaben etc. anzuordnen, und diese Gehorsamspflicht wird von den Beherrschten bejaht. Uns interessieren hier nicht die Gründe des Legitimitätsglaubens, sondern nur der Umstand, daß die Herrschaft auf Konsens zwischen den Beteiligten beruht. Eine solche Vorstellung legitimer Herrschaft scheint weitaus realistischer zu sein als die Annahme des Naturzustandes oder der perfekten sozialen Integration, aber auch sie erweist sich bei genauerem Hinsehen als eine Idealisierung. Herrschaft ist niemals bei allen Herrschaftsunterworfenen in jeder Hinsicht und immer legitim; statt dessen ist in realen Herrschaftsverhältnissen immer auch ein Element der Gewaltdrohung seitens der Herrschenden oder der Nutzenerwartung seitens der Beherrschten vorhanden. Die Legitimität der Herrschaft bedeutet daher nur, daß eine konkrete Herrschaftsbeziehung, wenn man sie von Interessen und Gewaltdrohungen reinigen könnte, dennoch das Einverständnis der Beherrschten finden könnte. Herrschaft strebt nach Legitimität, so wie Tausch nach Fairneß oder Diskurs nach Wahrheit. In allen drei Fällen handelt es sich um regulative Ideen, über deren Verwirklichung man im Einzelfall der Realität niemals sicher sein kann.

Ausbeutung. – Wenn eine soziale Beziehung eindeutige Rangunterschiede aufweist, die zur Anordnung von Mitteltransfers von den Beherrschten auf die Herrschenden führt, ohne daß dieser Prozeß oder die Rangunterschiede vom Einverständnis der Beherrschten getragen wären, dann liegt eine Situation vor, die man Ausbeutung nennen könnte. Bei einer solchen Ausbeutungsbeziehung geht es um die Verschiedenartigkeit der Ressourcen, über die beide Parteien – die Herrschenden und die Beherrschten – verfügen. Im Unterschied zur legitimen Herrschaft beruht der Transfer oder die Enteignung von Ressourcen, von Arbeit oder Gütern nicht auf Einverständnis oder Konsens, sondern auf Gewaltdrohung: Die Herrschenden verfügen im Gegensatz zu den Beherrschten über Gewaltmittel, mit deren Hilfe sie Arbeit, Güter oder andere Leistungen einfordern können. Im Unterschied zum fairen Tausch liegt bei der Ausbeutung weder Gleichrangigkeit noch Freiwilligkeit oder Einverständnis vor.

Die Idee der Ausbeutung hat in der Gesellschaftstheorie wie auch in sozialen Verhältnissen die Kraft einer negativen regulativen Idee: Mit dem Hinweis auf die Gefahr der Ausbeutung lassen sich Transfer und Rangbeziehungen unter Veränderungsdruck setzen. Ausbeutung steht für Ungerechtigkeit im Mitteltransfer, so wie Fairneß für Gerechtigkeit steht. Im Unterschied zu den positiven regulativen Ideen existieren die negativen nicht auf der Grundlage des Nichtwissens im Einzelfall: Ausbeutung liegt nur dann vor, wenn die Beherrschten ihr Einverständnis explizit verweigern und dennoch keine Chance sehen, dem erzwungenen Transfer zu entgehen. Im Ausbeutungsverhältnis sehen die Ausgebeuteten auch keine Chance, ihre Lage durch den Transfer zu verbessern; im Gegenteil, sie erwarten eine deutliche Verschlechterung. Diese Bedingungen der Bewußtheit und der Ausweglosigkeit scheinen der Situation der Ausbeutung einen realistischen Anstrich zu geben, aber sie sind dennoch selten erfüllt: Nur wenige soziale Beziehungen sind gänzlich ohne die Möglichkeit des Entrinnens und der Flucht in eine alternative Beziehung zu Dritten; die Kosten eines solchen Ausweges können allerdings hoch sein. Der dramatischste Ausweg besteht in einem Aufstand gegen die Ausbeuter; in einem solchen Akt der Revolte bildet sich auch eine starke kollektive Identität der Ausgebeuteten; die Abgrenzung der Aufständischen gegen die Ausbeuter einerseits und die Vorstellung der Gemeinsamkeit des Schicksals, der Gefahr und der Siegeserwartung andererseits verstärken sich dabei wechselseitig. Fehlt diese Möglichkeit des Auswegs oder des Aufstands gänzlich, so neigen die Ausgebeuteten dazu, auf Dauer das Bewußtsein ihrer Lage zu verlieren und der Beziehung eine gewisse Legitimität zu verleihen. Ein Teil der Unterlegenen geht eine Koalition mit den Ausbeutern ein, Rechtfertigungsideologien verbreiten sich, und das Bewußtsein der Ausbeutung verblaßt. Auch Ausbeutung muß daher als ein unwahrscheinlicher Grenzfall sozialer Situationen gelten – entweder liegen Auswege vor, oder der Dissens löst sich allmählich auf.

Unterdrückung. – Wenn eine Situation durch eindeutige Rangverhältnisse zwischen den Beteiligten gekennzeichnet ist, ohne daß ein Konsens zwischen den Mächtigen und den Ohnmächtigen vorliegt und ohne daß die Mächtigen ein Interesse an den Ressourcen der Ohnmächtigen besitzen, so liegt eine weitere Grenzsituation vor, in der es allein um das unfreiwillige Verhältnis der Unterordnung geht. Die Mächtigen setzen hier ihre überlegenen Gewaltmittel nicht gemäß ihren Ausbeutungsinteressen, sondern genuin, auf eine sozusagen reine Weise, ein. Eine solche Beziehung der Gewaltdrohung ohne Ausbeutung läßt sich als Unterdrückung bezeichnen. Die reine Unterdrückung richtet sich allein auf die Verweigerung von Autonomie und die Herabsetzung der Unterdrückten zu manipulierbaren Gegenständen. Ähnlich wie im Falle der Ausbeutung können sich auch zwischen den Unterdrückten starke Gefühle einer kollektiven Identität einstellen: Die Opfer der Unterdrückung erkennen ihre Gleichheit in Abgrenzung zu den Unterdrückern, schließen sich zusammen und wagen den Aufstand. In der Revolte gegen die Unterdrücker gewinnen die Unterdrückten auf kollektive Weise das, was ihnen in der Unterdrückungsbeziehung versagt wurde: die Selbstbestimmung als Subjekte.

Auch die Vorstellung der reinen Unterdrückung tritt als eine negative regulative Idee auf, die die realen sozialen Beziehungen unter starken Veränderungsdruck setzen kann. Sie gilt als noch verwerflicher als die Ausbeutung. Auch die reine Unterdrückung muß jedoch als ein unwahrscheinlicher Grenzfall behandelt werden, der sich in der Wirklichkeit der sozialen Beziehungen nur in Annäherung findet. Wie schon die Ausbeutung ist auch die reine Unterdrückung ein außerordentlich fragiles Verhältnis; sieht man einmal von der Situation des eingekerkerten Gefangenen ab, müssen die Unterdrücker immer mit einem Aufstand oder der Flucht der Unterdrückten rechnen. Unterdrücker sind daher zumeist an der Anerkennung ihrer Überlegenheit durch die Unterdrückten interessiert und beziehen aus dieser Anerkennung besondere Befriedigung; allerdings – sobald die Herren und die Knechte miteinander reden, ergeben sich auch Möglichkeiten der Einigung und Rechtfertigung, die schließlich sogar zur Umkehr des Verhältnisses führen können – wie Hegels Dialektik von Herr und Knecht schon bemerkte.

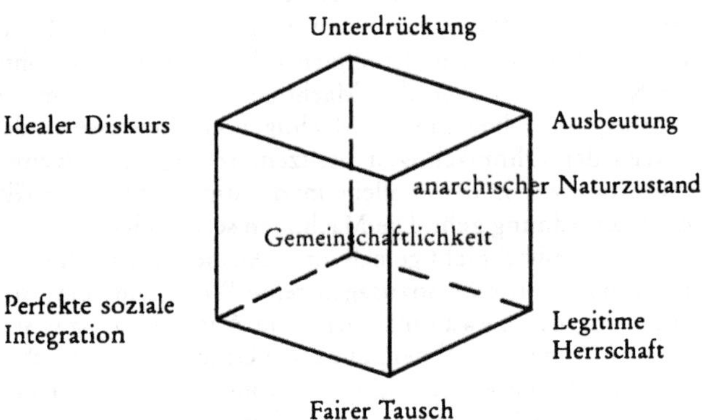

Gemeinschaftlichkeit. – Wenn in einer sozialen Beziehung Rangunterschiede vorhanden sind, wenn diese Rangunterschiede von Konsens getragen werden und wenn die Verschiedenartigkeit der Mittel kein Thema der Interaktion und Kommunikation wird, dann liegt eine Situation vor, die wir als Gemeinschaftlichkeit bezeichnen können. Unterschiede des Rangs etwa zwischen älteren und jüngeren Angehörigen bestimmen zwar die soziale Beziehung, werden aber von allen als selbstverständlich hingenommen. Umverteilungen von Gütern und Leistungen vollziehen sich hier als gelegentliche Hilfestellungen ohne besondere vertragliche Regelungen oder formelle Ansprüche. Jedes Mitglied der Gemeinschaft wird nach Maßgabe von Verfügbarkeit und

Solidarität versorgt und in Anspruch genommen. Solche Vorstellungen der gemeinschaftlichen Solidarität finden sich zwar besonders deutlich in der verwandtschaftlichen Beziehung angelegt, sind aber keineswegs auf diese beschränkt. Auch übergreifende Gemeinschaften wie Nationen oder Religionsgemeinschaften orientieren sich an der Vorstellung einer von Konsens getragenen solidarischen Hilfestellung für die bedürftigen Mitglieder und einer Anerkennung von internen Rangunterschieden, etwa zwischen den politischen und kulturellen Führern der Nation und Gefolgschaft oder zwischen Priestern und Laien. Im Unterschied zu Diskurs, Tausch oder dem anarchischen Naturzustand und ähnlich wie im Falle von Unterdrückung und Ausbeutung geht es hier nicht um Individualität, sondern um kollektive Identität. Individuelle Eigentumsrechte oder individuelle Interessen haben hier zurückzutreten gegenüber der diffusen Gemeinschaftsorientierung, der alle gleichermaßen unterworfen sind.

Auch die Vorstellung der gemeinschaftlichen Solidarität kann freilich nur mit dem Anspruch einer regulativen Idee auftreten, die in der Wirklichkeit sozialer Beziehungen niemals vollkommen verwirklicht wird. Schon das Beispiel der familiären Gemeinschaft zeigt, daß die Annahme des Konsenses und der diffusen Hilfestellung nur mit Einschränkungen realisiert wird. Zwar wird das Ideal zumeist als Verpflichtung anerkannt, aber Streit um das Ausmaß der Hilfestellung angesichts knapper Mittel ist dadurch keineswegs ausgeschlossen, unterschiedliche Interessen lassen sich nur schwer verbergen und führen zu wechselseitigen Beschuldigungen, Verrat an der Gemeinschaft wird behauptet und Trennungen liegen in der Luft. In ähnlicher Weise gerät auch die Wirklichkeit nationaler, ethnischer oder religiöser Gemeinschaften in Gegensatz zu der Vorstellung der von Konsens getragenen Solidargemeinschaft. Rangkämpfe werden hinter den Kulissen oder auf offener Bühne ausgetragen, Einzelinteressen werden hinter dem Bekenntnis zur Gemeinschaft verborgen, Abspaltungen angedroht und vollzogen. Die Unvollkommenheit der Verwirklichung von kollektiver Identität schwächt jedoch nicht ihre konstitutive Funktion für soziale Prozesse. Kollektive Identität ist ebenso wie Fairneß oder Wahrheit, Legitimität oder Unabhängigkeit eine notwendige Illusion der Akteure, ohne die weder wir als Beobachter noch die Akteure selbst ihre sozialen Beziehungen verstehen könnten. Sie verdient deshalb ebenso wie andere Idealtypen oder regulative Ideen als zentrales Thema der Sozialtheorie ernst genommen zu werden.

3. Der Kampf um Anerkennung

Wir haben bisher die Konstruktion kollektiver Identität im Hinblick auf zwei gegenläufige Bezüge betrachtet: Codes geben eine bestimmte Logik der Grenzkonstruktion vor, und die Gegebenheiten der geschichtlichen und gesellschaftlichen Lage erweisen sich als widerständig gegenüber bestimmten Identitätskonstruktionen bzw. als günstig gegenüber anderen. Während Codes wie die Regeln eines Spiels den Raum möglicher Strategien festlegen, steht die Situation für den gegenwärtigen Spielstand; vorangetrieben wird das Spiel jedoch erst durch die handelnden Spieler selbst. Für die Dynamik kollektiver Identität sind diese Spieler soziale Bewegungen – im weitesten Sinne –, die einem Entwurf kollektiver Identität gesellschaftliche Anerkennung verschaffen oder eine solche Anerkennung verweigern wollen. Im Unterschied zu individuellen Akteuren ist die Formation kollektiver Akteure jedoch weit unbestimmter und fragiler.[110] Während individuelle Personen ihre körperliche Existenz als selbstverständlich gegeben betrachten können, sind die Grenzen zwischen Angehörigen und Außenstehenden im Falle sozialer Bewegungen nur über die Konstruktion kollektiver Identität bestimmbar. Um im Bild des Spiels zu bleiben: Individuelle Personen können sich auch nach Beendigung des Spiels als diejenigen erfahren, die eben noch gespielt haben, während soziale Bewegungen sich nur innerhalb und durch den Vollzug des Spiels als Akteure erfahren können. Sie haben keine Existenz außerhalb des Spiels. Gewiß sind auch für die Konstruktion individueller Identität Handeln, Reflexion über das eigene Handeln und dessen Beantwortung durch andere konstitutiv; erst aus dem Versuch, in der Vielfalt der eigenen Handlungen und im zeitlichen Wechsel der Handlungerfahrungen eine gleichbleibende Quelle des Handelns und Wollens, ein *Ich* zu konstruieren, ergibt sich individuelle Identi-

110 J. Habermas, »Können komplexe Gesellschaften eine vernünftige Identität ausbilden?«, in: ders., *Zur Rekonstruktion des Historischen Materialismus*, Frankfurt am Main 1976, S. 92-126.

tät. In noch weitaus stärkerem Maße ist aber kollektive Identität auf die Selbsterfahrung kollektiver Akteure im gemeinsamen Handeln angewiesen. Die Existenz eines kollektiven Akteurs ist untrennbar von der Praxis seines Handelns und der dabei mitlaufenden Konstruktion kollektiver Identität. Erst wenn sich Individuen zu gemeinschaftlichem Handeln zusammenschließen und in dem Vollzug dieses Handelns ihre individuellen Unterschiede vergessen, um eine alle verbindende Gemeinsamkeit zur Leitlinie ihres Handelns zu machen, erst dann existieren sie als ein kollektiver Akteur. Diese Koexistenz von Handlungsvollzug und Identitätskonstruktion ist im Falle kollektiver Akteure noch weniger als bei individuellen Personen, die durch eine Alltagsanthropologie festlegt werden können, an vorgängige Bestimmungen gebunden; kollektive Akteure schaffen sich selbst und bestimmen sich selbst; allerdings geschieht dieser Vorgang der kollektiven Selbstbestimmung im Handeln nicht – wie wir zu zeigen versuchten – gänzlich voraussetzungslos und folgenlos.

Zwischen dem kulturellen Repertoire, das Tradition und gesellschaftliche Lage verfügbar hält, und den als unveränderbar geltenden Umständen der eigenen Lebenswelt spannt sich ein Raum kollektiven Handelns auf, in dem sich soziale Gemeinschaften formieren, die in internen Diskursen ihre Identität zu bestimmen versuchen und den so konstruierten Identitätsentwurf nach außen durchzusetzen versuchen. Damit sind ganz unterschiedliche Handlungslogiken und Sozialbeziehungen angesprochen, in denen Identität zum Thema werden kann.

1. Es ist dies zunächst die Beziehung zu jenen anderen, mit denen Konsens über eine gemeinsame Identität erzielt werden soll oder muß. Erst wenn diese Abstimmung gelingt, kann überhaupt von kollektiver Identität gesprochen werden. Im Idealfall geschieht dies spontan und voraussetzungslos als Ergebnis einer unmittelbar und fraglos gegebenen Gemeinsamkeit: der Anwesenheit an einem Ort und der Bedrohung durch einen als überstark empfundenen Feind, vor allem aber der gemeinsamen Erfahrung von riskantem kollektivem Handeln, von Gefahr und ihrer Überwindung. Die äußerste Zuspitzung des Handlungsdrucks, das intensive Bewußtsein der Gefahr und Unsicherheit über die Folgen des eigenen Handelns und die ganz unbezweifelbare Konfrontation mit dem Feind steigern nicht nur das Erlebnis von *agency*, sondern führen auch zu einer schnellen Orientie-

rung an den Handlungsweisen der anderen: Wenn keine Zeit zum Überlegen bleibt, kopiert man die anderen, die es vielleicht besser wissen. Umgekehrt rechtfertigt sich ein solches Kopieren durch die Annahme, daß die anderen in der gleichen Lage seien, gleiche Ziele verfolgen und auch sonstwie ähnlich seien wie man selbst. Auf diese Weise verstärken sich Identitätsannahmen und kollektiver Handlungsdruck. Der Aufruhr von Volksmassen gegenüber Polizei, Militär und Besatzungskräften ist das klassische Beispiel für eine solche spontane Identitätskonstruktion in der Erfahrung riskanten kollektiven Handelns.[111]

Nach vollzogener kollektiver Handlung erinnert man sich dann gemeinsam an die Augenblicke der Gefahr und des Triumphes oder der Niederlage, die sogar in einen moralischen Sieg umgedeutet werden kann. Der erinnernde Nachvollzug ermöglicht auch denjenigen, die selbst nicht die Intensität des Augenblicks erfahren konnten, eine Teilhabe an der kollektiven Identität der Gemeinschaft; er ist darüber hinaus auch ohne Gefahr und Risiko. Es ist daher kein Zufall, wenn starke Konstruktionen politischer Identität in modernen Gesellschaften einen Mythos des Volksaufstands gegen ungerechte oder fremde Herrschaft in den Mittelpunkt stellen. Die erfolgreiche Revolution ist der Gründungsmythos des modernen demokratischen Staates. Dies gilt nicht nur für die wohlbekannten Fälle der großen amerikanischen, französischen und russischen Revolutionen, sondern auch für die lateinamerikanischen, asiatischen und afrikanischen Aufstände gegen koloniale Abhängigkeiten. Der demokratische Gründungsmythos der Revolte wirkt selbst im Falle jener verzweifelten Aufstände, die zunächst niedergeschlagen wurden, wie der Warschauer Aufstand gegen die deutschen Besatzer oder die deutschen Befreiungskriege gegen die französische Besatzung; sie lassen sich rückwirkend zu den Geburtswehen einer kollektiven Identität erklären, wenn keine andere große und erfolgreiche Revolution zur Verfügung steht.

2. Dennoch reicht auch die bloße Erinnerung an den Aufstand zumeist nicht aus, um eine kollektive Identität zu konstruieren; Erinnerungen verblassen, und umfassende nationale Identitäten schließen nicht selten auch die Nachkommen derjenigen mit ein,

111 C. Tilly, *From Mobilization to Revolution*, Reading, Mass./Menlo Park, Cal. 1978; ders., *European Revolutions 1492-1992*, Oxford 1993.

deren Sache der Aufstand nicht war. Dissens und Auseinandersetzungen sind folglich auch bei dem gemeinsamen Bemühen um die Bestimmung kollektiver Identität nicht auszuschließen.

Solche internen Diskurse über die gemeinsame Identität sind grundsätzlich auf zwanglose Anerkennung und Konsens angelegt – Zwang und Tausch sind unverträglich mit der Vorstellung der kollektiven Selbstbestimmung; diese gelingt nur dann, wenn alle Beteiligten sich gleichermaßen freiwillig in einer Identitätsvorstellung wiedererkennen. Kollektive Selbstbestimmung unterscheidet sich damit deutlich von strategisch motivierten Solidaritätsversprechen und -bekundungen. Gewiß stellt diese kollektive Selbstbestimmung ein Ideal dar, dem sich die historische Wirklichkeit bestenfalls annähern kann, das sie aber kaum jemals erreichen dürfte. Aber diese Einschränkung gilt ebenso für andere unerreichbare, aber außerordentlich wirksame Ideale, wie etwa den gerechten Tausch, die legitime Herrschaft oder die wahre Deutung der Welt. Hier wie dort sind Täuschungen und Selbsttäuschungen, Betrug und Verführung möglich, und niemand kann sicher sein, ob das Ideal im Einzelfall erreicht wurde. Auch wenn kollektive Identität auf diskursiver Selbstbestimmung beruht, bleibt sie eine soziale Konstruktion, die die Vielfalt der Wirklichkeit vereinfacht und nicht ohne kontrafaktische Annahmen auskommt.[112] Die Entfernung vom Ideal wird in realen Debatten darüber hinaus immer auch durch ein Element des Wollens und der Wahl aufgefüllt – ohne daß die Vorstellung der Selbstbestimmung auch hohl und unattraktiv bliebe. Welche der verschiedenen Identitätsentwürfe eines Repertoires schließlich Resonanz bei den Angesprochenen finden und sich verbreiten und welche bloße Vorschläge einer begrenzten Trägergruppe bleiben, läßt sich zwar in Hinblick auf die strukturelle und geschichtliche Lage des angesprochenen Publikums rekonstruieren, aber nicht gänzlich auf diese reduzieren.[113] Gerade bei Vor-

112 Im raffiniertesten und besten Falle kann sie das Wissen um diese Unerreichbarkeit des Ideals mitführen und in ein Mißtrauen gegen diejenigen umsetzen, die vorgeben, das Ideal nun endgültig erreicht zu haben. Poppers Vorschlag, die Idee der Wahrheit als Orientierung und die Gewißheit der Wahrheit im Einzelfalle zu trennen, läßt sich entsprechend wohl auch auf andere institutionelle Felder als die Wissenschaft übertragen.

113 Wir haben dies für die Entwürfe nationaler Identität zwischen

stellungen kollektiver Identität läßt sich der voluntaristische Akt der Setzung des Selbst nicht auflösen – es sei denn, der Identitätsbegriff verkümmerte zu einer bloßen mechanischen Reaktion auf empirische Umstände. Eine solche reduktionistische Erklärung verkennt allerdings die Selbstdeutung der kollektiven Akteure: Das Volk, das sich gegen seine Unterdrücker erhebt, sieht sich nicht als bloßes Opfer der Umstände, es wird vielmehr in der Revolte Subjekt seines eigenen Handelns und seiner eigenen Geschichte.

3. Wenn eine soziale Bewegung oder Gemeinschaft ihre für sich bestimmte kollektive Identität in der Öffentlichkeit darzustellen versucht, trifft sie zumeist auf die Vorstellungen, die andere sich von ihr machen. Solche fremdkonstruierten Bilder fügen sich nur in den seltensten Fällen nahtlos in die Identität, die eine Gemeinschaft sich für sich selber entworfen oder gesetzt hat. Gelegentlich treffen Gemeinschaften auf seit langem eingeschliffene Erwartungen und Zumutungen von Identität; nicht nur bei individuellen, sondern auch bei kollektiven Identitäten kann die von außen herangetragene fremdbestimmte Identität älter und stärker als die selbstbestimmte Identität sein. Eltern geben den Kindern Namen, erziehen sie und erzählen ihnen ihre Identität; die Herrschenden und Gebildeten in einer Gesellschaft können einen ähnlichen Einfluß auf die Ungebildeten und Beherrschten ausüben, soweit diese Vertrauen in den Bildungsvorsprung ihrer Lehrer haben. Im Grenzfalle bleibt diese fremdbestimmte Identität eine Identität an sich, eine Identität der Gegenstände, die sich nicht selbst bestimmen können. Zumeist läßt sich allerdings eine solche fremdbestimmte Konstruktion von Identität kaum auf Dauer stellen: Ebenso wie die Kinder erwachsen und mündig werden, so können auch soziale Gruppen ihre von außen geschaffene und fremdbestimmte Gleichartigkeit gegen den Bildungsvorsprung derjenigen wenden, die ihnen eine Identität zugemutet haben. Sie lehnen sich auf gegen die gewohnte Ordnung, die die Ordnung der anderen ist. Ein solches Umschlagen von Fremdbestimmung zu Selbstbestimmung zeigt sich in der Regel auch in dem Versuch, die gewohnten Bezeichnungen und Namen durch neue, selbst gewählte Namen zu ersetzen; auf die ent-

Aufklärung und Reichsgründung an anderer Stelle nachzuzeichnen versucht und werden dies im historischen Teil dieses Bandes weiterführen.

sprechenden Umbenennungen reagieren Außenstehende oft mit Kopfschütteln, Lächeln und Verärgerung, aber sie sind aus der Innenperspektive der selbstbewußten neuen Gemeinschaft ein unentbehrlicher Teil der öffentlichen Selbstdarstellung. Selbstbewußtsein fordert die eigene Setzung des Namens und die eigene Wahl des Totems.

Selbstbewußtsein genügt sich aber nicht selbst; es ist auf Anerkennung durch die Außenstehenden angelegt. Das, was ein kollektiver Akteur unmittelbar im Handeln oder auf dem Umweg interner Debatten für sich als »Selbst« gesetzt hat, soll ihm auch von außen anerkannt werden. Ein solcher Anspruch auf Anerkennung scheint im modernen Zusammenhang plausibel zu sein: Moderne Identität verliert ihre Eigentümlichkeit, wenn sie von außen aufgezwungen wird – Fremdbestimmung und Zwang lassen eben nur eine Identität der Gegenstände zu. Anerkennung von Handlungsfähigkeit und Autonomie – im wörtlichen Sinne – des jeweiligen Gegenübers wird nicht nur für die soziale Interaktion zwischen individuellen Personen vorausgesetzt, sondern kann auch für die Beziehungen zwischen sozialen Gemeinschaften gefordert werden. Im Bereich zwischenstaatlicher Beziehungen ist uns diese Forderung durchaus vertraut: Staatlichkeit wird durch die Anerkennung politischer Souveränität auch und gerade in den Beziehungen zwischen Staaten bestimmt. In ähnlicher Weise gewinnen auch makrosoziale Gemeinschaften innerhalb eines Staates erst über die Anerkennung durch andere ihre gesellschaftliche Handlungskapazität. Fehlt diese Anerkennung durch Außenstehende, so steht die kollektive Identität auf unsicheren Fundamenten; ähnlich wie Sprechhandlungen die Bestätigung durch eine entsprechende Antwort des Gegenübers benötigen, um als verstanden und sinnvoll zu gelten und damit auch für den Sprecher an Gewißheit der Bedeutung zu gewinnen, so bedürfen auch Bestimmungen kollektiver Identität der Bestätigung und Anerkennung durch Außenstehende, um sich zu verfestigen und den Trägern dieser Identität Selbstsicherheit zu geben. Allerdings zeigt uns das Beispiel des Sprechhandelns auch die Grenzen der Selbstbestimmung: Es gibt keine Gewähr dafür, daß das Gegenüber die Bedeutung der Sprechhandlung so versteht, wie ihr Autor sie gemeint hat; Uminterpretationen und Bedeutungsverschiebungen sind kaum vermeidbar. Der Autor einer Sprechhandlung besitzt keineswegs die unbestreitbare Deutungshoheit für seine eigene Äußerung; gelegentlich beanspruchen die anderen sogar, den Sinn seiner Äußerung besser zu verstehen als er selbst. Ähnliches gilt auch für die Anerkennung von kollektiver Identität: Die selbstbestimmte Identität wird von Außenstehenden nicht exakt in dem Sinne wahrgenommen, übernommen und bestätigt, wie die Träger dieser Identität dies beanspruchten – auch hier sind Bedeutungsverschiebungen und Umdeutungen unvermeidbar. Der nach außen getragene Anspruch verbindet sich mit den Erwartungen der Außenstehenden und ergibt eine neue, von Fremden wahrgenommene und mitbestimmte Identität. Im Grenzfall wird der Identitätsanspruch sogar zurückgewiesen und durch die Fremdwahrnehmung ersetzt. Der Anspruch auf Anerkennung trifft hier auf seine Verweigerung, und der öffentliche Kampf um Anerkennung beginnt.

Solche öffentlichen Kämpfe um Anerkennung sind folgenreich und heftig; sie ergeben sich aus dem Dilemma der doppelten Kontingenz von Anerkennung und dem Umstand, daß Selbstbestimmung und ihre Anerkennung nicht erzwungen oder getauscht werden können: Identität muß gleichzeitig selbstbestimmt und fremdanerkannt werden, und ein solches Zusammentreffen ist – grundsätzlich betrachtet – nicht sehr wahrscheinlich. Dies gilt um so mehr, wenn die selbstbestimmte kollektive Identität die Außenstehenden öffentlich abwertet, sie als schmutzig, betrügerisch, unzivilisiert oder unwissend erscheinen läßt. Solche öffentlichen Beleidigungen verletzen umgekehrt die Ansprüche, die die Außenstehenden ihrerseits auf Anerkennung ihrer Identität stellen. Der Kampf um Anerkennung kann sich so schnell zu einem Beleidigungskrieg steigern. Dritte Parteien können in Koalitionen eingebunden werden oder aus dem Konflikt Gewinn für die eigene Sache ziehen, Ideologen können gemietet, Kampfbataillone gesammelt werden.

4. Mehrere Auswege sind denkbar. Der erste und einfachste Weg zur Vermeidung von Kämpfen um Anerkennung besteht darin, die Anerkennungsverweigerung zu übersehen oder zu bagatellisieren. Auch in der Beziehung zwischen dem Sprecher und seinem Gegenüber stellt sich Sinnverstehen nur als geteilte Illusion, als Fiktion von Verstehen ein: Mein Gegenüber tut so, als wenn er mich verstanden hätte, und ich bestätige diese kontrafaktische Annahme, wenn ich meinerseits ihm antworte.[114] Genaue-

114 W. L. Schneider, *Die Beobachtung von Kommunikation*, a.a.O.

res Nachdenken würde zutage fördern, daß weder er mich völlig in meinem Sinne verstanden hatte noch ich seine Antwort in seinem Sinne verstanden habe. Dennoch tun wir so, als ob wir uns verstünden, und ermöglichen erst durch diese geteilte Illusion die Konstruktion von Sinn. In ähnlicher Weise kann auch im Falle kollektiver Identität die Differenz von Selbstbestimmung und Fremdwahrnehmung schlicht ignoriert werden. In Alltagszusammenhängen gehen wir davon aus, daß andere uns so sehen, wie wir sind, das heißt so, wie wir uns selber sehen; Fehlwahrnehmungen mögen vorkommen, aber sie werden nicht zum Thema gemacht, sondern latent gehalten. Ein solches Überspielen von Unterschieden mit der Großzügigkeit und Unschärfe der alltäglichen Einstellung gelingt freilich so lange, wie niemand auf Genauigkeit besteht und recht behalten will.

Ein zweiter Ausweg besteht darin, die Öffentlichkeit als einen Raum der gleichen Individuen zu begreifen und grundsätzlich von starken Identitätsbehauptungen freizuhalten. Identitätskonstruktionen sind dann Privatsache; öffentliche Institutionen haben sich gegen Unterschiede von Religion, Ethnos, Tradition und Familie indifferent zu verhalten und erkennen kollektive Identitäten nur insofern an, als alle Privatmenschen frei sind, ihre kollektive Identität selbst bestimmen zu können. Die öffentlichen Institutionen, und hier vor allem der Staat, werden als Feld des unparteiischen Urteils gesehen, das allen gleiche Chancen einräumt und blind gegenüber sozialen Unterschieden bleibt. Eine solche Trennung zwischen der privaten und der öffentlichen Sphäre ist freilich in der praktischen Politik wie der öffentlichen Diskussion nur mühsam aufrechtzuerhalten. Unvermeidlich spielen hier Gruppen, Schichten und Bewegungen, kurz: die bürgerliche Gesellschaft, eine wichtige Rolle. Auch hier beruht die Lösung des Anerkennungsproblems auf dem Konsens über eine notwendige Illusion; wer genau hinschaut, entdeckt eine Vielzahl von Abweichungen und Grenzüberschreitungen. Die Verbannung von Identitätsbehauptungen in den Privatbereich verhindert nur dann den Kampf um Anerkennung, wenn man so tut, als ob die Privatbereiche der einzelnen so voneinander abgeschottet wären, daß alle privaten Äußerungen von Außenstehenden nur schwer wahrgenommen werden könnten. Ist das nicht der Fall, muß man wegschauen, diskret sein, unberührt bleiben. *Civic inattention* rückt hier zur Kardinaltugend auf. Noch schwerer wiegt jedoch der Umstand, daß der ins Private eingesperrten kollektiven Identität im Grenzfall jede Anerkennung durch Fremde fehlt; sie bleibt daher spielerische Maskerade, Freizeitaktivität ohne Folgen und Gewicht.

Ein dritter Ausweg setzt schließlich an dem Versuch des unparteiischen Urteils an, das sich schon in der Trennung zwischen Öffentlichkeit und Privatsphäre andeutete. Im Kampf um Anerkennung kann die Perspektive des unbeteiligten Dritten als Vermittlung angerufen werden und als mögliche Orientierung für Ansprüche auf Anerkennung dienen. Unparteilichkeit begründet sich hier nicht einfach über den Rawlsschen Schleier des Nichtwissens, sondern über die Nichtengagiertheit, das Fehlen einer Verstrickung in die Geschichte des Streites. Im Falle kollektiver Identität kommt diese unparteiische dritte Perspektive nicht über die Autorität des Richters oder des Therapeuten ins Spiel, sondern durch den öffentlichen Diskurs. Öffentlichkeit besteht aus der praxisentlasteten Beobachtung durch unendlich viele Dritte, in ihr gewinnt grundsätzlich die allgemeine Sicht des Dritten, des Beobachters, die Oberhand. Je stärker die Kämpfe um Anerkennung in die Öffentlichkeit getragen werden, desto größer ist die Chance, sie über die allgemeine Perspektive des Dritten zu zivilisieren. Freilich, auch der Weg in die Öffentlichkeit kann in unwegsames Gelände führen: Zunächst erweist sich gerade der strukturelle Vorzug der Nichtengagiertheit des Dritten als praktische Schwäche, wenn es darum geht, die Aufmerksamkeit von möglichst vielen für eine Debatte über Anerkennung zu gewinnen – wer kein Interesse an der Angelegenheit hat, wendet sich leicht anderen Dingen zu. Dieses Desinteresse der vielen unbeteiligten Dritten läßt sich nur schwerlich durch allgemeine Appelle an die Moral öffentlichen Engagements überwinden. Weitaus eher zu erwarten ist, daß sich interessierte Parteien als neutrale Schiedsrichter tarnen und unter dem Deckmantel der Neutralität für ihre Sache werben. In dem Versuch, die Aufmerksamkeit möglichst vieler zu gewinnen, kann sich darüber hinaus die Perspektive auf den Konflikt verschieben: Sensationelle Nebensächlichkeiten können in den Vordergrund treten, oder das Bedürfnis nach schnellen und eindeutigen Verurteilungen kann zur Hexenjagd auf eine der beteiligten Gruppen führen. Alle diese Bedenken müssen freilich ignoriert werden, soll der öffentliche Diskurs nicht zusammenbrechen; die grundsätzliche Unterstellung, daß nicht praktische und besondere, sondern verallgemeinerbare Interessen, nicht Verführung und Sensationslust, sondern die Sorge um Wahrheit und Gemeinwohl den Diskurs bewegen, sind notwendige und unvermeidbare Illusionen öffentlicher Debatten.

5. Ein vierter Ausweg folgt der Linie der Professionalisierung und Organisierung, die moderne Gesellschaften als Königsweg empfehlen, wenn es um die Bearbeitung von Bedürfnissen geht. Die Durchsetzung von Ansprüchen auf Anerkennung wird dann zur Sache von Spezialisten, die – offen oder verdeckt von Karriereinteressen bewegt – die fraglichen Identitätsansprüche nicht notwendig auch für sich selbst erheben müssen, um erfolgreich zu sein. Anwälte und Politiker können sich so ihre Klientel sichern, Journalisten ihre Leserschaft, Verbandsfunktionäre die Unterstützung ihrer Mitglieder. Eine solche berufliche Stellvertretung[115] in der Debatte um Anerkennung ist grundsätzlich ebensowenig fragwürdig wie andere Formen der professionellen Stellvertretung, etwa durch Rechtsanwälte, Therapeuten oder Berufspolitiker. Verberuflichung führt in der Regel zur Verbesserung der Leistungen.

Wird das Anerkennungsthema durch berufliche Stellvertreter bearbeitet, so führt dies jedoch nicht nur zu einer Steigerung der Effizienz, sondern zumeist auch zu einer Zivilisierung der Umgangsformen: Die Leidenschaftlichkeit der Auseinandersetzung schwindet, die Neigung zum Kompromiß nimmt zu, Routinen sind verfügbar, der Ton wird sachlicher. Es entlastet darüber hinaus die streitenden Parteien von der ständigen Anspannung des Konfliktes. Die Ergebnisse dieser Professionalisierung von Anerkennung sind bekannt: Ein eigenes Politikfeld – *identity politics* – entsteht, Rechtsverordnungen regeln die Ansprüche von Minoritäten auf politische Vertretung, Sprachregelungen – *political correctness* – markieren einerseits die Bandbreite klugen Redens, andererseits die Anlässe öffentlich anerkannten Beleidigtseins etc. Diese öffentliche Regulierung von Anerkennung und Beleidigung schränkt gewiß ursprüngliche Freiheiten ein und erscheint nicht selten auch als lächerliche Übertreibung, aber dies gilt in vergleichbarem Maße auch für andere Formen der Zivi-

115 Das Verdienst, auf das Problem der Stellvertretung in jüngerer Zeit aufmerksam gemacht zu haben, gebührt Johannes Weiß. Ders., *Handeln und handeln lassen. Über Stellvertretung*, Opladen 1998.

lisierung – etwa die Kontrolle des Essens durch Diätvorschriften, die Kontrolle des Autofahrens durch Verkehrszeichen oder die Kontrolle des Verpackens durch europaeinheitliche Verpakkungsvorschriften. Wenn die Dichte der Sozialbeziehungen zunimmt (so wissen wir spätestens seit Durkheim), wächst auch die Notwendigkeit der allgemeinen Regulierung. Freilich bringt auch eine solche Zivilisierung des Kampfes um Anerkennung bedenkliche Risiken mit sich. Die professionellen Advokaten können nur schwerlich ihrem selbstverständlichen Interesse entgehen, die Nachfrage nach ihren beruflichen Leistungen auszuweiten. Mediziner entdecken so immer neue Krankheiten bei scheinbar gesunden Patienten und bieten therapeutische Leistungen zu ihrer Heilung an. Das Urteil über Gesundheit und Krankheit obliegt den *professionals* und nicht ihren Patienten; sie definieren das Bedürfnis, diagnostizieren das jeweilige Problem, stellen die Lösung bereit und beurteilen den Erfolg. In ähnlicher Weise können auch die Advokaten der Anerkennung ungeweckte Bedürfnisse nach Anerkennung für Gruppen definieren, die sich selbst gar nicht als eine Gemeinschaft verstehen und keinerlei kollektive Identität für sich beanspruchen. Die beruflichen Stellvertreter sehen sich hier gerne in der Rolle des Therapeuten, der dem Patienten zur Einsicht in seine unterdrückten Bedürfnisse verhilft – übersehen dabei freilich, daß der Therapeut ausdrücklich vom Patienten beauftragt wird. Sie geraten eher in die Lage von Unternehmern, die Kunden für ihr Identitätsangebot werben, oder von Politikern, die eine müde Wählerschaft für ihr Identitätsanliegen mobilisieren wollen. Ähnlich wie Politiker sich ihre Legitimitätsgrundlage, das Volk und seinen Auftrag, erst durch eigene Bemühungen konstruieren müssen, diesen Umstand aber nicht nur vor dem Volk, sondern auch weitgehend vor sich selbst verschweigen müssen, so sind auch Identitätsunternehmer an die notwendige Fiktion gebunden, daß eine latent vorhandene, aber schlafende Gemeinschaft der Selbstbewußtwerdung und beruflichen Stellvertretung bedürfe. Das, was öffentlich als Emanzipation unterdrückter Identitäten ausgegeben wird, ist dann letztlich nur eine Werbung für die Klientel der eigenen beruflichen Angebote.

Solche Werbeunternehmungen bringen unweigerlich diffuse Versprechen, die nicht gänzlich eingehalten werden können, und Erwartungen mit sich, die nicht selten enttäuscht werden müssen. Enttäuschungen mögen beim Kauf von Alltagsgütern und selbst bei politischen Wahlen ein erträgliches Risiko sein, werden aber in Identitätsfragen zu kritischen Problemen. Stellvertretende Selbstbestimmung muß weitgehend enttäuschungssicher sein, sonst setzen sich die beruflichen Stellvertreter dem Verdacht der Verführung aus. Identitätsunternehmer können sich so im Grenzfalle eine Klientel schaffen, die sich ohne die Überredungskünste der *professionals* niemals als eine besondere Gemeinschaft aufgefaßt hätte und die beruflichen Stellvertreter mit der Wahrnehmung ihrer Interessen in der Öffentlichkeit beauftragt hätte. Staatliche Aufsicht und professionelle Selbstkontrolle sollen solche Enttäuschungen verhindern; vor allem aber beruht das Vertrauen in die Kompetenz und Aufrichtigkeit des *professionals* auf der notwendigen Illusion, das dieser – mein Stellvertreter – besonders vertrauenswürdig sei: Man kennt sich seit langem, er wird auch von allen anderen empfohlen etc. Eine Möglichkeit, sich gegen Enttäuschungen abzusichern und Vertrauen zu schaffen, besteht darin, den beruflichen Stellvertreter in die kollektive Identität der Vertretenen einzuschließen: Der *professional* ist dann »einer von uns«, einer, dem es wirklich um unsere Sache geht. Ein solcher Versuch, kollektive Identität sozusagen reflexiv ins Spiel zu bringen, findet sich immer häufiger im Bereich der *identity politics*: Frauen lassen sich nur von Frauen in der Politik vertreten, türkische Einwanderer trauen nur türkischen Anwälten etc. Freilich setzt dies immer schon eine bereits vollzogene kollektive Selbstbestimmung voraus, die auf gesellschaftliche Anerkennung drängt.

Grundsätzlich ist niemand gezwungen, sein Anliegen einem beruflichen Stellvertreter anzuvertrauen; es gibt Alternativen auch innerhalb eines Berufes. Wer so zwischen verschiedenen Offerten wählen kann, vermeidet das Verführungsrisiko zwar nicht ganz, aber setzt es doch herab. Allerdings fragt sich, ob die Logik des Marktes nicht gerade das »Gut« kollektive Identität zu verderben droht – Identität ist kein Mittel, das sich im Hinblick auf übergeordnete Zwecke vergleichen ließe. Der postmoderne Markt der beruflich inszenierten Identitäten verspricht so das Verlangen nach Selbstbestimmung zu erfüllen, führt jedoch unvermeidlich zu Enttäuschungen: Das einzelne Identitätsangebot erweist sich auf Dauer als unbefriedigend, die Suche nach selbstbestimmter kollektiver Identität geht weiter. Neue Angebote erscheinen, werden angenommen und wieder fallengelassen – auf dem postmodernen Identitätsmarkt degeneriert kollektive Identität zur Staffage, zum Stil, zur global verbreiteten und schnell ersetzten Mode.

6. Kollektive Identität und der Kampf um Anerkennung sind auf besondere Medien der Kommunikation angewiesen, wenn sie die Reichweite mündlicher Rede überschreiten sollen. Gedruckte Pamphlete zu Beginn der Neuzeit und das Zeitungswesen zu Beginn der Moderne haben das Entstehen nationaler Identitäten entscheidend befördert.[116] Mit der Verbreitung des Radios und der Telekommunikation in unserem Jahrhundert nimmt die Konstruktion kollektiver Identität jedoch eine neue Wendung. Schon mit der Tagespresse hatte eine Umstellung der Konstruktionsform eingesetzt: Die zeitliche Verzögerung, mit der das berichtete Ereignis den Adressaten erreicht, beginnt zu schmelzen; Dauerhaftigkeit und Stabilität verlieren ebenso ihre Bedeutung als Achse kollektiver Identität wie Lokalität und Bodenständigkeit. An ihre Stelle tritt die Differenz zu gestern – die Verfallszeiten der Themen, die in der Vergangenheit noch Interesse erregten, werden kürzer, Beschleunigung wird zum Signum der Moderne. Zeitliche Kontinuität und lokale Differenz werden zunehmend durch zeitliche Diskontinuität und globale Gleichheit ersetzt: Die Vergangenheit hat ihre Macht verloren, wir sind nicht mehr von gestern, sondern alle die gleichen in diesem Augenblick, vereint durch die Live-Sendung zum Tode von Lady Di, durch den Popsong von Michael Jackson, durch die Sorge um die Regenwälder und das Mitleid mit den Opfern eines terroristischen Attentats. Kollektive Identität wird hier zur Konstruktion der Massenmedien und gehorcht ihrer besonderen Logik. Gegenwartsbesessen und vergangenheitsvergessen inszenieren die Medien immer neue Anlässe, zu denen sich ein möglichst großes Publikum als Gemeinschaft fühlen kann, als Gemeinschaft der Betroffenen und Mitleidenden, der Jubelnden und Entsetzten. Die unterhaltsame Konstruktion von kollektiver Identifikation

116 K. W. Deutsch, *Nationalism and Social Communication*, Cambridge, Mass. 1953; E. Gellner, »Nationalism«, in: ders., *Thought and Change*, London 1964, S. 147-178; ders., »Nationalism and the two Forms of Cohesion in Complex Societies«, in: ders., *Culture, Identity and Politics*, Cambridge 1987; ders., *Nations and Nationalism*, Oxford 1983; B. Anderson, *Imagined Communities*, a.a.O.

verdrängt die Vermittlung von Information als wichtigsten Bezug massenmedialer Kommunikation. Eine solche mediale Simulation von Gemeinschaftlichkeit ist gewiß weit entfernt von der Leitidee der kollektiven Selbstbestimmung, die um Anerkennung kämpfen muß. Inklusion ist hier schon in den Präsentationsmodus eingebaut. Es geht um das Erreichen einer möglichst hohen Zahl von Zuschauern oder Zuhörern – alle Suggestionen kollektiver Identität werden daher so gehalten, daß eine Ablehnung schwerfällt; gleichzeitig geraten die wenigen, die sich nicht einbeziehen lassen wollen, ins kommunikative oder moralische Abseits eines Außenseitertums, ohne das keine Konstruktion von kollektiver Identität auszukommen vermag. Angesichts einer im Grenzfall globalen Bewegung sinkt jeder Versuch, die Anerkennung zu verweigern und Identitäten umzudeuten, zu einer nebensächlichen Randbemerkung herab. Die Sicht von außen schmilzt hinweg und verliert ihre Widerständigkeit – morgen werden ohnehin neue Anlässe auftauchen und die Kritik obsolet erscheinen lassen. In der schönen neuen Welt der globalen Gemeinschaftlichkeit, des sogenannten *global village*, wird die Selbstbestimmung ebenso wie die Fremdwahrnehmung kollektiver Identität von Vermittlungsinstanzen übernommen. Die Spannung, die den Kampf um Anerkennung hervorgerufen hatte, droht dabei allerdings in sich zusammenzufallen.

Der vielfach beklagte Verfall des öffentlichen Diskurses erhält mit dem Auftreten der globalen Medien nicht nur eine neue, schärfere Wendung; er setzt auch die Linie fort, die mit der Neutralität des Staates im Anerkennungskampf und mit der beruflichen Stellvertretung der Parteien in der Öffentlichkeit begonnen hatte: Im Bemühen um Zivilisierung des Kampfes um Anerkennung wurden vermittelnde Institutionen angerufen und geschaffen, die zwar in der Regel dem Identitätskonflikt die Schärfe nahmen, aber dabei auch der kollektiven Identität die authentische Kontur verwischten und selbst in den Verdacht gerieten, auf unvermeidlichen Illusionen zu beruhen. In der Tat geht es hier um Authentizität und Täuschung, um den Versuch, sich kollektiver Identität sozial zu vergewissern, und um den Verdacht, dabei von jenen getäuscht zu werden, die authentische Vermittlung anbieten – in einer Angelegenheit, die besonders täuschungsempfindlich ist, da sie keinen übergeordneten Gesichtspunkt mehr kennt, von dem aus die Täuschung entlarvt werden könnte. Die gesellschaftliche Vermittlung und Durchsetzung von kollektiver Identität benötigt daher immer zusätzliche Bestärkungen dessen, was behauptet wird: Wir sehen uns wirklich so, wir meinen es ehrlich, wir tun nicht so als ob. Die Täuschung ist allerdings grundlegend und unvermeidlich. Keine Form der sozialen Konstruktion von Anerkennung entgeht ihr. Jeder der skizzierten Versuche muß von idealisierten Annahmen ausgehen und die unvermeidlichen Entgleisungen ignorieren. Die Gleichheit von Selbstwahrnehmung und Fremdwahrnehmung ebenso wie die klare Trennung von privater und öffentlicher Sphäre, die Aufrichtigkeit der *professionals* oder die Wahrhaftigkeit der Telemedien sind Simulationen von Authentizität, ohne die die gesellschaftliche Konstruktion von Anerkennung zusammenfallen würde – ein Schauspiel, das nur vom gutem Willen des Publikums lebt, sich die Illusion nicht nehmen zu lassen. Gelegentlich freilich bricht auch der Verdacht, getäuscht worden zu sein, gewalttätig durch und entlädt sich in einer Jagd auf die trügerischen Vermittler oder verebbt im allgemeinen Mißtrauen gegen »die da oben«. Neue unverbrauchte Simulationen von Authentizität werden dann benötigt, und nicht selten weckt nur mehr das Vertrauen, das nicht vorgeben kann, anders zu sein, als es ist: der Körper. Die Karriere von primordialen Identitätsformen in der Moderne erklärt sich so auch aus einer Verfallsgeschichte von Authentizität.

III. Historische Szenarien der Konstruktion kollektiver Identität

Wir haben in einer idealtypischen Darstellung zu zeigen versucht, welche strukturelle Logik sich aus primordialen, traditionalen und universalistischen Codierungen kollektiver Identität ergibt und welche Merkmale der Situation bestimmte Codierungen als mehr oder weniger angemessen erscheinen lassen. Die folgenden Kapitel versuchen diese analytischen Idealtypen auf historische Szenarien anzuwenden. Diese historischen Szenarien wurden vor allem der deutschen Geschichte des neunzehnten Jahrhunderts entnommen; sie setzen in gewisser, wenn auch nicht trennscharfer Weise die Darstellung fort, die mit dem Band *Die Intellektuellen und die Nation* begonnen wurde. Auch hier geht es um kulturelle Entwürfe nationaler Identität oder die Grenzen makrosozialer Gemeinschaften, auch hier wird die Codierung kollektiver Identität auf die besondere historische Lage bestimmter Trägergruppen zurückgeführt. Auch hier bilden die Intellektuellen und ihr bürgerliches Publikum die wichtigsten Träger nationaler und kultureller Identität, und auch hier geht es um die Imagination und Inszenierung kollektiver Identität für ein Publikum, das im Hinblick auf eine gemeinsame Geschichte, ein gemeinsames Schicksal, eine gemeinsame Bestimmung seine internen Unterschiede vergessen soll.

Dennoch hat sich die Perspektive deutlich verschoben. Gliederungsprinzip ist nicht mehr die zeitliche Abfolge von Intellektuellengenerationen, die jeweils durch eine nachdrückliche Entwertung der Erfahrungen vorangehender Generationen gekennzeichnet werden. Statt dessen werden bestimmte Leitunterscheidungen und Codierungen zum Ausgangspunkt genommen und im Durchgang durch verschiedene historische Szenarien verfolgt. Einerseits verschiebt sich damit der Akzent zu einer stärkeren Berücksichtigung von Kontinuitäten: es geht weniger um die jeweils neue Erfindung kollektiver Identität durch Intellektuelle, sondern um die lagespezifische Transformation und Modifikation schon vorhandener Codes. Andererseits geraten damit aber auch die besonderen Einfärbungen, die eine Codierung durch die Selbstverständlichkeiten sozialer Trägerschichten und die Gegebenheiten einer geschichtlichen Lage erhält, schärfer ins Blickfeld.

Für die universalistische Codierung kollektiver Identität wird diese Leitunterscheidung durch die Beziehung zwischen Privatheit und Öffentlichkeit gebildet. Universalistische Codierungen sind – wie wir dies schon im vorangehenden Kapitel allgemein angesprochen haben – auf offene Grenzen und Inklusion angelegt und daher der Situation der Öffentlichkeit besonders angemessen. Aber die jeweils besondere Form der Öffentlichkeit, ihre Diskursrituale und Trägerschichten führen zu ganz unterschiedlichen Vorstellungen dieser Beziehung zwischen Privatheit und Öffentlichkeit und bieten dabei einer universalistischen Codierung kollektiver Identität ganz unterschiedliche Ansatzmöglichkeiten. Das Kapitel versucht im Vergleich zwischen französischer und deutscher Aufklärung, französischem Jakobinismus und deutscher Romantik historische Idealtypen der Beziehung zwischen Öffentlichkeit und Privatheit zu konstruieren, die inzwischen Bestandteile eines nicht nur national, sondern europaweit verfügbaren Coderepertoires sind.

Eine weitere zentrale Unterscheidung, der Codierungen kollektiver Identität nicht entgehen können, ergibt sich aus der Beziehung zwischen Vergangenheit, Gegenwart und Zukunft. Universalistische, traditionale und primordiale Codes unterscheiden sich grundlegend nicht nur in ihren Vorstellungen von Kontinuität und Diskontinuität, sondern auch in der Bewertung von Vergangenheit, Gegenwart und Zukunft. Das Kapitel beschäftigt sich mit unterschiedlichen Codierungen von Zeitlichkeit im deutschen Kaiserreich und versucht diese Codierungen in Beziehung zu der Lage und den Kommunikationsformen bestimmter Trägergruppen zu setzen. Dabei gerät nicht nur die Differenz zwischen bestimmten intellektuellen Gruppen und ihrem Publikum ins Blickfeld, sondern auch die Gleichzeitigkeit und gelegentlich auch Konkurrenz zwischen verschiedenen Projekten von Geschichte und Vergangenheit. Seit der zweiten Hälfte des neunzehnten Jahrhunderts beginnt die Stellung der hegemonialen Intellektuellen sich aufzulösen; es fällt schwer, nur mehr von einer führenden Intellektuellengruppe zu sprechen und eine Codierung kollektiver Identität als dominierend oder avantgardistisch auszumachen; das Bildungsbürgertum wird zum Träger eines neuen Traditionalismus, kann sich aber seiner Stellung nicht mehr ganz sicher sein. Statt dessen finden sich gleichzeitig ganz unterschiedliche Reaktionen und Ressonanzen.

Eine dritte zentrale Unterscheidung in der Konstruktion kollektiver Identität ergibt sich aus der Beziehung zwischen Natur und Kultur. In primordialen Codierungen kollektiver Identität wird – wie wir im vorangegangenen Kapitel gesehen haben – der Versuch unternommen, kulturelle und soziale Grenzen auf natürliche Ordnungen zurückzuführen. Solche naturalistischen Reduktionen führten in der jüngeren europäischen Geschichte zwar nicht ausweglos, aber doch sehr häufig zu Rassismus und Antisemitismus. Das Kapitel behandelt daher rassistische und antisemitische Konstruktionen deutscher, aber auch französischer Intellektueller während der letzten zwei Jahrhunderte. Unserer allgemeinen konstruktivistischen Heuristik folgend, versuchen wir dabei die unterschiedlichen Szenarien und ihre Kommunikationslogik herauszuarbeiten, in denen rassistische und antisemitische Codierungen kollektiver Identität entwickelt wurden und die jeweils auch ganz unterschiedliche Kontexte und Bedeutungen dieser Codierungen schufen.

Die drei Leitunterscheidungen zwischen Privatheit und Öffentlichkeit, Vergangenheit und Gegenwart sowie Natur und Kultur lassen sich zwar jeweils der universalistischen, der traditionalen und der primordialen Codierung kollektiver Identität zuordnen, aber nicht auf eine eindeutige und überschneidungslose Weise. Die Unterscheidung zwischen Vergangenheit und Gegenwart zum Beispiel wird zwar in traditionalen Konstruktionen kollektiver Identität besonders prominent und zentral, aber sie taucht auch in universalistischen Codierungen auf – freilich mit umgekehrtem Vorzeichen. Historische Darstellungen entsprechen nur selten bruchlos und trennscharf den Linien, die die Idealtypen vorzeichnen, und sie selbst müssen ihrerseits viele Details ausblenden und unberücksichtigt lassen. Die Wirklichkeit der Geschichte ist selten von glasklarer Eindeutigkeit, aber ohne die idealtypische Perspektive bleibt ihre Wahrnehmung verschwommen.

1. Universalismus: Privatheit und Öffentlichkeit in der deutschen und französischen Aufklärung, in Jakobinismus und Romantik

1.1 Kosmopolitismus und das erweiterte Hofsystem: die Aufklärung in Frankreich

Im Unterschied zu der verbreiteten Vorstellung der Aufklärung als einer heterodoxen Bewegung in deutlicher Distanz zum absolutistischen Staat soll im folgenden die These vertreten werden, daß sich die französische Aufklärung als eine Erweiterung der höfischen Kultur des absolutistischen Staates begreifen läßt.

Der absolutistische Staat hatte im achtzehnten Jahrhundert seine Kontrolle über Bevölkerung und Territorium durch ein Netzwerk von Besteuerung, Rechtsprechung und öffentlichen Diensten ausgedehnt, aber er hatte auch die Künste und Wissenschaften durch Stipendien und Stellungen gefördert, um so den Glanz der königlichen Herrschaft zu unterstreichen, aber auch um vor dem Hintergrund der konfessionellen Auseinandersetzungen die absolute Verantwortlichkeit des Fürsten auch für das kulturelle Leben zu betonen. Die bedeutendsten Institutionen, die diese fürstliche Unterstützung der Künste und Wissenschaften geschaffen hatte, waren wohl die Collèges und Akademien, die in der zweiten Hälfte des siebzehnten und der ersten Hälfte des achtzehnten Jahrhunderts entstanden waren.[1] Sie eröffneten neue Arenen des kulturellen Diskurses, die einerseits die Abhängigkeit von der Kirche hinter sich gelassen hatten, aber auch nicht allzu eng an den Herrscher gekoppelt waren. Die Universitäten, die zuvor noch unter der direkten Überwachung der Kirche standen, wurden nun vom Staat übernommen und den Ausbildungserfordernissen für die wachsende Zahl der Beamten und Staats-

1 Der Einfluß der Aufklärung auf die Gründung von Universitäten, Akademien und Lesegesellschaften wird für Deutschland von H. Möller, *Vernunft und Kritik. Deutsche Aufklärung im 17. und 18. Jahrhundert*, Frankfurt am Main 1986, S. 232 ff., ausführlich behandelt. Zu Frankreich siehe insbesondere D. Roche, *Le siècle des Lumières en Province. Académies et académiciens provinceaux, 1680-1789*, Paris 1978.

diener angepaßt.[2] Gleichzeitig nahm der Staat durch merkantilistische Regulierungs- und Förderungsformen nachdrücklichen Einfluß auf die wirtschaftliche Entwicklung und löste die Reste der feudalen Rechtsprechung zunehmend durch eigene zentral kontrollierte Institutionen ab. Auf diese Weise schuf der absolutistische Staat des achtzehnten Jahrhunderts eine Reihe von Institutionen, die als moderne Konkurrenzen der traditionellen Felder des Handels und der Kultur, der Politik und der Bildung betrachtet werden können.

1.1.1 Die *noblesse de robe* und die *philosophes*

Mit der Ausdehnung des absolutistischen Staates entstand eine neue Schicht der Beamten und öffentlichen Bediensteten, die ihre Stellung nicht mehr Abstammung und Privileg verdankten, sondern aufgrund von Ausbildung und Prüfung erhielten. Die Stellung dieser neuen Beamtenklasse war untrennbar mit dem Aufstieg der neuen legalistischen Staatsidee verbunden, und die Denkweise ihrer Angehörigen war stark beeinflußt von den neuen Vorstellungen des aufgeklärten Absolutismus, der Naturwissenschaft und der merkantilistischen Wirtschaftspolitik.[3] Die neue beamtete Bildungsklasse war in vielen europäischen Staaten selbstverständlicher Träger der frühneuzeitlichen Modernisierung; aber ihr besonderer Ehrgeiz in Frankreich war es, in die höfische Gesellschaft aufgenommen zu werden und die Distanz zum *vile peuple* zu betonen.[4] Selbst die Bezeichnung *bourgeois* wurde von ihnen als beleidigend, zumindest aber als herabsetzend empfunden.

Gewiß findet sich gerade in der Aufklärungsliteratur eine Vielzahl von Bildern des Mitleids mit den Armen und Elenden, aber sie bilden eher eine säkularisierte Form der christlichen Armenfürsorge: In Mildtätigkeit und Mitleid wird die Grenze zu den

2 R. Wuthnow, *Communities of Discourse*, Cambridge, Mass. 1993, S. 181 ff.

3 C. Kiernan, *The Enlightenment and Science in Eighteenth Century France*, Brandury 1973.

4 Elias beschrieb die Stellung der *noblesse de robe* in ähnlicher Weise als Zwischenposition zwischen Königtum und Volk, siehe N. Elias, *Die höfische Gesellschaft*, Neuwied 1969, S. 256 ff.

Armen nicht verleugnet, sondern betont und verstärkt. Im übrigen richten sich die Mitleidsbezeugungen der *philosophes* mit dem armen Volk nicht an die Armen selbst, sondern an das gleichgestellte Publikum, das man mit seiner öffentlich sichtbaren Moralität zu beeindrucken suchte. An den häufigen Aufständen und Unruhen der unteren Volksschichten im achtzehnten Jahrhundert nahmen die *philosophes* hingegen nicht teil. Sie wollten in die *bonne compagnie*, die gute Gesellschaft der höfischen Kreise, aufgenommen werden; sie beanspruchten eine neue Distinktion der Bildung und des Benehmens und waren weit davon entfernt, dem Volk auf der Straße ihre Stimme zu leihen.

Darüber hinaus hatte der absolutistische Staat die Statusunterschiede zwischen der alten Aristokratie, der *noblesse d'epée*, und der neuen Elite der Beamten durch eine große Anzahl von Nobilitierungen abgemildert. Immer stärker wurde die *noblesse d'epée* überlagert von der neuen und rasch wachsenden Gruppe der *noblesse de robe*: sie stellte das gebildete Publikum, an das sich die Aufklärungsliteratur wandte. Gegen Ende des Jahrhunderts konnten weniger als zehn Prozent des französischen Adels eine adlige Herkunft nachweisen, die weiter als hundertundfünfzig Jahre zurückreichte. Um so nachdrücklicher strebte die neue Amtsaristokratie, *les gens de robe*, nach Anerkennung als *honnêtes hommes et femmes* und betonte immer wieder ihre neue Distinktion.

Um den Staat und seine neuen Eliten entstanden auch Karrierechancen für die Intellektuellen der französischen Aufklärung.[5] Obwohl die führenden französischen Aufklärungsautoren in ganz Europa gelesen wurden, konnten nur wenige *philosophes* vom Verkauf ihrer Bücher leben.[6] Der vergleichsweise geringe

5 R. Darnton, *The Literary Underground of the Old Regime*, Cambridge 1982. D. Roche, *Le siècle des Lumieres en Province*, a.a.O.; P. P. Clark und T. N. Clark, »Patrons, Publishers and Prizes: The Writers Estate in France«, in: J. Ben-David und T. N. Clark (Hg.), *Culture and its Creators. Essays in Honor of E. Shils*, Chicago 1977, S. 197-225; C. Kiernan, *The Enlightenment and Science in Eighteenth Century France*, a.a.O.

6 Von dem in der zweiten Hälfte des 18. Jahrhunderts deutlich wahrgenommenen »Antagonismus von Geist und Kapital« berichtet für Deutschland einschlägig: H. J. Haferkorn, »Zur Entstehung der bürgerlich-literarischen Intelligenz des Schriftstellers im Deutschland

Grad der Spezialisierung und Verberuflichung der intellektuellen Tätigkeiten hinderte die *philosophes* auch daran, spezialisierte Experten zu werden. Die meisten von ihnen verstanden es nicht nur, Romane und philosophische Kritiken, sondern auch wissenschaftliche Essays, historische Dramen und politische Kommentare zu schreiben, einige arbeiteten sogar an anspruchsvollen technischen Projekten.[7]

Nicht nur das Ausmaß funktionaler Differenzierung zwischen den einzelnen wissenschaftlichen Disziplinen war gering; auch die Rollen des Schriftstellers und des Lesers waren noch weitgehend austauschbar. Eine solche Lage förderte die wechselseitige Identifikation von Autoren und ihren Lesern. Diese Identifikation wurde noch durch den Umstand verstärkt, daß die Zahl der Leser innerhalb und außerhalb der Grenzen Frankreichs erstaunlich begrenzt blieb, insbesondere wenn man sie mit der großen Zahl der Leser von religiösen Traktaten während der Reformation vergleicht.[8] Der Einfluß der *philosophes* ging weit über ihren Markterfolg hinaus – ein Mißverhältnis, das durch illegale Kopien und Übersetzungen verstärkt wurde.

Auch die führenden Vertreter der französischen Aufklärung hatten daher zumeist irgendeine Stellung im öffentlichen Dienst, erhielten ein Stipendium vom königlichen Hof oder von adligen Gönnern oder lebten von den Einkünften ihrer Ländereien. Selbst wenn sie nicht direkt vom Wohlwollen des absolutistischen Staates abhängig waren, mußten sie doch die Mentalität des Hofes, der *noblesse de robe* und der Akademien in Rechnung stellen, aus deren Umkreis die meisten ihrer Leser stammten.

Diese Integration in das erweiterte System des absolutistischen Staates hatte jedoch keine enge Kontrolle ihrer kulturellen Diskurse zur Folge.[9] Trotz gelegentlicher Fälle harter Zensur war das Regime des französischen Absolutismus im achtzehnten Jahrhundert recht liberal. Die *philosophes* klagten zwar lebhaft über die Zensur und stellten die vermeintliche französische Ty-

zwischen 1750 und 1800«, in: H. Lutz (Hg.), *Deutsches Bürgertum und literarische Intelligenz 1750-1800*, Stuttgart 1974, S. 113-275, hier S. 200.

7 Dies gilt für d'Alembert, Condorcet und auch Rousseau.

8 R. Wuthnow, *Communities of Discourse*, a.a.O., S. 170.

9 »The ambivalent relationship between writers and the bureaucracy« wird von Wuthnow eingängig analysiert: a.a.O., S. 213 ff., 315 ff.

rannei dem oft bewunderten Britannien gegenüber, aber sie wußten sehr wohl, daß die Zensur die Verbreitung ihrer Schriften nicht ernsthaft verhindern konnte und möglicherweise sogar das Interesse der Leser erst richtig entfachte. Der König – insbesondere der schwache Louis XVI. – war keineswegs jener despotische Herrscher, den sich der revolutionäre Zorn später vorstellte.[10]

Tatsächlich wurde sein Einfluß auf die politischen Entscheidungen zunehmend von den Beratungen im *conseil royal* eingeschränkt, in dem der *garde des sceaux* und der *controlleur générale des finances* den Ton angaben. Im komplexen und unübersichtlichen Verwaltungs- und Entscheidungssystem der französischen Regierung waren Machtkonzentrationen zunehmend unsicherer und fragiler geworden; Entscheidungen fielen zumeist nach Debatten und Auseinandersetzungen zwischen mehreren Parteien, die jeweils die Position der gegnerischen Partei zu schwächen und dritte Gruppen zu überzeugen und für ihre Unterstützung zu gewinnen versuchten.[11] Das höfische System wie auch die *parlements* und Akademien entwickelten so interne Diskursarenen, in denen Argumente strategisch eingesetzt wurden und die Rhetorik der Intellektuellen gefragt war.

1.1.2 Salonkommunikation

Der Einfluß des absolutistischen Hofes bestimmte auch die Formen der Geselligkeit der französischen Aufklärung. Sie orientierten sich nachdrücklich an der höfischen Lebenswelt und gingen auf Distanz zu den traditionellen Umgangsformen des Handelsbürgertums. Obwohl die berühmten Salons der französischen Aufklärung den Anspruch erhoben, die *bonne compagnie* in kritischer Distanz zum Hofe zu verkörpern, setzten sie doch das Muster der aristokratisch-höfischen Konversation fort, das

10 Noch Voltaire pries in seiner Schrift *Prix de la justice et de l'humanité* von 1777 die Milde Ludwigs XVI., der die Militärgesetze entschärft und die Todesstrafe für Deserteure abgeschafft hatte: Voltaire, *Republikanische Ideen. Schriften* II, hg. von G. Mensching, Frankfurt am Main 1979, S. 164 ff. Vgl. auch G. Brandes, *Voltaire*, Bd. II, Berlin 1923, S. 383 ff.

11 R. Wuthnow, *Communities of Discourse*, a.a.O., S. 218 ff.

seinerseits wiederum von italienischen Bildungsbüchern für die Ratgeber des Fürsten beeinflußt war.

Die ersten Salons des siebzehnten Jahrhunderts entstanden in den Hôtels der Aristokratie im Marais.[12] Mit der zunehmenden Bedeutung der *noblesse de robe* im achtzehnten Jahrhundert wechselten auch die Bezüge der Konversation: Bildung, *bienséance* und *esprit*[13] ersetzten die Abstammung als fundamentalen Code der Kommunikation.[14] Sowohl in der ursprünglichen aristokratischen Form wie auch in der *noblesse de robe* waren direkte Bezüge auf private Probleme und Nutzenerwägungen ausgeschlossen; beides galt als Kennzeichen des Handelsbürgertums, auf das man herabsah. Im Unterschied hierzu trat die Konversation in den Salons wie auch bei Hofe als eine Kunst der Unterhaltung und der Intrigen auf, die *raffinement*, *justesse d'esprit* und ein wohl abgewogenes Urteil zeigen sollte, statt erdenschweren Obsessionen zu dienen. Die Betonung der Galanterie verwies auf die zentrale Stellung der Frauen in den Salons[15]; sie brachte eine erotische Vieldeutigkeit mit sich, die einerseits den rhetorischen Wettstreit anregte, ihn andererseits aber auch milderte und zivilisierte.

Die Kommunikation der Salons vollzog sich mündlich und sollte anspruchsvolle Schriften nur mit Leichtigkeit und geistvollem Witz behandeln.[16] Die leibliche Gegenwart der Sprecher und Zuhörer belebte den Fluß der Kommunikation und verhinderte langatmige Proklamationen und ermüdende Wiederholungen. Wem es nicht gelang, seine Zuhörer zu unterhalten, oder wer unbeholfenes und unverbindliches Benehmen zeigte, der galt als lächerlich und mittelmäßig; Einmütigkeit ebenso wie unvermittelter Widerspruch konnten zum Abbruch der Konversation

12 Siehe C. Albrecht, *Zivilisation und Gesellschaft*, München 1995, S. 33 ff.

13 Münch bezeichnet den Begriff *esprit* als »Merkmal des französischen Rationalitätsbegriffes« und vergleicht ihn mit dem deutschen Geistesbegriff. R. Münch, *Die Kultur der Moderne*, Frankfurt am Main 1986, S. 559 ff.

14 C. Albrecht, *Zivilisation und Gesellschaft*, a.a.O.

15 »Der Salon war das Königreich einer Frau.« R. Münch, *Die Kultur der Moderne*, a.a.O., S. 561.

16 C. Strosetzki, *Konversation*, Frankfurt am Main 1978, analysiert unterschiedliche Kommunikationsparadigmen der Salonkommunikation.

führen, während bewußte Ambivalenz, allgemeine Argumente und das Angebot von Chancen zu gefallen die Kommunikation der Salons in Gang hielten.

Niemand konnte auf einer Einladung in die Salons bestehen oder selbst eine Aufnahme in die Gesellschaft durchsetzen – die Einladung hing vor allem von der Gunst der Gastgeberin ab. Die sozialen Kreise der Salons waren keineswegs klein, aber von ausgewählter Zusammensetzung. Die *noblesse de robe* und die oberen Ränge der Beamtenschaft überwogen, Vertreter des Hofes und der alten Aristokratie waren willkommen, reiche Kaufleute erschienen gelegentlich als regelmäßige Gäste, aber Handwerker und kleine Ladenbesitzer waren ausgeschlossen, was selbstverständlich auch für Diener und Bauern galt. Ihnen fehlte die Bildung, das Benehmen und die wirtschaftliche Unabhängigkeit, ohne die eine Beteiligung an öffentlichen Angelegenheiten undenkbar war.

In den Salons schufen die Debatten über politische Entscheidungen einen vermittelnden Bereich der öffentlichen Erwägung, der ein Gegengewicht zur Zerrissenheit und Unübersichtlichkeit des absolutistischen Regierungs- und Verwaltungssystems bildete.[17] Zusammenstöße zwischen Institutionen, insbesondere zwischen der königlichen Regierung und den *parlements*, Kompetenzkonflikte in der Verwaltung, Auseinandersetzungen zwischen den Parteien bei Hofe und die Unwägbarkeiten des Günstlingssystems wurden ausgeglichen und abgemildert durch informelle Kommunikation, bei der die kunstvolle Rhetorik und elegante Argumentation wichtiger waren als die Stellung des Redners. Wie jede komplexe Organisation begünstigte auch der absolutistische Staat die Entwicklung einer informellen Sphäre direkter Kommunikation, in der die formelle Herrschaft durch persönlichen Einfluß und persönliche Beziehungen ausgeglichen und sogar herausgefordert wird. Diese informelle Kommunikation muß keine praktischen Überlegungen und Erfordernisse in Rechnung stellen, sie ist frei von besonderen Verantwortungen und traditionellen Verpflichtungen, sie kann das reine Argument verfolgen, ohne sich um Risiken und Folgen zu sorgen.

Klatsch und Gerüchte blühen in einer solchen Situation, aber auch moralischer Eifer und Universalismus. Eine solche Wende

17 R. Wuthnow, *Communities of Discourse*, a.a.O., S. 183 ff.

zu universalistischen Begründungsformen stellt sich vor allem dann ein, wenn die Kommunikation mehr als nur wenige Personen erreicht und sich an ein Publikum richtet, das dem Sprecher teilweise unbekannt ist. Mündliche Kommunikation zwischen zwei Personen begünstigt Klatsch, schriftliche Kommunikation mit einem Publikum neigt zu Universalismus. Die Salons der französischen Aufklärung boten einen Raum, in dem heimlicher Klatsch und öffentliche Überlegungen vermittelt werden und miteinander in Verbindung treten konnten. Sie waren auf mündlicher Kommunikation aufgebaut, schlossen aber bei weitem zu viele Personen ein, um Geheimnisse für sich behalten und Diskretion wahren zu können. Zwar war die Konversation nicht durch praktische Überlegungen beschränkt, aber jeder mußte die Resonanzen seiner Worte bei Unbekannten in Rechnung stellen. Diese teilweise Offenheit der Salonkommunikation für unbekannte Beobachter begünstigte eine Ausrichtung an einer reinen und allgemeinen Sozialität und drängte die Argumentation in universalistische Bezüge.

In dieser wie auch immer begrenzten Öffentlichkeit der Salons konnten die Schriften der Intellektuellen als symbolische Ressource eingesetzt werden, um andere zu überzeugen, sich einer bestimmten Partei anzuschließen oder einer umstrittenen Entscheidung ihre Unterstützung zu geben. Die *philosophes* waren zumeist nicht an eine bestimmte politische Partei gebunden, sie wechselten ihre Bündnisgenossen je nach Lage der Dinge: gelegentlich stützten sie die aristokratische Opposition der *parlements* gegen den König, in anderen Fällen waren sie auf der Seite des Königs gegen die *parlements* zu finden etc. Die Aufklärung gewann in diesen Auseinandersetzungen außerordentlich an Einfluß; von einer umstrittenen Intellektuellenbewegung zu Beginn des Jahrhunderts wandelte sie sich zur beherrschenden Denkschule in den Jahrzehnten vor der Revolution.[18] Ihre konservativen Widersacher beklagten sich sogar über ihre Chancenlosigkeit auf dem Veröffentlichungsmarkt, der ebenso von der Aufklärungsorthodoxie beherrscht war wie die öffentliche Verwaltung.

Wenn es eine durchgängige Konfliktlinie gibt, die jenseits interner Auseinandersetzungen alle Aufklärungsintellektuellen wieder zusammenführt, so besteht sie sicherlich in der Ablehnung

18 D. Roche, *Le siècle des Lumières en Province*, a.a.O., S. 31 ff.

des traditionellen Dogmas der Kirche und in der Unterstützung der Wissenschaft. Der Gegensatz von Religion und Wissenschaft spiegelt weniger den institutionellen Hintergrund der Intellektuellen, die nicht selten Priester waren und über eine theologische Bildung verfügten, sondern vielmehr das neue kulturelle Paradigma der breiten wissenschaftlichen Bewegung, die selbst in den Reihen der Kirche ihre Anhänger hatte.

Dieser Gegensatz zwischen Wissenschaft und Religion verbindet sich mit der Spaltung zwischen den *Anciens* und den *Modernes*, die auf die berühmte *Querelle* des siebzehnten Jahrhunderts zurückgeht und auf eine grundlegend verschiedene Ausrichtung von Zeitlichkeit und Geschichte Bezug nimmt.[19] Im Hinblick auf die Frage, ob die Klassiker und die Tradition durch Neuschöpfungen übertroffen werden können, schlugen sich die Aufklärungsintellektuellen mit Leidenschaft auf die Seite der *Modernes* und attackierten heftig jede Vorstellung des Traditionalismus: die Zukunft sollte und durfte nicht auf eine bloße Fortsetzung und Wiederholung der Vergangenheit reduziert werden, sondern wurde als ein offener Raum des Neuen, der Verbesserung und Vervollkommnung gesehen. Die Perfektabilität der Gesellschaft und der Menschheit sei keineswegs begrenzt durch eine unübersteigbare klassische Vergangenheit, sondern bestimmt durch abstrakte und universelle Dimensionen, die aus der Naturwissenschaft und der Mathematik abgeleitet werden könnten.

Im Unterschied zu dieser Position der Modernisten wurden die Kirche und die christliche Religion als Statthalter der Tradition und als Verkörperung einer persönlichen Vorstellung der Geschichte gesehen: Der Rahmen der Geschichte wurde durch die persönliche Gnade Gottes gesetzt, der seinen eigenen Sohn geopfert hatte, und die Geschichte wiederholt nur ständig diese Botschaft der Erlösung. Im Kampf gegen die Macht der Vergangenheit und die intellektuellen Statthalter dieser Macht setzte die Aufklärung auf eine neue unpersönliche Ordnung der Zukunft, die auch die konfessionellen Auseinandersetzungen der Vergangenheit überwinden und hinter sich lassen sollte.

Dieser Universalismus der Aufklärung griff auf die erfolgreichste intellektuelle Bewegung des Jahrhunderts zurück: Mathematik und Physik.[20] Viele der französischen Aufklärungsphi-

19 A. Buck, *Humanismus*, München 1987, S. 318 ff.

losophen hatten eine naturwissenschaftlich-mathematische Ausbildung durchlaufen, die meisten von ihnen verehrten Newton (ohne freilich seine Gottesvorstellung zu teilen), einige, wie d'Alembert, hatten beachtenswerte eigene Beiträge zur Naturwissenschaft geleistet. Vor diesem Hintergrund überrascht es nicht, daß sie versuchten, das Modell des Wachstums newtonischer Wissenschaft auf den Bereich der Geschichte zu übertragen.[21] In ähnlicher Weise, wie die wissenschaftliche Erkenntnis kumulativ fortschreitet, ist auch die Geschichte auf Fortschritt angelegt; in ähnlicher Weise, wie auch die wissenschaftlichen Entdeckungen nicht genau vorausgesagt werden können, sondern als eine wahrscheinliche Verbesserung des Wissens in der Zukunft erwartet werden können, ist auch die Geschichte durch einen offenen Zukunftshorizont bestimmt, in dem sich schließlich die Kraft der Vernunft als siegreich erweisen wird; in ähnlicher Weise, wie die Wahrheit der Wissenschaft praktische Verbesserungen ermöglicht, wird die Aufklärung selbst als Anleitung für Politik und Geschichte gesehen; in ähnlicher Weise, wie die Mathematik bei der Analyse der physikalischen Welt vorausgesetzt werden muß, erfordert die Erkenntnis der Geschichte den Bezug auf die Kategorien der universellen Vernunft und die kritische Analyse der Politik den Bezug auf die Kategorien des Naturrechts.

Dieser über Wissenschaft und Fortschritt erfaßte Gegensatz von Vergangenheit und Zukunft bestimmte auch die Vorstellung kollektiver Identität. Das kollektive Subjekt der Geschichte wird nicht mehr als besondere Person oder besondere religiöse Gemeinschaft begriffen, sondern als Menschheit. Diese kollektive Identität der Menschheit ist jedoch nicht eine empirische Tatsache oder eine historische Wirklichkeit der Gegenwart, sondern ein Entwurf der Zukunft, der als kategoriale Voraussetzung für die Kritik der Gegenwart eingesetzt wird. Auch hier wird wiederum die Perfektion in der Zukunft angesiedelt und die Widrigkeit der Wirklichkeit auf die Kräfte der Vergangenheit zurückgeführt. Aus der Zukunft und nicht aus der Vergangenheit werden

20 Vgl. E. Cassirer, *Die Philosophie der Aufklärung*, Tübingen 1932, S. 267.

21 Cassirer sieht in Voltaires epochalem *Essai sur les mœurs et l'esprit des nations* »ein Analogon der Wissenschaft Newtons«; ebd., S. 289 f.

die universalen Kategorien bezogen, mit denen die kontingente Wirklichkeit der Gegenwart wahrgenommen und beurteilt wird; in der Zukunft und nicht in der Vergangenheit findet sich die Klammer, die die Menschheit zusammenschließt und eint.[22]

Der Weg, auf dem die Zerrissenheit und Uneinigkeit der Gegenwart überwunden und die künftige universelle Einheit der Menschheit geschaffen werden kann, besteht nicht aus unmittelbarer bürgerschaftlicher Inklusion, sondern aus Erziehung.[23] Nur durch die Erziehung des Volkes wird dieses in der Lage sein, seine selbstverschuldete Unmündigkeit zu überwinden und so die Voraussetzungen der Bürgerschaft zu erfüllen.[24] Wenn Wissenschaft und das Wachstum der Erkenntnis die Aufklärung als zentrale Kraft der Geschichte repräsentieren, dann stellt die Erziehung den wichtigsten Motor dar, um die traditionelle Unwissenheit zu überwinden und so die Avantgarde des Fortschritts mit den rückständigen Massen zu verbinden.

Die Unterschiede zwischen den Nationen werden nicht nur auf die Unwissenheit und Vorurteile zurückgeführt, die die Vertreter der Vergangenheit ihnen auferlegt haben, sondern auch durch empirische Bedingungen des Klimas und der geographischen Lage erklärt. Diese Umweltbedingungen erzeugen natürliche Verschiedenheit und binden so die Gesellschaft an die Ordnung der Natur.[25] Im Unterschied dazu erlaubt die Einbindung

22 Vgl. R. Koselleck, *Kritik und Krise*, Frankfurt am Main 1973, S. 2.

23 B. Giesen, *Die Intellektuellen und die Nation. Eine deutsche Achsenzeit*, Frankfurt am Main 1993, S. 64 ff. Vgl. auch ders. und K. Junge, »Der Mythos des Universalismus«, in: H. Berding (Hg.), *Mythos und Nation. Studien zur Enwicklung des kollektiven Bewußtseins in der Neuzeit 3*, Frankfurt am Main 1996, S. 34-64; B. Giesen, »Collective identity and citizenship in Germany and France«, in: K. Eder und B. Giesen (Hg.), *European citizenship and the national legacies*, Cambridge 1998.

24 Vgl. J. Schlumbohm, »›Traditionale‹ Kollektivität und ›moderne‹ Individualität. Einige Fragen und Thesen für eine historische Sozialforschung. Kleines Bürgertum und gehobenes Bürgertum in Deutschland um 1800 als Beispiel«, in: R. Vierhaus (Hg.), *Bürger und Bürgerlichkeit im Zeitalter der Aufklärung*, Heidelberg 1981, S. 277.

25 Als wohl einflußreichste und bedeutendste Schrift, die in diesem Sinne Unterschiede zwischen Nationen interpretiert, können Herders *Ideen zur Philosophie der Geschichte der Menschheit* gelten. Sie wurden von Kant rezensiert und kritisiert, in: I. Kant, »Rezension von

in traditionelle Ideologien eine Einschätzung der Nationen im Hinblick auf ihren Fortschritt zur Verwirklichung der transzendentalen Idee der Menschheit: die Chinesen werden so als fortgeschritten, die Afrikaner hingegen als rückständig beschrieben etc. Die Verschiedenheit der Nationen wird hier, ebenso wie die Verschiedenheit historischer Institutionen, nicht aus Interesse an der Verschiedenheit selbst beschrieben, sondern um den Fortschritt der Menschheit zu illustrieren. Variationen verweisen hier vor allem auf die grundlegende Spannung zwischen den Kräften des Besonderen und der Tradition einerseits und der universellen Idee der Menschheit andererseits.

Die meisten Aufklärungsintellektuellen waren kategorische Kosmopoliten – ob sie nun viel reisten oder niemals ihr heimisches Königsberg verließen. Aber diese kosmopolitische Einstellung tritt gerade bei den französischen Aufklärungsintellektuellen besonders deutlich hervor; sie standen einem wohlbegründeten und gefestigten Nationalstaat gegenüber – der Bezug auf die Nation erlaubte hier kaum, die gegebene Situation in Hinblick auf eine künftige Ordnung zu transzendieren.

Der feste Glaube an die Offenheit der Zukunft, die Gestaltbarkeit der Geschichte und die Universalität der Vernunft[26] mußte sich freilich auch mit der unleugbaren Langsamkeit des Fortschritts auseinandersetzen, mit den Grenzen der Vervollkommnung und der Starrköpfigkeit der Menschen, die der Erziehung und Aufklärung zu widerstehen versuchten. Gelegentlich kontrastierte die öffentlich zur Schau gestellte Fortschrittsgewißheit und Zukunftshoffnung nachdrücklich mit der privaten Verzweiflung und Resignation der Intellektuellen.[27] Auch hier ließ

Herders ›Ideen zur Philosophie der Geschichte der Menschheit‹. Teil 1. 2.«, in: ders., *Schriften zur Geschichtsphilosophie*, hg. von M. Riedel, Stuttgart 1974, S. 40-66.

26 Der Prozeß der »Aufwertung der Zukunft« wird von R. Wendorff, *Zeit und Kultur. Geschichte des Zeitbewußtseins in Europa*, Opladen 1985, S. 321 ff., beschrieben.

27 Am deutlichsten und sichtbarsten trat diese Diskrepanz in der Person J.-J. Rousseaus auf, aus dessen Schriften ein unerschütterlicher Glaube an die Vernünftigkeit des Menschen sprach. Zugleich jedoch bekannte er sich schonungslos und öffentlich zu seinen Depressionen und Zweifeln in einer Art und Weise, die für sein Zeitalter einzigartig und schockierend war.

sich allerdings die Spannung zwischen der kategorischen Erwartung von Perfektabilität und Fortschritt auf der einen Seite und der kontingenten Bedingung der Rückständigkeit und des Aberglaubens auf der anderen in ein Modell der geschichtlichen Bewegung verwandeln. Die Spannung zwischen Vergangenheit und Zukunft ist gekoppelt an die zwischen Kategorialem und Empirischem und wird durch den Verlauf der Geschichte gemildert – am Ende werden beide vereint.

Der Gegensatz zwischen Vergangenheit und Zukunft war eng gekoppelt an die wachsende Differenzierung zwischen Natur und Gesellschaft. Die von der Wissenschaft entdeckte und in zeitlosen Gesetzen dargestellte Ordnung der Natur erschien als Bezugspunkt der Geschichte und der Politik, die wiederum als Bereich der Irrtümer, des Aberglaubens und der engstirnigen weltlichen Interessen galten. Der Fortschritt der Geschichte wurde daher nicht nur als Überwindung der Hindernisse aus der Vergangenheit im Hinblick auf die universelle Ordnung der Zukunft gesehen, sondern auch als eine Verwirklichung der natürlichen Ordnung, der natürlichen Moral und der natürlichen Vernunft. »Dieses Sichtbarwerden und dieses Sich-selbst-durchsichtig-Werden der Vernunft ist der eigentliche Grundsinn des geschichtlichen Prozesses.«[28] Gesellschaftstheorien begannen zumeist mit der Annahme eines Naturzustandes, der als ein Paradies unverdorbener Vernunft und ursprünglicher Freiheit beschrieben wurde. Keine Erbsünde und kein göttlicher Ratschluß trennte das erwählte Volk im Zentrum von den Verdammten an der Peripherie; die ganze Menschheit war in einer einzigen Natur geeint, und der Blick verschob sich sogar vom Zentrum an die Ränder der bekannten Welt, wo unzivilisierte Völker als Verkörperungen der natürlichen Vernunft und der natürlichen Moral entdeckt wurden. Der Positionswechsel zwischen Vergangenheit und Zukunft findet hier sein Gegenstück in dem zwischen Zentrum und Peripherie: der Horizont scheint die Führung zu übernehmen. Diese Sakralisierung der Natur ist einer der auffallendsten Züge des Aufklärungsdenkens.

Die Priester dieser sakralisierten Natur waren die newtonischen Wissenschaftler und die aufgeklärten Philosophen. Über

28 So Cassirer, *Die Philosophie der Aufklärung*, a.a.O., S. 295, über Voltaires Geschichtsphilosophie.

die epistemologische Universalität der Naturwissenschaften ließ sich auch eine neue Grundlage der universellen kollektiven Identität der Menschheit gewinnen: So wie jeder Mensch grundsätzlich mit Vernunft und Wahrnehmungsvermögen ausgestattet ist, kann er auch am Fortschritt der Wissenschaften teilhaben.

Die Natur stellte nicht nur die Einheit der Menschheit, sondern sie schuf auch die Grundlage für ihre Verschiedenheit. Nach Locke, Berkeley und Hume waren diese natürlichen Ursachen der Verschiedenheit in der Umwelt zu suchen, die sich auf dem leeren Hintergrund des menschlichen Geistes abbildete. Philosophen wie Condillac, Lamettrie oder Holbach bauten diese sensualistische Psychologie zu einem materialistischen Programm aus: Vorstellungen konnten hier vollständig auf Sinneswahrnehmungen zurückgeführt werden.[29] Aber auch dieser Materialismus setzte ein Einheitsmodell der menschlichen Natur voraus. Hume, Condillac und Hartley versuchten, die menschliche Erkenntnis auf ein einziges Prinzip zurückzuführen: Gerade weil der menschliche Wahrnehmungsapparat der gleiche ist für alle Gattungsangehörigen, müssen die Unterschiede auf äußere Bedingungen und Einflüsse zurückgeführt werden und umgekehrt. Auf diese Weise stützte sogar die materialistische Psychologie der Aufklärung eine universalistische Konstruktion der kollektiven Identität. Eine abgeschwächte Version dieses materialistischen Programms kann man in Herders und Montesquieus Versuch sehen, die Unterschiede zwischen den Nationen durch Klima und Bodenbeschaffenheit zu erklären.

Aber nicht nur der Erfolg der wissenschaftlichen Bewegung förderte die Sakralisierung der Natur; die Natur avancierte auch zu einem Symbol der Transzendenz in Kunst und Literatur und diente als Rahmen für höfische Spiele.[30] Diese Bezüge auf Natur in Kunst, Literatur und höfischem Leben gingen zwar noch nicht von einer Vorstellung des Wilden und Unendlichen aus, sondern eher von der Idee eines gezähmten Paradieses, eines standardisierten *locus amoenus*; aber sie bildeten doch das einheitsstiftende Pendant, das die verfeinerte Kultur des absolutistischen Hofes sich zur Hierarchisierung und Kontingenz der politischen Ge-

29 P. Kondylis, *Die Aufklärung im Rahmen des neuzeitlichen Rationalismus*, München 1986, S. 287 ff.

30 N. Elias, *Die höfische Gesellschaft*, a.a.O., S. 337 f.

schäfte schuf. Die höfische Kultur war dabei so weit von den bedrohlichen und belastenden Erfahrungen der Natur entfernt, daß diese wieder als ein verlorenes Paradies entdeckt und erfunden werden konnte. Auch hier wurde wiederum das Hofsystem des Absolutismus zu einer Arena für intellektuelle Bewegungen, die sich später gegen dieses System wenden konnten.

1.1.3 Die Autonomie des Privaten und die Paradoxie zwischen Öffentlichkeit und Privatheit

Der dritte und vielleicht wichtigste Gegensatz, der den Diskurs der Aufklärung bewegte, war die zunehmende Differenzierung zwischen dem Bereich des Öffentlichen und dem Bereich des Privaten.[31] Diese Unterscheidung erschien in verschiedenen Feldern der Kultur und Politik. Die Spannung zwischen der öffentlichen Stellung des Monarchen und seinem privaten Verhalten als individuelle Person wurde zum Thema von Klatsch und politischer Philosophie. Die innere Glaubensüberzeugung des einzelnen Bürgers und das öffentlich zur Schau gestellte Bekenntnis traten nach dem Ende der Glaubenskriege durch absolutistische Kontrolle immer stärker in Gegensatz: das subjektive Glaubenserlebnis wurde im Inneren der Person eingeschlossen, die öffentlichen Äußerungen hingegen hatten keinen Bekenntnischarakter mehr, sondern unterlagen der Kontrolle der Klugheit und Rationalität. Im Hinblick auf die öffentlichen Repräsentanten des Glaubens wiederholte sich das Problem: das Auftreten von falschen und betrügerischen Priestern wurde ausgiebig diskutiert.[32] Mit der Einschließung des Glaubens in die Innenräume des Sub-

31 J. Brewer, »This, that and the other: Public, Social and Private in the Seventeenth and Eighteenth Centuries«, in: L. Sharpe und D. Castiglione (Hg.), *Shifting the Boundaries. Transformation of the Languages of Public and Private in the Eighteenth Century*, Exeter 1995, S. 1-21. Vgl. hierzu auch die fast schon klassische ideengeschichtliche Analyse bei R. Koselleck, *Kritik und Krise*, a.a.O. Ebenso R. Wuthnow, *Communities of Discourse*, a.a.O., S. 318 ff., S. 340 ff.

32 Siehe Holbachs Artikel »Prêtres« in der *Encyclopédie*, wo von Priestern ›des Truges‹ die Rede ist. Siehe J. le R. d'Alembert, D. Diderot u.a., *Enzyklopädie*, hg. von G. Berger, Frankfurt am Main 1989, S. 239-242, hier S. 241.

jekts wurde auch die Frage der Entdeckung der wahren Persönlichkeit hinter der öffentlich sichtbaren Fassade zum Problem und zum faszinierenden Thema eines eigenen Diskurses. Das Selbst wurde als Bereich der Empfindsamkeit und der zarten Leidenschaften entdeckt; Briefe, die das persönliche Gefühlsleben der Autoren enthüllten, wurden zur modischen Lektüre; Tagebücher beschäftigten sich zunehmend mit Gefühlen und Empfindungen; Theaterstücke stellten Verstellungen, Verkleidungen und wechselnde Erscheinungen in der Öffentlichkeit in den Mittelpunkt; der Roman rückte zur zentralen Literaturgattung[33] auf; die Enthüllung eines sorgfältig verborgenen Geheimnisses wurde zum zentralen Motiv von Geschichten und Novellen; Masken wurden zum beliebten Accessoire des öffentlichen Lebens; individuelle Spleens wurden kultiviert etc. Alle diese kulturellen Erscheinungen verweisen auf die Unterscheidung zwischen der privaten individuellen Person, ihren Leidenschaften und Empfindlichkeiten auf der einen Seite und der sozialen Stellung, der öffentlichen Erscheinung und der formellen Verpflichtung auf der anderen Seite.[34]

Die zunehmende Trennung zwischen dem Privaten und dem Öffentlichen hatte nicht nur in die Glaubenskriege zurückreichende politische Ursachen, sondern auch politische Folgen. Die privaten Meinungen, Ambitionen und Interessen der Bürger wurden zunehmend als wichtiges, gleichzeitig aber auch als unabhängiges und möglicherweise sogar gefährliches Gegenstück zur Regierung wahrgenommen – insbesondere wenn sie von anderen geteilt wurden. Um richtig entscheiden zu können, benötigte die Regierung Informationen über den verborgenen Bereich des Privaten und zahlte ansehnliche Summen an Spione, die den verborgenen Bereich auf verborgene Weise auskundschaften

33 Innovativ in dieser Hinsicht war Rousseaus Roman *Julie ou la Nouvelle Héloïse*, der trotz zerschmetternder Kritiken seitens seiner Kollegen – Voltaire, Grimm, Diderot – ein unglaublicher Erfolg wurde. Eine soziokulturelle Erläuterung geben R. Wolff, »Rousseaus ›Neue Héloïse‹«, Nachwort zu: Rousseau, *Julie oder die neue Héloïse*, München 1988, S. 799-827, hier : S. 819 ff., sowie: H. R. Jauß, *Ästhetische Erfahrung und literarische Hermeneutik*, Frankfurt am Main 1991, S. 585 ff.

34 Eine Erklärung liefert R. Wuthnow, *Communities of Discourse*, a.a.O., S. 338 ff.

sollten; im Gegenzug bestanden die Vereine der Freimaurer, die sich während der Aufklärung in fast allen europäischen Ländern schnell verbreiteten, auf strenger Geheimhaltung der internen Kommunikation, um den freien Gebrauch der Vernunft gegen den Einfluß der Gesellschaft zu schützen. Aufklärung und Geheimnis waren – wie Koselleck[35] bemerkt – ein geschichtliches Zwillingspaar. Ihre Vermittlung und Verbindung schufen neue institutionelle Formen: Salons und *coffeehouses* wurden als informelle, aber öffentliche Begegnungsräume privater Personen gegründet. Die moderne Öffentlichkeit der Zeitungen und Zeitschriften entstand als ein vermittelnder und verbindender Zwischenraum, in dem sich der private Bürger im Hinblick auf öffentliche Belange, insbesondere im Hinblick auf die Regierung, bewegen konnte. Hier entstand freilich eine Entwicklung, die dem Diskurs privater Empfindungen und Leidenschaften ganz entgegengesetzt war: das ganz Private, die inneren Gefühle und Leidenschaften oder – in den Begriffen des religiösen Diskurses – das Gewissen durften in ihrer Individualität und Unvergleichbarkeit hier nicht geäußert werden. Einzig das mit vielen anderen vergleichbare rationale Interesse konnte in der Öffentlichkeit auftreten und Gehör finden, vor allem aber das universell gültige Argument der Philosophen und der Wissenschaftler. Das Eindringen und die unverhüllte Darbietung von privaten idiosynkratischen Motiven wurde gerade von den französischen *philosophes* als kaum überbietbarer Skandal betrachtet.

Aber diese Vertreibung privater Motive aus dem Bereich der öffentlichen Politik bedeutet keineswegs die allgemeine Verachtung oder Unterdrückung des Privaten; sie verweist nur auf die strenge Trennung beider Bereiche, wie sie sich in der absolutistischen Lösung der Glaubenskriege durchgesetzt hatte. In seinem Bereich und auf seine Weise sollte das Private sich vielmehr entfalten und seine eigene Dynamik entwickeln. Mandevilles *Private Vices – Public Benefits* zeigt diese Trennung und paradoxe Verschränkung beider Bereiche. Die neue Autonomie des Privaten läßt sich auch im Lob der Aufklärer für die Leidenschaften und Wünsche finden, die als natürlicher und vitaler Antrieb des Sozialen betrachtet werden. Diderot bewundert die sexuellen Freiheiten der Bewohner Tahitis; die Romane des Marquis de

35 R. Koselleck, *Kritik und Krise*, a.a.O., S. 49.

Sade treiben dieses Lob der privaten Leidenschaften sogar noch weiter: Sobald das private Leben von der öffentlichen Moral freigesetzt ist, bahnt es den Weg für die individuelle Erkundung völlig neuer Formen des Vergnügens, die von der Zustimmung der anderen gänzlich abgekoppelt sind.

Auf der Grundlage dieser Trennung zwischen dem Öffentlichen und dem Privaten konnten und mußten die Intellektuellen der Aufklärung sich im öffentlichen Diskurs für uneingeschränkten Universalismus und moralische Strenge einsetzen, obwohl sie bei zahlreichen Gelegenheiten in ihrem Privatleben die öffentlich vertretenen Prinzipien verletzten. Voltaire ist das berühmteste Beispiel für diese Neigung zu kluger Heuchelei, die den französischen Aufklärern keine Schwierigkeiten bereitet zu haben scheint.[36] In der Öffentlichkeit kritisierte er den König und griff die Zensur scharf an, in seinem privaten Leben war er ein bezahlter Spion der französischen Regierung; er predigte einen Kreuzzug gegen die Kirche »pour écraser l'infame«, aber er legte auch Wert darauf, daß seine Frau und seine Diener an einen »dieu rémunérateur et vengeur« glaubten; er, der unermüdliche öffentliche Prophet der Vernunft und des Kreuzzugs gegen den Aberglauben, pries sogar die Lüge als eine Tugend: »eine Lüge ist nur dann ein Laster, wenn sie Schaden anrichtet, sie ist hingegen eine große Tugend, wenn sie Gutes tut ... Du mußt lügen wie ein Teufel, nicht scheu, sondern kühn und andauernd ...«[37] Hier tritt die paradoxe Beziehung zwischen dem öffentlichen und dem privaten Bereich sehr deutlich zutage: eine falsche Behauptung wird zur Wahrheit, wenn sie in der Öffentlichkeit erscheint, das private Laster des Intellektuellen verwandelt sich auf der Ebene öffentlicher Moral in eine Wohltat, Heuchelei vermittelt zwischen beiden Ebenen – Hegels List der Vernunft kann hier anknüpfen.

Ohne die unerbittliche Verpflichtung, die öffentlich proklamierten universalistischen Prinzipien im privaten Leben unter praktischen Beweis zu stellen, konnte sich der aufklärerische Diskurs zunehmend radikalisieren und die Strenge seiner Kritik am Bestehenden steigern. Die Kluft zwischen der idealen Ord-

36 Die berühmte Ausnahme stellt wiederum Rousseau dar.

37 Voltaire, Brief an Thieriot vom 28. Oktober 1736, in: *Correspondance*, hg. von T. Bestermann, Bd. 5, Paris 1964-1986, S. 286 f.

nung der Vernunft und der realen Welt der privaten Laster, Täuschungen und Illusionen wurde immer tiefer und schuf eine besondere Form der achsenzeitlichen Spannung universalistischer Gemeinschaften. Nicht immer freilich wird dieses gegensätzliche Verhältnis von Öffentlichem und Privatem auf so virtuos-ironische Weise gehandhabt wie bei Voltaire. Dieser beklagt sich selber über die platte Empörung vieler jüngerer Kollegen, die sich für die unmittelbare Stimme der Vernunft hielten und glaubten, alles Vorhandene verdammen zu müssen.

In dieser widersprüchlichen Beziehung zwischen dem Individuum und dem Privaten einerseits und dem Öffentlichen und Staatlichen andererseits ist auch ein besonderes Verständnis von Politik angelegt: Politik erscheint hier weniger als Spannung zwischen gleichrangigen Akteuren, die um Unterstützung und Herrschaft kämpfen und sich schließlich auf Kompromisse einigen; sie tritt vielmehr als Konfliktverhältnis zwischen unterschiedlichen Ebenen auf: hier das sich empörende vernünftige, später das revolutionäre Individuum, dort der repressive Staat oder die korrupten privaten Interessen und die öffentliche Moral, die sich später in der staatlichen Herrschaft der Vernunft und Tugend verkörperte. Eine weitere Ausformung des paradoxen Verhältnisses zwischen Öffentlichkeit und Privatheit kann man in der republikanischen Trennung zwischen einer streng laizistischen Öffentlichkeit und der Privatheit des religiösen Bekenntnisses sehen. Die Dritte Republik machte später diese Differenzierung zum Kernstück der Erziehungspolitik; heute führt sie zu den bekannten Konflikten um die »affaire des foulards« und andere Formen religiöser Bekenntnisse in öffentlichen Institutionen.

Diese besondere französische Version einer spannungsreichen Beziehung bezeichnet allerdings nur eine Position in einer Reihe von Modellen innerhalb jener europaweiten Bewegung, die wir *les lumières*, »die Aufklärung« oder *the age of reason* nennen. Europa bildete im achtzehnten Jahrhundert einen Resonanzraum für gemeinsame Themen, alle Intellektuellen lasen französisch, wichtige Veröffentlichungen waren relativ schnell als Übersetzung verfügbar, und häufig ließ man im Ausland drukken, um die Zensur zu umgehen. Die schottische und insbesondere die englische Aufklärung wurde von den französischen Intellektuellen bewundert, die ihrerseits wiederum den Deutschen als (wenn auch nicht immer als positiv empfundener) Bezugspunkt dienten. London, Paris und Leyden waren intellektuelle Zentren, die Besucher aus vielen europäischen Ländern anzogen; Newton und Leibniz, Diderot und Kant, Locke und Voltaire waren europaweit bekannte Gestalten des Aufklärungsdiskurses.

Die europaweite Resonanz der Themen schloß jedoch nicht aus, daß diese nationentypisch ausfiel. Die soziale Lage und Lebenswelt der jeweiligen Träger des Aufklärungsdiskurses unterschied sich in England und Schottland, Deutschland und Frankreich, und diese Unterschiede zeigten sich in besonderen Formen der Öffentlichkeit und der dort konstruierten universalistischen Identität.[38] Die englische Aufklärung verstand etwa das Verhältnis zwischen Privatheit und Öffentlichkeit als ein Gleichgewicht zwischen dem Staat, der vom König repräsentiert, von der Whig-Partei getragen wurde und mit Intellektuellen wie Addison oder Steele verbunden war, einerseits und dem Bürger, der vom Parlament repräsentiert, von den Tories vertreten wurde und mit Intellektuellen wie Swift, Gay und Pope verbunden war, andererseits.[39] Die Institutionalisierung des Parteienkonflikts in England und das dortige System der Patronage förderten und stützten die Idee des Gleichgewichts: Zwar wurden beide Seiten als gegensätzlich betrachtet, aber keine der beiden konnte die jeweils andere überwältigen und sich einverleiben.

Auch die schottische Aufklärung behielt diese Idee des Gleichgewichts bei; hier wurde sie sogar weiterentwickelt zur Vorstellung einer wechselseitigen Stützung zwischen dem öffentlichen Rationalismus der Zentralverwaltung und dem *plain sense of common people*. Obwohl beide Seiten, die rationalistische und deterministische Sicht der Whigs – vertreten von Hume und Smith – und die antideterministische Common-sense-Position – etwa Fergusons – noch klar unterschieden werden konnten, rückten sie doch näher aneinander und waren vereint in der Aus-

38 Vgl. hierzu die differenzierte Darstellung von R. Wuthnow, *Communities of Discourse*, a.a.O., S. 157 ff.

39 Hobbes hatte freilich zuvor vor dem Hintergrund des Bürgerkriegs eine scharfe Trennung zwischen dem Bereich der öffentlichen Politik und der privaten Glaubensüberzeugung der Bürger gefordert und stand damit dem französischen Modell näher als dem, welches seine eigenen britischen Landsleute später entwickelten. Vgl hierzu immer noch verbindlich: R. Koselleck, *Kritik und Krise*, a.a.O., S.23 ff.

richtung am öffentlichen Wohl. Noch weiter wird diese Annäherung des Öffentlichen und Privaten in der deutschen Aufklärung getrieben. Als eine Gegenposition zur französischen Version des Gegensatzes verdient sie die besondere Aufmerksamkeit einer komparativen Perspektive.

1.2 Patriotismus und die Vorstellung des unsichtbaren Publikums: Die deutsche Aufklärung

Die deutsche Aufklärung unterschied sich von den französischen *lumières* in verschiedenen wichtigen Punkten. Im Unterschied zu Frankreich, aber auch zu England und Schottland war Deutschland zersplittert in eine Vielzahl von kleinen Fürstenstaaten, selbständigen Städten und einigen größeren Flächenstaaten.[40] Der wichtigste unter ihnen war Preußen.[41] Das Fehlen eines Nationalstaates hatte weitreichende Folgen für die deutsche Vorstellung von Öffentlichkeit. Während in Frankreich, in England und selbst in Schottland die Intellektuellen ihre Perspektive an einem politischen Zentrum – dem König, dem Staat, der Hauptstadt – ausrichten konnten, stand ein solches politisches Zentrum in Deutschland nicht zur Verfügung. Zwar wurde der aufgeklärte Absolutismus des preußischen Königs Friedrich II. als Modell modernen monarchischen Regiments allgemein bewundert[42], aber Berlin war keineswegs eine Hauptstadt, die sich mit London oder Paris als Zentrum des städtischen Lebens vergleichen konnte, und Friedrich taugte als Mittelpunkt einer spezifisch deutschen Öffentlichkeit kaum; er verachtete die deutsche Sprache und Kultur (»eine Sprache für Pferde und Soldaten«).

40 Die Bedeutung dieser politischen Bedingungen für die Identitätsbildungsprozesse wird in vergleichender Perspektive für Frankreich und Deutschland diskutiert von R. v. Thadden, »Aufbau nationaler Identität. Deutschland und Frankreich im Vergleich«, in: B. Giesen, *Nationale und kulturelle Identität. Studien zur Entwicklung des kollektiven Bewußtseins in der Neuzeit*, Frankfurt am Main 1991, S. 493-510.

41 Empirische Daten zur Sozialstruktur finden sich bei H. G. Gerth, *Bürgerliche Intelligenz um 1800*, Göttingen 1976, S. 20 ff.

42 H. Brunschwig, *Gesellschaft und Romantik in Preußen im 18. Jahrhundert*, Frankfurt am Main 1976, S. 9.

Die armen deutschen Fürsten in ihren kleinen Residenzstädten versuchten, den Glanz von Versailles nachzuahmen, indem sie finanziell ruinöse Schlösser bauten und die Künste unterstützten, aber es gelang ihnen zunächst kaum, ein kulturelles Zentrum ins Leben zu rufen, das die deutschen Intellektuellen auf gleiche Weise anziehen konnte, wie dies für Paris galt. Das Gewicht, das Weimar gegen Ende des Jahrhunderts für das kulturelle Leben der Deutschen erlangte, stand in auffallendem Gegensatz zur politischen Bedeutungslosigkeit der Stadt.

Aber diese polyzentrische Struktur hatte auch einige bemerkenswerte Vorteile für die Institutionen der Kultur und der Wissenschaft. In ihrem Bemühen, das Modell des französischen Absolutismus zu kopieren, gründeten die deutschen Fürsten auch Akademien der Wissenschaften und Künste, Universitäten und besondere Schulen für die Ausbildung der Beamtenschaft.[43] Selbst wenn diese kulturellen Aktivitäten nicht durch den Wettstreit zwischen den deutschen Fürstenhäusern angeregt worden wären, würden doch die bloße Anzahl von Positionen in Akademien und Universitäten und der Umfang des Stipendien- und Förderwesens die vergleichbaren Zahlen in Frankreich und England übersteigen.

In der zersplitterten politischen Landschaft griff die Zensur zumeist ins Leere: Selbst wenn ein Buch innerhalb eines kleinen Flächenstaates gebannt wurde, ließ es sich doch jenseits der nahen Grenzen veröffentlichen und konnte von einem großen deutschsprachigen Publikum gelesen werden. Die kulturelle Kommunikation reichte so weit über die engen Grenzen der traditionellen Fürstenherrschaft hinaus. Auch die Leserschaft der Aufklärungsliteratur dürfte in Deutschland relativ größer gewesen sein als in England oder Frankreich; zumindest für die letzten Jahrzehnte sind die Zahlen der allgemeinen Lesefähigkeit und des Bücherbesitzes bemerkenswert höher als in England oder Frankreich.[44]

43 Als neue Disziplin zu diesem Zweck entstand zu Beginn des achtzehnten Jahrhunderts die Kameralistik. Zu deren Entstehung im einzelnen siehe Möller, *Vernunft und Kritik*, a.a.O., S. 234 ff.

44 E. François, »Alphabetisierung und Lesefähigkeit in Frankreich und Deutschland um 1800«, in: H. Berding (Hg.), *Deutschland und Frankreich im Zeitalter der Französischen Revolution*, Frankfurt am Main 1989, S. 407-425, hier S. 418.

Diese hochentwickelte Leserschaft und die berühmte deutsche Leserevolution[45] in der zweiten Hälfte des Jahrhunderts wurden von der neuen Klasse der Bildungsbürger getragen, die aus den Modernisierungsbemühungen der absolutistischen Fürsten in Deutschland entstanden war.[46] Zugehörigkeit zum Bildungsbürgertum gründete sich auf Bildungsleistung und berufliche Fähigkeiten.[47] Die meisten Bildungsbürger des achtzehnten Jahrhunderts erhielten ihre Stellung als Professor, Offizier, Ingenieur, Beamter oder Richter durch staatliche Ernennung und Berufung, und sie identifizierten sich stark mit den neuen Institutionen des aufgeklärten Absolutismus, mit der Naturwisenschaft, der unpersönlichen Herrschaft des Gesetzes und der zentralisierten Verwaltung der öffentlichen Angelegenheiten. Zumindest in

45 Der Begriff der Leserevolution geht auf F. Schlegel zurück. Vgl. Möller, *Vernunft und Kritik*, a.a.O., S. 271. Siehe auch R. Engelsing, *Der Bürger als Leser*, Stuttgart 1974, S. 182 ff.; O. Dann, »Die Lesegesellschaften und die Herausbildung einer modernen bürgerlichen Gesellschaft in Europa«, in: ders. (Hg.), *Lesegesellschaften und bürgerliche Emanzipation. Ein europäischer Vergleich*, München 1981, S. 15; M. Welke, »Gemeinsame Lektüre und frühe Formen der Gruppenbildungen im 17. und 18. Jahrhundert: Zeitungslesen in Deutschland«, in: ebd., S. 41 ff.

46 R. Vierhaus (Hg.), *Deutsche patriotische und gemeinnützige Gesellschaften* (Wolfenbütteler Forschungen, Bd. 8), München 1980; P. Lundgren, »Zur Konstituierung des ›Bildungsbürgertums‹: Berufs- und Bildungsauslese der Akademiker in Preußen«, in: W. Conze und J. Kocka (Hg.), *Bildungsbürgertum im 19. Jahrhundert*, Teil I, Stuttgart 1992, S. 79-108; U. Engelhard, »›Bildungsbürgertum‹. Begriffs- und Dogmengeschichte eines Etiketts«, in: *Industrielle Welt*, Nr. 43, Stuttgart 1986; L. Gall, »›... ich wünschte ein Büger zu sein‹. Zum Selbstverständnis des deutschen Bürgertums im 19. Jahrhundert«, in: *Historische Zeitschrift* 245 (1982), S. 601-623; J. Kocka, »Bürgertum und Bürgerlichkeit als Probleme der deutschen Geschichte vom späten 18. zum frühen 20. Jahrhundert«, in: ders. (Hg.), *Bürger und Bürgerlichkeit im 19. Jahrhundert*, Göttingen 1987, S. 21-63; M. R. Lepsius, »Soziologische Theoreme über die Sozialstruktur der ›Moderne‹ und die ›Modernisierung‹«, in: R. Koselleck (Hg.), *Studien zum Beginn der modernen Welt*, Bd. 20, Stuttgart, S. 10-29.

47 Vgl. W. Conze und J. Kocka, »Einleitung«, in: dies. (Hg.), *Bildungsbürgertum im 19. Jahrhundert*, a.a.O., S. 11.

zweifacher Hinsicht unterschieden sich die deutschen Bildungsbürger von ihrem französischen Gegenstück, der *noblesse de robe*: es sind dies ihre geographische Lage und ihre Einstellung zum Hofe und zum Adel.[48] Deutsche Beamte erhielten ihr erstes berufliches Amt zumeist weit entfernt von der Residenzstadt und dem Ort, an dem sie aufgewachsen waren. In den kleinen deutschen Städten war es nicht leicht und zumeist auch kaum begehrenswert, gesellschaftlichen Verkehr mit dem engstirnigen lokalen Bürgertum der kleinen Händler und Handwerker, die noch nach der Maßgabe von gerechtem Preis und ständischer Ehre arbeiteten, aufzunehmen. Das Verhältnis der Bildungsbürger zum ungebildeten ortsansässigen Kleinbürgertum, das jeder Neuerung mißtraute, war folglich von Distanz und Verachtung bestimmt, und der Gegensatz zwischen dem altständischen Bürgertum und dem neuen Bildungsbürgertum, das die Modernisierungsbestrebungen des absolutistischen Staates vertrat, entwickelte sich zur wichtigsten sozialen Kluft der deutschen Aufklärung.[49]

Verglichen mit diesem von Alltagserfahrungen getragenen Gegensatz zwischen dem traditionellen und dem aufgeklärten Bürgertum traten die Unterscheidung zwischen Adel und Bürgertum oder der Konflikt zwischen Wissenschaft und Kirche, die bedeutsam für die französische Entwicklung wurden, eher in den Hintergrund. Die lutheranischen Landeskirchen in Norddeutschland eigneten sich kaum als mächtige Widersacher der Aufklärungsbewegung: die religiöse Toleranz wurde weitgehend eingehalten und in Preußen sogar als öffentliche Politik verordnet. Darüber hinaus verfügten die protestantischen Kirchen auch keineswegs über eine eindrucksvolle zentralisierte Organisation, die die kulturellen Aktivitäten des aufgeklärten Absolutismus hätte herausfordern können.

In seiner Ablehnung des altständischen lokalen Bürgertums richtete das Bildungsbürgertum seinen Blick jedoch nicht auf den fürstlichen Hof. Das gesellschaftliche Leben der kleinen Residenzen war durchaus begrenzt und ohne den attraktiven Glanz

48 Vgl. B. Giesen und K. Junge, »Der Mythos des Universalismus«, in: H. Berding (Hg.), *Mythos und Nation*, a.a.O., S. 35-64, hier S. 56.

49 B. Giesen, *Die Intellektuellen und die Nation*, a.a.O., S. 105 ff.; B. Giesen und K. Junge, »Der Mythos des Universalismus«, a.a.O., S. 57 f.

der großen Hauptstädte. Ausgebildet in den abstrakten Disziplinen der Mathematik, der Naturwissenschaften, des Rechts und der Verwaltung, orientierte sich die neue Klasse der Bildungsbürger an einem Horizont, der die engstirnigen Traditionen und den Klatsch der Kleinstädte weit überstieg.

1.2.2 Verein, Lektüre und Moral

In dieser Lage entwickelten die Bildungsbürger eigene Institutionen der Kommunikation.[50] Die Formen der Kommunikation und Assoziation, die in der deutschen Aufklärung entstanden, waren unvermeidlich von europäischen Vorbildern, vor allem von französischen Salons beeinflußt, aber sie wandelten sie in einer Weise ab, die ihrer strukturellen Situation entsprach.

Die Lesegesellschaften, die sich in der zweiten Hälfte des Jahrhunderts in Deutschland rasch verbreiteten, beschäftigten sich ebenso wie die französischen Salons mit neuen Veröffentlichungen, besaßen aber eine formelle schriftliche Verfassung und häufig sogar Verfahrensregeln; im Unterschied zu den französischen Salons, aber ähnlich wie in den englischen Clubs waren Frauen als Mitglieder ausgeschlossen. Handwerker und kleine Ladenbesitzer wurden zumeist nicht aufgenommen, während sich Adlige durchaus unter den Mitgliedern fanden. Da die Trennungslinie zwischen Mitgliedern und Nichtmitgliedern klar und eindeutig gezogen war, brauchte man auf Beobachtung von außen nicht besonders zu achten und konnte sogar auf Geheimhaltung bestehen: die Organisationsform der Freimaurer wurde nicht selten als Vorbild betrachtet. Nicht nur für Deutschland kann die Bedeutung der Freimaurerlogen als Modell bürgerlicher Geselligkeit kaum überschätzt werden. Lessing vermutete sogar, daß die bürgerliche Gesellschaft nur ein Sprößling der Freimaurerei sei.[51] Zwar waren die Freimaurerorden über ganz Europa ver-

50 R. v. Dülmen, *Die Gesellschaft der Aufklärer. Zur bürgerlichen Emanzipation und aufklärerischen Kultur in Deutschland*, Frankfurt am Main 1986, S. 43 ff.; K. Eder, *Geschichte als Lernprozeß. Zur Pathogenese politischer Modernität in Deutschland*, Frankfurt am Main 1985, S 164 ff.

51 Über die Bedeutung und Wirkung der Freimaurerlogen berichtet: R. v. Dülmen, *Die Gesellschaft der Aufklärer*, a.a.O., S. 55 ff. Zu

breitet, aber die Bandbreite ihrer Formen war groß und erlaubte nationentypische Ausformungen.[52] In Deutschland fällt insbesondere der Illuminatenorden auf, der die Abschließung nach außen noch einmal durch besondere Formen der Klandestinität steigerte.[53] Im Schutze des Logengeheimnisses, das als bürgerliches Gegenstück zu den Arkana des Staates und den Mysterien der Kirche auftreten konnte, entwickelten sich Pläne zur umfassenden Reform des Gemeinwesens, zur Übernahme der Macht in Gesellschaft und Staat, wenn nicht gar zum künftigen »Weltkommando« (von Knigge), zur Überwindung der ständischen, staatlichen und konfessionellen Zerrissenheit im Namen einer allumfassenden Glückseligkeit.

Auch der Gesprächsstil in den deutschen Lesegesellschaften, patriotischen Vereinigungen und Logen unterschied sich nachdrücklich von dem der französischen Salons oder dem der englischen *coffeehouses*. Ironie, elegante Zweideutigkeiten und geistreiche Spielereien wurden hier durch wechselseitige Steigerungen im direkten Bekenntnis zum gemeinsamen moralischen Ideal ersetzt. Man individualisierte sich nicht durch spielerische Distanz zu den offiziellen Regeln, sondern durch Vorzüge in der Verfolgung moralischer Vollkommenheit. Zufällige Unterschiede zwischen den Teilnehmern sollten keine Aufmerksamkeit erhalten, die individuelle Person sollte in den Hintergrund treten oder wurde sogar durch besondere Regeln – etwa Decknamen in der freimaurerischen Kommunikation – anonymisiert.[54] Im Grenzfall sollte das Gespräch zwischen persönlich Unbekannten, deren Vernünftigkeit austauschbar war, stattfinden und sich allein an der kontrafaktischen Vorstellung moralischer Übereinstimmung und des allgemeinen Besten ausrichten (was eine wechselseitige Bespitzelung von Logenmitgliedern im Illuminatenorden keineswegs ausschloß).

Jenseits des direkten Austauschs im Verein kommunizierten die deutschen Bildungsbürger vor allem schriftlich miteinander; man

Herkunft und Geschichte der Freimaurer siehe vor allem: U. Im Hof, *Das gesellige Jahrhundert*, München 1982, S. 163 ff.

52 Vgl. R. Koselleck, *Kritik und Krise*, a.a.O., S. 49 ff.

53 Siehe Anm. 40.

54 Die Funktion des Geheimnisses in den Bürgergesellschaften der Aufklärung hat bekanntermaßen R. Koselleck, *Kritik und Krise*, a.a.O., S. 55 ff., einschlägig reflektiert.

las Bücher und Zeitschriften und antwortete auf das Gelesene, indem man selbst schrieb. Die Differenzierung zwischen Leser und Autor war noch geringer ausgebildet als in England oder Frankreich. Sehr viele Bildungsbürger waren auch Gelegenheitsschriftsteller, und nur sehr wenige deutsche Autoren vor Goethe konnten vom Erlös ihrer Veröffentlichungen einen anständigen Lebensunterhalt bestreiten.[55] Auffällig ist auch, daß viele der Artikel in den Zeitschriften der deutschen Aufklärung den Autor nur auf eine unpersönliche Weise nennen: »einer, der es gut meint«, »ein Patriot« etc.[56] Nicht die Sorge um die Zensur stand dabei im Vordergrund, sondern die Zurückstellung persönlicher oder privater Bezüge – wie schon angesprochen, war die Zensur gerade in Deutschland kein ernstes Problem. Autor und Druckwerk konnten sich über die nahe Grenze der Verfolgung entziehen.

Die neue Gemeinschaft der Schriftsteller und Leser überschritt so bei weitem die Grenzen der kleinen deutschen Fürstenstaaten und führte ein weites Publikum auf der Grundlage der deutschen Sprache und der Kultur der Aufklärung zusammen. Diese unsichtbare Leserschaft wurde als deutsche Nation imaginiert, an die sich die Schriftsteller als deutsche Patrioten wandten.[57] Der Patriotismus der deutschen Kulturnation hatte eine stark moralische Tönung; keine Ironie und keine spielerisch-paradoxen Wendungen sollte die Konstruktion eines »unsichtbaren Konsortiums der Herzen und Geister« (Herder) behindern.

Die Grundlage, auf der dieses patriotisch gesonnene Publikum entstehen konnte, war die deutsche Sprache. Die neuen deutschen Schriftsteller und Leser verachteten die traditionell französische Orientierung der deutschen Fürstenhöfe, griffen die unnatürlichen und starren Regeln des französischen Klassizismus an und wandten sich England und dem shakespearianischen Drama als dem Modell des deutschen Nationaltheaters zu. Anders als die französischen Intellektuellen, die einen schon bestehenden Nationalstaat nur dadurch transzendieren konnten, indem sie sich

55 Vgl. Anm. 6.

56 B. Giesen, *Die Intellektuellen und die Nation*, a.a.O., S. 126 f.

57 J. Schmitt-Sasse, »Der Patriot und sein Vaterland. Aufklärer und Reformer im sächsischen Rétablissement«, in: H. E. Bödecker und U. Herrmann (Hg.), *Aufklärung als Politisierung – Politisierung als Aufklärung*, Hamburg 1987, S. 237-252.

an die Menschheit wandten, konnten die deutschen Aufklärer die bestehenden politischen Verhältnisse allein schon dadurch überwinden, indem sie sich an eine vorgestellte Kulturnation wandten. Diese Konstruktion einer unsichtbaren Nation der Leser und Schriftsteller überstieg nicht nur die Grenzen der deutschen Kleinstaaten, sondern ließ auch alle empirischen Unterschiede und individuellen Besonderheiten hinter sich. Allein Vernunft, Tugend und das allgemeine Beste zählten im Diskurs der aufgeklärten Patrioten.[58]

1.2.3 Versöhnung durch Bildung und Verinnerlichung

Bei diesem Versuch, sich die deutsche Nation als gebildete Leserschaft vorzustellen, modifizierten die deutschen Patrioten auch den universalistischen Code der französischen *lumières* in einer typischen bürgerlichen Weise. Die deutsche Fassung des Gegensatzes zwischen den *Anciens* und den *Modernes* bezog sich nicht auf das Thema Religion und Wissenschaft, das die französischen Intellektuellen in Spannung hielt; statt dessen stellte sie die Kluft zwischen der ständischen Gesellschaft und dem aufgeklärten Absolutismus in den Mittelpunkt. Persönliche Privilegien wurden im Namen unpersönlicher Prinzipien angegriffen; Vernunft und Tugend sollten die Grundlage des Staates sein, Luxus und Frivolität sollten hingegen sowohl aus dem privaten wie dem öffentlichen Bereich verbannt werden. Im Unterschied zur französischen Aufklärung war das Streben nach moralischer Perfektion hier nicht auf die öffentliche Erscheinung beschränkt, sondern bezog sich auch auf das private Leben.[59] Der deutschen Aufklärung galt die Unterscheidung zwischen dem öffentlichen und dem privaten Bereich eher als ein Problem und als ein Aufruf zur Überwindung, weniger als eine Trennung autonomer Ebenen, zwischen denen sogar paradoxe und widersprüchliche Verhältnisse bestehen konnten. Die transzendente Ebene der Moral und Vernunft sollte nicht nur den öffentlichen Bereich, sondern auch das private Leben der Bürger bestimmen; die Entdeckung

58 B. Giesen, *Die Intellektuellen und die Nation*, a.a.O., S. 122 ff.; ders. und K. Junge, »Der Mythos des Universalismus«, a.a.O., S. 61.
59 B. Giesen, *Die Intellektuellen und die Nation*, a.a.O., S. 128 f.

der inneren Wirklichkeit des Individuums zog Konflikte mit der traditionellen Ordnung der ständischen Gesellschaft nach sich, und die innere Berufung drängte auf Verwirklichung im öffentlichen Leben; Ziel jeder vernünftigen Gesetzgebung sollte es sein, die inneren Motive der Bürger zu bewegen und zu orientieren, und aus der Verletzung des Naturrechts konnte sogar ein Interventionsrecht anderer Staaten abgeleitet werden – wie schon bei Grotius gefordert.

Obwohl oder gerade weil beide Ebenen deutlich als auseinanderfallend wahrgenommen wurden, zielte die deutsche Aufklärung auf ihre Versöhnung: die öffentliche Moral sollte der privaten Tugend entsprechen, die Vernünftigkeit der Politik sollte aus der Bildung der Bürger erwachsen, der einzelne Bürger sollte sich dem allgemeinen Besten widmen, und der Staat sollte das Wohlergehen der Bürger unterstützen; die Politik sollte moralisch werden und die Moral die Vernünftigkeit der praktischen Politik in Rechnung stellen. Paradoxe Verhältnisse wie *private vices – public benefits* konnte man sich in der deutschen Aufklärung nur sehr schwer vorstellen. Ironie galt nicht als Mittel zur Individualisierung und Distanzierung von einer beschwerlichen gesellschaftlichen Wirklichkeit, sondern als moralische Leichtfertigkeit und Frivolität. Statt dessen herrschte ein starker Glaube an den unmittelbaren öffentlichen Nutzen von persönlicher Moral und Tugend. Nur wenn die Bürger die Ideale der Aufklärung auch in ihrem privaten Leben verwirklichten, konnten sie auch beanspruchen, an öffentlichen Angelegenheiten teilzuhaben.

Hinter dieser Betonung der individuellen Tugend in der deutschen Aufklärung lassen sich unschwer protestantische Erlösungsvorstellungen – insbesondere aus der pietistischen und lutheranischen Tradition mit ihrer Ausrichtung an Gewissenserforschung und moralischer Erziehung – erkennen.[60] Der Drang nach Versöhnung zwischen öffentlicher und privater Sphäre wurde weiterhin durch die besondere Einbindung des aufgeklärten Universalismus in die besondere Identität der deutschen Kulturnation und die bürgerliche Leitidee der Bildung unterstützt. In der französischen Fassung des aufklärerischen Universalismus

60 G. Kaiser, *Pietismus und Patriotismus im literarischen Deutschland: Ein Beitrag zum Problem der Säkularisierung*, Wiesbaden 1961.

wird die öffentliche Ebene an die bestehenden politisch staatlichen Verhältnisse angebunden und von einem menschheitsweiten Diskurs her unter Druck gesetzt. Im deutschen Falle hingegen tritt an die Stelle dieses dreifach gelagerten Verhältnisses von Menschheit, Staat und Individuum die Beziehung zwischen der deutschen Kulturnation und ihrer Verkörperung in den einzelnen Individuen. Dieses Verhältnis läßt sich nur schwerlich als Widerspruch, Konflikt und Inkonsistenz begreifen, sondern ist grundlegend auf eine Übereinstimmung und Wechselseitigkeit angelegt, die in der Bildungsidee ihren berühmtesten und folgenreichsten Ausdruck findet.[61] Revolten sind gegen Herrschaft und Staat möglich; gegen die Sprache und Kultur, der man sich zugehörig fühlt, hingegen kaum. Wird das Verhältnis zwischen Öffentlichkeit und Privatheit in Analogie zur Beziehung zwischen Kultur und Individuum als Bildung verstanden, so mußten beide Ebenen von der gleichen Moralität und Vernünftigkeit bestimmt werden.

Gegen Ende des Jahrhunderts wurde im europaweiten Diskurs der Aufklärung die innere Wirklichkeit des Individuums zunehmend säkularisiert und durch den Bezug auf die Natur bestimmt: als natürliche Moral, natürliche Vernunft und selbst als natürlicher Genius des Individuums, der durch die künstlichen Regeln der Gesellschaft unterdrückt wurde und sich von der selbstverschuldeten Knechtschaft zu befreien hatte. Auch hier zeigte die deutsche Aufklärung wieder ihre Besonderheiten.[62] Gelegentlich wird der Bezug auf die Natur noch in einer herabsetzenden Weise benutzt – als die rohe und unbedachte Selbstsucht der Ortsansässigen, aber allmählich setzt sich auch hier die gegenläufige Bewertung durch.

Allerdings verstand man unter »Natur« weniger als im französischen Falle den Bezug auf die materielle Basis der Gleichheit und Gleichartigkeit der Menschen, sondern die unentfremdbare und unverwechselbare Identität und Individualität. Dieser Gegensatz zwischen Natur und Künstlichkeit wurde zentral in der Literatur des deutschen Sturm und Drang und sollte später ein Ausgangspunkt der romantischen Sicht auf die deutsche Nation

61 Vgl. R. Münch, *Die Struktur der Moderne*, Frankfurt am Main 1984, S. 191.

62 Zu diesem Komplex ist wiederum zentral: Wuthnow, *Communities of Discourse*, a.a.O., S. 328.

werden. In der deutschen Aufklärung wurde er gelegentlich auch eingesetzt, um die Distanz der aufgeklärten Bildungsbürger zur Dekadenz und zum Luxus der Fürstenhöfe zu markieren. Der unverdorbene Verstand der einfachen Bürger wurde im Gegensatz zur künstlichen Höflichkeit der deutschen Fürstenhöfe gebracht und gelegentlich auch mit einer Ablehnung Frankreichs und einem Lob Englands verbunden.

Im Unterschied zu Frankreich orientierte sich die deutsche Aufklärung nachdrücklich an bürgerlichen Idealen[63], pries die natürliche Einfachheit und Schlichtheit des bürgerlichen Lebens und verurteilte den Mangel an Unmittelbarkeit und Ehrlichkeit in den adligen Umgangsformen. Den deutschen Bildungsbürgern gelang es, ihre eigene Lebenswelt als den selbstverständlichen moralischen und kulturellen Mittelpunkt der Gesellschaft zu begreifen, während sich die französische Aufklärung nicht von dem übermächtigen Ideal der höfisch adeligen Kommunikation lösen konnte und ihr Selbstverständnis als *noblesse de robe* gerade aus der Identifikation mit der Aristokratie bezog. Diese Naturalisierung der bürgerlichen Lebenswelt verwandelte die Ablehnung der vermeintlichen Oberflächlichkeit der französischen Kultur und der Unmoral des Fürstenhofes in eine starke Behauptung deutscher Identität. Im deutschen Bildungsbürgertum wurde »Natürlichkeit« später zu einem ausgesprochenen Ideal, das freilich besondere Erziehung und Anstrengungen des einzelnen verlangte. Der zentralen Stellung der Tugend und Herzensbildung im deutschen Bildungsbürgertum entsprechend, geriet die natürliche Schlichtheit zu einem moralischen Projekt nationaler Größe. In dieser moralischen Selbstsicherheit sahen die deutschen Patrioten gelegentlich sogar ihre eigene Nation als Avantgarde des aufklärerischen Fortschritts und verurteilten den französischen Staat als despotisch – zumindest im Vergleich mit der Herrschaft des preußischen Königs Friedrich II.; manche deutschen Patrioten betrachteten sogar die Anfänge der Französischen Revolution als den unvermeidlichen Versuch, die Geschichte zu beschleunigen, um die deutsche Führung aufzuholen.

63 Zahlreiche Indikatoren liefert: J. Schlumbohm, »›Traditionale‹ Kollektivität und ›moderne‹ Individualität«, a.a.O., S. 281 ff.

1.3 Die Freunde des Volkes: Der öffentliche Raum der Jakobiner

Die Anfänge der großen Französischen Revolution setzten das Projekt des aufgeklärten Absolutismus und seine wohlbekannten Konflikte fort. Auslöser waren fiskalische Probleme und die Opposition der *parlements*[64]; die alte Ordnung der traditionellen Privilegien wurde abgeschafft, die aufgeklärte Form der verfassungsmäßigen Regierung, die die Verwaltung schon durchdrungen hatte, bestimmte nun endlich auch die Politik, die *Assemblée nationale* wurde von den Brissotins beherrscht, die die *notables* vertraten, die Trägergruppe der Aufklärungsideen.[65] Die Monarchie selbst wurde noch nicht ernsthaft in Frage gestellt.

Bei der Einholung der berühmten *cahiers de doléances* für die *Assemblée nationale* im Jahre 1789 erhielten die unteren Schichten des dritten Standes, das Kleinbürgertum und die Landbevölkerung eine Stimme in der offiziellen Politik. Obwohl Volkserhebungen, kollektive Ängste und Hungerunruhen in den Jahrzehnten zuvor keineswegs selten waren, betrachtete die Aufklärungsgesellschaft sie doch kaum als Anlaß politischer Mitbestimmung, sondern eher als eine Angelegenheit der Kontrolle, der Wohltätigkeit und des unverbindlichen Mitleids. Jetzt betraten sie, eingeladen durch die Generalstände, die politische Arena.

1.3.1 Das Volk und seine neuen Führer

Wenige Jahre später, mit der Herrschaft der Sansculottes und des *Comitée du salut publique*, bestimmten sie die Politik und definierten die Öffentlichkeit auf eine neue Weise: Noch in den glänzenden rhetorischen Auftritten der Brissotins wurde Öffentlichkeit als eine Arena allgemeiner vernünftiger Überlegungen verstanden, zu der allerdings nur die Gebildeten Zugang erhielten. Nach ihrer Entmachtung oder Hinrichtung verlagerte sich der charismatisierte Kern der Öffentlichkeit immer mehr von

64 A. Soboul, *Die Große Französische Revolution*, Darmstadt 1988, S. 74 ff. Siehe auch Anm. 60.

65 F. Furet und D. Richet, *Die Französische Revolution*, Frankfurt am Main 1968, S. 56 ff.

den Debatten der *Assemblée nationale* auf die Straßen und städtischen Plätze, auf denen sich das Volk sammelte und zu kollektivem Handeln zusammenfand.[66] Die Stadt Paris hatte gegen Ende des achtzehnten Jahrhunderts beträchtliche Zuwanderungsströme der verarmten Landbevölkerung aufgenommen[67], und diese entwurzelten und weitgehend stellungslosen Migranten schlossen sich mit den Tagelöhnern und kleinen Handwerkern, den Bauarbeitern und Marktweibern, Weinhändlern und Straßenhändlern zu einer Volksmenge zusammen, die stets bereit war, sich von politischen Führern erregen und in Bewegung bringen zu lassen. In den dicht bevölkerten Vierteln verbreiteten sich Gerüchte schnell, Volksmengen formten sich mit Leichtigkeit und ergossen sich auf öffentliche Plätze.[68] Im vorrevolutionären Paris unterlagen diese entstehenden Volksunruhen zumeist einer engen polizeilichen Kontrolle, aber nach 1789 schlossen sich die Nationalgarden den Aufständischen an und verteilten Waffen in der Bevölkerung. Aus dem einstmals verachteten Pöbel war eine gewichtige politische Kraft geworden. Die neuen populistischen Führer stammten zumeist aus kleinbürgerlichen Schichten, waren vor der Revolution häufig Advokaten an unteren Gerichtsinstanzen oder Journalisten ohne großen beruflichen Erfolg. Diese neue politische Klasse[69] unterschied sich deutlich von den Trägergruppen der Aufklärung. Die *noblesse de robe* verschwand

66 G. Lottes, »Sansculotten und Demokraten. Zur Gründungsgeschichte kleinbürgerlicher Protestbewegungen«, in: B. Wagner, E. Wangermann u.a. (Hg.), *Die schwierige Geburt der Freiheit*, Wien 1991, S. 33-56.

67 D. Roche, *Le peuple de Paris*, Paris 1981, S. 11 ff. Vgl. mit E. LeRoy Ladurie, »Les Paysans français aux XVIIIe siècle, dans la perspective de la Révolution française«, in: E. Hinrichs (Hg.), *Vom Ancien régime zur Französischen Revolution*, Göttingen 1978, S. 261-278.

68 Rudé schätzt in seiner meisterhaften Darstellung der Massen in der Französischen Revolution, daß etwa 80% der Gesamtbevölkerung von Paris zu diesen Gruppen gehörten, aus denen sich die Sansculottes ergaben. G. Rudé, *Die Volksmassen in der Geschichte: England und Frankreich 1730-1884*, Frankfurt am Main 1977, S. 84.

69 Siehe hierzu D. Roche, »Personnel culture et représentation politique de la fin de l'Ancien Régime aux premières années de la revolution«, in: E. Hinrichs (Hg.), *Vom Ancien régime zur Französischen Revolution*, a.a.O., S. 496-515, vor allem S. 511.

nach 1792 weitgehend von der politischen Bühne. An ihre Stelle traten nun Kleinhändler und Lehrer, Handwerker und Gastwirte, aber auch Vertreter religiöser Minderheiten, Außenseiter und Flüchtlinge; die Mitglieder des Jakobinerklubs waren zum großen Teil neu Zugewanderte, die von ihren lokalen Ursprüngen getrennt waren und sich an neuen Horizonten und neuen Formen der Kommunikation ausrichteten.[70] Ihre Führer waren politisch unerfahrene und häufig sehr junge Männer, die nicht durch Bildung und Protektion, geistvolle Intellektualität oder beruflichen Erfolg zu politischer Bedeutung gekommen waren, sondern ihre politische Position allein den Wahlen verdankten. Manchmal – wie im Falle Marats – hatten sie zuvor vergeblich versucht, zu den geachteten intellektuellen Clubs und Salons Zugang zu finden. Ihre randständige und in Bewegung geratene Lage begünstigte nicht nur den Ausblick auf neue Horizonte, sondern legte auch eine vermittelnde Position zwischen ihrer lokalen Wählerschaft in der Provinz und der Regierung in Paris nahe.

Die jakobinischen Intellektuellen waren keine *honnêtes hommes*, sondern *pédants*. Sie bestanden auf einer direkten und unverstellten, genauen und unmittelbaren Umsetzung der universalistischen Prinzipien in die politische Praxis. Ohne Gnade und Zorn sollten die Feinde des Volkes verurteilt und vernichtet werden. Obwohl die rhetorischen Anker der Aufklärung – Vernunft, Tugend, Gemeinwohl – unermüdlich wiederholt wurden, wandelten sich doch die Formen der Kommunikation grundlegend.[71]

1.3.2 Die Rede an das Volk

Der Kern der öffentlichen Kommunikation bestand nicht mehr aus der intellektuellen Konversation der Salons oder der klassischen Rede an die Repräsentanten der Nation, sondern aus der direkten Rede an das Volk und aus Massenbewegungen; kosmopolitische Essays und Romane wurden durch politische Pam-

70 L. Hunt, *Politics, culture, and class in the French Revolution*, Berkeley 1984, S. 55 ff.

71 Eingehende Behandlung findet dieser Gegenstand bei J. Guilhaumou, *Sprache und Politik in der Französischen Revolution*, Frankfurt am Main 1989.

phlete und Zeitungen ersetzt, in denen die Manöver des unsichtbaren öffentlichen Feindes angeklagt wurden. In diesem neuen öffentlichen Raum des Volkes richtete sich die Kommunikation auf die Mobilisierung der städtischen Volksmassen zu kollektiven Aktionen.[72]

Die politische Rhetorik der Revolution antwortet schnell auf diesen Wechsel. Nach dem Fall der Bastille wurde die politische Macht zunehmend über die Unterstützung des Volkes definiert und durch die Mobilisierung des Volkszorns und der revolutionären Aufmerksamkeit gegen jene unglücklichen Personen gerichtet, die angeklagt wurden, Feinde des Volkes zu sein. Ganz anders als die Konversation der Aufklärungssalons waren diese öffentlichen Reden an das Volk nicht daran gehalten, für Unterhaltung und Abwechslung zu sorgen, sondern eine starke rituelle Übereinstimmung zwischen dem Redner und seinen Zuhörern zu schaffen. Es ging hier nicht mehr um intellektuelles Vergnügen und die Selbstdarstellung der Gebildeten, die vom Druck des Entscheidens und den Zwängen der Machtausübung frei waren. Statt dessen mußte eine Einheit des Handelns geschmiedet und ein kollektiver Drang zur Aktion erzeugt werden. Diese Herstellung eines kollektiven Willens war in der Tat das kritische Problem, wenn man die Verschiedenartigkeit der Teilnehmer an den Aufständen und die Zerbrechlichkeit und Flüchtigkeit der Bindungen zwischen den revolutionären Führern und ihrer Gefolgschaft betrachtet.

Noch kritischer und wichtiger waren die Offenheit und Öffentlichkeit der Mengen selbst. Volksmengen haben keine klar markierten Grenzen; ihre Ränder sind diffus und in ständiger Bewegung. Der Vorgang des Entstehens einer Volksmenge beschleunigt sich selbst, aber dies gilt umgekehrt auch für den Vorgang des Abschmelzens und der Auflösung. Da die Zugehörigkeit zu einer Volksmenge nicht auf stabiler Mitgliedschaft und zuverlässigen Bindungen, sondern auf zufälliger Anwesenheit und flüchtigen Entschlüssen beruht, muß im Gegenzug die Kommunikation in der Menge selbst auf eine starke Weise alle einbeziehen, die anwesend sind. Die Konstruktion der kollekti-

72 L. Hunt, *Politics, culture, and class in the French Revolution*, a.a.O., S. 74. Siehe auch M. L. Kennedy, *The Jacobin Clubs in the French Revolution. The Middle Years*, Princeton 1988, S. 123 ff.

ven Identität einer Volksmenge kann sich daher nicht auf die bloße Anwesenheit an einem Ort verlassen, sondern wird häufig unterstützt von universalistischen und inklusiven Codierungen, die in der Lage sind, die soziale Heterogenität innerhalb der Menge zu verdecken. In den öffentlichen Auftritten der Französischen Revolution wurde dies vor allem durch öffentliche Rituale des Singens und Marschierens[73] und durch die rhetorische Inszenierung von charismatisierten Begriffen wie Bürger, Patriot und vor allem Nation erreicht.

Den Erfordernissen der Kommunikation in Volksmengen entsprechend, wurde kollektive Identität hier im und durch Handeln geschaffen. Die französische Nation wurde als das bewegte und zum Handeln bereite Volk vorgestellt, das sich auf öffentlichen Plätzen versammelt hatte und von neuen Intellektuellen wie Marat, Robespierre, Roux, Varlet, Jean Pache oder Hébert agitiert wurde. Obwohl die Rhetorik der populistischen Intellektuellen die Tradition der Aufklärung fortsetzte[74], blieb der Austausch von These und Kritik, die Debatte kontroverser Positionen doch zumeist auf die interne Kommunikation der revolutionären Eliten in den Clubs und Komitees beschränkt. Selbst in diesen abgesonderten und geschützten Räumen stand die Kommunikation unter dem starken Druck, einen äußeren Feind anzugreifen, und unter einem hohen und nicht selten lebensgefährlichen Risiko, sollte die vorgeschlagene Position die Unterstützung der Mehrheit verfehlen. Allein auf der Grundlage der Einheit und Geschlossenheit gegenüber einem äußeren Feind ertrug der öffentliche Diskurs der Revolution eine gewisse interne Debatte und Uneinigkeit. Die Vorstellung eines starken äußeren Feindes rückte daher in den Mittelpunkt der revolutionären Kommunikation. Dies galt nicht nur für die Auseinandersetzungen in den Clubs und Versammlungen, sondern auch für die Erzeugung kollektiven Handelns auf öffentlichen Plätzen. Die Volksmengen reagierten bekanntlich außerordentlich empfind-

73 Siehe beispielsweise M. L. Kennedy, *The Jacobin Clubs in the French Revolution*, a.a.O., S. 217 ff.

74 Vgl. die Instrumentalisierung des Freiheitsbegriffs, die von G. v. d. Heuvel, *Der Freiheitsbegriff der Französischen Revolution. Studien zur Revolutionsideologie*, Göttingen 1988, S. 150 ff., S. 214 ff., beschrieben wird.

lich auf Veränderungen der Nahrungsmittelpreise[75] und ließen sich leicht mobilisieren, um irgend jemanden anzugreifen, der für Knappheiten oder Preisanstiege des Getreides verantwortlich zu sein schien.

1.3.3 Die Unterdrückung des Privaten und die Natürlichkeit der Volksgewalt

Die Erzeugung einer starken Bedrohung von außen und die Schaffung einer starken kollektiven Identität des Volkes entsprachen einander und verstärkten sich wechselseitig. Sie wurden durch die Gegensätze von Vergangenheit und Zukunft, Natur und Gesellschaft und Privatheit und Öffentlichkeit gestützt. Das Volk wurde als die wahre und unverderbte natürliche Kraft vorgestellt, die den künstlichen und dekadenten, blutsaugerischen und unterdrückenden Feind bekämpfte. Ähnlich wie die Aufklärung sakralisierte auch die jakobinische Perspektive die Natur als den wilden und unzivilisierten Bereich am Rande der Gesellschaft, aber die horizontale Spannung zwischen Zentrum und Peripherie wurde nun in eine Vertikale umgewandelt, in direktes und gewalttätiges Handeln umgesetzt und damit gelöst. Die alte Ordnung des Zentrums sollte nun durch revolutionäre Gewalt zerstört und durch den natürlichen Willen des Volkes ersetzt werden.[76] Mit der Idee der Natur wurde nicht nur eine randständige Lage verbunden, sondern auch die Dynamik des Wandels und das Ausleben von ungezügelter Leidenschaft und Gewalt. Sie stand nun weniger für eine zeitlose Ordnung als für die Kräfte, die die Geschichte bewegen. Diese Dynamisierung der Natur veränderte auch grundlegend die Beziehung zwischen Natur und Gesellschaft: Die Spannung zwischen Natur und Gesellschaft wurde nun nicht mehr als dialektischer Gegensatz oder als Versöhnung zwischen beiden Bereichen, sondern als gewalttätiges Eindringen der Natur in das Zentrum der Gesellschaft betrachtet. Wer zum Volk gehörte und wer als Feind des Volkes betrachtet und behandelt werden mußte, ergab sich nicht aus primor-

75 Siehe A. Soboul, *Die Große Französische Revolution*, a.a.O., S. 257 ff.
76 H. Reinalter, *Die Französische Revolution und Mitteleuropa*, Frankfurt am Main 1988, S. 29.

dialen Kriterien (obwohl später Ausländer zunehmend ausgeschlossen wurden), sondern aus der Teilnahme an erfolgreichen kollektiven Aktionen in der Öffentlichkeit. Außenseiter waren Außenseiter, nicht weil sie natürlich anders waren, sondern weil sie sich gegen die natürlichen Antriebe und für die künstliche Wirklichkeit der Gesellschaft entschieden hatten. Auf diese Weise war die Kraft des Volkes nicht nur mit der Natur, sondern auch mit der Zukunft und mit dem öffentlichen Raum verbunden. Die Gewalt des Volkes wurde sakralisiert, da sie die Geschichte beschleunigte und die Zukunft vergegenwärtigte, die schließlich über die Kräfte des Beharrens und der Vergangenheit triumphierte. Aber diese enge Kopplung zwischen der kollektiven Identität und dem künftigen Erfolg des Handelns öffnete auch ein Feld der Unsicherheit und des Risikos. Das Bewußtsein dieser Unsicherheit wurde in die Aufforderung umgesetzt, die Revolution zu beschleunigen, eine unzerbrechliche Einheit gemeinsamen Handelns zu schmieden und die politischen Gegner zu unterdrücken.

Politische Gegner wurden nicht mehr als Spieler mit gegensätzlichen Interessen betrachtet, sondern als direkte Bedrohung des Gemeinwohls und als unmittelbare Herausforderung der Tugend und der Vernunftordnung. Ohne persönliches Gefühl, ohne Leidenschaft und ohne Gnade mußten sie vernichtet werden, um die Zukunft vor der Vergangenheit zu retten und die Öffentlichkeit vor der Überwältigung durch das Private. Der jakobinische Diskurs schuf eine enge und kurze Verbindung zwischen der universellen Ordnung der Vernunft und der Tugend einerseits und den täglichen politischen Auseinandersetzungen andererseits: Die unpersönliche Ordnung wurde nicht mehr als transzendentale oder kategoriale Voraussetzung begriffen, sondern als Plan zum unmittelbaren Handeln. Er ließ sich nur verwirklichen, wenn das Gegenstück zur universellen Ordnung, die persönliche und weltliche Wirklichkeit, die politischen Gräben, die Konflikte zwischen politischen Parteien und die Existenz von Gegnern aufgehoben und vernichtet würden. Jede Art von Politik, von privaten Interessen, von Kompromissen und Verhandlungen galt schon als Zeichen der alten korrupten Gesellschaft. Der Bereich des Privaten wird hier umdefiniert und mit dem Bereich des Politischen gleichgesetzt. Aus der jakobinischen Perspektive muß die achsenzeitliche Spannung zwischen der transzendentalen Ordnung der Vernunft und Perfektion und dem weltlichen Bereich des persönlichen Regiments, der politischen Interessen und Konflikte durch Vernichtung der mundanen Ordnung gelöst werden.[77]

Das französische Modell der Beziehung zwischen Öffentlichkeit und Privatheit hatte einen Weg vorbereitet, der keine gleichgewichtige Koexistenz oder harmonische Versöhnung gestattete, sondern radikale Lösungen verlangte. Die Spannung zwischen dem Öffentlichen und dem Privaten konnte hier nicht durch Kompromisse oder vermittelnde Arrangements abgemildert werden; statt dessen mußte das Zentrum von privaten Interessen gereinigt und mit Hilfe einer vorsozialen revolutionären Gewalt aus einem Naturzustand heraus neu erschaffen werden.[78] Der König mußte daher enthauptet werden – er stand für die Vergangenheit, die persönliche Herrschaft und die unnatürliche Ordnung. Am Ende sollte die *nation une et indivisible* entstehen, die vollkommene Verwirklichung des neuen kollektiven Subjekts der Geschichte.

1.4 Das erhabene Wesen der Nation: Die ästhetische Identität in der deutschen Romantik

1.4.1 Die Distinktion der Entwurzelten

Zu Beginn zog die Französische Revolution einige begeisterte Anhänger auch in Deutschland an, aber die Besetzung durch französische Truppen und das napoleonische Kaiserreich verwandelte die meisten deutschen Patrioten in Gegner des französischen Revolutionsprojekts.[79] Preußen wurde besiegt, und die

77 S. N. Eisenstadt, »Allgemeine Einleitung. Die Bedingungen für die Entstehung und Institutionalisierung der Kulturen der Achsenzeit«, in: ders. (Hg.), *Kulturen der Achsenzeit*, Teil 1, Frankfurt am Main 1987, S. 10-40.

78 Robespierre formulierte im Mai 1774: »Die einzige Grundlage der bürgerlichen Gesellschaft ist die Moral ... Die Sittenlosigkeit ist der Boden des Despotismus, so wie die Tugend das Wesen der Republik ist ... Wir müssen die allgemeine Moral wieder beleben.« Zitiert nach: Soboul, *Die Große Französische Revolution*, a.a.O., S. 363.

79 Vgl. P. Nolte, »Republikanismus, Revolten und Reformen. Reaktionen auf die Französische Revolution in Deutschland 1789-1820«, in:

meisten deutschen Fürsten wurden Vasallen des französischen Kaisers. Zu dieser schmachvollen politischen Lage der deutschen Staaten kam für die neue Generation deutscher Intellektueller, die es den berühmten Dichtern Schiller und Goethe gleichzutun versuchten und von den Aussichten einer akademischen Karriere angezogen wurden, eine ernste Krise der deutschen Universitäten hinzu. Die Zahl der Einschreibungen an den deutschen Universitäten ging gegen Ende des Jahrhunderts stark zurück, die Förderung und Unterstützung der akademischen Institutionen durch die deutschen Fürsten nahm deutlich ab, und eine wachsende Zahl junger Intellektueller mit hochfliegenden kulturellen Ambitionen mußte bescheidene Stellungen als Hauslehrer in bürgerlichen oder adligen Häusern annehmen.[80] Verstreut über das Land und getrennt von Gleichgesinnten, lebten die meisten von ihnen ein einsames Leben in den kleinen Städten der deutschen Provinz. Diese bescheidene und aussichtslose Lage stand in scharfem Gegensatz zu ihrer Bildung, ihrer Selbstachtung, ihrem Ehrgeiz und nicht selten auch zu ihrer Erfahrung. Es verwundert nicht, daß die meisten dieser entwurzelten Intellektuellen die bürgerliche Welt des Geldes, der Verwaltung und der beruflichen Engstirnigkeit tief verachteten. In dieser Lage entstand eine heterodoxe Bewegung, die neue Themen aus dem europäischen Resonanzraum aufnahm: die deutsche Romantik. Die deutschen Frühromantiker führten die Gräben zwischen Bildungsbürgertum und dem herkömmlichen ständischen Bürgertum fort, aber sie schlossen auch die Beamten und den Staat des aufgeklärten Absolutismus in ihre Verachtung für die bürgerliche Welt ein. Der Glaube der aufgeklärten Patrioten an Tugend und Vernunft galt den deutschen Romantikern als einfältig und langweilig – eine zeitgenössische Form der alten bürgerlichen Borniertheit.[81]

Zu dieser Verachtung für die bürgerliche Welt der Aufklärung

M. Hettling (Hg.), *Revolution in Deutschland? 1789-1989*, Göttingen 1991, S. 11 ff.; F. Eberle und Th. Stammen, »Einleitung. Deutschland und die Französische Revolution«, in: dies. (Hg.), *Die Französische Revolution in Deutschland*, Stuttgart 1989, S. 13-46.

80 Zur Krisenerfahrung der späteren Romantiker siehe auch: Brunschwig, *Gesellschaft und Romantik in Preußen im 18. Jahrhundert*, a.a.O., S. 247 ff.

81 Ebd., S. 177 ff.

kam ein Generationenproblem. Die vorangegangene Generation der deutschen Klassik war ungewöhnlich erfolgreich auf dem Literaturmarkt gewesen, und es war nicht leicht, dem Maß zu genügen, das Schiller und Goethe gesetzt hatten. Angesichts des übergroßen Schattens, den die Kulturheroen der deutschen Klassik warfen, zog die neue Literatenbewegung der Romantiker es vor, das breite Publikum zu verachten und über eine esoterische Haltung Distinktion zu gewinnen. Ihre bescheidene Lage in der bürgerlichen Welt kompensierend, sahen sich die deutschen Romantiker zu einer überlegenen Sicht auf das Wesen der Dinge begabt; jenseits der engstirnigen Welt des Geldes und des Berufes richtete sich ihr Blick auf neue, tiefere und reinere Gründe der Identität.[82]

1.4.2 Esoterik und Banalität

Die Literatur der neuen deutschen Intellektuellen wurde nicht in der weitverbreiteten patriotischen Presse, sondern in besonderen Zeitschriften veröffentlicht, die zumeist äußerst hohe Ambitionen hatten, aber in der Regel nur einen sehr kleinen Leserkreis erreichten und häufig nach wenigen Ausgaben ihr Erscheinen einstellen mußten. Die Intellektuellen und ihr Publikum waren nun deutlich getrennt; die ehrgeizige Literatur, die von den anderen Autoren gelesen wurde, schied sich klar von der trivialen Literatur für die breitere Leserschaft. An die Stelle der weitausgreifenden Öffentlichkeit der Aufklärung trat hier nun ein esoterischer Kreis der Eingeweihten. Diese esoterischen Zirkel entwickelten besondere Formen der Kommunikation und des sozialen Umgangs, die die banale Wirklichkeit auf Distanz hielten. Der innere Kern bestand aus einer Clique, die von persönlicher Sympathie und einem unendlichen Gefühl getragen wurde.[83] Die geradezu programmatische Verpflichtung auf esoterische und anspruchsvolle Formen der Kommunikation vermittelte ein exklusives und überlegenes Selbstgefühl und bot Möglichkeiten der Distanzierung von weltlichen Lebensformen,

82 Vgl. B. Giesen, *Die Intellektuellen und die Nation*, a.a.O., S. 130 ff.
83 Siehe zu diesem Komplex: I. Hoffmann-Axthelm, *Geisterfamilie. Studien zur Geselligkeit der Frühromantik*, Frankfurt am Main 1973.

das heißt von der Öffentlichkeit, von Wirtschaft und Politik. Ironie konnte eine solche Distanz schaffen, der philosophische Diskurs konnte die banale Oberfläche durchdringen, und die Hingabe an die Unendlichkeit der romantischen Liebe konnte die Barrieren des Raumes, der Vernunft und der Moral überwinden. Vernunft und Moral schienen weitaus zu oberflächlich und vordergründig zu sein, um eine Grundlage wahrer Kommunikation abzugeben. Jenseits der eitlen Oberflächlichkeit gab es eine tiefere und unaussprechliche Wirklichkeit, die sich der normalen Perspektive entzieht und von den gewöhnlichen Begriffen nicht erreicht wird: die Abgründe von Individualität, von Natur und von Liebe. Zugang zu dieser abgründigen Wirklichkeit ließ sich nur durch eine Kommunikationsform gewinnen, die gegen die begrenzten und endlichen Interessen das Außerordentliche und Unendliche setzte: Kunst. Kunst vermochte es, die Schranken des Banalen zu durchbrechen und einen Weg zu Individualität und Wahrheit zu eröffnen.[84] Kunst bot jene unüberwindliche Bezugsebene, welche die zersplitterte Wirklichkeit wieder zusammenfügte und ihr Einheit verlieh. Die deutsche Romantik begriff die Kunst freilich nicht im Rahmen der klassischen Ästhetik. Sie wurde vielmehr als ein erhabener Grund gesehen, der sich gewöhnlichen Begriffen entzog – eine unsagbare Wirklichkeit, die gerade wegen ihrer Transzendenz von Entfremdung, Imitation und Argumentation ausgenommen war.

1.4.3 Die Verachtung des Öffentlichen und die Transzendentalität des Volkes

Auch die deutsche Romantik setzte in ihrer Betonung von Individualität und Natur die Rhetorik der Aufklärung fort, aber die Bedeutung der Begriffe änderte sich in der neuen Form der esoterischen Kommunikation. Der Bezug auf die universelle Moral und Vernunft wechselte in den Bereich des Banalen und Weltlichen; er wurde durch neue Bezugnahmen auf Transzendenz ersetzt: die Religion (Schleiermacher), absolute Dichtung (Novalis) oder romantische Ironie (Schlegel). Dieser überraschende Wech-

84 Vgl. M. Frank, *Einführung in die frühromantische Ästhetik*, Frankfurt am Main 1989, S. 152 ff.

sel zu exozentrischen Perspektiven wird durch das Mißverhältnis zwischen dem herkömmlichen Modell der aufgeklärten Öffentlichkeit und der neuen politischen Lage gefördert. Die deutsche Aufklärung stellte sich die Beziehung zwischen dem Öffentlichen und dem Privaten als eine harmonische Verschmelzung beider Ebenen vor; diese Integration des Öffentlichen und des Privaten fügte sich kaum in die neue Situation einer wachsenden Kluft zwischen der öffentlichen Politik der französischen Besatzer und der sozialen Randlage der neuen Schriftsteller.

Die deutschen Romantiker bewältigten diese Kluft, indem sie die öffentliche Sphäre des Politischen von dem Drang nach Versöhnung und Harmonie ausschlossen. Die offizielle Politik wurde als banal betrachtet und mit Verachtung und Abscheu behandelt, während die private Individualität als erhabene Wesenheit verehrt wurde.[85] Ein ähnlicher Wechsel läßt sich bei der Unterscheidung von Vergangenheit und Zukunft beobachten: die deutschen Romantiker priesen den Glanz einer verlorenen Vergangenheit (des Mittelalters), die ähnlich unbewegt und historisch verstanden wurde, wie zuvor die Zukunft von der Aufklärung gesehen wurde, und sie bemühten sich, auf der Suche nach Individualität und Authentizität Traditionen wiederzubeleben. Auch die romantische Auffassung der Natur war weit entfernt von der französischen Aufklärungsidee der universellen Vergleichbarkeit materieller Gegenstände. Aus romantischer Sicht bezog sich Natur auf Unendlichkeit, Kontinuität und Einzigartigkeit und wurde den künstlich zerschneidenden Tätigkeiten der modernen Gesellschaft entgegengesetzt.

Aber der Blick in den Abgrund der unsagbaren Individualität riskiert auch das Ende der Verständigung. Daher mußten die deutschen Romantiker den Bezug auf die öffentliche Politik durch einen neuen Bezugsrahmen ersetzen, der eine unentfremdbare Grundlage für Verständigung und Identität bildete: das Volk. Die romantische Idee des Volkes bezieht sich auf einen jenseitigen Horizont der Verständigung und des Verstehens, der die universalistische Gemeinschaft der Aufklärung durch die partikulare Gemeinschaft der Nation ersetzte. Die romantische

85 Richard Münch führt dieses Denken auf den Protestantismus zurück. Ders., *Die Kultur der Moderne*, Frankfurt am Main 1986, S. 686 ff., insbesondere S. 694 ff.

Volksidee war zwar nicht hegemonial, sondern auf eine Vielfalt nebeneinanderstehender nationaler Kulturen angelegt, stellte aber die Möglichkeiten einer transkulturellen universalistischen Verständigung nachdrücklich in Frage. Die Vorstellung dieses jenseitigen Verständigungshorizonts der Nation erlaubte eine enge Verschmelzung des Besonderen und des Allgemeinen, des Privaten und des Öffentlichen, des Individuellen und des Kollektiven – wie das deutsche Grundmuster es verlangte. Die Nation wurde als das erhabene und unübersteigbare kollektive Subjekt geschichtlichen Handelns begriffen, und das Individuum konnte sich selbst nur über den Bezug auf diese kollektive Identität der Nation verstehen. Die Nation ist allgemein und einzigartig zugleich und bietet damit sowohl den Hintergrund von wahrer Verständigung wie den Anhaltspunkt für Identifikation.[86] Im Unterschied dazu erscheint die etablierte öffentliche Kommunikation als ein falsches, trügerisches Einverständnis, in dem die Individualität und Authentizität der Subjekte verschwindet, entfremdet oder gar zerstört wird. Diese Individualität entzieht sich jedem allgemeinen Vergleich und jeder prinzipiellen Begründung. Die kalten Begriffe der Wissenschaft und der Vernunft erreichen sie nicht; allein die Kunst öffnet den Weg zum erlösenden Kern des Volkes, und die Dichter erscheinen als Priester dieses Kultes der Nation.

Diese Verschmelzung des Individuellen und Kollektiven wurde gestützt durch bemerkenswerte Parallelen zwischen nationaler und persönlicher Identität. Auf ähnliche Weise, wie die wirtschaftliche Lage der romantischen Intellektuellen nicht ihrer Bildung und geistigen Ambition entsprach, stand auch die politische Ohnmacht der deutschen Kleinstaaten im Mißverhältnis zur Bedeutung und dem Gewicht Deutschlands als Kulturnation. Auf ähnliche Weise, wie die Identität der Intellektuellen in ihrer Bildung und ihrer Distanz zur Welt des Geldes und der Macht gründete, ergab sich auch die nationale Identität der Deutschen nicht aus den Besonderheiten wirtschaftlicher und politischer Interessen, sondern aus der Allgemeinheit von Kunst und Kultur. Sowohl im Falle der Nation wie im Falle des dichteri-

86 B. Giesen und K. Junge, »Vom Patriotismus zum Nationalismus. Zur Evolution der ›Deutschen Kulturnation‹«, in: B. Giesen (Hg.), *Nationale und kulturelle Identität*, a.a.O., S. 295 ff.

schen Genies war die erhabene Individualität des Kollektivs oder der Person nicht nachzuahmen; in beiden Fällen war die sichtbare Wirklichkeit eine zersplitterte, und nur außerordentliche perspektivische Wendungen schufen den Zugang zu einem tieferen und unvergänglicheren Grund jenseits der Vordergründigkeit von Geschwätz und eitlen Geschäften.

Sowohl im französischen Jakobinismus wie in der deutschen Romantik galten die öffentliche Politik und die Privatheit der Individuen als unversöhnliche Sphären, getrennt durch eine Kluft, die sich nur bei außerordentlichen Anlässen und mit gewaltsamer kollektiver Aktion überbrücken ließ. Die Befreiungskriege gegen die französische Besatzung boten eine Gelegenheit zu einer solchen Überbrückung dieser Kluft und einer Überschreitung der Grenze zwischen Privatheit und Öffentlichkeit. Bei dem Aufstand gegen den französischen Kaiser wurde die romantische Idee der deutschen Nation aus dem Ghetto der Intellektuellen getragen und für die Mobilisierung weiter Teile der deutschen Jugend genutzt. Der Krieg änderte sein Gesicht auf eine Weise, die die französischen Revolutionsarmeen selbst vorbereitet hatten. Der einzelne Soldat nahm jetzt am Kriege teil, nicht weil er gezwungen und gepreßt wurde, sondern weil er von der guten Sache überzeugt war und sich freiwillig zum Waffendienst entschlossen hatte. Obwohl sie von ganz unterschiedlichen Ausgangspunkten ihren Lauf nahmen, haben französischer Jakobinismus und deutsche Romantik so schließlich ganz ähnliche und einander wechselseitig ergänzende Formen entwikkelt, um den Unterschied zwischen dem Öffentlichen und dem Privaten durch kollektive Gewalt einzuebnen.

1.5 Schlußbemerkung

Die Einbettung in ganz unterschiedliche sozialstrukturelle Lagen und politische Verhältnisse führte in der französischen und der deutschen Aufklärung, im französischen Jakobinismus und in der deutschen Romantik zu sehr unterschiedlichen Konzeptionen der zentralen Unterscheidung zwischen dem Bereich des Öffentlichen und dem des Privaten. Gestützt auf und bewegt durch besondere Diskursformen – die Salonkommunikation der französischen *noblesse de robe*, die Vereinskommunikation des deutschen Bildungsbürgertums, die agitatorische Rede an die revolutionären Volksmassen und die esoterische Kommunikation in der Clique der romantischen Intellektuellen –, entwickelten sich aus der Modellierung des Öffentlichen auch spezifische Vorstellungen einer kollektiven Identität. Diese kollektive Identität der aufgeklärten Menschheit, der deutschen Patrioten, der *nation une et indivisible*, ja selbst des kulturell und nicht biologisch bestimmten deutschen Volkes waren grundsätzlich universalistisch angelegt und auf ein prinzipiell unbegrenztes Publikum ausgerichtet. Die Vorstellung einer an den Grenzen offenen und auf Inklusion[87] verpflichteten Gemeinschaft erweist sich hier weder als kategoriale Voraussetzung jeder richtigen und guten Gesellschaft noch als kulturelle Idiosynkrasie des Okzidents, sondern als eine angemessene Selbstthematisierung öffentlicher Kommunikation. Öffentliche Kommunikation ist grundsätzlich auf universalistische Codierungen kollektiver Identität angewiesen, und universalistische Gemeinschaftsideen werden sich historisch in dem Maße entwickeln, in dem sich die – im vorangehenden Kapitel skizzierte – Situation der öffentlichen Kommunikation durchsetzt. Diese Geburt der universalistischen Identität aus dem Geiste der öffentlichen Kommunikation vollzieht sich jedoch niemals rein und unverstellt, sondern wird – wie wir zu zeigen versuchten – immer durch die besonderen historischen Umstände bestimmt, in denen sich eine Form der Öffentlichkeit entwickelt. Wenn man sich an alle, an die ganze Menschheit, an die Gemeinschaft der Zukunft etc. wendet, so hat dieses Gegenüber noch kein Gesicht. Bei dem Versuch, sich das universalistische Gegenüber vorzustellen, spiegeln sich im scheinbar blankgefegten Horizont der Reflexion immer wieder die besonderen Umstände der eigenen Lage. Die historischen Formen der universalistischen Identität waren und sind daher niemals völlig inklusiv; sie genügen selten dem eigenen Anspruch und betreiben häufig Exklusionen, über die nicht geredet wird und nicht geredet werden darf. Die Menschheit der Aufklärer umfaßte, genau betrachtet, eben nur die gebildeten und wirtschaftlich unabhän-

87 Zur Unterscheidung zwischen Inklusion und Exklusion siehe N. Luhmann, »Inklusion und Exklusion«, in H. Berding (Hg.), *Nationales Bewußtsein und kollektive Identität. Studien zur Entwicklung des kollektiven Bewußtseins in der Neuzeit 2*, Frankfurt am Main 1994, S. 15-45.

gigen europäischen Bürger. Noch bedenklicher gerät allerdings zumeist der Versuch, den eigenen Inklusionsanspruch radikal und unerbittlich in die Praxis umzusetzen. Jeder Widerstand der Außenstehenden gefährdet nicht nur die Aufnahme einer konkreten Person, sondern stellt die ganze missionarische Inklusionsbewegung in Frage. Er muß daher überwunden und vernichtet werden. Der jakobinische Terror ist zwar ein besonders markanter, aber keineswegs der einzige Versuch radikaler universalistischer Inklusion durch die Vernichtung des Privaten im Namen des Öffentlichen. Andere folgten und übertrafen die Jakobiner bei weitem an Rücksichtslosigkeit. Schließlich kann das universalistische Inklusionsprojekt noch bei denjenigen, die sich davon ausgeschlossen fühlen, Gegenreaktionen hervorrufen – man kann nicht die Inklusion als identitätsfeindlich darstellen und zur Verteidigung der wahren Identität gegen Überfremdung durch hegemoniale universalistische Projekte aufrufen, ohne dabei wieder ein universelles Recht auf kulturelle Identität und Differenz anzurufen.

Alle diese Formen der Bewältigung der Spannung zwischen Öffentlichkeit und Privatheit – Aufklärung, Jakobinismus und Romantik – entstanden zwar in bestimmten nationalen Traditionen und wurden durch bestimmte strukturelle Einbettungen gefärbt, aber sie lassen sich nur im Rahmen eines europäischen Resonanzraumes verstehen und ergaben schließlich ein europaweit verfügbares Repertoire von Codierungen kollektiver Identität. Die Aufklärung war – wie eingangs schon angesprochen – immer eine europaweite Bewegung, die Jakobiner begründeten eine auch jenseits der französischen Grenzen verfügbare Tradition des republikanischen Totalitarismus, die romantischen Ideen bestimmten die ästhetischen Bewegungen in fast allen europäischen Ländern des neunzehnten Jahrhunderts und inspirierten politische Heterodoxien selbst noch im zwanzigsten Jahrhundert.

2. Traditionalität: Historismus und Modernismus im deutschen Kaiserreich

Vergangenheit ist immer ein Konstrukt der Gegenwart; sie wird mit den Institutionen der Gegenwart geschaffen und spiegelt die geschichtliche und gesellschaftliche Lage derjenigen, die sich erinnern. Es sind vor allem die Erfahrungen von Wandel und Zeitlichkeit einerseits und die als problematisch empfundenen Linien sozialer Abgrenzungen und Konflikte andererseits, die durch solche Entwürfe einer Vergangenheit eingefaßt, normalisiert und begründet werden können. Derartige Fragen der Identität und Temporalität reichen zunächst nicht über die individuelle Lebenspanne hinaus. Nur bei jenen sozialen Schichten, die für sich eine besondere Beziehung zum Ganzen und eine besondere Verantwortung für die Gesamtgesellschaft beanspruchen, stellen sich auch übergreifende Geschichtsentwürfe ein. Bis in die europäische Neuzeit hinein waren dies vor allem der Adel und der Klerus. Der achsenzeitlichen Spannung zwischen Diesseits und Jenseits entsprechend wurden beide Stände zu Trägern ganz unterschiedlicher Vergangenheitsvorstellungen: Während der Klerus ein umfassendes heilsgeschichtliches Modell vertrat, das gerade von der körperlichen Existenz der Priester abgekoppelt war, verkörperte der Adel seine eigene Vergangenheit und im Rahmen der ständischen Ordnung stellvertretend auch die Vergangenheit des Gemeinwesens. Die erfolgreiche Konstruktion von Genealogien, das heißt die leibliche Abstammung des Adels, sicherte den Herrschaftsanspruch gegenüber Bürgern und Bauern einerseits und gegen konkurrierende dynastische Ansprüche andererseits.

Diese über lange Jahrhunderte gesicherte Form der ständischen Stellvertretung und dynastischen Verkörperung von Vergangenheit wird gegen Ende des achtzehnten Jahrhunderts zunehmend in Frage gestellt. Die Erfahrung der Französischen Revolution entwertete die Ansprüche selbstverständlicher Traditionen und herrschaftlicher Privilegien. Die Verkörperung der Geschichte im Adel beginnt sich aufzulösen, um einer neuen bürgerlichen Vorstellung von Geschichte und Gesellschaft zu weichen. Gleichzeitig setzt sich eine neue Vorstellung des Verhältnisses von Vergangenheit und Zukunft durch: Zukunft erscheint nicht mehr als die Fortsetzung und Wiederholung der Vergangenheit, sondern als offener Möglichkeitsraum des Neuen und Besseren.[88]

Die folgenden Überlegungen behandeln in idealtypischer Weise jene Umstellungen in der Konstruktion von Vergangenheit, die durch die bürgerliche Gesellschaft des neunzehnten Jahrhunderts in Deutschland erfolgten. Ausgangspunkt sind die Fortschrittsideen der Naturwissenschaften und des Wirtschaftsbürgertums, die die Beschleunigungserfahrung im Rahmen einer universalistischen Codierung verarbeiteten. Die Vergangenheit erscheint hier als Gegenstand des Vergessens. Das deutsche Bildungsbürgertum und die Geschichtswissenschaften hingegen – so unsere These – betrieben die Auflösung von dynastisch-adligen Verkörperungen der Vergangenheit durch eine besondere Verflüssigung und Virtualisierung von Traditionen im Historismus. Hier behält die Vergangenheit ihre Überlegenheit über die Zukunft, wird aber standesübergreifend verfügbar und läßt sich tendenziell unbegrenzt wiederholen. Gegen diese Vervielfältigung der Vergangenheit wendet sich gegen Ende des Jahrhunderts eine besondere Form des Modernismus, die von einer neuen Generation von beruflichen Spezialisten für Vergangenheit getragen wird und ihr Gegenstück im Konsum der musealisierten Vergangenheit durch neue bürgerliche Schichten findet. Diese modernistische Codierung begreift die Vergangenheit als unwiederholbar, aber gerade deswegen als kostbar und erhaltungswürdig. Eine vierte Codierung reagiert wiederum auf die Versachlichung der Vergangenheit in den Händen der Fachleute und fordert ein gesteigertes Gegenwarts- und Krisenbewußtsein; diese radikale Wendung zur Gegenwart wird von einer Reihe charismatisierter Mythologen getragen, findet sich in trivialisierter Form jedoch auch in der bündischen Kommunikation des Kleinbürgertums.

Die Thesen der Verflüssigung der Vergangenheit im Historismus des Bildungsbürgertums und der Verberuflichung der Vergangenheit in der modernistischen Denkmalspflege bedürfen der einführenden Erläuterung und Eingrenzung. Beide Vorgän-

88 Vgl. dazu R. Koselleck, »Einleitung«, in: O. Brunner u. a. (Hg.), *Geschichtliche Grundbegriffe*, Bd. 1, Stuttgart 1972, S. XIII-XXVII; ders., Ch. Meier, J. Fisch, und N. Bulst, »Revolution«, a.a.O., Bd. 5, Stuttgart 1984, S. 653-788; ders., »Fortschritt«, a.a.O., Bd. 2, Stuttgart 1975, S. 363-423.

ge, die Abkoppelung der Form von ihren lokalen Ursprüngen und die berufliche Bearbeitung der Vergangenheit, sind natürlich keine gänzlich neuen geschichtlichen Erscheinungen, sondern können an Vorläufer anknüpfen. Kunst und Architektur des Okzidents wurden immer schon angeregt durch die Versuche, eine alte Epoche wiederzubeleben oder fremde Stilelemente zu übernehmen. Mit den Kreuzzügen waren maurische Muster, die selbst wiederum byzantinisch-hellenistische Wurzeln hatten, in die süd- und westeuropäische Architektur aufgenommen worden; die Renaissance kopierte die Statuen der Antike; griechische Säulen und Tempelarchitektur wurden in den barocken Repräsentationsbauten des Nordens verwandt; chinesische oder islamische Dekorationselemente hatten ihren festen Platz in der höfischen Baukunst des fünfzehnten und achtzehnten Jahrhunderts etc. Mit dem Historismus des neunzehnten Jahrhunderts wird dieser Vorgang der Übertragung und Vervielfältigung jedoch auf eine besondere Weise beschleunigt; die Stilreproduktion nimmt eine besondere bürgerliche Form an, die es zu analysieren gilt.

Auch die Bearbeitung der Vergangenheit durch soziale Spezialisten ist keine Erfindung des neunzehnten Jahrhunderts. Schon einfache schriftlose Stammesgesellschaften kennen besonders begabte Erzähler und die Verpflichtung der Alten auf die Bewahrung und Überlieferung der gemeinschaftsstiftenden Mythen. Die steinerne Überlieferung königlicher Großtaten in antiken Reichen kam nicht ohne handwerkliche Spezialisten zustande, und die Anfertigung schriftlicher Aufzeichnungen blieb über lange Zeit kleinen Gruppen besonders ausgebildeter Schriftkundiger vorbehalten.[89] Sieht man jedoch von der Beherrschung der Aufzeichnungstechniken einmal ab, so wird die Vergangenheit hier noch nicht über die besondere Kompetenz der Experten, sondern durch herrschaftliche Autorität einerseits und ästhetische Begabung andererseits konstruiert.[90] Die Erinnerung bleibt

89 Vgl. auch J. Assmann, *Stein und Zeit. Mensch und Gesellschaft im alten Ägypten*, 2. Auflage, München 1995.

90 Zunächst ging es dabei weniger um die Vergegenwärtigung der Vergangenheit als um die Verwandlung der Gegenwart in eine zukünftige Vergangenheit: die Aufzeichnung der gegenwärtigen Ruhmestaten des Fürsten sollte künftige Generationen an ihn erinnern. Später wird dann auch die Erinnerung an die Taten der Alten zur Erhöhung der gegenwärtigen Herrschaft eingesetzt.

hier noch gänzlich an die Sicht der Auftraggeber gebunden, und die so entworfene Vergangenheit ist die besondere Vergangenheit des jeweiligen Auftraggebers, die eine Vergangenheit neben vielen anderen, gleichfalls denkbaren darstellt und sich noch nicht zu einer großen umfassenden und allgemeinen Vergangenheit ausweitet. Das persönliche Ansehen und die Macht des Fürsten, der Kirche, der Stadtoberen, nicht das unpersönliche Vertrauen in die Experten verhindern Zweifel an einer Vergangenheitskonstruktion. Gewiß war die herrschaftliche Autorität dabei auch schon neben handwerklichen und künstlerischen Fähigkeiten auf die Unterstützung durch Intellektuelle angewiesen, die sich nicht nur mit der Voraussicht in die Zukunft, sondern auch mit dem Rückblick auf die Vergangenheit beschäftigten. Ihre Entwürfe einer mythisch gefaßten Vergangenheit bezogen sich zumeist direkt auf die kollektive Identität der eigenen Gemeinschaft, und ihre stellvertretende Deutung wurde akzeptiert, weil sie auf außeralltäglicher Begabung und eben nicht auf erlernbarer Routine beruhte. In den Vergangenheitsentwürfen dieser Mythologen wird zwischen den Fragen sachlicher Wahrheit, den Fragen wünschenswerter Identität und den Fragen der schönen und gelungenen Form kaum unterschieden. Die in wohlgelungener Form vorgetragene Identitätsbehauptung setzt sich hier immer gegen sachliche Zweifel durch.

Diese Lage ändert sich mit der Wende zur Moderne. Gegen Ende des achtzehnten Jahrhunderts beginnt man, nicht nur die vielen besonderen Vergangenheiten der einzelnen Dynastien zu einer allgemeinen Vergangenheit zusammenzufassen – was schon zuvor durch heilsgeschichtliche Modelle vorgezeichnet war –, sondern man entdeckte auch die Vergangenheit als gesonderten *Gegenstand sachlicher Wahrheit.* Erst als solcher konnte sie beruflicher Arbeitsteilung und wissenschaftlicher Objektivität unterworfen werden.[91]

Das Auftreten beruflicher Fachleute und wissenschaftlicher

91 Schon vor Beginn des neunzehnten Jahrhunderts hatten die Konsistenzzwänge des modernen Rechts und der modernen Verwaltung zu besonderen Formen der Speicherung der jeweils besonderen Vergangenheit des politischen Gemeinwesens, zur Aufbewahrung von Rechtsdokumenten und zu der Chronologie früherer Entscheidungen in Archiven geführt. Vergangenheit wurde nicht nur staatlich kontrolliert, sondern auch zunehmend beruflich verwaltet.

Disziplinen markiert dabei eine neue Stufe in der stellvertretenden Deutung der Vergangenheit. Die charismatisch aufgeladenen Stellungen der Mythologen verschwinden im neunzehnten Jahrhundert keineswegs, aber an ihre Seite treten in zunehmendem Maße die beruflichen Fachmenschen. Gleichzeitig werden die Identitätsfragen zunehmend von den Sachfragen der Vergangenheitskonstruktion geschieden. Dichter und Künstler, Musiker und intellektuelle Virtuosen werden von den Fragen sachlicher Wahrheit gänzlich freigesetzt und widmen sich vorwiegend der Imagination und Fiktion von identitätsrelevanten Mythen, während die sachlichen Einzelfragen, die Sicherung der Ruinen und Dokumente, die Verwaltung der Archive etc. der Routine professioneller Experten überlassen werden. Beide Positionen, die des Mythenkonstrukteurs und die des professionellen Experten, des Intellektuellen und des Fachwissenschaftlers, und beide Funktionen der Vergangenheitskonstruktion, die Fiktion von Mythen und die Erforschung der Sachlage, treten gegen Ende des neunzehnten Jahrhunderts grundsätzlich auseinander. Damit wird eine erste grundlegende Differenzierungslinie angesprochen, an der sich die vorliegenden Überlegungen orientieren und deren gesellschaftliche Durchsetzung sie nachzuzeichnen versuchen.

Eine zweite Differenzierungslinie ergibt sich aus der innerwissenschaftlichen Unterscheidung zwischen Natur- und Geisteswissenschaften. Sie zeigt allerdings auch die Ambivalenzen des Übergangs von identitätssichernden zu versachlichten Bezügen auf Vergangenheit: einerseits depersonalisierte und versachlichte die Wissenschaft das Charisma der Wahrheit und institutionalisierte den wissenschaftlichen Tatsachenblick; andererseits wurde sie aber auch zum wichtigsten institutionellen Träger der Bildungsidee, die methodische Wissenschaft und kulturelle Gesamtdeutung noch miteinander verband und auf die Entwicklung persönlicher Identität bezog.

Die dritte Differenzierungslinie, an der sich die folgenden Überlegungen ausrichten, ergeben sich aus dem Verhältnis zwischen der Produktion und der Rezeption von Codierungen. Wir werden die Modellierungen von Zeitlichkeit durch die Intellektuellen, die Wissenschaftler und Fachleute zum Ausgangspunkt nehmen; sie lassen sich als Avantgarde oder Saatbeet jener Vorstellungen betrachten, die bei jeweils unterschiedlichen Schichten des bürgerlichen Publikums Resonanz finden. Die Unterscheidung zwischen den intellektuellen Virtuosen oder Fachleuten einerseits und den größeren sozialen Gruppen andererseits, in denen die neuen Ideen aufgenommen werden und Resonanz finden, ist grundlegend für die vorliegende Arbeit. Ohne einen sozialstrukturellen Resonanzboden bleiben die Ideen der Intellektuellen auf kleine Zirkel begrenzt und auf eine künftige Wirkungsgeschichte angewiesen. Diese Resonanz kann allerdings ganz unterschiedliche Formen annehmen: Autor und Leserschaft, Fachleute und Laien, anspruchsvolle Intellektuelle und das Publikum, das ihre Themen aufgreift, zeigen ganz verschiedene Modi solcher Resonanzen. Die vier Codierungen der Vergangenheit, die wir im folgenden unterscheiden, lassen sich so jeweils nicht nur unterschiedlichen intellektuellen Diskursformen zuordnen, sondern finden auch bei unterschiedlichen sozialen Trägergruppen Resonanz; entscheidend für diese Resonanz ist die Fähigkeit einer Codierung, die kollektive Identität der entsprechenden sozialen Gruppe zu begründen, zu gestalten und zu bestärken. Der Umstand, daß die verschiedenen Codierungen von Vergangenheit aufeinander reagierten und jeweils in unterschiedlichen Jahrzehnten die öffentliche Debatte beeinflußten, sollte jedoch nicht als ein Abfolgeschema mißverstanden werden. Seit dem Ende des neunzehnten Jahrhunderts gehören alle vier Codes zu einem Repertoire der Konstruktion von Identität über Zeitlichkeit, auf das auch heute zurückgegriffen werden kann.[92]

92 Der Aufstieg professioneller Expertise zeigte sich in einer veränderten Beziehung zu den Nichtfachleuten. Das Verhältnis zwischen dem durch persönliche Anstrengung und Begabung allseits gebildeten Individuum einerseits und dem speziell ausgebildeten Fachmann, das im achtzehnten Jahrhundert noch über den Gegensatz von Bildung und Pedanterie, Genie und Gewöhnlichkeit behandelt wurde, beginnt sich in der zweiten Hälfte des neunzehnten Jahrhunderts umzukehren: das Pathos des Genies wird karikiert, der Laie wird, wenn er sich in die Geschäfte der Fachleute einmischt, als Dilettant denunziert. Durkheim merkt dies in seiner *Division du travail social* an: der *honnête homme* von ehedem ist für uns nur mehr ein Dilettant. É. Durkheim, *Über soziale Arbeitsteilung*, Frankfurt am Main 1988, S. 87.

2.1 Das Vergessen der Vergangenheit

2.1.1 Die Ausdifferenzierung der Naturwissenschaften

Das neunzehnte Jahrhundert gilt mit Recht als das Jahrhundert, in dem sich nicht nur in Deutschland die Geschichtswissenschaften als eine eigene Disziplin etablierten und die Philosophie als zentrale Deutungswissenschaft beerbten. Mit der Entwicklung der Spezialwissenschaften der Vergangenheit werden umgekehrt die übrigen Wissenschaften von ihren zuvor immer mitlaufenden Vergangenheitsbezügen entleert; sie können nun mit dem Anspruch zeitlosen Wissens auftreten. Im achtzehnten Jahrhundert konnte man noch eine Geschichte der Natur schreiben (Buffon), und selbst zur Jahrhundertwende konnten sich ein Dichter wie Goethe oder ein Philosoph wie Schelling noch sehr ernsthaft als Naturforscher begreifen. Gegen Ende des neunzehnten Jahrhunderts hingegen waren Naturwissenschaftler Spezialisten mit besonderer Ausbildung geworden, die Zeitlichkeit in ihrem Gegenstandsbereich nicht mehr als Geschichte, sondern, wenn überhaupt, dann als Evolution behandelten.[93]

Die systematische Freisetzung des Gegenstandsbereichs vom Bezug auf Identität und Vergangenheit trug zu der außerordentlichen Entwicklung der naturwissenschaftlichen und technischen Forschung an den Universitäten und den Technischen Hochschulen bei. Während zu Beginn des Jahrhunderts die deutschen Naturwissenschaften institutionell noch eng mit der Philosophie verbunden waren[94] und sich teilweise noch in nationalen Bahnen

93 Gewisse Vergangenheitsbezüge lassen sich allerdings innerhalb der Einzeldisziplinen nur schwerlich aufheben; wenn es etwa um die Geschichte des eigenen Fachs oder um die Kanonisierung eines klassischen Wissensbestandes geht, hat die Wissenschaft ein Interesse an der Kontrolle ihrer eigenen Vergangenheit. Gewöhnlich bewältigt man dieses Problem durch fachinterne Differenzierungen: die Geschichte des Begriffs oder des ganzen Fachs wird in einem Sonderkapitel dem Hauptteil der Erörterungen vorangestellt oder einer weniger gut ausgestatteten Unterdisziplin überlassen; man behält so die Kontrolle, kann sich von den Vergangenheitsbezügen entlasten und den eigentlichen Aufgaben der Fachwissenschaft zuwenden.

94 Vgl. C. Jungnickel und R. McCormmach, *Intellectual Mastery of Nature. Theoretical Physics from Ohm to Einstein.* Bd. 1: *The Torch*

bewegten, trennen sich später die akademischen Institutionen, die Ausbildungsgänge und Publikationsorgane der Naturwissenschaften und der Geschichts- und Geisteswissenschaften.

Zugleich griff das Publikum der Naturwissenschaften unwiderruflich über die Landesgrenzen hinaus und nahm internationale Konturen an. Der Bezug auf ein national begrenztes Publikum und die Festlegung auf eine besondere nationale Diskursform, die noch die romantische Naturwissenschaft in Deutschland und die bonapartistische Naturwissenschaft in Frankreich[95] bestimmt hatten, traten schnell in den Hintergrund. Die französische Wissenschaft verlor in diesem Prozeß die Führungsrolle, die sie unter Napoleon noch zu Recht beanspruchte, an die deutsche Wissenschaft. In der zweiten Hälfte des Jahrhunderts stammten mehr als die Hälfte der wichtigen Forschungen und Entdeckungen in Fächern wie der Physiologie, der Physik oder der Medizin von deutschen Wissenschaftlern.[96] Ausschlaggebend für diesen Führungswechsel waren nicht nur Unterschiede in der sozialstrukturellen Einbettung der Wissenschaft, sondern auch in der Form ihrer Organisation. Im Unterschied zu Frankreich oder England war die deutsche Forschung nicht in Akademien konzentriert, sondern an den Universitäten angesiedelt. Die enge Kopplung von Lehre und Forschung erwies sich hier als außerordentlich erfolgreich; sie stärkte die generationenübergreifende Kontinuität der Forschung und integrierte die neuere Forschung in die Lehre.[97]

Neben diesen universitären Formen der reinen Forschung standen die Technischen Hochschulen und die anwendungsorientierte Forschung in der Industrie, die insbesondere für die aufstre-

of Mathematics 1800-1870, Chicago und London 1986, S. 4. Der Philosophie als vierter Fakultät neben Medizin, Recht und Theologie waren die Geisteswissenschaften, Mathematik und die Naturwissenschaften zugeordnet. Die Philosophische Fakultät vermittelte Bildung und unterstützte die anderen Fakultäten, deren Zweck in der Ausbildung von Staatsbeamten und Ärzten lag.

95 L. Daston, »The Ideal and the Real of the Republic of Letters in the Enlightenment«, in: *Science in Context* 4, 2 (1991), S. 367-386.

96 J. Ben-David, *The Scientist's Role in Society. A comparative Study*, Englewood Cliffs, N.J. 1971, S. 188-192.

97 Vgl. Th. Nipperdey, *Deutsche Geschichte 1866-1918*, Bd. 1: *Arbeitswelt und Bürgergeist*, München 1990, S. 604.

bende chemische Industrie zentrale Bedeutung hatte.[98] Hinzu kamen gegen Ende des Jahrhunderts einige wissenschaftlich-technische Gesellschaften, die nach der Jahrhundertwende zur Gründung der Kaiser-Wilhelm-Gesellschaft führten, und eine Reihe von außeruniversitären Forschungsinstitutionen mit starker Anwendungsorientierung. In diesem Feld begann die Forschung sich allmählich von der universitären Lehre einerseits und den industriellen Leitungsfunktionen andererseits zu trennen.[99] Der kapitalistische Unternehmer war nicht mehr, wie noch zu Beginn des Jahrhunderts, gleichzeitig auch Erfinder und Forscher, sondern beschäftigte in zunehmendem Maße besonders ausgebildete Ingenieure mit der Aufgabe von Neuentwicklungen und technischen Verbesserungen und suchte sogar Einfluß auf die wissenschaftlich-technischen Ausbildungsgänge an den technischen Hochschulen zu gewinnen.

98 Vgl. L. Burchardt, »Die Zusammenarbeit zwischen chemischer Industrie, Hochschulchemie und chemischen Verbänden im Wilhelminischen Deutschland«, in: *Technikgeschichte* 46 (1979), S. 192-211. Vgl. auch H. Possin, »Organisch-chemische Forschungen der Hochschulen und der deutschen Teerfarbenindustrie – Grundlage für die Entwicklung einer industriellen Pharmaproduktion«, in: W. Kaiser und H. Hübner (Hg.), *Naturwissenschaften und Medizin im ausgehenden 19. Jahrhundert*, Halle 1980, S. 62-71, hier S. 68. Im letzten Jahrzehnt des 19. Jahrhunderts besaßen die sechs größten deutschen Chemiekonzerne – Bayer, Hoechst, BASF, Agfa, Kalle, Casella – das weltweit größte und leistungsfähigste Forschungspotential dieses Industriezweigs.

99 Fachleute gab es sowohl in der Forschung als auch in der Produktion (als zwei getrennte Bereiche). Der Farbstoffchemiker und BASF-Direktor Caro schrieb über die Teerfarbenindustrie: »Man unterscheidet gegenwärtig zwischen ›Laboratoriums‹- und dem ›Betriebschemiker‹. Der eine ersinnt die Verfahren und stellt ihre wissenschaftlichen Bedingungen fest. Der andere führt sie in die Praxis ein, überwacht und verbessert ihren täglichen Betrieb.« H. Caro, *Über die Entwicklung der Teerfarbenindustrie*, Berlin 1893, S. 13 f., zitiert nach Possin, »Organisch-chemische Forschungen der Hochschulen und der deutschen Teerfarbenindustrie«, a.a.O., S. 67 f.

Bei den wissenschaftlichen Publikationen begannen sich die Lehrbücher von den Zeitschriften mit Forschungsbeiträgen zu trennen; die einen dienten der Weitergabe des gesicherten Wissens und waren auf Inklusion und Pädagogik ausgerichtet, die anderen wurden zum Forum des Neuen und von Kontroversen, die den eingeweihten Virtuosen vorbehalten blieben. Der Anspruch auf allgemeine Bildung, der die Naturwissenschaften zu Beginn des Jahrhunderts noch integriert hatte, wurde hier zunehmend aufgegeben.

In den neuen institutionellen Arenen der naturwissenschaftlich-technischen Forschung setzte sich nicht nur die Unterscheidung zwischen ausgebildeten Fachleuten und ausgeschlossenen Laien durch, sondern es entwickelte sich auch eine besondere Ausrichtung der Kommunikation an der Entdeckung des bisher Unbekannten.[100] Die naturwissenschaftliche Forschung trennte immer stärker zwischen der Wiederholung des Bekannten und der Behauptung des Neuen. Sie prämierte die neue Erfindung und Entdeckung und bewertete sie im Hinblick auf unpersönliche Kriterien methodischer Korrektheit; sie entwertete systematisch die eigene Vergangenheit und lenkte die Aufmerksamkeit der Debatte auf das gegenwärtige Wissen und seine zukünftige Geltung. Um eine schnelle und weite Verbreitung des neuen Wissens zu erreichen, muß der Entstehungszusammenhang des neuen Wissens systematisch abgekoppelt werden. Die Chance des neuen Wissens liegt gerade darin, daß es von allen konkreten und persönlichen Zusammenhängen, von der Einbettung in besondere Interessen und der Berücksichtigung individueller Lebenslagen absehen kann – es beansprucht zeitlose und ortlose Geltung. Grundlage des Wahrheitsanspruches der Naturwissenschaften sind die Tatsachen – ein scheinbar unverrückbares Fundament der Wahrnehmung, das allen Gattungsangehörigen gleichermaßen zugänglich ist. Die besonderen Perspektiven und Interessen der Erkenntnissubjekte sollen durch diesen Bezug auf eine scheinbar vorgesellschaftliche Konstitution der Tatsachen ausgeschlossen werden. Trotz dieses programmatischen

100 Vgl. H.-U. Wehler, *Deutsche Gesellschaftsgeschichte*, Bd. 3: *Von der »Deutschen Doppelrevolution« bis zum Ende des Ersten Weltkrieges 1849-1918*, München 1987, S. 1226-1232.

Universalismus der naturwissenschaftlichen Erkenntnistheorie sind die Laien von der Innovationskommunikation in den wissenschaftlichen Akademien, den Fachzeitschriften und Fachkongressen ausgeschlossen; selbst wenn sie zugelassen wären, verstünden sie nur wenig.

Die Unterscheidung zwischen Fachleuten und Laien spiegelt sich in der Einschätzung des Alltagswissens durch die Naturwissenschaft: die Forschung lehnt die unbegründete Tradition ab und bezieht besondere Emphase aus der Entlarvung des herkömmlichen Aberglaubens, mißtraut der Alltagsplausibilität des Laienverstandes und glaubt an die Steigerungsfähigkeit des menschlichen Wissens durch die wissenschaftliche Erforschung der Tatsachen. In der Naturwissenschaft entthronen die Tatsachen die Traditionen und die Fachleute die Gebildeten.

2.1.3 Codierung: Der Fortschritt der Wissenschaften

Eine solche Form der Kommunikation stützt offensichtlich eine Codierung von Vergangenheit und Gegenwart nach dem Modell des Fortschritts und der Höherentwicklung. Die neue wissenschaftliche Erkenntnis war dem alten Wissen überlegen, weil sie alle Wahrheiten des alten Wissens enthielt und seine Irrtümer korrigierte. Die Wahrheit, die den Funktionsbezug dieses Erkenntnisfortschritts darstellte, wurde in Gegensatz zur Besonderheit und Verschiedenheit der Irrtümer und Interessen gesetzt und als eine universelle und unpersönliche Wahrheit begriffen, der sich auf die Dauer kein wohlmeinendes Vernunftsubjekt verweigern konnte. Diese Wahrheit war zwar allgemein, zeitlos und ortlos, aber sie würde erst in der Zukunft allen Menschen offenbar werden. Das klassische Fortschrittsmodell, das das aufklärerische und revolutionäre Geschichtsverständnis des achtzehnten und beginnenden neunzehnten Jahrhunderts bestimmt hatte und von Condorcet und Hegel formuliert worden war, begriff die Gegenwart als Umschlagspunkt einer rückständigen und unterentwickelten, zersplitterten und unvernünftigen Vergangenheit in eine überlegene und bessere Zukunft.[101] Motor des Fort-

101 Comte charakterisierte die Zeit, in der er lebte, als »unsere Zeit des Übergangs«. A. Comte, *Die Soziologie. Positive Philosophie*, hg. von F. Blaschke, Stuttgart 1974, S. 504.

schrittsprozesses war die vernünftige Selbstaufklärung der bürgerlichen Gesellschaft über Wissenschaft und Philosophie. Auch die Philosophie sollte – wie es Comte programmatisch formulierte – sich am Modell der Wissenschaften orientieren und auf der positiven Erkenntnis der Tatsachen aufbauen. Lernen und öffentliche Wissenschaft würden unweigerlich auch zur Verbesserung des Gemeinwesens und zur allgemeinen Wohlfahrt beitragen.[102] An die Stelle der ständischen Privilegien, der trennenden Grenzen und der Zwietracht sollte die Einheit und Gleichheit aller Bürger in der Weltgesellschaft treten. Die alte Ordnung des Wissens, das *Ancien régime*, die Vergangenheit hatten aus dieser Perspektive nichts Faszinierendes mehr; man betrachtete sie als Irrtümer und suchte sie zu vergessen. Zwar wurde der Fortschritt als unvermeidlich und notwendig angesehen, aber durch revolutionäre Anstrengung und durch die Unterstützung der fortschrittlichen Kräfte konnte die Geschichte beschleunigt und eine bessere Zukunft früher verwirklicht werden. Die Französische Revolution hatte eine solche Beschleunigung des Fortschrittsprozesses exemplarisch vorgeführt. Sie hatte auch gezeigt, wie die Beschleunigung des Fortschritts zu einer Teilung der Gesellschaft in zwei unterschiedliche Lager führte: die Avantgarde des Fortschritts einerseits und die reaktionären Widersacher andererseits, die aus eigennützigen Gründen oder aus schierer Unwissenheit sich dem Fortschritt verweigerten.

In der Tat fand das Fortschrittsmodell – wie auch schon zuvor – gegen Ende des neunzehnten Jahrhunderts keine uneingeschränkt positive Resonanz; man begegnete neuen Erfindungen häufig mit Mißtrauen und offener Ablehnung. Die Geschwindigkeit der Eisenbahn galt als gesundheitsgefährdend, und die Forschungen der Wissenschaftler wurden gelegentlich als monströse Risiken aufgefaßt, die die Identität der Personen, der Landschaft und des Volkes bedrohten. Technikbegeisterung fand schon früh ihr Gegenstück in der Technikfeindlichkeit derjenigen, die sie nur aus der Entfernung beobachten konnten oder die durch sie ins Abseits gerieten.

Die Experten antworteten auf die Widerstände der Laien in der Regel mit einer Selbststilisierung als aufopferungsvolle Pioniere

102 Comte sprach von der »Eigentümlichkeit der positiven Philosophie [...], daß sie als die einzige feste Grundlage für die Umgestaltung der bürgerlichen Gesellschaft betrachtet werden kann«; ebd., S. 14.

und uneigennützige Avantgarde der Geschichte. In dieser universalistischen Codierung wurde die soziale Differenz verzeitlicht: die Laien waren rückständig und abergläubisch, würden aber im Laufe der Zeit bei entsprechender Volksaufklärung ebenso wie die Kolonialvölker ihren Entwicklungsrückstand überwinden. Das Fortschrittsmodell der Fachleute enthielt so nicht nur ein Beschleunigungsmotiv und eine Rechtfertigung für die Konflikte und die Uneinigkeit der Gegenwart, sondern stellte auch eine künftige Einigkeit in Aussicht. In der Zukunft würden alle Gegensätze und Ungewißheiten überwunden und alle Menschen unter dem Gesetz der Vernunft und Wissenschaft geeint werden.

2.1.4 Resonanzen: Die neuen industriellen Klassen

Dieses Modell des wissenschaftlichen Fortschritts fand in Deutschland und Frankreich unterschiedliche Resonanz. In Frankreich fand es durchaus Anklang bei den bürgerlichen Trägerschichten des Bonapartismus und später der republikanischen Mitte; beide erhofften sich von der Führungsstellung der französischen Wissenschaft eine Stärkung nationaler Identität und eine reformierende Bändigung der Moderne. In Deutschland hingegen fühlte sich das herkömmliche Bildungsbürgertum eher beunruhigt als bestärkt. Das Modell des wissenschaftlichen Fortschritts sprach hier deutlicher als in Frankreich ein neues Laienpublikum an und wurde von diesem in typischer Weise umcodiert. Dieses Publikum setzte sich aus dem neuen Wirtschaftsbürgertum zusammen, das jenseits altständischer Beschränkungen an expandierende Märkte dachte, aus einem Teil der technischen Angestellten, aber auch aus der Facharbeiterschaft und den naturwissenschaftlich gebildeten Kreisen der Lehrerschaft.[103] Diese Gruppen neigten zu enttraditionalisierten Einstellungen; die wirtschaftliche Lage ihrer Angehörigen hatte sich häufig gegenüber der ihrer Eltern deutlich verbessert, und ihre Zukunftserwartungen setzten die bisher erfahrene Aufwärtsentwicklung fort. Obwohl die Selbstrekrutierung des Wirtschafts- und Besitzbürgertums bis zum Weltkrieg kontinuierlich abnahm, blieb – im Unterschied zu Frankreich – das wohlhaben-

103 Wehler, *Deutsche Gesellschaftsgeschichte*, a.a.O., S. 762.

de Wirtschaftsbürgertum in Deutschland doch deutlich vom Adel und in gewissem Ausmaße auch vom Bildungsbürgertum getrennt.[104] Lebensstile und soziale Beziehungen unterschieden sich deutlich. Dies förderte eigenständige Codierungen kollektiver Identität.

Ähnliches gilt für die rasch wachsende Zahl der technischen Angestellten.[105] Die Lebenswelt der Laborgehilfen, technischen Zeichner, Techniker, Ingenieure und Werkmeister wurde direkt von der Dynamik der Industrialisierung beeinflußt, und ihr berufliches Selbstverständnis wurzelte in ihrer besonderen technischen Qualifikation.[106] Nicht nur die Wirtschaftsbürger, son-

104 Vgl. Th. Nipperdey, *Deutsche Geschichte 1866-1918*, Bd. 1, a.a.O., S. 391: »Die Westeuropäische Symbiose von Geld und Adel ist in Deutschland nicht zustande gekommen.« Zwischen Bildungs- und Wirtschaftsbürgertum lassen sich jedoch vor allem nach 1900 zunehmende Berührungszonen erkennen. 1907 hatte ein Drittel der Eigentümer-Unternehmer und der Manager-Unternehmer studiert. Mehr Unternehmer kommen aus der Bildungsbürgerschicht, und mehr Söhne von Unternehmern wandern durch Studium in sie ab (jeder zehnte Professor und jeder fünfte Verwaltungsbeamte und Richter im Jahre 1910 war Unternehmersohn; 17 Prozent heirateten Akademikertöchter). Dennoch blieben die Lebensstile unterschiedlich.

105 1882 gab es laut Statistik 307.000 Angestellte im deutschen Kaiserreich, geschätzt 166.000 Verkäufer und 137.000 Personen in freien Berufen und im öffentlichen Dienst. 1907 gab es schon 1.291.000 Angestellte, 406.000 Verkäufer und 300.000 in den freien Berufen. Unter die Definition der Angestelltenversicherung fielen 1913 1,4 Millionen, davon waren etwa 5 Prozent technische und 75 Prozent kaufmännische Angestellte. Zahlen nach Nipperdey, *Deutsche Geschichte 1866-1918*, Bd. 1, a.a.O., S. 393.

106 Gerade bei den Ingenieuren läßt sich im Kaiserreich jedoch eine zunehmende Akademisierung beobachten, die die Grenzen zum Bildungsbürgertum fließend werden läßt. Die Akademisierung manifestierte sich in der Aufwertung der gehobenen Handwerkerschulen zu »Akademien« und weiter zu Technischen Hochschulen. 1899 leitete die Verleihung des Rechts zur Diplomierung und zur Promotion die Gleichstellung mit den Universitäten ein. M. Späth, »Die Professionalisierung von Ingenieuren in Deutschland und Rußland«, in: W. Conze und J. Kocka (Hg.), *Bildungsbürgertum im 19. Jahrhundert. Bildungssystem und Professionalisierung im internationalen Vergleich*, 2. Auflage, Stuttgart 1992, S. 561-599, hier

dern auch die Ingenieure, technischen Angestellten und Facharbeiter waren neuen Erfahrungen eines verschärften Wandels in Bereichen ausgesetzt, die aus der Perspektive des Bildungsbürgertums eher als peripher gelten mußten: neue Fabriken mit industrieller Technik, die eine ständig zunehmende Zahl an Erfindungen und naturwissenschaftlichen Entdeckungen anwandten; Arbeitersiedlungen und schnell wachsende neue Stadtviertel in den Industrieregionen und den europäischen Metropolen; eine neue selbstbewußte Unternehmerklasse, Banken und globale Handelsbeziehungen. Alle diese Erfahrungen wurden als neu und beispiellos empfunden, und das Tempo des Wandels in der Industriegesellschaft wurde als außerordentlich eingeschätzt und als beunruhigend erfahren. Während zuvor sich die geschichtliche und gesellschaftliche Umwelt im Verlauf einer Lebensspanne nur selten änderte, vollzogen sich nun häufig innerhalb weniger Jahre dramatische und radikale Veränderungen; lokales Wissen und alte Gewohnheiten ließen sich in neuen Umgebungen nicht mehr anwenden und wurden entwertet, immer neue Techniken und neue städtische Milieus erzwangen neue Verhaltensweisen und Lernvorgänge. Wandlungsbeschleunigung und Erfahrungsentwertung wurden zum Signum der modernen Gesellschaft des neunzehnten Jahrhunderts.

2.1.5 Missionarische Kommunikation

Die sozialen Trägerschichten der szientistischen Bewegung setzten dieses Selbstverständnis in eine öffentliche Mission für die neue wissenschaftliche »Weltanschauung«[107] um. In dieser missionarischen Wendung nach außen wurde der interne Unterschied zwischen Fachleuten und Laien überspielt: in der Unterscheidung zwischen innen und außen wiederholte sich die interne Unterscheidung zwischen der Avantgarde des Wissens und

S. 565 f. Vgl. auch E. Konter, »›Architekten-Ausbildung‹ im Deutschen Reich«, in: E. Mai, H. Pohl und St. Waetzoldt (Hg.), *Kunstpolitik und Kunstförderung im Kaiserreich. Kunst im Wandel der Sozial- und Wirtschaftsgeschichte*, Berlin 1992, S. 285-308.

107 Zur Bedeutung des Weltanschauungsbegriffs vgl. F. K. Ringer, *Die Gelehrten. Der Niedergang der deutschen Mandarine 1890-1933*, Stuttgart 1983, S. 98 f.

dem nachfolgenden Publikum – beide waren in der gemeinsamen Überlegenheit gegenüber Außenstehenden vereint.

In der Rezeption durch das Laienpublikum traten allerdings Identitätsfragen wieder stärker in den Vordergrund: es ging hier weniger um die methodische Prüfung und Debatte des Einzelergebnisses als um ein umfassendes Welterklärungsversprechen, eine Weltanschauung, die an die Stelle der herkömmlichen Religion treten konnte. Entsprechend richtete sich die szientistische Bewegung zunächst – in Deutschland wie in Frankreich – gegen die christliche Religion, die als Relikt der Vergangenheit und als traditioneller Aberglaube dargestellt wurde. An ihre Stelle sollte eine wissenschaftliche Weltanschauung treten, die zunächst als Materialismus, dann als Darwinismus, später schließlich als Monismus jeweils zum Anlaß heftiger öffentlicher Debatten wurde. Die Resonanz war nachdrücklich und weitreichend, wie die enormen Auflagen von Haeckels *Welträtsel* zeigen. Die antikirchliche szientistische Bewegung beschränkte sich jedoch nicht nur auf öffentliche Kampagnen, sondern stabilisierte sich auch über eingeschriebene Mitgliedschaften, Zeitschriften und Kongresse. Der Freidenkerverband, der Monistenbund, die eugenische Bewegung, die freikirchlichen Gemeinden, die anspruchsvolle »Gesellschaft für ethische Kultur«, aber auch bestimmte Teile der sozialdemokratischen Partei in Deutschland[108] und der republikanischen und radikalen Parteien in Frankreich gaben dieser Bewegung organisatorische Formen, die sich häufig von denen der christlichen Kirchen kaum unterschieden.

Kennzeichnend für alle diese szientistischen Bewegungen ist der starke missionarische Bezug auf die Öffentlichkeit. Es geht nicht um Distinktion oder Interessenvertretung, noch weniger um primordiale Exklusion, sondern um die Inklusion der Außenstehenden in die Gemeinschaft der Zukunft. Der Kampf gegen die Rückständigkeit und den Aberglauben der unaufgeklärten Laien gibt der Konfrontation zwischen Szientismus und Traditionalität die Form einer nationenübergreifenden konfessionellen Auseinandersetzung, in der die szientistische Bewegung den Part des Protestantismus übernimmt. Erst die aktive

108 Nipperdey, *Deutsche Geschichte 1866-1918*, Bd. 1, a.a.O., S. 515, vermutet, daß die antikirchliche Einstellung das Hauptmerkmal des Selbstverständnisses der sozialdemokratischen Arbeiter war.

und im mehrfachen Sinne rücksichtslose Umsetzung wissenschaftlicher Erkenntnisse in die Praxis kann aus dieser Sicht die Welt erlösen. Der Szientismus ist so nicht nur traditionsfeindlich, sondern utopisch, sein Anspruch ist nicht lokal oder national begrenzt, sondern greift nach globalen Horizonten.

2.1.6 Codierung: Der Universalismus des Fortschritts

In der szientistischen Bewegung wurde das Fortschrittsmodell der Naturwissenschaften zu einer allgemeinen Weltanschauung ausgeweitet. Das klassische bürgerliche Fortschrittsmodell wurde im Verlauf des Jahrhunderts allerdings in einer Weise uminterpretiert, die die kollektive Identität neuer gesellschaftlicher Gruppen zu begründen vermochte. Neue Akzente erhielt das Fortschrittsparadigma in zweifacher Hinsicht. Als Motor des Fortschritts wurde nun nicht mehr bloß, wie noch im achtzehnten Jahrhundert, das öffentliche Wachstum des Wissens und der sich selbst aufklärende und öffentlich debattierende Bürger gesehen, sondern die Dynamik der technischen Entwicklung und das natürliche Streben der Bürger nach Steigerung ihres individuellen Nutzens und ihrer individuellen Glückseligkeit. Nicht mehr die Öffentlichkeit der Bildungsbürger, sondern die von Fachleuten betriebene Technik und die geldgesteuerten Märkte waren von nun an die Arenen des Fortschritts, der nicht mehr vom uneigennützigen Bemühen um Vernünftigkeit, sondern vom durchaus eigennützigen Streben des einzelnen Bürgers nach materieller Wohlfahrt angetrieben wurde. Nicht mehr die Überwindung ständischer Privilegien, sondern die zunehmende Arbeitsteilung und technische Spezialisierung war die Form, in der sich der Fortschritt in der Geschichte äußerte. Die Erfahrung von Unruhe und Beschleunigung, die von diesen neuen sozialen Feldern ausging, wurde durch das Fortschrittsmodell normalisiert und forciert. Die Beschleunigung des Wandels erschien so nicht nur unvermeidlich und ungefährlich, sondern notwendig, nützlich und glücksversprechend zu sein.[109]

109 Im soziologischen Utilitarismus Spencers und in der positivistischen Utilitarismuskritik Durkheims gleichermaßen wurden Folgen und Voraussetzungen der Arbeitsteilung zu einem zentralen Thema der Gesellschaftstheorie und begannen die Stelle einzuneh-

Je nach sozialer Trägergruppe verband sich diese normalisierende Umdeutung der Unruhe und des Wandels mit einer besonderen Rhythmik: die Arbeiterklasse sah ihr eigenes demographisches Wachstum als Anschwellen einer geschichtlichen Kraft, die in revolutionärer Entladung die bestehenden Verhältnisse zerschlagen würde. Das Vorbild der großen Französischen Revolution verband sich hier mit der Dynamik von Technik und Produktion. In der sozialistischen Codierung des Fortschritts erhielt die Arbeiterklasse die Identität einer revolutionären Avantgarde der Geschichte: In der künftigen Gesellschaft würden alle Klassengegensätze überwunden – alle würden Arbeiter sein.

Das Wirtschaftsbürgertum hingegen orientierte sich bei der Normalisierung der Unruhe der Gesellschaft am Modell des Wettbewerbs, das nach Darwin und Spencer als ein der Natur entlehntes Entwicklungsprinzip gelten konnte. Die evolutionären Konkurrenzen der natürlichen Arten sollten ihre gesellschaftliche Fortsetzung in der Konkurrenz der Wirtschaftsbürger, der Nationen und schließlich der Rassen finden. Auch hier entscheidet sich die Geschichte auf dem Feld von Wirtschaft und Technik, und auch hier bilden Kampf und Konflikt den Motor der Geschichte, aber die Prozeßvorstellung ist eine gänzlich andere: die natürliche Unruhe ist auf Dauer gestellt und gezähmt.[110] Gleichzeitig erhielt die neue Klasse kapitalistischer Unternehmer eine angemessene kollektive Identität; die Ansprüche der traditionellen Stände wurden entwertet, allein der künftige Erfolg zählte.

So wirkungsmächtig das Fortschrittsmodell sich auch in den neuen industriellen Schichten entwickelte, so wenig fand es im neunzehnten Jahrhundert schon einen genuin ästhetischen Ausdruck. Zwar entdeckte der Naturalismus die Welt der Industrie und der großen Städte als Thema von Literatur und Kunst, aber er erhob die Technik noch nicht selbst zum ästhetischen Prinzip. Erst um die Jahrhundertwende begannen Avantgardekreise die schiere Funktionalität der technischen Konstruktion selbst als schöne Form zu preisen. Zuvor wurden selbst Maschinen, die

men, die in der politischen Theorie des achtzehnten Jahrhunderts das Herrschaftsproblem innehatte.

110 J. W. Burrow, *Evolution and Society, A Study in Victorian Social Theory*, Cambridge 1966.

außerhalb der Expertenkreise einer Laienöffentlichkeit präsentiert wurden, mit einer dekorativen Fassade versehen. Die Ästhetik des Konstruktivismus, die den Vorgang und die Mittel der Herstellung reflektiert, setzte sich erst nach dem Ersten Weltkrieg auf breiter Front durch: in der Architektur des Bauhauses und des Stijl, im Kubismus und Konstruktivismus der bildenden Künste, in der neuen Literaturtheorie des Futurismus etc.

2.2 *Die Vergegenwärtigung der Vergangenheit*

2.2.1 Die Geschichtswissenschaften

Um die Jahrhundertmitte hatten die Geschichtswissenschaften eine Führungsposition innerhalb der Geisteswissenschaften erlangt. Insbesondere in Preußen war der inneruniversitäre Ausbau der Professuren so weit gediehen, daß sich interne Spezialisierungen entwickeln konnten: zunächst die alte Geschichte, dann die mittelalterliche Geschichte und die Kunstgeschichte wurden eigene Fächer.[111] Aber der Einfluß der Geschichtswissenschaft ging weit über die engeren Grenzen des Fachs hinaus – die übrigen Geisteswissenschaften historisierten ihre Gegenstandsbereiche, die führenden Historiker wie Sybel oder Treitschke wurden

111 Vgl. Ch. Simon, *Staat und Geschichtswissenschaft in Deutschland und Frankreich 1871-1914. Situation und Werk von Geschichtsprofessoren an den Universitäten Berlin, München, Paris*, Bd. 1 (Europäische Hochschulschriften, Reihe III: Geschichte und ihre Hilfswissenschaften), Bern 1988, S. 81-146. In Berlin gab es an der philosophischen Fakultät seit 1861 drei Lehrstühle für Geschichte, einen hatte Droysen inne: Geschichte und Staatswissenschaften, Rankes Lehrstuhl »Geschichte« war vor allem der mittelalterlichen Geschichte gewidmet, Mommsen hatte einen Lehrstuhl für römische Geschichte. Nachdem sich Ranke 1871 aus Altersgründen zurückgezogen hatte, wurden drei weitere Historiker eingestellt: Nitzsch, Wattenbach (Historische Hilfswissenschaften) und Treitschke. Nitzsch galt als Generalist und Kulturhistoriker; Treitschke als politischer, auf die Gegenwartsprobleme bezogener Erzieher zum nationalen Denken. Eine volle Teilung des Faches Geschichte in Alte, Mittlere und Neuere Geschichte ist Mitte der siebziger Jahre noch nicht durchgeführt, wird sich aber im folgenden durchsetzen.

als Berater der Regierenden geschätzt und von einem weiten bürgerlichen Publikum gelesen.

Dieser außerordentliche öffentliche und fächerübergreifende Einfluß brachte die Geschichtswissenschaften in eine besondere Lage. Während die Naturwissenschaften sich versachlichten und spezialisierten und die Deutungsdiskurse in ihre Laienbewegungen verlagerten, verhinderten die Erwartungen der Öffentlichkeit im Falle der Geschichtswissenschaften eine solche Freisetzung. Nicht eine allgemeine unpersönliche Weltanschauung, die von jedem gleichermaßen verkündet werden konnte, sondern die großangelegte und literarisch gelungene Erzählung des bedeutenden Historikers war hier gefragt. Die Historiker kamen diesen Erwartungen an ein akademisches Charisma gern nach: Sie verweigerten sich öffentlich der Versachlichung und Spezialisierung und setzten sich damit von den neuen Naturwissenschaften ab. Sie vertraten nicht nur in Deutschland weiterhin den Anspruch ganzheitlicher Bildung und konnten so für ihr Fach in der bildungsbürgerlichen Öffentlichkeit noch lange den Anspruch auf die Krone der Wissenschaften erheben.

2.2.2 Öffentlicher Bildungsauftrag und interne Versachlichung in den Geschichtswissenschaften

Das öffentliche Festhalten an ganzheitlicher Bildung konnte freilich nicht verhindern, daß auch die Geschichtswissenschaften sich intern versachlichten und spezialisierten. Ranke hatte die Geschichtsschreibung schon auf die Aufgabe festgelegt, zu berichten, »wie es eigentlich gewesen«. Mit dem universitären Ausbau der Historiographie bestimmten Quellenkritik, Tatsachensicherung und Methodenbewußtsein immer stärker die internen Debatten der Historiker. Die Quellen wurden zum Garanten sachlicher überprüfbarer Wahrheit und zur Grundlage des kritischen Arguments in der wissenschaftlichen Auseinandersetzung. Diese interne Durchsetzung des »Tatsachenblicks«[112] wird ergänzt durch das Prinzip der Differenzierung von Gegenstandsbereichen, die in der Geschichtswissenschaft vor allem als zeit-

112 Vgl. W. Bonß, *Die Einübung des Tatsachenblicks. Zur Struktur und Veränderung empirischer Sozialforschung*, Frankfurt am Main 1982.

liche Unterscheidung der Epochen erscheint. Es geht schließlich nicht mehr bloß darum, die Vergangenheit einer Gemeinschaft in toto für diese zu erzählen, sondern um die möglichst genaue Erforschung bestimmter Teilabschnitte des Vergangenen, die jeweils zu einem disziplinär verfestigten und gesicherten Quasimonopol von Spezialisten werden, in eigenen Zeitschriften veröffentlicht werden und eigene Lehrstühle an den Universitäten erhalten. Die Historiographie als Spezialdisziplin zur Konstruktion von Vergangenheit unterliegt damit intern grundsätzlich einer ähnlichen Differenzierungsdynamik wie die Naturwissenschaften.

In diesem Vorgang der internen Spezialisierung und Versachlichung kann grundsätzlich auch die Vergangenheit anderer Gemeinschaften, anderer Nationen und sogar außereuropäischer Kulturen zum Gegenstand der Forschung werden.[113] Dem Selbstverständnis der Trägergruppe entsprechend entwickelte die bürgerliche Geschichtswissenschaft welthistorische Ambitionen; es ging ihr nicht nur um die jeweils besondere Vergangenheit eines einzelnen historischen Individuums[114], sondern um die Gesamtheit aller vergangenen Geschichten.

Der Blick auf die Vergangenheit wird so in den internen Kontroversen versachlicht, aber diese Versachlichung wird in der öffentlichen Erscheinung der Historiker ausgeblendet: der programmatisch verkündeten Verantwortung der Geschichtswissenschaften für das Ganze und den Erwartungen der bildungsbürgerlichen Öffentlichkeit folgend, wenden sich die Historiker weiterhin an ein nationales Publikum, orientieren sich an Fragen der nationalen und kulturellen Identität, legen große Synthesen einer Epoche vor.

Die sachliche Ausweitung der Perspektive und die interne Differenzierung wurde in dieser öffentlichen Selbstdarstellung der

113 Bei den deutschen Geschichtswissenschaften vollzog sich diese Perspektivenerweiterung vor allem im Hinblick auf die Orientalistik und die Antikenwissenschaften. Sie wurden zu den wichtigsten Feldern, auf denen sich nicht nur die historischen Methoden, sondern auch die großen Synthesen der deutschen Historiker zu bewähren hatten.

114 Das Aufkommen der Idee von historischer Individualität wird von E. Troeltsch, *Der Historismus und seine Probleme*, Tübingen 1961, S. 119 ff., dargestellt.

Geschichtswissenschaften wieder aufgefangen und rückgebunden an Identitätsfragen: Die Erforschung der griechischen, römischen oder vorderasiatischen Antike geschah im Rahmen von teilweise offen vorangestellten, teilweise eher impliziten Vorstellungen einer Wahlverwandtschaft zwischen der deutschen Gegenwart und der untersuchten Periode. In den öffentlich geführten Diskussionen um solche Wahlverwandtschaften zeigt sich die Verschränkung von Gegenwart und Vergangenheit im Rahmen der Bildungsidee. Das Verständnis der Vergangenheit setzt danach den gegenwärtigen Standpunkt, ja die Parteinahme für ein politisches Projekt der Gegenwart voraus; erst über eine solche Parteinahme in der Gegenwart konstituierte sich – so Sybel oder Treitschke – das Interesse an einem historischen Individuum, einer Dynastie, einer Person oder einer Nation.[115] Die Bildung des Bürgers in der Gegenwart setzt umgekehrt wiederum die Begegnung mit dem historischen Individuum, mit den geistigen Mächten der Vergangenheit, voraus. Gegenwart und Vergangenheit, Engagement und Verstehen, Personalität des Bürgers und Individualität des geschichtlichen Akteurs waren so im Bildungsprojekt aufeinander bezogen und miteinander verschränkt.[116] Im Unterschied zu der Versachlichung und Spezialisierung der internen Forschung waren in diesem öffentlichen Engagement der Geschichtswissenschaften Identitätsfragen und Tatsachenfragen noch eng miteinander verwoben; der berühmte Streit zwischen dem kleindeutsch-protestantischen Sybel und dem großdeutsch-katholischen Ficker um die Italienpolitik der Ottonen steht hier beispielhaft für diese enge Koppelung von Identitätsfragen und Tatsachenfragen im Rahmen der Bildungsidee.[117]

115 Dieses Prinzip fand auf der methodologischen Ebene seinen Ausdruck in H. Rickerts Wertbeziehungslehre.

116 Zum Bildungsprojekt vgl. die knappe, aber brillante Studie von Aleida Assmann, *Arbeit am nationalen Gedächtnis. Eine kurze Geschichte der deutschen Bildungsidee*, Frankfurt am Main 1993, und die fein differenzierende begriffsgeschichtliche Arbeit von Ulrich Engelhardt, *Bildungsbürgertum*, Stuttgart 1986.

117 Siehe V. Dotterweich, *Heinrich von Sybel. Geschichtswissenschaft in politischer Absicht (1817-1861)*, Göttingen 1978, S. 364 ff.

2.2.3 Codierung: Der Historismus der Geschichtswissenschaft

Die Geschichtswissenschaft des späten neunzehnten Jahrhunderts setzte sich nachdrücklich von der bloß äußerlichen »positivistischen« Methode der Naturwissenschaften und ihrer »naiven« Fortschrittsorientierung ab. Den Geisteswissenschaften sollte es – so die programmatische Forderung von Neokantianern wie Dilthey und Windelband – nicht um verallgemeinernde Tatsachenerkenntnisse gehen, sondern um das idiographische Verstehen der Einzigartigkeit eines historischen Individuums.[118] Verstehen kann sich nicht auf Zukünftiges, sondern auf schon vollzogene Handlungen richten, deren Einbettung in einen Kontext und eine Geschichte rekonstruiert werden kann. In der verstehenden Orientierung der Geisteswissenschaften[119] ist daher nicht nur eine besondere Wertschätzung der Vergangenheit angelegt, sondern auch eine nachdrückliche Abwehr des naturwissen-

118 Sowohl der Begriff der Idiographie als auch derjenige des historischen Individuums als methodologische Kategorien sind neukantianischer Provenienz. Während die Unterscheidung zwischen nomothetischer und idiographischer Methode auf W. Windelbands Straßburger Rektoratsrede 1894 zurückgeht, ist der Begriff des historischen Individuums von dessen Schüler H. Rickert geprägt worden. Vor allem die Rolle der Kategorie des historischen Individuums für die Etablierung einer genuin sozialwissenschaftlichen Methode ist bis heute umstritten, wie sich an der rege geführten Diskussion um den Einfluß des südwestdeutschen Neukantianismus auf die Grundlegung der Soziologie durch Max Weber in dessen ›Wissenschaftslehre‹ ablesen läßt. Hier sei nur verwiesen auf die Arbeiten von G. Oakes, *Die Grenzen kulturwissenschaftlicher Begriffsbildung.* Heidelberger Max-Weber-Vorlesungen 1982, Frankfurt am Main 1990; ders., »Max Weber und die Südwestdeutsche Schule. Der Begriff des historischen Individuums und seine Entstehung«, in: W. J. Mommsen, und W. Schwentker (Hg.), *Max Weber und seine Zeitgenossen*, Göttingen 1988, S. 595-612, und G. Wagners und H. Zipprian, »Methodologie und Ontologie: Zum Problem kausaler Erklärung bei Max Weber«, in: *Zeitschrift für Soziologie* 14 (1985) 2, S. 115-130.

119 Der erste Versuch der epistemologischen Abgrenzung der Geisteswissenschaften von den Naturwissenschaften mit Hilfe der Kategorie des Verstehens wird im allgemeinen W. Dilthey zugeschrieben. Vgl. K. Heussi, *Die Krisis des Historismus*, Tübingen 1932, S. 36.

schaftlichen Fortschrittsmodells. Diese Ablehnung unterscheidet sich deutlich von der Modernitätsgläubigkeit des französischen Positivismus und Szientismus, die zur Ideologie des nachbonapartistischen Bürgertums wurden.

Diese Ablehnung universalistischer Fortschrittsmodelle richtete sich in Deutschland allerdings nicht nur gegen den Positivismus der Naturwissenschaften, sondern auch gegen umfassende geschichtsphilosophische Systeme hegelianischer Herkunft. Erst nachdem das Erbe der Geschichtsphilosophie abgeschüttelt war, konnte die Geschichtswissenschaft die Autonomie ihres Gegenstandsbereiches sichern. Zentrale Bedeutung erhielt hier die Vorstellung historischer Individualität. Jede Nation und jede Epoche wurde als eine unvergleichbare Besonderheit verstanden, die sich jedem Vergleich mit von außen herangetragenen Maßstäben versperrt. Nicht nur die Einordnung in abstrakte universalgeschichtliche Fortschrittsmodelle, sondern auch die Auflösung der historischen Ganzheit in Einzelteile oder ihre Reduktion auf materielle Faktoren wurden als unhistorisch abgelehnt. Im Versuch, die Vergangenheit zu verstehen, wurde gerade die sinnhafte Synthese der vielen Einzeldaten zu einer erzählbaren Einheit zum Problem. Diese Einheit der geschichtlichen Epoche wurde durch eine geistige Gestalt, eine ideale Individualität bestimmt, die sich in den einzelnen Erscheinungen wiederfindet und die erst im Akt des historischen Verstehens entdeckt wird. Die Möglichkeit der verstehenden Aneignung vergangener Individualität galt dabei als grundsätzlich unproblematisch. Historisches Verstehen setzte jedoch nicht Gegenwartsvergessenheit, sondern das Engagement für die Gegenwart voraus; im historischen Verstehensakt sollte der Horizont der Gegenwart mit dem der Vergangenheit zur Deckung gebracht werden. Der geschichtswissenschaftliche Historismus machte geistige Individualität und kulturelle Identität zur Achse seines Gegenstandsverständnisses.

Mit der Trennung zwischen interner Versachlichung und öffentlicher Identitätskonstruktion, mit der Verschränkung von Gegenwart und Vergangenheit in der Bildungsidee, mit der Entgegensetzung von nomothetischem Erklären und idiographischem Verstehen und mit der Idee des historischen Individuums hatte die Geschichtswissenschaft einen strukturellen Rahmen vorgegeben, auf den der Historismus zurückgreifen konnte.

Dieses öffentliche Engagement der Geschichtswissenschaften entsprach den Abgrenzungsbedürfnissen des bildungsbürgerlichen Publikums in Deutschland. Um die Jahrhundertmitte war das Bildungsbürgertum ins Zentrum der deutschen Gesellschaft vorgerückt und hatte den Adel als selbstsichere und meinungsführende Schicht abgelöst. Der Kampf gegen die ständischen Privilegien des Adels, der noch die Bewegung des Bildungsbürgertums zum Ende des achtzehnten Jahrhunderts bestimmt hatte, trat in der zweiten Jahrhunderthälfte in den Hintergrund und machte einem Bedürfnis nach Harmonisierung und Integration Platz. Der Ehrgeiz einer revolutionären Umgestaltung der Gesellschaft, der das deutsche Bürgertum noch 1848 bewegt hatte, wich nun einer pragmatischeren realpolitischen Verantwortung für die Gegenwart: Das deutsche Bürgertum vollzog damit mit einigen Jahrzehnten Verspätung jene Abkehr vom Projekt der Revolution, die das französische Bürgertum schon mit dem Bonapartismus vollzogen hatte.

Die Unterschiede zwischen dem deutschen Bildungsbürgertum und seinem sozialstrukturellen Pendant in Frankreich, den *notables*, sind freilich bemerkenswert. Die französische Notablengesellschaft besetzte zwischen 1830 und 1871 mit kurzen Unterbrechungen das Zentrum der politischen Macht, orientierte sich weit stärker als das deutsche Bildungsbürgertum an Abstammung, Besitz und adligen Lebensformen und hielt auf Distanz zum Pöbel und zum republikanisch gesonnenen Kleinbürgertum, den sogenannten *classes dangereuses*. Die intergenerationale Verflechtung mit dem Handelsbürgertum war im französischen Falle weitaus größer, auch die skeptische Distanz zum Projekt der technischen Modernisierung fehlte hier.[120] Der große Abstand des deutschen Bildungsbürgertums zu den Trägergruppen des wirtschaftlichen und technischen Fortschritts, die methodische Trennung zwischen Geisteswissenschaften und Naturwissenschaften, das Mißtrauen gegenüber der technischen Moderne etc. – alles dies findet sich im französischen Falle kaum oder weniger ausgeprägt als bei den Nachbarn jenseits des Rheins.

120 H.-G. Haupt, *Sozialgeschichte Frankreichs seit 1789*, Frankfurt am Main 1989.

Bis hin zur Mitte des zwanzigsten Jahrhunderts zeigten das französische Bildungssystem und die *grandes écoles* eine vergleichsweise enge Verflechtung der technisch-naturwissenschaftlichen und der geisteswissenschaftlich-rechtswissenschaftlichen Ausbildungen. Absolventen der *École polytechnique* erfreuten sich kaum eines geringeren Prestiges als die der *École normale superieure,* in deutlichem Gegensatz zu der deutschen Trennung zwischen Realschule und Gymnasium, technischer Hochschule und Universität. Die deutsche Hochachtung des geistes- oder rechtswissenschaftlichen Universitätsstudiums zeigte sich auch in dem vergleichsweise höheren Sozialprestige der Universitätsprofessoren, die im Unterschied zu Frankreich nicht nur die Lehre, sondern vor allem die wissenschaftliche Forschung als ihre Aufgabe betrachteten. Entsprechend gering waren die Distinktionsunterschiede zwischen den Universitätsprofessoren und den Gymnasialprofessoren in Frankreich.

Unterschiede zwischen der französischen Notablenschicht und dem deutschen Bildungsbürgertum ergaben sich auch aus der Machtposition des Adels. Im wilhelminischen Kaiserreich nahm der Landadel eine politisch weitaus gewichtigere Position ein als in Frankreich des Bürgerkönigtums und des zweiten Kaiserreichs. Der alte Adel des *Ancien régime* und seine legitimistische Partei waren dort nach 1830 im Zentrum der polititschen Macht nicht mehr vertreten. Die französische Notablengesellschaft konnte sich so ohne Risiko der kulturellen Selbstgefährdung an den adligen Lebensformen orientieren. Hinzu kamen Unterschiede der ökonomischen Lage: Anders als die deutschen Bildungsbürger, die ihr Einkommen vor allem aus dem Amtsgehalt bezogen, waren die französischen Notablen weniger auf Gehälter oder berufliche Einkünfte angewiesen, sondern zumeist auch durch Renteneinkünfte aus Familienbesitz abgesichert. Auch diese Lage förderte eher aristokratische als kleinbürgerliche Orientierungen, zu denen man äußerste Distanz zu halten versuchte.

Der Kern des deutschen Bildungsbürgertums war ähnlich klein wie der der französischen Notablen; er machte kaum ein Prozent der Gesamtbevölkerung des Deutschen Bundes und später des Kaiserreichs aus[121], aber es war grundsätzlich offen für all jene, die die akademischen Bildungsgänge durchliefen, und entfaltete durch diese Offenheit eine gewisse Attraktion für Außenstehen-

121 Wehler, *Deutsche Gesellschaftsgeschichte*, a.a.O., S. 732.

de: Wenn man schon nicht selbst über akademische Bildung verfügte, so konnte man doch eine solche für die Nachfahren erhoffen. Im Unterschied zur französischen Notablengesellschaft war das akademisch gebildete Bürgertum deshalb von einer breiten Schicht umgeben, die sich am Bildungsprojekt des Bürgertums orientierte und sich diesem Projekt zurechnete; dazu gehörten nicht nur die Volksschullehrer und mittleren Beamten, sondern auch ein Teil der kaufmännischen Angestellten und Verwaltungsangestellten. Auch sie befanden sich außerhalb der altständischen Ordnung, auch sie gründeten ihre soziale Stellung nicht auf Vererbung, sondern auf Ausbildung, auch sie unterstützten zunächst weitgehend das Projekt des liberalen Nationalstaates. Gerade weil im Unterschied zu Frankreich das kulturelle Projekt des Bildungsbürgertums sich von dem des Adels unterschied und in diesem Sinne erfolgreich war, verwischten sich auch die Grenzen zwischen dem Bildungsbürgertum im engeren Sinne und den weiteren Schichten, die sich ihm angeschlossen hatten.[122] Zu diesen schwindenden Distinktionen kamen erste Erschütterungen der bildungsbügerlichen Selbstsicherheit: Der Vorrang der klassischen Bildung wurde durch die Erfolge der Naturwissenschaft und technischen Forschung in Frage gestellt, und das neue Wirtschaftsbürgertum gewann zunehmend an Einfluß.

In einer solchen Lage verschwimmender Grenzen setzen nicht nur Abwehrversuche gegenüber denjenigen ein, die die gewohnten Grenzen zu überschreiten drohen, sondern Zugehörigkeiten nehmen stärker als zuvor den Charakter öffentlicher Bewegungen an. Die Zugehörigkeit zu einer sozialen Schicht oder Klasse steht nicht mehr selbstverständlich von Geburt an fest, sondern wird immer mehr eine Sache des individuellen Bekenntnisses; die

122 Vgl. K. Möckl (Hg.), *Wirtschaftsbürgertum in den deutschen Staaten im 19. und beginnenden 20. Jahrhundert*. Bündinger Forschungen zur Sozialgeschichte 1987 und 1988 (Deutsche Führungsschichten in der Neuzeit, Bd. 21), München 1996, S. 8: »War das einigende Ziel der 1850er und 60er Jahre die deutsche Einheit, so setzten sich, nachdem dieses Ziel erreicht war, mit dem Ausbau der industriellen Welt auch im Wirtschaftsbürgertum mit sich verstärkender sozialer Abgrenzung nach unten Tendenzen der Entsolidarisierung und Pluralisierung durch, die in der Interessenorientierung den ›berufsständischen‹ Charakter deutlich machten.«

kollektive Existenz einer Klasse verdankt sich nicht mehr bloß einem gemeinsamen aufgezwungenen Schicksal, sondern wird zu einer Sache der öffentlichen Darstellung.

2.2.5 Vereinskommunikation

Auch das Bildungsbürgertum und jene, die sich ihm gern zurechneten, artikulierten ihre kollektive Identität immer häufiger über die Teilnahme an Bewegungen, die sich um die Vergegenwärtigung von Vergangenheit bemühten: Denkmalsbewegungen, Museumsbewegungen, Heimatschutzbewegungen etc., die zumeist vereinsförmig organisiert und nach dem Modell der liberalen bürgerlichen Öffentlichkeit an den Staat adressiert waren. Auch in einer veränderten sozialstrukturellen Lage griff das deutsche Bildungsbürgertum auf jene Kommunikationsformen zurück, mit denen es sich im achtzehnten Jahrhundert organisiert hatte. Die Inhalte freilich wechselten.[123]

Schon in der ersten Hälfte des Jahrhunderts waren zahllose Geschichtsvereine gegründet worden, die sich – häufig gefördert und gelenkt von den Landesregierungen – um die Wiederbelebung der Vergangenheit, um Archivierung und Denkmalspflege vor allem von Sakralbauten bemühten. Neben sie und an Bedeutung rasch zunehmend traten in den letzten Jahrzehnten des Jahrhunderts die Heimatvereine, mit denen die Perspektive des bewahrenswerten Vergangenen sich ausweitete und auch kleinbürgerliche Schichten angesprochen werden konnten.[124] Die Ge-

123 Nipperdey stellt in der Geschichte des Vereinswesens des 18. und frühen 19. Jahrhunderts eine deutliche Spezialisierung der Vereine im Laufe der Zeit fest. Waren die frühen Lesegesellschaften, Patriotischen Vereine und Freimaurerlogen meist sehr allgemein orientiert, lösten sich die Vereine allmählich von der »aufklärerischen Tradition, Bildung, Kultur und gemeinen Nutzen gleichzeitig anzustreben«. Ders., »Verein als soziale Struktur in Deutschland im späten 18. und frühen 19. Jahrhundert«, in: *Geschichtswissenschaft und Vereinswesen im 19. Jahrhundert.* Beiträge zur Geschichte historischer Forschung in Deutschland (Veröffentlichungen des Max-Planck-Instituts für Geschichte, Bd. 1), Göttingen 1972, S. 1-44, hier: S. 25-29.

124 W. Speitkamp, *Die Verwaltung der Geschichte. Denkmalpflege und Staat in Deutschland 1871-1933*, Göttingen 1996, S. 115.

schichtsvereine setzten nicht nur strukturell die Tradition der Aufklärungsgesellschaften fort, sondern waren in manchen Fällen – etwa dem der Hamburger Patriotischen Gesellschaft, die 1839 zum Verein für Hamburgische Geschichte wurde – direkt aus diesen hervorgegangen.[125] Dem Muster der Aufklärungsvereine folgend, waren sie noch Honoratiorenbewegungen, unterstützt von Berufsjournalisten, Museumsdirektoren, Konservatoren, Baumeistern und Intellektuellen.[126] Die Mitgliedschaft in diesen Honoratiorenbewegungen beruhte auf Freiwilligkeit und Uneigennützigkeit, Belohnungen ergaben sich vor allem aus dem Ansehen der Teilnahme selbst. Die Kommunikation in diesen Honoratiorenvereinigungen war öffentlich und auf Tugend und das allgemeine Wohl ausgerichtet; das außenstehende gebildete Publikum wurde ausdrücklich als Zuhörer angesprochen und zum Eintritt aufgefordert. Kenntnisse der Geschichte wurden noch nicht als gesondertes Spezialwissen, als Angelegenheit der Fachleute betrachtet, sondern galten als Teil der allgemeinen Bildung. Die Mitglieder der Geschichtsvereine hatten somit ein im besten Sinne dilettantisches Verhältnis zur Vergangenheit. Ohne besondere Fachausbildung legte man Urkundenbücher und Flurnamenverzeichnisse an, organisierte Sammlungen für den Wiederaufbau von Kirchen und die Stiftung von Denkmälern, stellte Museumsexponate zusammen und gab eigene Zeitschriften heraus. Die Trennung von Experten und Laien war in der Vereinsbewegung der ersten Jahrhunderthälfte noch nicht vollzogen und

125 Vgl. H. Heimpel, »Geschichtsvereine einst und jetzt«, in: *Geschichtswissenschaft und Vereinswesen im 19. Jahrhundert*, a.a.O., S. 45-73.

126 R. Vierhaus, »Einrichtungen wissenschaftlicher und populärer Geschichtsforschung im 19. Jahrhundert«, in: B. Deneke und R. Kahsnitz (Hg.), *Das kunst- und kulturgeschichtliche Museum im 19. Jahrhundert*. Vorträge des Symposiums im Germanischen Nationalmuseum, Nürnberg, München 1977, S. 109-117, hier S. 113, schreibt zur Zusammensetzung der frühen Historischen Vereine und Gesellschaften: »Die Hochschullehrer blieben bei weitem in der Minderzahl, wenn sie auch dort, wo sie beteiligt waren, auf das Programm starken Einfluß nahmen. Größer war die Zahl der Archivare, Bibliothekare, Lehrer; hinzu kamen oft Pfarrer bzw. in katholischen Gegenden Domkapitulare, Weihbischöfe, ferner höhere Justizbeamte, Ärzte, Apotheker und nicht selten Offiziere.«

das Interesse an der Geschichte noch nicht scharf von dem an der Kunst geschieden. Zum Einspruch der Fachleute hielt man sogar eine gewisse Distanz: In den bedeutenden Universitätsstädten, in denen sich die Historikerschulen entwickelten, finden sich weit weniger Geschichtsvereine als in den übrigen Städten.[127] Nicht die Besonderheit gemeinsamer beruflicher Interessen oder die Besonderheit einer gemeinsamen Abstammung führte die Mitglieder zusammen, sondern die allgemeine bürgerliche Verpflichtung auf Pietät vor der Vergangenheit. Ähnlich wie in den patriotischen Vereinen des achtzehnten Jahrhunderts war die universalistische Verpflichtung emphatisch aufgeladen und nahm oft Züge eines feierlichen Appells an. Zeremonielle Einweihungen und öffentliche Prozessionen waren nicht selten der Höhepunkt der Vereinsaktivitäten. Besonders eindrucksvoll gerieten diese öffentlichen Prozessionen im Falle der Einweihung des Kölner Domes, der zu einem deutschen Nationaldenkmal aufstieg.[128]

Alle diese Vereine und Bewegungen zielten auf Öffentlichkeit und Identität. Sie suchten die Aufmerksamkeit des relevanten Publikums zu erlangen und auf Vergangenheitsentwürfe zu lenken, die nicht nur ihnen selbst, sondern auch dem angezielten Publikum eine angemessene und attraktive kollektive Identität begründen konnte. Identitätsunternehmer, die für die Denkmalswürdigkeit von Bauwerken oder historischen Ereignissen warben und dabei zumeist die eigenen beruflichen oder politischen Karriereinteressen zu befördern versuchten, standen hier im Grenzfalle einem Publikum gegenüber, das die Mitgliedschaft in einem Geschichtsverein oder einer Denkmalsbewegung als Statusgewinn oder als Konsum von Vergangenheit betrachtete. Die verschiedenen Formen der Aneignung von Vergangenheit – Anwesenheit an einem Ort der Erinnerung, zeitlich koordinierte Rituale des gemeinsamen Erinnerns, Lektüre eines Berichts, Besitz einer Antiquität oder Reliquie, Kauf eines Souvenirs – wurden hier durch eine besondere politische Form ergänzt: Man unterstützte die Forderung nach Erinnern durch Mitgliedschaft in einem Verein.

127 Heimpel, »Geschichtsvereine einst und jetzt«, a.a.O., S. 64.

128 A.-M. Corsten, »Das Dombaufest von 1880«, in: H. Wolff und T. Diederich (Hg.), *Das Kölner Dom Jubiläumsbuch*, Köln 1980, S. 59-68.

Im Unterschied zum Aufklärungsverein ging es hier kaum um eine Veränderung des Bestehenden im Hinblick auf eine ideale Gesellschaft, auch nicht um Philanthropie und öffentliche Wohlfahrt, sondern um die Konstruktion bildungsbürgerlicher Distinktion über Orte des Erinnerns.[129] Das Bildungsbürgertum übernahm dabei die Stelle des Adels als Repräsentanten einer schichtübergreifenden kollektiven Identität. Eine solche kollektive Identität konnte jedoch nicht mehr dynastisch, sondern mußte national konstruiert werden.

In Deutschland forderte die Konstruktion einer solchen nationalen Identität besondere Anstrengungen. Gerade weil die Vergangenheit der Deutschen als Nation unklar und verschwommen war und der deutsche Nationalstaat erst wenige Jahre zuvor gegründet worden war, mußte eine solche nationale Vergangenheit über die Heroisierung von Gründerfiguren geschaffen und über Denkmäler und Gedenkfeiern repräsentiert und vergegenständlicht werden; gerade weil das liberale Bildungsbürgertum mit der Reichsgründung sein nationalstaatliches Projekt verwirklicht hatte, kehrte sich sein Zeithorizont nun um und suchte die Gegenwart der Nation mit einer Vergangenheit zu versehen, die dem Vergleich mit den Rivalen jenseits der Grenzen – mit Frankreich und England – standhalten konnte. Andererseits waren die herkömmlichen Bindungen der deutschen Bürger eher regional oder landesherrschaftlich ausgerichtet. Die vor der Reichsgründung entstandenen Geschichtsvereine waren daher regional gegliedert, und die sich nach 1871 ausbreitende Form der Heimatvereine band ein allgemeines völkisches Bewußtsein ausdrücklich an die Beziehung zu der jeweiligen lokalen und regionalen Identität.[130]

Auch hier ist der Vergleich mit den Vergemeinschaftungsinstitutionen der französischen Notablengesellschaft aufschlußreich. Die Kommunikationsform, die dieser an adligen Umgangsformen orientierten Notablenschicht angemessen war, ist nicht der politische Club, der Verein oder die Partei, sondern das Zusammentreffen der guten Gesellschaft in der Oper oder im Theater. In der bürgerlichen Aneignung der ehemals höfischen Oper zeigt sich die Verschmelzung von aristokratischer Ambition mit

129 Zu *lieux de mémoire* siehe P. Nora, *Zwischen Geschichte und Gedächtnis*, Berlin 1990, S. 11-33.

130 W. Speitkamp, *Die Verwaltung der Geschichte*, a.a.O., S. 121.

bürgerlicher Öffentlichkeit auf besonders deutliche Weise. Hier kann man sicher sein, daß die *vile populace* ausgeschlossen bleibt, aber auch die persönliche Verpflichtung gegenüber dem einladenden Gastgeber entfällt. Die bürgerliche Oper ist nicht mehr auf ein personales Zentrum, den Fürsten, ausgerichtet. Man sieht sich und wird gesehen, hat Chancen zur Konversation, ist aber dazu auch nicht gezwungen, benötigt nicht die Gunst des Fürsten, sondern Geld, um teilnehmen, aber auch eine gewisse Bildung, um genießen zu können und nicht durch unpassende Kommentare peinlich aufzufallen.

2.2.6 Codierung: Historismus

Dieser besonderen Lage des Bildungsbürgertums und der Vereinskommunikation entsprach eine neue Codierung von zeitlichen Verhältnissen und kollektiver Identität: der Historismus. Der Historismus unterscheidet sich in seiner Vorstellung von Vergangenheit und Gegenwart grundsätzlich vom Fortschrittsmodell. Während dieses die Vergangenheit abwertet und die Beschleunigung der Gegenwart in eine bessere Zukunft fordert, geht der Historismus oder Klassizismus von der Unübertrefflichkeit der alten Form aus: die Gegenwart hat sich an den großen Vorbildern der Vergangenheit zu orientieren und kann nur versuchen, ihre Formen in der Gegenwart wiederzubeleben. Für den Historismus wurde diese Wiederbelebung der Vergangenheit noch nicht zum Problem; Vergangenheit und Gegenwart waren ineinander übersetzbar, und allein diese Integration der Zeithorizonte war in der Lage, kollektive Identität zu konstruieren. Die Hochschätzung der Vergangenheit selbst bedarf allerdings keiner zusätzlichen Begründung etwa über Funktionalität oder Kostengesichtspunkte – sie lebt aus sich selbst und gestattet keinen Zweifel. Die scharfe Frontstellung der historistischen Geisteswissenschaften gegen die Fortschrittsgläubigkeit der Naturwissenschaften und die geschichtswissenschaftliche Orientierung an geistigen Ganzheiten übertrug sich nicht nur auf den Historismus der Architektur, sondern auch auf die bildenden Künste, den Möbelbau und die Literatur. Die Malerei Makarts und Pilotys, Overbecks und Dyce', Rossettis und Mussinis, der Nazarener und Präraffaeliten, ja selbst Ingres' und Davids suchte bewußt

Stiltraditionen der älteren Vergangenheit wiederzubeleben[131]; die Möbeltischler erfanden einen neugotischen Stil, eine Neurenaissance oder ein Neurokoko, kopierten Louis Quatorze oder Pompeji; in der Literatur entwickelte sich der historische Roman, von Walter Scott über Victor Hugo bis Felix Dahn, zum Massengenre.[132] Diese breite und fast alle Kunstgattungen umfassende historistische Bewegung ist keineswegs auf Deutschland beschränkt, sondern erfaßt ebenso Frankreich und England, Ungarn und Italien, Dänemark und Rußland.[133]

Der Historismus des deutschen Bildungsbürgertums orientiert sich an einer theatralischen Ästhetik; so, wie der geisteswissenschaftliche Historismus die Geisteswissenschaften scharf von den Naturwissenschaften abgrenzte, besteht der architektonische Historismus auf der Trennung der Fassade von der Funktion; er führt zu Fassadenwettbewerben der Städte und Dörfer, zu Bahnhöfen und Fabrikanlagen, ja öffentlichen Bedürfnisanlagen mit gotischen Fassaden etc. Während frühere Versionen des Klassizismus die Diskrepanz zwischen Form und Funktion in Grenzen hielten und nicht nur die traditionellen Formen verwandten, sondern auch die herkömmlichen Funktionen und Bauprinzipien nur geringfügig veränderten, fallen Fassade und Funktion im Historismus radikal auseinander: die neue Funktion verbirgt sich hinter der traditionellen Fassade.[134]

Diese Abkoppelung der Fassade von der Funktion verweist auf die Trennung zwischen öffentlicher Darstellung und arkanen

131 Siehe G. Frodl und M. Frodl, »Von der Vergangenheit zur Geschichte. Aspekte der Malerei des Historismus«, in: H. Fillitz (Hg.), *Der Traum vom Glück. Die Kunst des Historismus in Europa*, Wien 1996, S. 137-150.

132 Vgl. H. Zeman, »›Die Geschichte wird nur von starken Persönlichkeiten ertragen, die schwachen löscht sie vollends aus‹. Größe und Grenzen des Historismus in der Dichtung«, in: H. Fillitz (Hg.), *Der Traum vom Glück*, a.a.O., S. 284-290.

133 Zur Wirkung des Historismus nach außen siehe G. Iggers, *Deutsche Geschichtswissenschaft*, München 1971, S. 13 ff., und E. Troeltsch, »Die Krisis des Historismus«, in: *Die Neue Rundschau*, Nr. 33 (1922), S. 572-590. Vgl. auch H. Fillitz, »Der Traum vom Glück. Das Phänomen des europäischen Historismus«, in: ders. (Hg.), *Der Traum vom Glück*, a.a.O., S. 15-26.

134 Vgl. U. Krings, *Bahnhofsarchitektur. Deutsche Großstadtbahnhöfe des Historismus*, München 1985.

Prozessen, die schon die Geschichtswissenschaften durchzogen hatte: die interne Orientierung an Sachlichkeit muß nach außen durch eine identitätssichernde Fassade verdeckt werden. Die scharfe Entgegensetzung von öffentlicher Identitätskonstruktion und interner Funktionsorientierung entspricht der Trennung zwischen dem Publikum und der verborgenen Maschinerie hinter der Bühne; die historistische Kostümierung verbirgt und unterschlägt das neue Arkanum der technischen Wirklichkeit – die neue Funktion muß vor den Augen der bürgerlichen Öffentlichkeit in einem vertrauten und unverdächtigen Gewand erscheinen. Das Neue, das im inneren Kreise der Experten schmucklos erscheint und in seiner schieren Funktionalität verstanden werden kann, kann von den Laien nur über die gewohnte ästhetische Form konsumiert werden. Die Zukunft wird durch die Vergangenheit gebändigt und kaschiert.

Diese gewohnte Form ist auch durch den Einspruch der kunsthistorischen Experten kaum zu brechen; stilistische Neuentdekkungen oder Revisionen des vertrauten Bildes einer ästhetischen Epoche berühren die Wahrnehmung des gebildeten Laienpublikums zunächst kaum. Mit der Trennung zwischen der öffentlich sichtbaren Fassade und der nur Experten verständlichen unsichtbaren Funktion schiebt das deutsche Bildungsbürgertum jene Unheimlichkeit und Unruhe aus dem Blickfeld, die von der neuen Wirklichkeit der technischen Fachleute ausgeht; die Fassade verkleidet die Technik für jene, die sie nicht kontrollieren können.

Diese Maskerade des Unheimlichen und Neuen durch das Vertraute und Traditionelle wiederholte die Reaktion des französischen Bürgertums auf das monströse Neue der Revolution, die den Bürgern, die sie auf den Weg gebracht hatten, aus den Händen geglitten war. Im Bonapartismus und im Stil des Empire vollzog sich die Maskerade des revolutionären Frankreich durch die traditionellen Formen der Monarchie: der neue Kaiser saß im traditionellen Hermelinmantel auf dem Thron, aber er hatte ein bürgerliches Wappentier gewählt und sich selbst gekrönt. Die französische Notablengesellschaft, die sich aus den napoleonischen Reformen entwickelte und das politische, ökonomische und sozialkulturelle Zentrum Frankreichs zwischen 1830 und 1871 bildete, kultivierte diesen Historismus nicht nur auf politischem Gebiet: Man orientierte sich an adligen Lebensformen, hielt auf Abstammung und Grundbesitz und betonte die Distanz zu den *classes dangereuses* des Kleinbürgertums.

In dem Versuch, eine geistige Kontinuität zwischen Vergangenheit und Gegenwart zu schaffen, nimmt der Historismus hier eine wichtige Weichenstellung vor: Es kommt ihm nicht auf die materiell-stoffliche Identität der alten Gegenstände an, sondern auf die Gleichheit der Form und des Stils.[135] Diese platonistische Entscheidung für die Form und den Stil gestattet eine Abkoppelung von den stofflichen Inhalten und erlaubt großzügige Übertragungen des Alten. Die ästhetische Einheit des betrachteten Gegenstandes wird immer weniger durch die Lokalität gebildet und zunehmend über den Stil definiert.

Der Stil erhält dabei jenen Platz, den in den Geschichtswissenschaften die historische Individualität einer Epoche einnahm. In beiden Fällen geht es um eine geistige und ganzheitliche Gestalt, die sich weder mit allgemeinen Kategorien erfassen, noch auf ihre materiellen Bestandteile reduzieren läßt. In beiden Fällen ist auch die Perspektive der Gegenwart konstitutiv für die Wahrnehmung: Die Einheit eines Stils wie die einer Epoche wird erst von außen sichtbar. Die verstehende Aneignung eines Stils öffnet damit einen grundlegenden Zugang zur Vergangenheit, und die Reinheit des so gefundenen Stils wird zum Zeichen der Klarheit historischer Erkenntnis.

Das Bemühen um Reinheit des Stils setzt sich dabei auch deutlich gegenüber den historisch gewachsenen Stilmischungen durch: Man konnte Barockaltäre aus gotischen Kirchen entfernen und durch neue Bilder im gotischen Stil ersetzen, Anbauten aus Stilgründen niederreißen und neue Kirchtürme im Geist der Gotik bauen etc. Die konkrete Vergangenheit wurde der abstrakten stilreinen Vergangenheit geopfert. Was als reiner Stil galt und somit zum Vorbild wurde, war höchst willkürlich und wurde häufig weniger durch die alten Bauten selbst als durch den Eifer der Bauträger um Steigerung der Geschichtlichkeit bestimmt: Die Bandbreite der Ergänzungen, Verbesserungen und Stilfiktionen reicht dabei von den Kölner Domtürmen über die Wartburg, der ein Ritterbad zugefügt wurde, die Kaiserpfalz in Goslar und

135 G. Semper, *Der Stil in den technischen und tektonischen Künsten, oder: Praktische Aesthetik. Ein Handbuch für Techniker, Künstler und Kunstfreunde*, 2 Bde., 2. Auflage, München 1878/79.

die Elsässer Hohenkönigsburg, die nach neuen Plänen im Geiste der Vergangenheit aufgebaut wurden, bis zu Neuschwanstein, einem gänzlich neuen Entwurf, der allerdings wiederum die historistischen Erfindungen der Wartburg kopierte.[136] In diesen Kopien von Kopien steigert sich das Bemühen um Stilreinheit zu manieristischen Übertreibungen. Zwar war das wirklich Neue nur unsichtbar und hinter der Fassade zugelassen, aber die Abkoppelung von Funktionsgesichtspunkten gestattete auch eine Steigerung der als Stil empfundenen Formprinzipien: Die gotischen Türme wurden immer schlanker und spitzer etc.

Nicht nur in dieser Anlage zur Steigerung und Übertreibung zeigt sich die Wahlverwandtschaft zwischen dem Historismus und der Kommunikation im Verein. Beide sind auch emphatisch aufgeladen und gänzlich unironisch: Es geht nicht darum, Distanz zur öffentlichen Fassade zu schaffen, sondern darum, ein großes Publikum durch Emphase zu binden.

Die Versuche zur Wiederbelebung der Vergangenheit im Historismus fördern die Imitation: Gemälde wiederholen genau die Stile Rubens', Tizians, Rembrandts oder Raffaels; Museen stellen die Meisterwerke der Renaissance als Kopien aus; das Haus des anspruchsvollen und wohlhabenden Bürgers enthielt ein Zimmer mit neuen Möbeln im Stil der Gotik oder der Renaissance etc.[137]

136 Vgl. J. Krauß, *Die Wiederherstellung der Wartburg im 19. Jahrhundert*, Kassel 1990; H. Kreisel, *Die Schlösser Ludwigs II. von Bayern*, Darmstadt 1955; N. Knopp, »Gestalt und Sinn der Schlösser Ludwigs II.«, in: M. Gosebruch und L. Dittmann (Hg.), *Argo. Festschrift für Kurt Badt zu seinem 80. Geburtstag am 3. März 1970*, Köln 1970, S. 340-353.

137 Vgl. W. Brönner, »Schichtenspezifische Wohnkultur – die bürgerliche Wohnung des Historismus«, in: E. Mai, H. Pohl und St. Watzoldt (Hg.), *Kunstpolitik und Kunstförderung im Kaiserreich. Kunst im Wandel der Sozial- und Wirtschaftsgeschichte* (Kunst, Kultur und Politik im Deutschen Kaiserreich, Bd. 2), Berlin 1982, S. 361-378, hier S. 368: »Dabei kann für den Betrachtungszeitraum vorausgeschickt werden, daß der wichtigste historische Anknüpfungspunkt die deutsche Renaissance war.« Sie war der Stil der Speise- und Wohnzimmer, in den festlichen Salons herrschten französische Vorbilder des 17. und 18. Jahrhunderts vor; ab 1890 trat im Schlafzimmer der bürgerlichen Wohnung das Rokoko in Konkurrenz zur Renaissance; der Flur, so Brönner, »blieb weitgehend pompejanisch-klassizistischen Vorbildern verpflichtet«.

Freilich wurde dieses Wiederholungsgebot nicht als eine Aufforderung zur minutiösen Kopie einer alten Form verstanden; vielmehr sollten die Notwendigkeiten der Gegenwart mit dem formalen Geist der vergangenen Epoche verbunden werden. Ähnlich wie sich der Geschichtswissenschaft ein historisches Individuum erst aus den Interessenlagen der Gegenwart erschloß, waren die Vorlieben der Gegenwart entscheidend für die historistische Rekonstruktion vergangener Stile. Man konnte gänzlich neue Dinge erfinden, solange der Stil eine Verbindung zur Vergangenheit schuf.

Eine solche Wiederbelebung vergangener oder Übertragung fremder Stilformen auf die eigene Gegenwart ist – wie eingangs schon herausgestellt wurde – keineswegs eine Erfindung des Historismus. Schon zuvor hatten Bewegungen der Renaissance oder des Klassizismus vergangene Stile wiederbelebt und ästhetische Traditionen aus ihrem lokalen und historischen Zusammenhang herausgelöst. Die Adelsgesellschaft des achtzehnten Jahrhunderts hatte ständig mit Maskeraden gespielt, und auch der Klassizismus der Jahrhundertwende im napoleonischen Frankreich und im preußischen Deutschland zeigt schon historistische Züge. Im neunzehnten Jahrhundert wird dieser Vorgang jedoch auf eine neue Stufe gehoben. Der Historismus koppelte nun die Stilorientierung nicht nur von lokalen und zeitlichen, sondern auch von stratifikatorischen Bindungen ab. Während im achtzehnten Jahrhundert noch die Ausrichtung am Stil des Hofes für die nachgeordneten Schichten, etwa den Landadel oder das Bürgertum, verbindlich war und in der ständischen Gesellschaft der frühen Neuzeit Kleiderordnungen Stilfragen schichtspezifisch beantworteten, lösten sich derartige stratifikatorische Bindungen im neunzehnten Jahrhundert tendenziell auf. Alle Stilformen wurden grundsätzlich überall für alle verfügbar.

Eine solche schnelle Verfügbarkeit und Verbreitung von Stilformen wurde vor dem neunzehnten Jahrhundert nicht nur durch ständische Schranken, sondern auch durch die relativ langsamen und aufwendigen Verfahren der Reproduktion gebremst: Man konnte Bilder oder Statuen kopieren oder als Kupferstiche drucken, Bücher waren teuer und Reisen mühsam; viele Kunstwerke waren nicht öffentlich zugänglich etc. Mit der Einführung neuer Verkehrsmittel, neuer Drucktechniken und der seriellen Produktion von Möbeln änderte sich diese Lage: Die Kosten der Reproduktion sanken, und die Geschwindigkeit nahm zu.[138]

Schließlich unterscheidet sich der Historismus des neunzehnten Jahrhunderts von früheren Formen des Klassizismus und der Renaissance auch darin, daß nicht ein historischer Stil als Vorbild diente, sondern eine Vielzahl von Stilen gleichzeitig verfügbar waren. Dieser historistische Stilpluralismus findet seine Parallele in dem Anspruch der Geschichtswissenschaften, eine Vielzahl von historischen Individuen in der Geschichtsschreibung zu vergegenwärtigen. Die historischen Individuen waren einzigartig und untereinander unverbunden, aber aus der gegenwärtigen Lage des Historikers erschließbar; die Stile waren erst aus der Sicht der Gegenwart als geistige Ganzheiten unterscheidbar und gleichzeitig verfügbar. Diese Stilvielfalt ergriff selbst alltägliche Formen. Musset klagte: »Man begegnet auf der Straße Menschen mit Bärten wie zur Zeit Heinrichs III., andere sind rasiert, wieder andere haben Frisuren wie auf den Portraits von Raffael, andere wie aus der Zeit Jesu Christi.«[139]

Die vervielfältigte Vergangenheit sollte den noch Ungebildeten erziehen und bilden, den Gebildeten erbauen und erfreuen. Nicht die Einzigartigkeit des Originals und seine materielle Wirklichkeit, die sich jeder Vervielfältigung und Imitation versperrt, sondern gerade die Fähigkeit der Form, über Bildung und Erziehung übertragbar zu sein, macht Kunst für ein bildungsbürgerliches Publikum attraktiv. Weder Besitz und Vererbung, sondern ästhetische Bildung sollten die Verbindung zwischen Gegenwart und Vergangenheit knüpfen.

138 Zu Entwicklung der Drucktechniken und der Verbreitung der Kunstdrucke in den verschiedenen Schichten siehe Ch. Pieske, *Bilder für jedermann. Wandbilddrucke 1840-1940* (Schriften des Museums für Deutsche Volkskunde Berlin, Bd. 15), München 1988, besonders S. 25-38. Im Denkmalbereich setzte sich im späten 19. Jahrhundert die Entwicklung der Gußtechnik fort. Die Erfindung der Galvanoplastik führte zu Billiglieferungen per Katalog. Während früher Künstler und Gießer ein und dieselbe Person waren, entstanden gegen Ende des Jahrhunderts Gießereien, die seriell nach einmal entworfenen Modellen produzierten. Siehe M. Lurz, *Kriegerdenkmäler in Deutschland. Einigungskriege*, Bd. 2, Heidelberg 1985, S. 475-485.

139 A. de Musset, *La confession d'un enfant du siècle*. Nouvelle Édition, Paris 1902, S 39.

Das Bildungsbürgertum suchte sich seine eigene, von ständischen wie von lokalen Rücksichten unbelastete Vergangenheit zu konstruieren und fand im Historismus eine Codierung von Geschichte, die seiner eigenen Lage angemessen war: Es ging nicht mehr um die Durchsetzung von Öffentlichkeit, Vernunft und Tugend gegen lokale und ständische Besonderheiten, gegen Fürstenwillkür und private Borniertheiten, sondern um die Verstärkung und Überhöhung der eigenen gegenwärtigen Lage. Was ehemals Zukunft war und das Bildungsbürgertum unter Spannung gehalten hatte, war nun weitgehend Gegenwart geworden; nicht mehr die Konstruktion einer neuen Zukunft, sondern eine Aneignung der Vergangenheit sollte Distanz zur eigenen Lage schaffen und die Selbsterzeugung des Bildungsbürgertums mit einem neuen Focus versehen.

Bei dieser Aneignung der Vergangenheit konnte insbesondere das deutsche Bildungsbürgertum nicht den Codierungen folgen, die der Adel und das alte ständische Bürgertum bisher benutzt hatten. Aus einer bildungsbürgerlichen Perspektive konnte die Vergangenheit also nicht mehr einfach exklusiver und unveräußerbarer Besitz bleiben, der nur durch Abstammung übertragen und leiblich verkörpert wurde. Sie konnte auch nicht mehr lokal gebundene Eigentümlichkeit dumpfer Lebenswelten bleiben, die ihre eigene Geschichte nicht zu begreifen vermochten. Schließlich sollte die Konstruktion von Vergangenheit sich deutlich von dem Modell des naturwissenschaftlich-technischen Fortschritts unterscheiden, das vom aufsteigenden Wirtschaftsbürgertum getragen wurde. Statt dessen sollte die Codierung der Vergangenheit den Konstitutionsprinzipien des Bildungsbürgertums selbst folgen. Sie mußte entsprechend all denen verfügbar sein, die sie sich durch Bildungsanstrengung aneignen wollten; sie mußte von lokalen Bindungen abgelöst werden und über Erziehung vermittelbar sein; sie sollte ästhetischen Prinzipien, nicht bloßer Nützlichkeit folgen und mußte in reiner Form ohne praktische Funktion vorgestellt werden; sie sollte nicht als Konstrukt der Fachleute, sondern als allgemeines und öffentliches Eigentum der gebildeten Bürger gelten.

Die historistische Codierung der Vergangenheit leistete genau dies: Sie war abgekoppelt von lokalen und ständischen Bindungen, als Form für Bildungswillige verfügbar und von der stofflichen Verkörperung befreit. Sie war aber auch nicht unbegriffen und selbstverständlich vorhanden, sondern bedurfte der gebildeten Aufmerksamkeit und besonderen Veranstaltung. Erst durch Erziehung und Bildung gewann man Zugang zu ihr, und erst an besonderen Orten des Erinnerns und zu besonderen Gelegenheiten wurde sie wieder lebendig.

Die Vergangenheit nahm für das selbstbewußte Bürgertum der Jahrhundertmitte die Stelle ein, die das aufgeklärte Bildungsbürgertum des achtzehnten Jahrhunderts der Moral zugemessen hatte. Ähnlich wie zuvor die Moral, beanspruchte die Vergangenheit den Rang einer unbedingt geltenden sakralen Wertorientierung, mit der sich unterschiedliche gesellschaftliche Interessen begründen ließen; ähnlich wie die Moral war sie auf besondere Formen des Diskurses und der Geselligkeit angewiesen, die alltägliche und praktische Gesichtspunkte ausschlossen; ähnlich wie die Moral wurde sie zum Kern eines pädagogischen Projektes, das nicht auf berufliche Fähigkeiten, sondern auf Öffentlichkeit und Allgemeinheit abzielte.

Nicht nur in Deutschland wird die Vergangenheit so im neunzehnten Jahrhundert zu einer öffentlich einsatzfähigen Ressource, mit der sich umstrittene Ansprüche begründen lassen, ähnlich wie dies im achtzehnten Jahrhundert der Bezug auf Moral und Vernunft vermochte. Es geht bei dieser bürgerlichen Form der Anspruchsbegründung nicht mehr um dynastische Abfolgen oder die Vererbung von Rechtstiteln – wie dies noch die traditionale Legitimationsform der frühen Neuzeit forderte. Im neunzehnten Jahrhundert steht nicht mehr die Rechtsgeschichte eines Anspruchs im Mittelpunkt, sondern der Versuch, diesen Anspruch mit kulturellem Sinn aufzuladen und zu sakralisieren: Wenn sich eine Idee oder ein Ort historisch verlängern läßt und sich in einem unspezifischen Sinne als geschichtsträchtig erweist, hat sie Chancen, öffentliches Gehör zu finden. Geschichtlichkeit wird dabei zu einer eigenen Wertsphäre, die von Geld, Recht und Moral deutlich unterschieden wird, aber – ähnlich wie diese – allgemein und für verschiedenste Zwecke einsetzbar ist.

Die Vereine und Bewegungen des deutschen Bildungsbürgertums versuchen sich daher die Vergangenheit anzueignen, bestimmte Ereignisse durch Denkmäler und Feiern zu vergegenwärtigen und dabei den Anlaß des Erinnerns von seinem ursprünglichen Ort abzukoppeln: Goethe- und Schiller-Denkmäler fanden sich in fast jeder größeren Stadt. Die Vergangenheit wird in diesen öffentlichen Bewegungen um Museen und Denkmäler nicht nur sakralisiert, sondern ihre Sakralisierung zeigt auch ausgeprägt bürgerliche Züge: Sie wird zu einem bildungsbürgerlichen Kapital, das, ähnlich wie wirtschaftliches Kapital, Macht in Interaktionsbeziehungen verschaffen, angehäuft werden und in gewissem Ausmaß in andere Kapitalsorten, in soziale Beziehungen, in Geld oder in kulturelle Distinktion umgewandelt werden kann.[140]

Die Verallgemeinerung und Verflüssigung, die ökonomische und politische Macht, Rechtsansprüche und Wahrheiten in der bürgerlichen Welt bestimmt, ergreift nun auch die Vergangenheit. Was zuvor in der aristokratischen Welt über Abstammung und Heraldik noch an bestimmte Personen gebunden war, wird im Historismus des Bildungsbürgertums allgemein verfügbar und tauschfähig.[141]

Geschichtlichkeit ist seit dem Historismus auf dem Wege, sich zu einer autonomen Wertsphäre zu entwickeln; gewiß ist der Bezug auf Vergangenheit dabei weniger fortgeschritten als etwa der in Geld institutionalisierte Bezug auf Knappheit und Nutzen, aber durchaus vergleichbar mit anderen Kapitalsorten, wie etwa Distinktion. Das Interesse an Vergangenheit, wie es sich in Geschichtsvereinen und Denkmalsrestauration, in der Ausdifferenzierung von historischen Spezialdisziplinen und im touristischen Konsum der fremden Vergangenheit zeigt, benötigt keinen übergeordneten Zweck mehr: Die schiere Begegnung mit der Vergangenheit ist schon interessant genug – ebenso wie wissen-

140 Vgl. P. Bourdieu, *Die feinen Unterschiede. Kritik der gesellschaftlichen Urteilskraft*, 4. Auflage, Frankfurt am Main 1991.

141 Mit dieser Verflüssigung der Vergangenheit im Historismus des Bildungsbürgertums entsteht jedoch auch eine neue Unsicherheit in der jeweils besonderen Bewertung der Gegenstände, für die man Pietät einfordert: sollen nur die künstlerisch wertvollen Objekte oder alles Vergangene schlechthin als historisches Erbe gelten, sind nationale oder lokale Traditionen höher zu bewerten, sind Sakralbauten den Bauernhäusern vorzuziehen etc. Die Unsicherheit in der Bewertung der Überreste ergibt sich gerade aus dem Umstand, daß die generelle Hochschätzung des Vergangenen gänzlich unstrittig war, aber die Teilhabe an diesem Wert einerseits differentiell und bestreitbar festgesetzt werden mußte, andererseits aber auch immer weniger an außerhistorischen Werten wie Funktionalität oder dynastischen Interessen festgemacht werden konnte.

schaftliche Forschung oder Kunstgenuß sich selbst als Zweck betrachten können. Auch in dieser Autonomisierung unterscheidet sich die bürgerliche Vorstellung der Vergangenheit deutlich von den klassizistischen Rückgriffen der Adelswelt auf die Vergangenheit.

Der Historismus entspricht so den Identitätsbedürfnissen des Bildungsbürgertums: Er grenzt sich von der persönlichen Verkörperung der Vergangenheit im Adel ebenso ab wie von der Zukunftsorientierung der neuen industriellen Klassen; er besteht auf der Aneignung der Vergangenheit durch Bildung und begreift die Vergangenheit als eine geistige Form – ähnlich wie das Bildungsbürgertum sich selbst nicht durch Privileg oder Besitz, sondern durch Lebensstil und Bildung auszeichnete; er spiegelte auch die besondere geschichtliche Lage des Bildungsbürgertums, das Gegenwart, Vergangenheit und Zukunft miteinander zu versöhnen suchte und sich dazu berufen fühlte, die Verantwortung für den Weg der Gesellschaft in die Moderne zwischen den Blutbädern der Revolution und der Verknöcherung der Tradition zu übernehmen.

2.3 Die Verberuflichung der Vergangenheit

2.3.1 Die Inflationskrise des Historismus und die Vergangenheit in den Händen der Fachleute

Diese Ansätze zu einer Kapitalisierung von Geschichtlichkeit geraten in eine Krise, wenn der Bezug auf Vergangenheit auf Unentfremdbares, Einzigartiges und eben nicht Zirkulierbares hinweisen soll. Ein Teil der generalisierten Wertschätzung von Vergangenheit in der modernen Gesellschaft beruht gerade auf dem Umstand, daß Vergangenheit eben nicht tauschbar und zirkulationsfähig ist, sondern als unentfremdet und unabänderlich gilt. Sobald dieser Identitätsbezug betont wird, kann Vergangenheit ausdrücklich in Gegensatz zur Welt des Tausches und der verflüssigten Sozialbeziehungen treten. Der Versuch des Historismus, die Bindung der Vergangenheit an ihre sozialen Träger und lokalen Ursprünge zu lockern und zu einer besonderen bildungsbürgerlichen Kapitalsorte zu entwickeln, muß schließlich an diesem Gegensatz scheitern. Das Bildungsbürgertum konstruierte Vergangenheit als eine allgemeine Sphäre der Ideen und koppelte sie von Abstammung und Lokalität ab – gerade deshalb wird die erneute Rückbindung an besondere Orte, die Konstruktion von ›Orten der Erinnerung‹, zu einer besonderen gesellschaftlichen Aufgabe. Die so verflüssigte und ungebundene Vergangenheit konnte jedoch auch nicht mehr innerhalb der sozialen Grenzen des Bildungsbürgertums gehalten werden – ähnlich wie im Falle der bürgerlichen Freiheitsrechte konnten auch Außenstehende an dieser frei verfügbaren Vergangenheit teilhaben; wie andere generalisierte Werte ist sie zwar akkumulierbar, aber nicht begrenzbar und nicht knapp. Im Historismus wird die Vergangenheit fast beliebig reproduzierbar, übertragbar und ergänzungsfähig. So kommt es im Historismus zu einer immer wachsenden Produktion von Geschichtlichkeit – die Inflationsneigung ist sozusagen in das Medium eingebaut. Jeder kann auch die Vergangenheit der anderen als Fassade nutzen und genießen. Kunsterziehung und Kunstdrucke machen das ehemals exklusive Bildungskapital weithin verfügbar und banalisieren die Form und den Stil.[142]

Entscheidend war hier jedoch nicht die grundsätzliche Möglichkeit der Reproduktion, sondern die technische Leichtigkeit, mit der vervielfältigt werden konnte[143]; anders als im achtzehnten Jahrhundert ließ sich diese Vervielfältigung nicht mehr innerhalb der Grenzen eines Standes oder einer Klasse halten[144]: Im Grundsatz konnte jeder Kunstdrucke betrachten und sein Gartenhaus im Stile des Sonnenkönigs bauen.

Diese reproduzierte Vergangenheit des Historismus konnte dennoch nicht mit dem raschen Wachstumstempo der deutschen Großstädte Schritt halten.[145] Neue schnell und schmucklos er-

142 Vgl. Pieske, *Bilder für jedermann*, a.a.O., S. 33.

143 Vgl. W. Gabler, »Surrogate. Material- und Technikimitation des 19. Jahrhunderts«, in: A. Thiekötter und E. Siepmann, *Packeis und Preßglas. Von der Kunstgewerbebewegung zum Deutschen Werkbund*, Gießen 1987, S. 115-126.

144 Vgl. G. Lehnert (Hg.), *Illustrierte Geschichte des Kunstgewerbes*, Bd. 2, Berlin 1905/1906, S. 430.

145 1871 gab es acht Großstädte (über 100.000 Einwohner) im deutschen Kaiserreich. In der Zeit von 1871 bis 1914 kam das Wachstum fast ausschließlich den Städten zugute, wenn man den statistischen Stadtbegriff zugrunde legt. 1871 wohnte noch die Mehrzahl der

richtete Stadtviertel umgaben den Kern der alten Städte, dehnten sich aus und ließen die im historischen Stil restaurierten oder noch erhaltenen alten Stadthäuser immer stärker als ein Relikt erscheinen, das gelegentlich auch dem Interesse an großzügiger Verkehrsplanung und gesunder Lebensführung geopfert werden mußte. Anders als in der Städteplanung in vormoderner Zeit wurden nun nicht nur neue Viertel auf unbebauten Flächen errichtet, sondern in großem Umfang auch bestehende Altbauten abgerissen und durch neue Straßenzüge ersetzt. Trotz des historistischen Reproduktions- und Restaurationseifers war das außerordentliche Wachstum der deutschen Großstädte in den letzten drei Jahrzehnten des neunzehnten Jahrhunderts vor allem durch den Bau schmuckloser und zweckmäßiger Mietwohnungsgebäude bestimmt. Der Kontrast zwischen den neuen Arbeitersiedlungen, Mietskasernen und Fabrikanlagen einerseits und den historischen oder historisierten Gebäuden der Altstadt und der bevorzugten bürgerlichen Stadtteile andererseits war unübersehbar. Er zeigte nicht nur den Historismus in der Defensive gegenüber dem beschleunigten Wachstum der schmucklosen Zweckbauten, sondern verwies auch auf eine neue Knappheit der alten Dinge.

Im Bemühen um die Verteidigung der alten Baudenkmäler gegen die neue Stadtplanung betonte eine neue Generation von professionellen Denkmalspflegern und Architekten die Einzigartigkeit und Unwiederholbarkeit der Vergangenheit. Die Fachleute, die nun genau und sachlich die Überreste der Vergangenheit sicherten, ordneten und konservierten, betrachteten die Relikte der Vergangenheit als zu kostbar, um sie den Laien überlassen zu können. Zu ihnen gehörten nicht nur die Historiker, sondern auch Baumeister und Denkmalspfleger, Archivare und Museumsbeamte, Konservatoren und Beamte im Kultusministerium. Ihre Zahl war stark angestiegen, wenn auch nicht vergleichbar

Bevölkerung in Gemeinden unter 2000 Einwohnern, 1910 waren es nur noch 40 Prozent. Weiterhin wuchsen die Großstädte am stärksten. 1910 gab es 48 Großstädte. Jeder fünfte Deutsche lebt in einer Großstadt, 1871 war es nicht einmal jeder 20. Siehe J. Reulecke, *Geschichte der Urbanisierung in Deutschland*, Frankfurt am Main 1985, S. 202, Tab. 2; G. Hohorst, J. Kocka und G. A. Ritter (Hg.), *Sozialgeschichtliches Arbeitsbuch. Materialien zur Statistik des Kaiserreichs 1870-1914*, München 1975, S. 42-43, Tab. 11.

mit der der Techniker und Naturwissenschaftler. Die absolute Zahl der staatlich beamteten Denkmalspfleger war sogar relativ gering: um die Jahrhundertwende waren kaum mehr als dreißig Denkmalspfleger in den deutschen Ländern angestellt.[146] Nimmt man jedoch die Teilnehmerzahl der deutschen Denkmalstage als Hinweis auf die Anzahl der beruflich mit Denkmalspflege Beschäftigten, so erweitert sich der Kreis auf mehrere hundert Personen.[147] Wichtiger als die absolute Zahl dieser Experten der Vergangenheit ist jedoch der Umstand, daß sie sich beruflich organisierten und eine neue Codierung der Vergangenheit entwickelten. Die Denkmalspfleger, die zunächst noch teilweise ehrenamtlich tätig waren, wurden nach der Jahrhundertwende auch in den preußischen Provinzen hauptamtlich angestellt.[148] Sie waren zumeist technisch oder architektonisch vorgebildete Baubeamte oder Kunstwissenschaftler und Museumsdirektoren.[149] Auch die Architekten und Bauingenieure begannen ab 1874 die lokalen Architektenvereine zu nationalen Dachverbänden zusammenzuschließen.

In der gleichen Zeit erweiterte und differenzierte sich auch die Organisation des preußischen Kultusministeriums, des wichtigsten staatlichen Trägers der Denkmalspflege und Museumsfinanzierung und gleichzeitig auch des wichtigsten überregionalen Ansprechpartners der Berufsverbände. Die Anzahl der Abteilungen wurde 1882 auf vier, 1907 auf sechs erhöht[150], der Anteil des Kulturetats am Gesamtetat verdoppelte sich fast zwischen 1871 und 1878, und seine Wachstumsraten lagen über denen des Ge-

146 In Preußen waren vor dem Ersten Weltkrieg ein staatlicher Konservator für die Kunstdenkmäler in Berlin und vierzehn weitere Konservatoren für die Provinzen tätig. Siehe G. Kiesow, *Einführung in die Denkmalpflege*, Darmstadt 1989, S. 19. Bayern beschäftigte um die Jahrhundertwende acht, Hessen-Darmstadt vier und Baden drei Denkmalpfleger. Siehe Speitkamp, *Die Verwaltung der Geschichte*, a.a.O., S. 264.

147 Ebd., S. 130. Die Teilnehmerzahlen stiegen von etwa 90 im Jahr 1900 auf 150 im Jahr 1903 und auf rund 700 im Jahr 1913.

148 Ebd., S. 268.

149 Ebd.

150 R. Lüdicke, *Die preußischen Kultusminister und ihre Beamten im ersten Jahrhundert des Ministeriums 1817-1917*, Stuttgart und Berlin 1918, S. 1-3.

samtetats.[151] Insgesamt waren gegen Ende des Kaiserreichs mehr als zweihundert Beamte im preußischen Kultusministerium beschäftigt; mehr als dreißig von ihnen waren verantwortliche Spitzenbeamte, die mit kulturpolitischen Entscheidungen beschäftigt waren.[152] Geht man von einer üblichen Kommunikationsdichte innerhalb des Ministeriums aus, so kann sich bei dieser Zahl schon eine besondere kulturpolitische Verwaltungsrationalität entwickeln, die nicht nur zum Geschmack des Hofes, sondern auch zu dem der Vereinsöffentlichkeit Distanz hält und sich an Rechtsförmigkeit und Fachgerechtigkeit orientiert. Das liberale Verständnis der Humboldtschen Kulturpolitik, die den bürgerlichen Bewegungen die Initiative überließ, wurde gegen Ende des Jahrhunderts zunehmend von einer engen Zusammenarbeit zwischen Kulturpolitik und den Fachleuten abgelöst.

2.3.2 Die Logik der Verberuflichung

Entscheidend für diese Entwicklung waren die besonderen Bedingungen, unter denen diese Spezialisten der Vergangenheitskonstruktion ihre beruflichen Interessen in Zusammenarbeit mit der öffentlichen Verwaltung durchzusetzen suchten. Im Unterschied zur Arbeiterschaft konnten sich Architekten und Philologen, Denkmalspfleger und Kunsthistoriker nicht auf die Macht der schieren materiellen Verweigerung verlassen, um ihre Interessen durchzusetzen. Sie benötigten die öffentliche Anerkennung ihrer Kompetenzen und mußten ihre Interessen in unpersönlicher und rechtsförmiger Weise vortragen. Vor allem aber mußte es ihnen gelingen, die Laienarbeit als unsachgemäß und

151 W. Feldenkirchen, »Staatliche Kunstfinanzierung im 19. Jahrhundert«, in: E. Mai, H. Pohl und St. Watzoldt (Hg.), *Kunstpolitik und Kunstförderung im Kaiserreich*, a.a.O., S. 35-54, hier S. 46. 1871 beanspruchte der ordentliche Haushalt des Kultusministeriums 3,785 Prozent des Gesamtetats, 1877/78 7,205 Prozent; im Jahre 1892/93 sank er dann auf 5,622 Prozent und betrug 1910 7,04 Prozent des Gesamtetats. Die Zuwachsraten des Staatshaushalts betrugen im Zeitraum 1871-1912 durchschnittlich 5,23 Prozent, die des Kultusministeriums 6,44 Prozent.

152 Lüdicke, *Die preußischen Kultusminister und ihre Beamten im ersten Jahrhundert des Ministeriums 1817-1917*, a.a.O., S. 160-164.

unzulässig, die Laien selbst als hilfsbedürftig und unmündig darzustellen.[153] Die allgemeine Verfügbarkeit der Vergangenheit im Historismus und die bildungsbürgerlichen Geschichtsvereine standen grundsätzlich einer Verberuflichung der Konstruktion von Vergangenheit entgegen. Eine solche Verberuflichung gelingt viel eher, wenn es um knappe und kostbare Güter geht, deren Behandlung riskant ist, Erfahrung voraussetzt und Verantwortung verlangt. Das Vertrauen der Laien in einen direkten und einfachen Zugang zur Vergangenheit mußte also gebrochen werden; die Vergangenheit mußte von der Gegenwart der Laien getrennt und als besonderes und schwieriges Gut beruflicher Fachaufsicht unterstellt werden. Gleichzeitig mußten interne Konkurrenzen, die das Vertrauen der Laien in die berufliche Betreuung der Vergangenheit beeinträchtigen konnten, ausgeschaltet werden. Der Weg zum beruflichen Monopol führt in der Regel über den Zusammenschluß zu einem Berufsverband, der nicht nur die Kompetenz für die Definition eines Problems und die Durchführung der Problemlösung, sondern schließlich auch für die Beurteilung des Lösungserfolgs beansprucht. Diese verbandsförmige Organisation entwickelt sich nach 1880 zunehmend im Bereich der Denkmalspflege, der Architektur und der Restauration.[154] Sie entwickelt eigene Kommunikationsformen

153 Vgl. U. Beck, M. Brater, E. Tramsen und K. M. Bolte, »Beruf, Herrschaft und Identität. Ein subjektbezogener Ansatz zum Verhältnis von Bildung und Produktion. Teil I: Die soziale Konstitution der Berufe«, *Soziale Welt* 27, 1 (1976), S. 8-44, Teil II: *Soziale Welt* 27, 2 (1976), S. 180-205. Vgl. auch den entsprechenden Beitrag in: I. Illich, *Fortschrittsmythen. Schöpferische Arbeitslosigkeit – Energie und Gerechtigkeit – Wider die Verschulung*, Reinbek bei Hamburg 1978.

154 Zu den Architekten und Ingenieurvereinen siehe M. Späth, »Die Professionalisierung von Ingenieuren in Deutschland und Rußland«, in: W. Conze und J. Kocka (Hg.), *Bildungsbürgertum im 19. Jahrhundert*, Teil 1, *Bildungssystem und Professionalisierung im internationalen Vergleich*, a.a.O., S. 561-588, hier S. 585, Tab. 6. 1824 gab es in Berlin den ersten Architekten-Verein, 1856 gab es den Verein Deutscher Ingenieure, seit 1871 einen Dachverband Deutscher Architekten- und Ingenieurvereine, seit 1909 den Verein Deutscher Diplom-Ingenieure. Vgl. auch V. A. Clark, »Entstehung und Professionalisierung der Architektenberufe, in: W. Conze und J. Kocka (Hg.), *Bildungsbürgertum im 19. Jahrhundert*, Teil 1,

in Gestalt von länderübergreifenden Fachzeitschriften wie etwa der *Denkmalspflege*, die nach der Jahrhundertwende als das Organ von Baubeamten und Konservatoren in Preußen erschien, aber sogar vom bayrischen Innenministerium den Behörden als nützliches fachliches Hilfsmittel empfohlen wurde.[155]

Mit der beruflichen Organisation geht auch immer eine regelmäßige Zusammenkunft und eine Standardisierung der beruflichen Ausbildung einher. Beides fand in den Jahrzehnten nach der Reichsgründung statt; die Tage für Denkmalspflege beschäftigten sich vor allem nach der Jahrhundertwende mit den Grundsätzen der Denkmalspflege, mit Recht und Organisation des Denkmalschutzes, der Ausbildung von Denkmalspflegern und praktischen Problemen der Denkmalspflege.[156] Die Landesregierungen entsandten Vertreter und luden offiziell zu den Kongressen ein. Zunehmend bemühten sich allerdings auch Laien erfolgreich um die Teilnahme an den Tagen für Denkmalspflege; die beamteten Fachleute reagierten auf solche Grenzüberschreitungen mit Rückzug und Neugründung: die Denkmalstage seien »Massenansammlungen ohne Verpflichtung«, so die preußischen Konservatoren im Jahre 1911. Ein jährlicher Konservatorentag wurde eingerichtet, der örtlich und zeitlich an den Tag für Denkmalspflege gekoppelt war.[157]

Im Gegenzug zu dieser Abwehr der Laien gewannen die staatliche Kulturpolitik wie auch die professionellen Spezialisten immer stärkeren Einfluß auf die Geschichtsvereine. Das Selbstverständnis der Vereine als autonome bürgerliche Öffentlichkeit, die der Politik die Agenda setzt, traf längst nicht mehr zu; es übersah die verdeckten Einflußnahmen des Staates über die finanzielle Unterstützung der Vereine und die Macht von Regierungsvertre-

a.a.O., S. 539-542. In den siebziger Jahren gründeten die Privatarchitekten verstärkt Vereine, um damit den besonderen beruflichen, wirtschaftlichen und sozialen Verhältnissen gerecht zu werden, denen ihr Beruf unterworfen war. 1903 wurde der Bund Deutscher Architekten gegründet, in den nur die aufgenommen wurden, die eine selbständige baukünstlerische Tätigkeit ausübten, also keine Baubeamten, -unternehmer und Bautechniker. Die bald geforderten Architektenkammern wurden aber schließlich erst in den siebziger Jahren des 20. Jahrhunderts eingerichtet.

155 Siehe Speitkamp, *Die Verwaltung der Geschichte*, a.a.O., S. 128.

156 Ebd., S. 131.

157 Ebd., S. 132.

tern in den Leitungsfunktionen der Vereine. Es übersah auch die durchaus erfolgreichen Versuche der Experten, der Konservatoren, Kunstwissenschaftler und Architekten, sich in den Vereinen als sachliche Autoritäten durchzusetzen und in konfliktreichen Auseinandersetzungen das Publikum der Vereine für ihre Vorstellung der Vergangenheitskonstruktion und -rekonstruktion zu gewinnen. Zwischen die Regierungen und die Vereine – und die letzteren gelegentlich auch ersetzend – traten in den letzten Jahrzehnten die historischen Kommissionen der einzelnen Länder.[158] Sie setzten sich aus angesehenen Fachleuten, Architekten, Historikern und Kunsthistorikern zusammen, die von den Landesregierungen berufen und mit beratenden Aufgaben betraut wurden. Alle diese Prozesse schwächten die Bemühungen der Geschichtsvereine, sich als eine autonome bildungsbürgerliche Bewegung zu erhalten, und sie stärkten die Versuche der beruflichen Fachleute, die Laien bei der Konstruktion von Vergangenheit zu entmachten.

2.3.3 Codierung: Der invertierte Modernismus

Die neue berufliche Denkmalspflege erzwang eine radikale Umstellung in der Codierung von Vergangenheit. Nicht die Stilform, die schnell zu vervielfältigen war, sondern die materiale, unersetzliche Stofflichkeit der alten Gebäude war in den neuen Großstädten bedroht und erhaltenswert. Wäre die Vergangenheit leicht reproduzierbar, wie der Historismus annahm, so entfiele auch der besondere Wert des wirklich Alten. Aus dieser Perspektive werden Vergangenheit und Gegenwart in ihrer jeweiligen Besonderheit und Unvereinbarkeit kontrastiert: Die Gegenwart wird gerade dadurch Gegenwart, daß sie sich von der Vergangenheit unterscheidet und umgekehrt. Diese nachdrückliche Entgegensetzung von Vergangenheit und Gegenwart gibt der neuen Codierung der Vergangenheit einen modernistischen Zug – obwohl sie die gewohnte Abwertung von Vergangenheit und Hochschätzung der Zukunft umkehrte. Im Unterschied zum fortschrittsorientierten Modernismus finden wir hier einen umgekehrten, »invertierten« Modernismus – beide Formen sind die zwei Seiten derselben Unterscheidung.

158 Ebd., S. 116-118.

Eine solche neue Perspektive auf die Vergangenheit ändert die Praxis der Denkmalspflege nachdrücklich; es ging nicht mehr um Wiederaufbau, Restauration und Ergänzung des historischen Denkmals im Geiste der Vergangenheit, sondern um den Erhalt der Ruine in ihrem Zustand des Zerfalls und der Unvollkommenheit. Das Fragmentarische und teilweise Zerstörte der Ruine vermittelt aus dieser Sicht einen authentischeren Eindruck von Vergangenheit als die historistische Restauration und Rekonstruktion.

Diese neue Wahrnehmung der Vergangenheit hatte Vorläufer in der deutschen Romantik, gewann aber vor dem Hintergrund der historistischen Imitationslust einen schärferen Akzent. Die Vergangenheit erschien aus dieser neuen Perspektive plötzlich als kostbares und knappes Gut, das besonderer Betreuung bedurfte. Ein neuer Kult des Originalen und Authentischen im Gegensatz zu den bloßen Imitationen setzte ein.[159] Authentizität wurde nicht mehr über die Reinheit des Stils, sondern in den Spuren der Vergänglichkeit auf der Oberfläche, der nicht imitierbaren Patina, wahrgenommen; die Gegenwart des Vergangenen bestand aus der natürlichen Identität des Gegenstandes, der alten Steine, der alten Möbel, der alten Bronze. Nicht mehr die formale Botschaft, die leicht zu vervielfältigen war, sondern die natürliche, unveränderte Beschaffenheit und der leibliche Kontakt des berühmten Individuums mit dem alten Gegenstand sakralisierten das Objekt. Am Ende interessiert nicht mehr das Zitat, sondern die Feder, mit der es geschrieben wurde.

Materialität und Natürlichkeit avancierten zu Leitideen des invertierten Modernismus. Natürlichkeit, Stofflichkeit und Materialgerechtigkeit erschienen auch als ästhetische Ideale neuer Formen des Bauens, die die Fassadenarchitektur des Historismus mit geradezu moralischer Emphase als unehrlich und geschmacklos denunzierten.[160] Während der Historismus eine Ästhetik des

159 Th. W. Gaehtgens, »Wilhelm von Bode und seine Sammler«, in: E. Mai und P. Paret (Hg.), *Sammler, Stifter und Museen. Kunstförderung in Deutschland im 19. und 20. Jahrhundert*, Köln 1993, S. 153-172, hier S. 156 f.

160 Vgl. G. Kratzsch, *Kunstwart und Dürerbund. Ein Beitrag zur Geschichte der Gebildeten im Zeitalter des Imperialismus*, Göttingen 1969, S. 202-210.

Theaters war, gewinnt der Modernismus der Ethik der Handwerker und Ingenieure ästhetische Werte ab.

In den Händen der Fachleute, Denkmalspfleger, Kulturpolitiker, Museumsbeamten und Archivare wird die Vergangenheit grundsätzlich zu einer Sache, die ausgestellt, hergestellt und ausgehängt werden kann. Den Experten verbindet kein affektiver Bezug mit seinem Gegenstand, er sieht die Vergangenheit nicht unter Identitätsbezügen als seine eigene Vergangenheit, sondern als ein Ding, das auch weggegeben, getauscht und von anderen verwaltet werden kann. Bei aller Sachkenntnis bleibt ihm die Vergangenheit, die er behandelt und verwaltet, letztlich fremd. Nicht nur Gegenwart und Vergangenheit lösen hier ihre Verbindung, sondern auch das Subjekt wird von dem Objekt getrennt, an dessen Vergangenheit erinnert werden soll.

Eine solche Versachlichung hat die Absicht, von der Vergangenheit zu lernen, längst aufgegeben. Die Geschichtswissenschaft hat aus modernistischer Sicht – wie Nietzsche schon früh betonte – nur einen sehr eingeschränkten Nutzen für die Gegenwart.[161] In dieser Hinsicht unterscheidet sich der invertierte Modernismus nachdrücklich vom Fortschrittsmodell: Die Kontinuität der Aufwärtsentwicklung zwischen Vergangenheit und Zukunft, die das Fortschrittsmodell noch annahm, wird hier radikal abgelehnt. Die Vergangenheit taugt nicht mehr als Bezugspunkt der Identität, des Lernens oder des Verbesserns – sie wird nicht mehr als soziale Gewißheit behandelt, die in der Lage ist, die Unsicherheiten und Uneinigkeiten der Gegenwart zu überwinden –, sondern erscheint als fremd oder nur mehr über die Erinnerung des individuellen Bewußtseins zugänglich. Bergson

161 F. Nietzsche, *Vom Nutzen und Nachtheil der Historie für das Leben. Unzeitgemäße Betrachtungen II*, in: ders., *Sämtliche Werke. Kritische Studienausgabe in 15 Einzelbänden*, hg. von G. Colli und M. Montinari, Bd. 1, München 1988, S. 243-334, hier S. 246 f.: Unzeitgemäß sei seine Betrachtung, »weil ich etwas, worauf die Zeit mit Recht stolz ist, ihre historische Bildung, hier einmal als Schaden, Gebreste und Mangel der Zeit zu verstehen versuche, weil ich sogar glaube, dass wir Alle an einem verzehrenden historischen Fieber leiden und mindestens erkennen sollten, dass wir daran leiden. [...] unzeitgemäss – das heisst gegen die Zeit und dadurch auf die Zeit und hoffentlich zu Gunsten einer kommenden Zeit – zu wirken.«

wie Freud, Proust wie Husserl stehen für diese anspruchsvolle Subjektivierung des Vergangenheitsbezugs. Die öffentlich geteilte gemeinschaftssichernde Vergangenheit hingegen wird den Laien entfremdet; sie ist verwaltbare Sache geworden und befindet sich nun in den Händen der Fachleute.[162]

2.3.4 Resonanzen: Das neue großstädtische Publikum

Die berufliche Übernahme der Vergangenheit durch die Fachleute schließt die Laien von der Erstellung und Definition der Vergangenheit weitgehend aus – dies übernehmen die Fachleute stellvertretend für sie. Nach diesem Vorgang der Verberuflichung und Versachlichung bleibt ihnen nur mehr die Rolle derjenigen, die sich das beruflich hergestellte fertige Produkt aneignen. Die strikte marktgesellschaftliche Trennung zwischen Produktion und Konsumtion ergreift nun auch die Behandlung der Vergangenheit. Aus der Sicht der beruflichen Konstrukteure wie auch aus der Perspektive der Konsumenten der Vergangenheit selber verschwimmen die sozialen Unterschiede zwischen den Konsumenten. Sie erscheinen weitgehend als gleich, sie kommunizieren kaum miteinander, sie lassen die sozialstrukturelle Lage, aus der sie kommen, vergessen; sie entwickeln keine eigene interne Organisationsform, sie treten nur durch die Attraktion des Angebots auf, sie sind vor allem eine Masse von Einzelpersonen – die Masse vor dem Schaufenster, die Masse der Ausstellungsbesucher, die Masse der Touristen.

Trotz dieser sozialstrukturellen Anonymisierung der Konsumenten lassen sich bestimmte Lagen und Voraussetzungen ausmachen, unter denen sie erst entstehen können. Vergangenheitskonsumenten treten bevorzugt in urbanen Verdichtungen auf, in denen nicht nur lokale und traditionale Bindungen abgeschwächt, sondern auch neue Bedürfnisse an Unterhaltung und Ablenkung entstehen. Nach der Gründung des Kaiserreiches war

162 Die Wende vom Stil zur Natur als Authentizitätsgarantie ließ die Wahrnehmung der Natur selbst nicht unberührt. Die natürliche Umgebung eines Gebäudes wurde nun zunehmend in den Denkmalsschutz einbezogen; besonders schöne Landschaften wurden selbst zu Naturdenkmälern erklärt und unter konservatorische Kuratel gestellt.

die soziale Struktur der deutschen Gesellschaft auf vielfache Weise in Bewegung gekommen. Ein großer Teil der deutschen Bevölkerung wechselte den Wohnsitz, die Großstädte – allen voran Berlin – schwollen durch den gewaltigen Zustrom aus den Dörfern und kleinen Städten an, die ländlichen Milieus erodierten, traditionelle ständische Unterscheidungen und lokale Zuordnungen verschwanden in der Anonymität der großstädtischen Verhältnisse.[163] Nicht nur in Amerika wirkte die moderne, durch Migration gewachsene Großstadt als Schmelztiegel von Herkunftskulturen. Er brachte ein neues enttraditionalisiertes Publikum hervor, das sich seiner eigenen Identität nicht mehr sicher war und auch angesichts seiner sozialstrukturellen Vielfalt und Heterogenität kaum eine neue übergreifende Identität ausbilden konnte. Allein die Grenzziehung gegenüber einer Außenwelt, gegenüber dem Fremden oder gegenüber der Vergangenheit einte dieses Publikum. Es konnte keine Gewißheit eines gemeinsamen Ursprungs oder einer gemeinsamen Mission, sondern nur eine Gemeinsamkeit der Blickrichtung entwickeln, für kurze Zeit und dann nicht mehr.

2.3.5 Rituale des Konsums von Vergangenheit

Die Aneignung der beruflich hergestellten und versachlichten Vergangenheit kann unterschiedliche Formen annehmen. Die wichtigste und folgenreichste Form des Konsums von Vergan-

163 Selbst wenn man die zeitgenössischen kulturkritischen Reaktionen auf Entwurzelung und Vermassung mit Skepsis betrachtet (vgl. K. Bergmann, *Agrarromantik und Großstadtfeindschaft*, Meisenheim 1970), zeigen Mobilitätsstatistiken doch außerordentliche Migrationsströme von den ländlichen Gebieten in die norddeutschen Großstädte und die neuen Industrieregionen des Westens, aber auch häufige Wohnsitzwechsel vor allem der Unterschichten innerhalb eines Stadtgebietes. Etwa jeder zweite Deutsche lebte 1907 nicht mehr in seinem Geburtsort (W. Köllmann, »Bevölkerungsgeschichte 1800-1970«, in: H. Aubin und W. Zorn (Hg.), *Handbuch der deutschen Wirtschafts- und Sozialgeschichte*, Bd. 2, Stuttgart 1976, S. 9-50, hier S. 20), der Anteil der großstädtischen Bevölkerung (Großstädte als Städte mit über 100.000 Einwohnern) nahm von 4,8 Prozent auf 21,3 Prozent zu, gegen 1910 lebten etwa ebenso viele Deutsche in Städten wie auf dem Lande (Zahlen nach J. Reulecke, *Geschichte der Urbanisierung in Deutschland*, a.a.O., S. 68).

genheit wird durch die vielen Museen ermöglicht, die in den letzten Jahrzehnten des Jahrhunderts überall in Europa gegründet werden.[164] Museen bringen die Ergebnisse von mäzenatischem Sammeleifer und öffentlicher Denkmalspflege mit einer prinzipiell unbegrenzten Menge an Schaulustigen zusammen. Im Unterschied zu den Wunderkammern der frühen Moderne trennen sie zwischen denjenigen, die die Sammlung zusammengestellt haben und besitzen, und denjenigen, die ihren Anblick genießen. Die stoffliche Präsenz der Gegenstände und die Anwesenheit des Publikums machen den Kern der Museumskommunikation aus. Ihrer beider räumliche Nähe wird durch strenge Kommunikationsrituale reguliert; das Publikum der Museen ist strikt auf die Zuschauerrolle festgelegt, die Kommunikationsmöglichkeiten während des Besuches sind ähnlich eingeschränkt wie im Theater oder Konzert, der alltägliche Gebrauch, ja selbst das Berühren der Museumsobjekte ist in der Regel verboten, andere Einstellungen als die der Neugier oder des ästhetischen Genusses dürfen nicht geäußert werden, Aufsichtspersonal kontrolliert das angemessene Verhalten. Die Produzenten der musealen Schaustellung hingegen treten hinter den Gegenständen

164 Von der Gründung des Germanischen Nationalmuseums 1852 an bis 1887 wurden durchschnittlich 2,1 Museen im Jahr neu gegründet, vor allem Provinzial-, Stadt- und Kunstgewerbemuseen. Seit 1887 verging kein Jahr mehr, ohne daß nicht mindestens fünf und ab 1899 sogar mindestens zehn Museen ihre Tore öffneten. Diese Tendenz stieg noch an, so daß im Jahr 1908 33 Museen neu gegründet wurden. Als Museumsarten bildeten sich das Völkerkundemuseum, das Kulturhistorische Museum, das Kunstgewerbemuseum, das den künstlerisch gestalteten Gebrauchsgegenstand vom Entwurf bis zur Fertigstellung zeigte, und das Technische Museum (der eigentliche Durchbruch dieses Museumstyps, der schon 1794 zum erstenmal in Paris auftrat, gelang 1903 mit dem von Oskar Miller gegründeten Deutschen Museum in München). Es entstanden die ersten Volkskundemuseen sowie gegen Ende des 19. und zu Beginn des 20. Jahrhunderts Sozialmuseen. Zwischen 1890 und 1914 entstanden in Deutschland 357 Museen, die sich mit Kulturgeschichte, Volks- oder Heimatkunde befaßten. Heimatmuseen stellten und stellen bald den größten Anteil der kulturhistorischen Museen. Siehe E. Karasek, *Die volkskundlich-kulturhistorischen Museen in Deutschland. Zur Rolle der Volkskunde in der bürgerlich-imperialistischen Gesellschaft*, Berlin 1984, S. 34.

zurück – nur Mäzene, nicht aber Fachleute treten publikumswirksam in Erscheinung.

Die Musealisierung der Vergangenheit folgt im neunzehnten Jahrhundert relativ schnell auf die der Kunst und der Kuriositäten. Eine Vielzahl von Museen werden eröffnet, eine Vielzahl von Gebäuden – Sakralbauten ebenso wie Bürgerhäuser, Adelssitze ebenso wie Bauernhäuser – wird zu Denkmälern erklärt und damit der unbegrenzten Verfügung durch ihre Eigentümer entzogen: Alltägliche Verwendungsformen werden einer ästhetischen oder allgemein kulturellen Perspektive untergeordnet. Die Deutungshoheit dieser Perspektive wird von den Fachleuten beansprucht, die in Stellvertretung der Öffentlichkeit festlegen, welche Präsentation als authentische gelten kann.[165]

Während Museen die Gegenstände der Schaulust an den Orten des Publikums, das heißt in den großen Städten, versammeln, fordert der Besuch von Baudenkmälern in den meisten Fällen eine Reise.[166] Solche kulturtouristischen Aktivitäten nehmen gegen Ende des Jahrhunderts stark zu; Reiseführer wie der Baedeker erscheinen, richten sich an ein breiteres Publikum und kon-

165 Mit der Übernahme der Vergangenheit durch die Experten vollzieht sich auch eine deutliche interne Differenzierung der Museen selbst – einerseits nach Sachgebieten, andererseits nach der Unterteilung zwischen den dem Publikum zugänglichen Schausammlungen und den allein den Fachleuten vorbehaltenen Studiensammlungen. Vgl. H. Vieregg, *Vorgeschichte der Museumspädagogik. Dargestellt an der Museumsentwicklung in den Städten Berlin, Dresden, München und Hamburg bis zum Beginn der Weimarer Republik*, Münster, Hamburg 1991, S. 323: Die Schausammlung sollte sich darin unterscheiden, daß sie nicht in systematischer Nüchternheit, sondern durchaus mit künstlerischem Reiz und unter dem Aspekt der Vermittlung von historischem Verständnis und Kunstverständnis angelegt wurde. Vgl. auch A. Kuntz, *Das Museum als Volksbildungsstätte. Museumskonzeptionen in der Volksbildungsbewegung in Deutschland zwischen 1871 und 1918*, Marburg 1976, S. 87: Rudolf Virchows wissenschaftliche Absichten wurden nur in seiner Studiensammlung, dem vom ihm gegründeten »Pathologischen Museum« für Lernende und Forschende, verwirklicht. Die Schausammlung diente der »allgemeinen Volksbildung«.

166 Vgl. J. Traeger, *Der Weg nach Walhalla. Denkmalslandschaft und Bildungsreise im 19. Jahrhundert*, Regensburg 1987. Traeger spricht von der »Einheit von Historismus und Tourismus«, die bei den stadtfern positionierten Nationaldenkmälern gegeben sei (S. 12).

struieren ein dichtes Netz von Sehenswürdigkeiten in den wichtigsten europäischen Ländern; Hotels werden zu besonderen Räumen der Kommunikation unter Touristen, Fremdenführer präsentieren Gruppen von Reisenden die lokalen Denkmäler, speziell für Touristen gefertigte Sehenswürdigkeiten tauchen auf. Alle diese touristischen Aktivitäten setzen eine Reihe von Dienstleistungen voraus, die zunehmend von besonders ausgebildeten Fachleuten beaufsichtigt oder sogar erbracht werden.[167] Das Bildungsideal spielt im touristischen Konsum von Vergangenheit eine zunehmend geringere Rolle: Entscheidend ist nicht das eigene Studium der historischen Literatur; entscheidend ist die Anwesenheit am Ort der Erinnerung oder der Fremde und sinnliche Wahrnehmung der echten Gegenstände. Beides kann äußerst kurz ausfallen und unter erniedrigenden Umständen stattfinden, ist aber unersetzlich für den touristischen Konsum. Da der Augenblick der Anwesenheit flüchtig ist, muß er dokumentiert werden: durch Briefe und Postkarten, selbst erstellte Skizzen und Photos, vor allem aber durch Souvenirs, die man am Ort des Denkmals im Augenblick des Besuches kauft.[168] Souve-

167 Nipperdey, *Deutsche Geschichte 1866-1918*, Bd. 1, a.a.O., 1990, S. 176-181. Seit den sechziger Jahren gab es Reisebüros in Berlin, 1907 gab es 119 Reisebüros mit 769 Angestellten, die schon eine Art von Pauschalreisen anboten: eine Zugfahrt mit unterschiedlichen Arrangements vor Ort. Reiseführer sortierten die Sehenswürdigkeiten vor, standardisierten Bildungsansprüche und machten die Einhaltung zur Pflicht. Die Auflagen der Reiseführer, nach Reisezielen geordnet, finden sich bei H.-J. Knebel, *Soziologische Strukturwandlungen im modernen Tourismus*, Stuttgart 1960, S. 25.

168 Vgl. J. Müller, »Die Stadt, die Bürger und das Denkmal im 19. Jahrhundert«, in: D. Hein und A. Schulz (Hg.), *Bürgerkultur im 19. Jahrhundert. Bildung, Kunst und Lebenswelt*, München 1996, S. 269-288, hier S. 285. Eine kommerzielle Auswertung von Denkmälern läßt sich schon früh feststellen, so gab es zum Beispiel beim Stuttgarter Schiller-Denkmal von 1839 schon Gläser, Kristallgefäße, Anstecknadeln mit Schillers Bild, Schillerlocken, -haarbürsten und Schillerbonbons zu kaufen. Hermann und Germania wurden auf Tabakwaren, Werbeplakaten und Spielkarten vermarktet, sie waren auch, wie die großen Kaiserdenkmäler in den neunziger Jahren, beliebte Postkartenmotive. Für die ästhetisch anspruchsvollere großbürgerliche Klientel gab es Orginalradierungen vom Deutschen Eck, die bis zu 250 Mark kosteten.

nirs sind Gegenstände, die von praktischen Zwecksetzungen frei sind und allein dem Zweck dienen, zu erinnern und zu bezeugen. Nicht die gelungene Erzählung der Reise oder das Bildungswissen, das sich aus ihr ergab, sondern allein die materiale Stofflichkeit des Gegenstandes, den man nur dort erwerben konnte, wird hier als Zeugnis akzeptiert.

Diese Unersetzlichkeit des authentischen Ursprungs wird auch zur Leitidee neuer Formen des Kunstsammelns, eines voraussetzungsvollen Modus des Konsums von Kultur.[169] Nach der Reichsgründung wuchs der Kunstmarkt in Deutschland nicht nur wegen eines gesteigerten Angebots, das auf die finanziellen Krisen des italienischen und französischen Kunstbesitzes zurückzuführen war, sondern auch wegen der gesteigerten Nachfrage aus wirtschaftsbürgerlichen Kreisen, die sich von Kunstbesitz aristokratische oder bildungsbürgerliche Distinktion erhofften.[170] Mit dem Auftreten dieser neuen reichen Kunstsammler einerseits und der neuen Techniken der Kunstreproduktion, die die Vervielfältigung erleichterten und damit die Kopien entwerteten, andererseits änderte sich auch die Form des Sammelns selbst. Während in der ersten Hälfte des Jahrhunderts noch die Kopien der großen alten Meister gesammelt wurden, konnte Bode die neuen Berliner Sammler jetzt davon überzeugen, nur mehr Originale zu kaufen.[171] Durch die Umstellung auf

169 Th. W. Gaehtgens, »Wilhelm von Bode und seine Sammler«, a.a.O., S. 169: »Das Kunstsammeln alter Kunst im Deutschen Kaiserreich war Ausdruck einer Gründergeneration, die sich nicht nur durch wirtschaftlichen Erfolg und Reichtum auszeichnete, sondern für die auch charakteristisch war, daß sie sich in den kulturellen Leistungen der eigenen Zeit *nicht aufgehoben* fühlte. Im Gegensatz zu Romantik und Biedermeier suchten die erfolgreichen Bürger der Epoche des Kaiserreiches – bis auf wenige Ausnahmen – ihre gesellschaftliche Stellung durch Kultur vergangener Epochen zu bestimmen.«

170 Vgl. ebd., S. 166.

171 Vgl. W. v. Bode, *Mein Leben*, Bd. I, Berlin 1930, S. 151 f. Er berichtet von den Bemühungen, den Generaldirektor von Usedom zu überzeugen, Originale zu kaufen. Hermann Grimm setzte sich weiter für den Ankauf von Gipsabgüssen ein. »Ich pflegte ihm dann zu erwidern, daß selbst ein bloßes Fragment von einem schönen Original für unsere Museen wichtiger sei als der Abguß des herrlichsten Denkmals oder die Kopie eines berühmten Gemäldes.«

das authentische und originale Objekt wurde die Vergangenheit kostbar und marktfähig; im Gegenzug zur bildungsförmigen Aneignung der Vergangenheit im Historismus konnte man Distinktion nun käuflich erwerben. Mit dem neuen Kult des Originals, der gegen die beliebige Vervielfältigung der Vergangenheit gerichtet war, wurde so tendenziell dem Bildungsbürgertum auch ein Teil seines kulturellen Monopols entzogen: Der neue Reichtum aus Industrie und Geschäftswelt betrat die Bühne und besetzte neue Rollen des Konsums von Kultur.[172] Gleichzeitig traten die erzieherischen und bildenden Absichten, die den Historismus noch stark bestimmt hatten, immer deutlicher in den Hintergrund; die Distinktion des Originals ist eben nicht pädagogisch vermittelbar. Die Konstruktion bildungsbürgerlicher Identität im Historismus war somit gleich von zwei entgegengesetzten Seiten bedroht: Einerseits verwässerten Reproduktionstechnik und Pädagogik die bildungsbürgerliche Distinktion – jeder konnte über Kunsterziehung und Kunstdruck grundsätzlich am Erbe der Vergangenheit teilhaben. Andererseits entzog sich die neue Distinktionsform des Kunstbesitzes tendenziell den finanziellen Möglichkeiten des Bildungsbürgertums – zumindest der Mehrheit derjenigen, die sich ihm zurechneten und an ihm orientierten.

2.3.6 Codierung: Die Fremdheit der Vergangenheit

Das Verhältnis der kollektiven Identität zur Vergangenheit nimmt mit dem invertierten Modernismus eine besondere Wendung: Die versachlichte Vergangenheit in den Händen der Fachleute war den Laien entfremdet und konnte nicht mehr um-

172 Th. W. Gaehtgens, »Wilhelm von Bode und seine Sammler«, a.a.O., S. 166: »Die Sammler des Deutschen Kaiserreiches entstammten nicht dem Adel, nicht einmal vornehmen traditionellen Familien Berlins oder Preußens. Sie gehörten der Gruppe von wirtschaftlich erfolgreichen Unternehmern an, denen die Epoche die Bezeichnung Gründer dankt.« Vgl. auch C. M. Girardet, »James Simon«, in: *Jahrbuch der Stiftung Preußischer Kulturbesitz* XIX (1993), S. 77 bis 98. Girardet legte eine Fallstudie über die bedeutendsten Sammler und Mäzene der preußischen Museen vor. Sie wies nach, daß die meisten Mäzene der Berliner Museen dem Judentum angehörten.

standslos als Grund kollektiver Identität betrachtet werden. Es gelang nicht mehr, eine bruchlose Verbindung mit der eigenen Vergangenheit herzustellen, vielmehr konnte man das Vergangene als Rarität und Alterität zur Schau stellen. Die Begegnung mit dem ganz Anderen und Befremdlichen der alten Dinge löste milde Schauer aus, die der Erregung beim Betrachten merkwürdiger Gegenstände aus fremden Kulturen glichen. Die Vergangenheit wurde exotisch. Im Museum werden die Zeugen der Vergangenheit isoliert von ihrem alltäglichen Verwendungskontext allein unter Gesichtspunkten der Ästhetik oder der Rarität betrachtet. Man betrachtet sie kurz in ihrer Andersheit, aber man würde sie nicht als Gegenstand in alltäglichen Funktionszusammenhängen nutzen. Der Alltag wurde aus seiner Einbettung in die Vergangenheit und die Vergangenheit aus ihrer Einbettung in den Alltag gelöst. Im Unterschied zur historistischen Fassade, die die unheimliche Funktion vertraut oder den belanglosen Inhalt erhebend erscheinen läßt, wird durch die exotische Patina das Vertraute verfremdet und das Gewöhnliche unheimlich.

In dieser Musealisierung der Vergangenheit finden sich noch Spuren einer Ästhetik des Erhabenen. Es geht allerdings nicht mehr um die atemberaubende Erscheinung des göttlichen Schönen, sondern um den unterhaltenden Anblick des Fremden, das auf ungefährliche Weise nahegerückt ist. Dabei zieht auch die Vergangenheit der anderen ein besonderes Interesse auf sich; sie ist in zweifacher Hinsicht exotisch und befremdlich, sie steht nicht für Identität, sondern für äußerste Alterität.

Gerade über diese Konstruktion von Alterität stellt sich jedoch auch eine Gemeinsamkeit derjenigen ein, die zwar untereinander unterschiedlich, aber doch auch im faszinierten Blick auf das Fremde vereint sind. Die kollektive Identität, die sich dabei einstellt, wird durch Mythen des Unheimlichen und Fremden gepflegt, die nicht mehr an die körperliche Anwesenheit des Fremden gebunden sind und leicht von neuen Formen des Schauspiels übernommen werden können: der Trivialfilm beerbt so die Völkerschauen.

2.4 Weder Vergangenheit noch Zukunft: Das Gegenwartsbewußtsein des Kulturpessimismus

2.4.1 Die neuen Mythologen

Während die Geschichtswissenschaften noch die Aufgaben der Identitätskonstruktion und der sachlichen Untersuchung der Tatsachen in einer Disziplin zu vereinen und über die Trennung zwischen öffentlicher und interner Kommunikationsform zu bewältigen suchten, treten die Felder des Mythologen und des Fachmenschen um die Jahrhundertwende immer stärker auseinander. Während die Fachleute sich beruflich organisierten, in Interessenverbänden zusammenschlossen und staatlich anerkannte Ausbildungsordnungen anstrebten, wurde im Gegenzug die Stellung des Mythologen charismatisch aufgeladen und von mundanen Routinen wie von sachlichen Bindungen weitgehend freigesetzt.[173] Nietzsche und Bergson, Lagarde und Langbehn, Wagner und Chamberlain, Klages und Sorel, später Spengler, Diederichs, Moeller van den Bruck und George wurden als Ausnahmeerscheinungen gesehen, deren Außeralltäglichkeit sich jeder vordergründigen Pädagogik versperrte; ihre Umgebung bestand aus Jüngern, nicht aus Schülern, ihre wirtschaftliche oder berufliche Lage galt als nebensächlich oder ungeordnet, ihre Aufnahme durch das Publikum schwankte zwischen Verehrung und offizieller Ablehnung. Konstitutiv für ihre soziale Situation war ein Außenseitertum, das nur selten erzwungen war, das sich vielmehr selbst absichtsvoll außerhalb der gewohnten Bahnen plazierte, freilich durch die Ablehnung des etablierten Kulturbetriebs verstärkt und durch Selbststilisierung zur prophetenhaften Heterodoxie überhöht wurde. Lagarde war mit seiner wissenschaftlichen Zunft zerfallen[174], Langbehn wanderte als ein stel-

173 Von der Rolle, welche die neuen Mythologen für die Zwischenkriegsgeneration spielte, berichtet als Zeitzeuge H.-G. Gadamer, *Wahrheit und Methode*, Bd. 2, Tübingen 1986, S. 480 ff.

174 Vgl. I. U. Paul, »Paul Anton de Lagarde«, in: U. Puschner, W. Schmitz und J. H. Ulbricht (Hg.), *Handbuch zur »Völkischen Bewegung« 1871-1918*, München, New Providence, London und Paris 1996, S. 45-95, hier S. 54: »Als Wissenschaftler galt er nichts im eigenen Land – der Weg zum prophetischen Politiker, zum politischen ›Propheten‹, und damit zu Lagardes die beiden letzten Le-

lungsloser Seher mit psychopathischen Zügen durch Deutschland[175], Nietzsche gab die Gewöhnlichkeiten der akademischen Existenz bald auf, Chamberlain fand nur außerhalb seiner britischen Heimat einen großen Leserkreis – die Beispiele ließen sich vermehren.

2.4.2 Charismatische Rituale

Der kommunikative Gestus der neuen Mythologen war nicht debattierend, sondern scharfzüngig attackierend oder visionär; er duldete keinen Widerspruch und festigte die Bindung zwischen dem Mythologen und seinen Gläubigen. Diese Beziehung beruhte auf charismatischen Erwartungen der Gefolgschaft und wurde in einen besonderen Kult des exzentrischen Führers umgesetzt. Die Unterscheidung zwischen Führer und Gefolgschaft war scharf, und der Einfluß der Mythologen berührte die ganze Weltanschauung der Gefolgschaft; es ging nicht um eine sachliche Leistung, hinter der die Person des Autors oder Produzenten gänzlich zurücktrat, sondern um eine umfassende Faszination, die nicht von der persönlichen Aura des Mythologen zu trennen war. Die Botschaft der Mythologen ließ sich nicht in konventionelle Gattungen fügen: Lagardes Schriften waren gleichzeitig Gegenwartsdiagnose und gelehrte Geschichtsbetrachtung, Nietzsches Werke sind gleichzeitig Kulturkritik, Philosophie und Dichtung, Wagners Musik will Gesamtkunstwerk sein etc. Ebenso wie die Person des Mythologen sich der Klassifizierung der Fachmenschen versperrte, reichte auch der Anspruch des Werkes über die gängigen Einteilungen des kulturellen Konsums hinaus: Die Totalität der Person sollte vom Wort, von der Musik, von der Kunst ergriffen werden.

Die charismatische Spannung zwischen dem Mythologen und seiner Gefolgschaft wurde durch besondere Rituale der Lesung oder der musikalischen Feier gefaßt und gehalten.[176] Zu ihnen

bensjahrzehnte beherrschenden Lebensgefühls war nicht mehr allzuweit.«

175 Zu Langbehn siehe zum Beispiel B. Behrend, »August Julius Langbehn, der ›Rembrandtdeutsche‹«, in: ebd., S. 94-113.

176 Exemplarisch dafür steht der George-Kreis, der sich als geheime Gegenöffentlichkeit verstand. Siehe W. Schmitz und U. Schneider,

war zunächst nur ein begrenzter Kreis der Eingeweihten zugelassen. In diesen Ritualen fand nicht nur eine Begegnung zwischen Mythologen und Gefolgschaft statt, sondern auch eine Abgrenzung gegenüber den Nichteingeweihten, den Unwissenden, den vielen, die ein banales Leben führten. Gerade jene konturlose und anonyme Masse, die in den urbanen Verdichtungen entstanden war, wurde zum Gegenstand der Verachtung und Distanzierung.[177] Selbst in der Beziehung zwischen dem Autor und seiner Leserschaft findet sich diese charismatische Spannung und Abgrenzung nach außen: Im Unterschied zum Fachmenschen wird der Mythologe persönlich zitiert, die Sprache des Mythologen ist verschlossen und spröde.

Die neuen Mythologen antworteten auf ein verbreitetes Bedürfnis nach einer neuen unbedingten und identitätssichernden Perspektive, die die Geschwätzigkeit und Vordergründigkeit des offiziellen Kulturbetriebs mit einer neuen Heterodoxie überwinden sollte. Innerhalb der Krise der alten ständischen Ordnung, aber auch in deutlicher Distanz zu der neuen Konstellation von Fachleuten und schaulustigen Bildungsphilistern vermittelte die charismatische Kommunikation zwischen Mythologen und ihren Jüngern das tragische Lebensgefühl einer neuen Geistesaristokratie, die um die Vergeblichkeit des Fortschrittsbemühens wußten und auf Distanz zur Gewöhnlichkeit und zum Gewohnten gingen.

»Völkische Semantik bei den Münchner ›Kosmikern‹ und im George-Kreis«, in: ebd., S. 711-746. Vgl. auch zum Bayreuther Kreis: W. Schüler, *Der Bayreuther Kreis von seiner Entstehung bis zum Ausgang der Wilhelminischen Ära. Wagnerkult und Kulturreform im Geiste völkischer Weltanschauung*, Münster 1971.

177 Im dritten *Jahrbuch für geistige Bewegung* 1912 schreibt vermutlich George selbst: »die Massen sind das produkt hemmungslosen fortschritts, gesetzloser humanität, passiver freiheit. [...] jedem anständigen menschen muss der ekel kommen beim blossen lesen der zahlen, die zu erwarten sind, [...].« Zitiert nach: W. Schmitz und U. Schneider, »Völkische Semantik bei den Münchner ›Kosmikern‹ und im George-Kreis«, a.a.O., S. 734.

2.4.3 Codierung: Die Steigerung der Gegenwart

Weder die naive Fortschrittsbegeisterung der Naturwissenschaften noch die selbstzufriedene Vergangenheitsgewißheit des Historismus schienen geeignet, diese Distanz zur Orthodoxie und zur gegenwärtigen Lage zu schaffen. Beide galten als zu banal und zu vordergründig: Der Historismus war selbst an die Stelle der neuen Orthodoxie[178] gerückt und der naturwissenschaftliche Fortschrittsbegriff zu weit von jenem kulturellen Krisenbewußtsein entfernt, das die Mythologen als konstitutiv für ihre neuen Entwürfe annahmen. Nietzsches Angriffe gegen die Bildungsphilister, gegen die Utilitaristen und die Optimisten stehen hier beispielhaft für eine durchgängige Distanzierung. Es ging den Mythologen der Jahrhundertwende zunächst darum, das Vertraute und Gewohnte zu verfremden und die Krise der gegenwärtigen Kultur zu diagnostizieren: Jenseits der traditionalen Selbstverständlichkeiten und der Banalität der technischen Vernunft, voller Verachtung für die Dekadenz der Eliten und die Bewußtlosigkeit der Massen sollte eine außerordentliche neue mythische Grundlage der Identität gesucht werden.[179] Dieser neue Mythos wurde als *élan vital*, Wille zur Macht, Strom des Erlebens, unmittelbare Erfahrung, ästhetische Schau, Selbstgewißheit des Kör-

178 Die Kritik am Historismus wird deutlich in der Kritik an der allgemeinen Musealisierung der Vergangenheit im 19. Jahrhundert. Julius Langbehn nannte die Museen in seiner Schrift »Rembrandt als Erzieher« im Jahr 1890 »Methodische geordnete Rumpelkammern«, in denen ein Besuch nicht lohne. J. Langbehn, *Rembrandt als Erzieher*, Leipzig 1890, S. 17, zitiert nach G. Kaldewei, *Museumspädagogik und Reformpädagogische Bewegung 1900-1933. Eine historisch-systematische Untersuchung zur Identifikation und Legitimation der Museumspädagogik*, Frankfurt am Main 1990, S. 53. Abhilfe könne geschaffen werden, wenn nicht mehr das wissenschaftliche Ausstellungsprinzip, sondern das künstlerische und pädagogische an die Spitze gestellt werde. »Museen sind Erziehungsorgane; das ist ihr Verhältnis zum gesamten Volk; bloße Belegsammlungen für wissenschaftliche Forschung sollen sie nicht sein.«

179 Vgl. die Einschätzung, die Windelband bereits 1876 gegenüber dieser von ihm so bezeichneten »Modeerscheinung« geäußert hat, in: W. Windelband, »Pessimismus und Wissenschaft«, in: ders., *Präludien*, Bd. 2, Tübingen 1915, S. 218 ff.

pers und Reinheit der Natur umschrieben.[180] Identitätsstiftende Authentizität ergab sich hier nur außerhalb von und im Widerspruch zu bestehenden Wertordnungen, in der Unmittelbarkeit des eigenen Erlebens und der rücksichtslosen Durchsetzung der eigenen Individualität. Der neue Mythos stand im Gegensatz zu Geschichte und Gesellschaft, Kultur und Tradition, Vernunft und Argument; statt dessen sakralisierte er die radikale Subjektivität und die schöpferische Kraft des Lebens.

Im Unterschied zu der scharfen Krisendiagnose war die positive Programmatik der neuen Mythologen nur schwach entwikkelt. Es ging ihnen nicht um neue Festlegungen und um neue Gebote, sondern um die Freisetzung der Gegenwart von den Werten der Vergangenheit, um das Verfremden des Gewohnten und die Entdeckung der außerordentlichen Erfahrung, vor allem aber um die Intensität des Lebens, die sich jeder ethischen Reglementierung und Zucht des Mittelmaßes versperrte. Weder die Vergangenheit noch die Zukunft konnten diesem neuen Mythos eine Orientierung geben; allein die Steigerung des Gegenwartsbewußtseins, der Außerordentlichkeit und Intensität des Augenblicks, in dem alle vergangenen Erfahrungen ihre Gültigkeit verlieren und alle vorsichtigen Erwägungen künftiger Folgen zurücktreten, versprach einen Ausweg aus der Krise.

Ähnlich wie die Intensität des Lebens oder die radikale Subjektivität entzieht sich auch die reine Gegenwart einer direkten und umstandslosen Beschreibung; sie bezeichnen eine nicht benennbare Kehrseite des Beschreibbaren, einen Fluchtpunkt, der die bekannten Ordnungen der Gegenstände in Bewegung hält. Über diese Radikalisierung des Gegenwartsbewußtseins sollte jenseits der gewohnten Formen der Transzendenz eine ungeheure Immanenz entdeckt werden, die gelegentlich auch als neues Heidentum gepriesen wurde: das Leben, die Natur, die Triebe. In dieser Verfremdung des Gewohnten, der Steigerung der Gegenwart und der Aufforderung zum radikalen Bruch mit der Vergangenheit spiegeln sich Elemente der charismatischen Beziehung, mit denen die neuen Mythologien konstruiert wurden.

180 Auch Max Webers Charismabegriff bezog ein entscheidendes Motiv aus diesem intellektuellen Umfeld.

2.4.4 Resonanzen: Verunsicherung und Entwurzelung des Kleinbürgertums

Die inflationäre Erschöpfung des Historismus und die verbandsförmige Organisierung der Architekten und Denkmalspfleger gaben den Anstoß zum Wechsel von der historistischen zur modernistischen Codierung. Damit war ein Szenario geschaffen, in dem die Vergangenheit als öffentlich anrufbare Grundlage von Identität keinen Platz mehr hatte. Die Fachleute hatten deren Verwaltung übernommen und den öffentlichen Identitätsdiskurs den neuen Mythologen überlassen, die andere Themen in den Vordergrund rückten. Die Unmittelbarkeit der Gegenwart, des Leiblichen und Triebhaften, die von der historistischen Fassade des Bildungsbürgertums verdeckt und verhängt worden war, sollte nun wieder freigelegt und in ihr Recht als Grundlage von Identität gesetzt werden.

Die Anhängerschaft der neuen Mythologen bestand zunächst aus einer neuen Generation des Bildungsbürgertums, die ihre kulturelle Distinktion nur über Distanz zu den etablierten Vorstellungen des Wilhelminismus finden konnte. Die Trivialisierung und Banalisierung des historistischen Projekts machte diese Generation empfänglich für neue Heterodoxien und führte den neuen Mythologen auch jenseits des Kreises ihrer unmittelbaren Jünger ein junges, sensibles und gebildetes Publikum zu.[181] Der Einfluß der neuen Mythologen, insbesondere Nietzsches, auf die jungen Intellektuellen der Jahrhundertwende kann kaum überschätzt werden. Max Weber und Georg Simmel, Thomas Mann und Rainer Maria Rilke, André Gide und William Butler Yeats stehen für viele andere weniger bekannte und bedeutende.

Resonanzen fanden die Themen der neuen Mythologen jedoch nicht nur bei neuen Generationen des Bildungsbürgertums[182],

181 Zu den in den achtziger und neunziger Jahren geborenen Kindern des Bildungsbürgertums, den »Übergangsmenschen« (so genannt von dem Schriftsteller Hermann Conradi 1889) siehe St. Breuer, *Anatomie der konservativen Revolution*, Darmstadt 1993, hier besonders S. 25-48.

182 Vgl. W. L. Sprondel, »Kulturelle Modernisierung durch antimodernistischen Protest. Der lebensreformerische Vegetarismus«, in: F. Neidhardt, M. R. Lepsius und J. Weiß (Hg.), *Kultur und Gesellschaft.* René König, dem Begründer der Sonderhefte, zum 80. Ge-

sondern auch – wenngleich auch nicht durch direkte Lektüre, sondern auf trivialisierenden Umwegen – bei den wachsenden kleinbürgerlichen Schichten in den Städten, die sich nicht mehr in altständischen Lebensordnungen geborgen fühlen konnten.[183]

Die Lage und strukturelle Orientierung des Kleinbürgertums waren in Frankreich und Deutschland sehr unterschiedlich. Das französische Kleinbürgertum konnte auf eine revolutionäre Tradition zurückblicken und rückte dabei einerseits an die Seite der städtischen Arbeiterschaft, geriet andererseits aber in Gegensatz zu der Notablengesellschaft des Bonapartismus und Orleanismus, die sich wiederum vor den *classes dangereuses* ängstigte. In der Dritten Republik wurde das republikanisch gesinnte Kleinbürgertum zum Träger staatlicher Macht. In deutlichem Unterschied zu dem selbstbewußten französischen Pendant fühlte sich das deutsche Kleinbürgertum bedroht vom Auftreten neuer selbstbewußter Klassen – dem neuen Wirtschaftsbürgertum, der Facharbeiterschaft und der naturwissenschaftlich-technischen Intelligenz[184]; häufig aber auch von der Assimilation der deutschen Juden, die deutliche Fortschritte machte, und von Migrationsbewegungen aus Polen, die neben die großen Wanderungsströme vom Lande in die großen Städte traten. Die Städte, die zwischen 1871 und 1910 große Teile der Landbevölkerung aufnahmen, bildeten eine neue Struktur aus, in der das Kleinbürgertum und die gewohnte ständische Ordnung an Bedeutung verloren. Die vielen Zuwanderer, die aus den ländlichen Gebieten

burtstag gewidmet (*Kölner Zeitschrift für Soziologie und Sozialpsychologie*, 27. Sonderheft), Opladen 1986, S. 314-330, S. 328.

183 Vgl. ebd., S. 325. Um eine Kerngruppe bildeten sich »quantitativ schwer faßbare, wechselseitig sich überschneidende Kreise weniger fundamentalistisch orientierter Sympathisanten«, die der Mittelschicht entstammten. Vgl. auch E. Viehhöfer, *Der Verleger als Organisator. Eugen Diederichs und die bürgerlichen Reformbewegungen der Jahrhundertwende*, Frankfurt am Main 1988, S. 26: Teile »des neuen Mittelstandes, besonders unter den höherqualifizierten, [waren] in den Reformbewegungen tätig, ohne aber deren Sprecher zu sein. Diese Aufgabe übernahm das Bildungsbürgertum.«

184 Vgl. J. Frecot, J. F. Geist und D. Kerbs, *Fidus 1868-1948. Zur ästhetischen Praxis bürgerlicher Fluchtbewegungen*, München 1972, S. 18 f. Von der Arbeiterschaft suchte man sich abzugrenzen, gegen den zunehmenden Reichtum des Wirtschaftsbürgertums setzte man die Moral.

Ostdeutschlands in die großen Städte kamen, waren meist junge arbeitsuchende Männer, die außerhalb der ständischen Ordnung standen.[185] Zu diesem Eindruck demographischer Marginalisierung kam die überraschende Erfahrung der Arbeitslosigkeit und des wirtschaftlichen Einbruchs in der Gründerzeitkrise von 1880, die das Vertrauen in Fortschritt und wirtschaftliche Entwicklung erschütterte.

Die Erfahrungen der Entwurzelung und Bindungslosigkeit, Anonymität und Fremdheit, des schwindelerregenden Wandels und der wirtschaftlichen Krisen wurden in Feuilleton und Literatur vielfach beschrieben; sie fanden insbesondere bei jenen neuen Gruppen und Schichten Widerhall, die zwar noch in ständischen Mustern dachten, aber in der traditionellen Ordnung keinen angestammten Platz mehr fanden oder ihn nicht mehr ausfüllen konnten. Kleine Beamte und Angestellte, Volksschullehrer und kleine Gewerbetreibende bemühten sich in Deutschland um Distinktion gegenüber der Arbeiterschaft und orientierten sich teilweise an bildungsbürgerlichen Lebensstilen, ohne freilich vom Bildungsbürgertum akzeptiert zu werden oder auch nur über ausreichende Mittel für einen solchen Lebensstil zu verfügen.[186] Dieser mehrere Millionen umfassende neue Mittelstand war zwar direkt von den Erfahrungen der Stellungslosigkeit und Migration nur in geringem Umfang betroffen, aber in seiner besonderen sozialstrukturellen Lage anfällig für Deklassierungsängste. Es ging weniger um die Bewältigung eigener Lebensrisiken als um die Furcht vor Ordnungsverlust. Stellungslosigkeit war weniger eine Angelegenheit des Arbeitsverhältnisses als eine des Ortes in einer Gesellschaftsarchitektur. Ohne die Rückendeckung durch lokale Bindungen und altständische Ordnungen, aber auch mit unsicheren wirtschaftlichen Perspektiven in die Zukunft, abgelehnt vom akademisch gebildeten Bürgertum, aber auch voller Mißtrauen gegenüber der neuen industriellen Welt war dieses kleinbürgerliche Laienpublikum besonders

185 D. Langewiesche, »Mobilität in den deutschen Mittel- und Großstädten. Aspekte der Binnenwanderung im 19. und 20. Jahrhundert«, in: W. Conze und U. Engelhardt (Hg.), *Arbeiter im Industrialisierungsprozeß*, Stuttgart 1978, S. 70-93, hier S. 78.

186 Um sich abzugrenzen, pochte das Kleinbürgertum auf »das bißchen Schulbildung, die Tapete und den Öldruck an der Wand.« J. Frecot u.a., *Fidus 1868-1948*, a.a.O., S. 19.

empfänglich für neue Codierungen einer kollektiven Identität, die das Kapital des Bildungsbürgertums in bestimmter Weise entwertete, aber auch auf deutliche Distanz zur Arbeiterschaft und zu der seelenlosen Technik ging.

2.4.5 Bündische Kommunikation

Die wichtigste Organisationsform der deutschen Angestellten war der berufsständische Verband, aber in diesen verunsicherten Schichten stellte sich auch eine neue Form der Vergemeinschaftung ein, die wir bündisch nennen können. Sie erfaßt keineswegs alle Angehörigen des Kleinbürgertums, bildet jedoch eine typische Reaktion auf die Erfahrung von Verunsicherung und Beschleunigung und unterscheidet sich nachdrücklich von der herkömmlichen Vereinsgeselligkeit des Bildungsbürgertums wie auch von der der Fortschrittsbewegungen. Kennzeichnend für diese bündischen Gemeinschaften, die sich in vielen Varianten vom Wandervogel und der Lebensreformbewegung bis zu Agrarkommunen wie der Mittgardbewegung[187] und Künstlerkolonien wie Monte Verità entwickelten, ist – ungeachtet ihrer ganz unterschiedlichen Mitgliederzahlen und ganz verschiedenen Ansprüche an diese Mitglieder – die Schließung nach außen und die Wende vom Moraldiskurs des Vereins zu einer Orientierung an Reinheit und Natürlichkeit.[188] Die Mitgliedschaft in die-

187 Zur Mittgart-Siedlung, die der Züchtung einer neuen germanischen Rasse dienen sollte und nur eine literarische Utopie von Willibald Hentschel blieb, vgl. U. Linse, »Völkisch-rassische Siedlungen der Lebensreform«, in: Puschner u.a. (Hg.), *Handbuch zur »Völkischen Bewegung« 1871-1918*, S. 397-418, und P. Weingart, J. Kroll und K. Bayertz, *Rasse, Blut und Gene. Geschichte der Eugenetik und Rassenhygiene in Deutschland*, Frankfurt am Main 1992, S. 34.

188 Dabei wird allerdings eine große Bandbreite der verschiedenen Lebensreformbewegungen deutlich. Vgl. A. Mölle, »Lebensreformbewegungen im Deutschen Kaiserreich. Strukturen, Zeitbezug, Kodierungen«, Ms., Gießen 1997. Es gab Bewegungen, die durchaus missionarischen Eifer entwickelten, zum Teil internationalistisch und pazifistisch orientiert waren, und es gab Logen und Bünde, die exklusiv, völkisch bis rassistisch und antisemitisch waren, so zum Beispiel der von Ungewitter gegründete »Treubund für aufsteigendes Leben« (siehe G. Spitzer, *Der deutsche Naturismus.*

sen Bünden hatte nur selten Rechtsform[189], sondern war tiefer gelegt und an Merkmalen festgemacht, die sich der Sprachlichkeit und dem öffentlichen Zweifel versperren: Leiblichkeit und Bekenntnis, Ritual und Teilnahme an körperlichen Übungen, Anwesenheit und Erlebnis.

Aber die bündische Organisation des Kleinbürgertums setzte sich nicht nur vom Vereinsdiskurs ab; sie war auch weit entfernt von dem Modell des Zweckverbandes beruflicher Interessenvertretung, das den Anstoß zum invertierten Modernismus gegeben hatte. Bündische Gemeinschaften erfassen nicht nur bestimmte Interessen, sondern die ganze Person, ihre Kommunikation ist nicht auf Inklusion und Assimilation, sondern auf Exklusion und Distinktion von Außenstehenden angelegt. Es geht in erster Linie nicht um Missionierung, Interessenpolitik oder Bildungsdistinktion, sondern um Askese, um die Abwehr von Dekadenz und den Pathologien der Moderne, um die Erneuerung der Gesellschaft als einer Versöhnung zwischen Kultur und Natur.[190]

Idee und Entwicklung einer volkserzieherischen Bewegung im Schnittfeld von Lebensreform, Sport und Politik, Ahrensburg b. Hamburg 1983, S. 87; M. Andritzky und Th. Rautenberg, *»Wir sind nackt und nennen uns Du«. Von Lichtfreunden und Sonnenkämpfern: Eine Geschichte der Freikörperkultur*, Gießen 1989, S. 7). Sehr hohe Mitgliederzahlen hatten die Naturheilvereine. Die Mitgliederzahl von Naturheilkunde, Nacktkultur und Vegetarismus zusammengenommen betrug 1910 etwa 600.000, die Auflagen der Vereinszeitschriften waren im allgemeinen doppelt so hoch wie die Mitgliederzahlen. Einzelne Schriften und Flugblätter erreichten sechsstellige Auflagen (vgl. W. Sprondel, »Kulturelle Modernisierung durch antimodernistischen Protest«, a.a.O., S. 325 f.; vgl. W. R. Krabbe, *Gesellschaftsveränderung durch Lebensreform. Strukturmerkmale einer sozialreformerischen Bewegung im Deutschland der Industrialisierungsperiode*, Göttingen 1974, S. 169).

189 Vgl. ders., *Gesellschaftsveränderung durch Lebensreform*, a.a.O., S. 146.

190 Vgl. Andritzky und Th. Rautenberg, *»Wir sind nackt und nennen uns Du«*, a.a.O., S. 7. Reinheit erlangte man nicht nur durch Reinigung von den Übeln der Großstadt, »die Bewahrung vor Sittenverfall und Degeneration am eigenen Körper schloß bei den Anhängern der völkischen Nacktbewegung auch die Reinigung des Volkskörpers von angeblich minderwertigen, die ›Volkskraft‹ zersetzenden Elementen mit ein«.

2.4.6 Codierung: Reinheit und Dekadenz

Die Machtergreifung der Experten schnitt das verunsicherte Kleinbürgertum von der einfachen Rückbesinnung an die Geschichte der Nation ab. Eine kollektive Identität, die die Entwurzelungsfrage kompensieren könnte, ließ sich auf diesem Wege kaum gewinnen. Die Aussicht auf die Geschichte der Nation war einerseits von der beruflichen Denkmalspflege versperrt, und die Codierungen der Fachleute waren viel zu anspruchsvoll, um im Kleinbürgertum direkt Resonanz zu finden. Die Logik der Verberuflichung fordert geradezu, daß sich die Codierungen der Fachleute von denen der Laien abkoppeln. Andererseits zeigte die von den Fachleuten bevorzugte Ästhetik des invertierten Modernismus eine gewisse Nähe zu den Werten des Kleinbürgertums, der kleinen Beamten und Angestellten, insbesondere aber der Handwerker und Baumeister: Sachlichkeit, Rechtschaffenheit, Ehrlichkeit, Fleiß, Materialgerechtigkeit. Diese Wertorientierungen setzten sich einerseits ab von der bildungsbürgerlichen Prätention und der verwirrenden Maskerade des Historismus, betonten andererseits aber auch ihre Zugehörigkeit zu der guten alten rechtschaffenen Welt des Bürgertums. Arbeit wurde nicht als Mittel zum Broterwerb betrachtet, sondern hatte selbst ethischen Charakter. Sie sollte nicht hinter einer dekorativen Fassade verborgen werden, sondern offen und ehrlich in dem Werkstück selbst erscheinen. Zur industriellen Revolution hielt man ebenso Distanz wie zur Dekadenz der Städte, die Beschleunigungserfahrungen der industriellen Welt wurden – nicht nur wegen der Krise der Gründerjahre – eher als Gefährdungen der eigenen sozialen und wirtschaftlichen Lage wahrgenommen.[191] Weder der Bezug auf die Vergangenheit noch der auf die Zukunft versprachen hier eine angemessene kollektive Identität. Diese wird vielmehr in einer Gegenwart gesucht, die dem Wandel der Moden entzogen ist und sich an der Zeitlosigkeit der Natur ausrichtet.[192]

191 Vgl. J. Radkau, »Die wilhelminische Ära als ›nervöses Zeitalter‹, oder: Die Nerven als Netzwerk zwischen Tempo und Körpergeschichte«, in: *Geschichte und Gesellschaft* 20 (1994), S. 211-241.

192 Vgl. Krabbe, *Gesellschaftsveränderung durch Lebensreform*, a.a.O., S. 49. Lebensreform ist »aufs Zeitlose ausgerichtet, weniger Antizipation der voraussehbaren Zukunft intendierend, sie ist ›abstrakte Utopie‹«.

Anders als die historistische Bewegung orientierten sich die neuen Bünde nicht an einer geschichtlich greifbaren Vergangenheit, die, von ihrem Ursprung abgekoppelt, dekorativ eingesetzt werden konnte. Ihre Wertorientierung reagierte kompensatorisch auf die historische Verflüssigung der Vergangenheit und die sozialstrukturelle Lage des Kleinbürgertums. Angesichts von Beschleunigung und Mobilität, Oberflächlichkeit und Entwurzelung erhielten Bodenständigkeit und Echtheit, Unerschütterlichkeit und Wesenhaftigkeit eine neue Valenz. Nicht die wechselnde und künstliche Fassade, nicht die blaß-dekorative und oberflächliche Bildung, sondern ein wesenhafter und unentfremdbarer Kern des Volkes sollten nun seine kollektive Identität sichern.

Mit dieser Wende zu Echtheit, Reinheit und Natürlichkeit als Identitätsgarantien wiederholt das Kleinbürgertum der Jahrhundertwende die Ablehnung, die ein Jahrhundert zuvor das deutsche Bildungsbürgertum der verfeinerten Oberflächlichkeit des Adels entgegengebracht hatte. Allerdings waren jene, die damals auf Echtheit und Schlichtheit gesetzt hatten, nun selber ins Zentrum der Gesellschaft gerückt und zum Träger von Tradition und Klassizität geworden. Aus der Sicht der bündischen Gemeinschaften scheidet gerade diese Tradition als Grundlage von Identität aus. Allein eine vorgeschichtliche germanische Frühzeit konnte ihnen als Vorbild von Reinheit und Kraft, Naturverbundenheit und Deutschtum gelten.[193] Sie verlassen so die Logik traditionaler Codierungen und begeben sich in den Bereich völkisch-primordialer Konstruktionen kollektiver Identität. Der Gegensatz von Vergangenheit und Zukunft wird hier durch die Grenze zwischen Reinheit und Dekadenz ersetzt. Mit dieser

193 Vgl. St. v. Schnurbein, »Die Suche nach einer ›arteigenen‹ Religion in ›germanisch-‹ und ›deutschgläubigen‹ Gruppen«, in: Puschner u.a. (Hg.), *Handbuch zur »Völkischen Bewegung«*, a.a.O., S. 172 bis 185. Vgl. auch M. Titzmann, »Die Konzeption der »Germanen« in der deutschen Literatur des 19. Jahrhunderts«, in: J. Link und W. Wülfing (Hg.), *Nationale Mythen und Symbole in der zweiten Hälfte des 19. Jahrhunderts. Strukturen und Funktionen nationaler Identität*, Stuttgart 1991, S. 120-145, hier S. 131: in der Konzeption der Germanen »manifestiert sich jedenfalls die Tendenz zu einer paranoiden politischen Denkstruktur: In einer Welt übermächtiger Feinde geht es um immer bedrohte Selbstbehauptung.«

Umcodierung kollektiver Identität nehmen die kleinbürgerlichen Schichten wiederum Themen auf, die die kulturpessimistischen Mythologen aufgebracht hatten. Allerdings wird die anspruchsvolle Kritik der Intellektuellen hier verkürzt und trivialisiert[194]; die komplizierten Widergänge subjektiver Vergewisserung weichen dem Ritual bündischer Aktion und völkischer Exklusion.

2.5 Schlußbemerkung

Mit dem Fortschrittsmodell, dem Historismus, dem invertierten Modernismus und dem Kulturpessimismus haben wir in idealtypischer Form unterschiedliche Codierungen von Temporalität und Identität vorgestellt, die sich jeweils aus dem Diskurs besonderer Gruppen von Intellektuellen entwickelten und in jeweils besonderen Schichten eines bürgerlichen Publikums Resonanz fanden. Diese Wahlverwandtschaft zwischen Codierungen, intellektuellen Diskursformen und bestimmten Schichten eines bürgerlichen Publikums kettet diese jedoch nicht auf ewig aneinander. Die Verbindungen zwischen Wissensformen und sozialen Trägerschichten lockert sich im Laufe der Zeit; schon die Übertragung einer anspruchsvollen intellektuellen Codierung aus dem Diskurs der Intellektuellen in eine bestimmte bürgerliche Lebenswelt setzt eine gewisse Abkoppelung des Wissens von seiner ursprünglichen Trägergruppe voraus. In bürgerlichen Vergesellschaftungen kann Wissen nur ausnahmsweise knapp gehalten werden; in der Regel ist es auf Öffentlichkeit angelegt und frei verfügbar. Folglich bleiben auch der Historismus und Progressismus, der invertierte Modernismus und der Vitalismus nicht an eine bestimmte soziale Trägergruppe und eine bestimmte historische Lage gebunden, sondern bilden heute ein Repertoire bürgerlicher Zeitvorstellungen, auf das je nach Situation zurückgegriffen werden kann. Die historistische Ästhetik und die Fiktion

194 Zum Prozeß der Trivialisierug der Deutungen der Intellektuellen siehe auch B. Giesen, *Die Intellektuellen und die Nation*, a.a.O., S. 73-75. Zum Begriff der Trivialisierung vgl. F. H. Tenbruck, »Der Fortschritt der Wissenschaft als Trivialisierungsprozeß«, in: ders., *Die kulturellen Grundlagen der Gesellschaft*, Opladen 1989, S. 143-174.

von Vergangenheiten, der Authentizitätskult des Modernismus und die Musealisierung von Fremdheit, die Charismatisierung der Natur und die Ausrufung der Kulturkrise, die Technikbegeisterung und die funktionalistische Ästhetik, alles dies entstand zwar in der bürgerlichen Gesellschaft des neunzehnten Jahrhunderts und wurde immer wieder für überholt erklärt, aber es markiert auch heute noch die Ecken jenes Feldes, in dem sich der bürgerliche Diskurs über die Vergangenheit bewegt.

3. Primordialität: Antisemitismus und Rassismus in Deutschland und Frankreich

Die deutsche Vereinigung hat eine neue Diskussion um die nationale Identität der Deutschen und um den Antisemitismus und Rassismus in ihrer Geschichte hervorgerufen. Fragen nach einer Erklärung des Holocausts durch eine besondere Mentalität der Deutschen werden neu gestellt und häufig im Rahmen einer kulturalistischen Perspektive behandelt, die eine historisch konstante antisemitische Struktur in der deutschen Identität hervorhebt.[195]

Die folgenden Überlegungen nehmen dieses Thema auf, wenden es aber auf eine besondere Weise: Sie fragen nach den ideen- und sozialgeschichtlichen Kontexten, unter denen Vorstellungen, die später zum äußersten Schrecken des Genozids führten, als harmlos und selbstverständlich erscheinen konnten. Unter welchen Bedingungen war es möglich, daß die Unterscheidung zwischen Rassen, die wir heute unausweichlich mit dem Holocaust in Verbindung bringen, zum geläufigen Repertoire nicht nur der deutschen, sondern der europäischen Intellektuellen gehörte und daß selbst Juden sich in den Reihen der Antisemiten fanden? Gewiß macht die Tatsache, daß der Holocaust geschehen ist und daß wir darum wissen, einen entscheidenden Unterschied; aber die radikale Veränderung der Perspektive nach der

195 D. J. Goldhagen, *Hitlers willige Vollstrecker. Ganz gewöhnliche Deutsche und der Holocaust*, Berlin 1996. Der Beginn der Debatte ist dokumentiert in J. H. Schoeps (Hg.), *Ein Volk von Mördern? Die Dokumentation zur Goldhagen-Kontroverse um die Rolle der Deutschen im Holocaust*, Hamburg 1996. Vgl. auch L. Greenfeld, *Nationalism: Five Roads to Modernity*, Cambridge 1992.

Katastrophe gibt noch keine Antwort, sondern stellt nur die Frage in verschärfter Form: Sie erklärt noch nicht, warum Antisemitismus und Rassismus für die Intellektuellen und das Bürgertum des neunzehnten Jahrhunderts als attraktive und wissenschaftlich wohlbegründete Weltdeutungen erschienen.

Die Suche nach einer Antwort auf die verbleibende Frage wird im folgenden von einigen wissenssoziologischen Annahmen angeleitet. Wir gehen zunächst davon aus, daß Ideen, Codes oder Semantiken sich grundsätzlich leicht von einem Verwendungszusammenhang auf einen anderen übertragen lassen und daß eine solche Übertragung zwischen ähnlichen sozialen Lagen besonders leichtfällt; innerhalb des neuzeitlichen Europa sind daher die nationalen Unterschiede zwischen dem Diskurs der Gebildeten in Frankreich, Deutschland und Britannien zwar vorhanden, aber zumeist geringer als die Unterschiede zwischen Epochen oder zwischen sozialen Schichten. In einem europäischen Resonanzraum werden oberhalb der Alltagsebene Themen und Ideen relativ schnell übernommen und weitergegeben.

Die Bedeutung und der Sinn dieser Ideen werden – so nehmen wir weiterhin an – von der Form der Kommunikation und dem Kontext der Situation, von der Erinnerung, den Distinktionsbedürfnissen und der Lebenswelt einer Trägerschicht nachdrücklich verändert. Vorstellungen, die etwa in einem lockeren Gesprächszusammenhang als harmlose Übertreibung oder individuelle Geschmacksbekundung erscheinen, können als politisches Programm oder als Grundlage eines Gesetzes zu erschreckenden Konsequenzen führen.[196]

Im Rahmen eines solchen Modells der situationsgebundenen Sinngebung werden wir zu zeigen versuchen, daß der Rassismus als unpersönliches Interpretationsmuster eines gebildeten Publikums für einen ausgeweiteten Horizont entstand, während sich der Antisemitismus aus dem persönlichen Ressentiment gegen Fremde ergab, die scheinbar zu nahe rückten. Beide durchliefen unabhängig voneinander mehrere Transformationen und verbanden sich in Deutschland erst relativ spät zu jenem radikalen und scheinbar wissenschaftlich begründeten Exklusionsprojekt, das

196 Zur Entwicklung eines antisemitischen Diskurses im Wilhelminismus vgl. S. Volkov, *Jüdisches Leben und Antisemitismus im 19. und 20. Jahrhundert*, München 1990, S. 54-75.

einige Jahrzehnte später mit erbarmungsloser Brutalität in die Praxis der Vernichtung umgesetzt wurde.

Unserer Ausgangsfrage entsprechend werden wir uns im folgenden vor allem auf die deutschen Erscheinungsformen des Antisemitismus beschränken und nur gelegentlich Vergleiche mit Frankreich[197] ziehen. Wir gehen jedoch davon aus, daß Rassismus und Antisemitismus nicht nur in Deutschland, sondern – teilweise mit zeitlichen Verschiebungen – auch in anderen europäischen Nationen zu finden waren, in denen sich ähnliche sozialstrukturelle Bedingungen mit europaweit verfügbaren primordialen Codes verbinden konnten.[198]

Der Versuch, eine historische Typologie der unterschiedlichen Erscheinungsformen von Rassismus und Antisemitismus zu entwerfen, kann jedoch nicht über die strukturellen Gemeinsamkeiten aller primordialen Grenzkonstruktionen hinwegsehen. Sie lassen sich in drei unterschiedlichen Verfahren zusammenfassen: Es geht um die Dämonisierung eines Außenstehenden, um interne Reinigungsrituale oder um die Reduktion von Kultur auf Natur. Primordiale Formen der Grenzziehung erlauben es, die eigenen Interessen an sozialer Exklusion und Inklusion durch Naturalisierung zu begründen, aber gleichzeitig auch zu kaschieren. Die Klassifikation der Natur entspricht hier den sozia-

197 Zur Geschichte des deutschen Antisemitismus vgl. die vorzügliche Darstellung von H. Berding, *Moderner Antisemitismus in Deutschland*, Frankfurt am Main 1988. Die Entwicklung in Frankreich und Österreich-Ungarn wird behandelt in J. Katz, *Vom Vorurteil bis zur Vernichtung. Der Antisemitismus 1700-1933*, München 1989. Einen kritischen Blick auf die Einstellung der Hochaufklärung zum Judentum bietet P. L. Rose, *Revolutionary Antisemitism in Germany from Kant to Wagner*, Princeton, N.J. 1990.

198 Der wissenschaftliche und geschichtstheoretische Rassismus etwa war in Frankreich früher und prominenter entwickelt als in Deutschland und wurde dort schon um die Jahrhundertmitte mit antisemitischer Stoßrichtung versehen. Auch der politische Antisemitismus fiel im Frankreich der Jahrhundertwende keineswegs schwächer aus als in Deutschland. Uns interessieren hier allerdings weniger die europaweiten Resonanzen von Ideen als die Szenarios, aus denen sich verschiedene Formen des Antisemitismus und Rassismus in Deutschland entwickeln konnten, selbst wenn, wie etwa im Falle des geschichtstheoretischen Rassismus, die Ursprünge der Ideen in Frankreich zu suchen sind.

len Lagen, und diese wiederum sind – nicht immer, aber auch nicht selten – in ein historisches Modell der Dekadenz eingebettet. Wir haben an anderer Stelle ausführlich diese Logik primordialer Grenzkonstruktionen und ihre situativen Bedingungen beschrieben (vgl. Teil II, Kapitel I) und beschränken uns hier zunächst auf den allgemeinen Hinweis, daß diese Formen der Grenzziehung Distanz zwischen innen und außen schaffen und im Gegenzug zu scheinbaren oder tatsächlichen Verwischungen der Grenzen, zu sozialer Mobilität und Unübersichtlichkeit entstehen: Primordialisierung kompensiert Strukturverlust. Weitaus stärker, als dies durch Universalisierung und Traditionalisierung möglich ist, läßt Primordialisierung soziale Grenzen unverrückbar und gefestigt erscheinen. Die besondere Karriere, die Primordialität als Grundlage gesellschaftlicher Integration im neunzehnten Jahrhundert durchläuft, erklärt sich – so unsere These – als Kompensation der Zunahme von Migration und Mobilität, der Verflüssigung sozialer Beziehungen und der Beschleunigung von Wandel.

Die folgende Skizze erklärt primordiale Codierungen allerdings nicht nur aus den Distinktionsbedürfnissen bestimmter Trägerschichten, sondern versucht auch ihre Einbettung in unterschiedliche Kommunikationsformen nachzuzeichnen. So werden die drei Modi der primordialen Grenzkonstruktion – Dämonisierung, Reinigung und Reduktion – je nach Kommunikationsform unterschiedlich gewichtet. Während wissenschaftliche Konstruktionen von Primordialität eher reduktiv verfahren und auf die Unverrückbarkeit von natürlichen Grenzen verweisen, geht es in xenophobischen Unruhen zumeist um Dämonisierungen und Hexenjagden; asketische Bünde hingegen setzen vor allem auf interne Reinigung etc.

Die Bedeutung der Kommunikationsformen und der Rituale für die Konstruktion von Primordialität muß allerdings wiederum in den Zusammenhang mit sozialen Trägerschichten gebracht werden. Erst die Untersuchung dieser Trägerschichten beantwortet die Frage, warum bestimmte Codierungen der Grenzen Resonanz fanden, andere aber nicht. Die Frage nach den Resonanzbedingungen lenkt den Blick von den Autoren, die die meisten Darstellungen der Ideengeschichte des Rassismus und Antisemitismus in den Mittelpunkt stellen, auf ihr Publikum, das heißt auf die Rezeptionsseite der Kommunikation. Der Perspektivenwechsel erklärt nicht die – ohnehin seltene – Neuerung, sondern die Reproduktion einer kulturellen Idee, das heißt jenen Prozeß, der ihr historisches Gewicht verleiht.

Wir beginnen mit drei Szenarien, in denen sich der Rassismus der Gebildeten verbreitete, und wenden uns dann den Kommunikationsformen zu, in denen verschiedene Formen des Antisemitismus bewegt wurden.

3.1.1 Naturalistische Reduktion: Rassismus als Wissenschaft

In der Moderne erfuhr die Unterscheidung zwischen Natur und Gesellschaft ebenso wie die zwischen Vergangenheit und Zukunft eine folgenreiche axiale Umwertung: Die Vergangenheit war nicht mehr die Zeit der guten alten Ordnung, sondern die Zeit des Aberglaubens und der Unvernunft, und die Natur erschien nicht mehr als bedrohliche und unzivilisierte Wildnis, die zu zähmen, zu erlösen und zu vergesellschaften war, sondern galt als elementare richtige Ordnung, als ein irdisches Jenseits, das die Stelle der göttlichen Schöpfungsordnung einnahm und an dem sich die Geschichte auszurichten hatte; so ersetzte das Buch der Natur zunehmend die Heilige Schrift: Die Natur bot der Wissenschaft den Gegenstand der Erfahrung, der Rechtswissenschaft eine überzeitliche Begründung der Gleichheit von Rechten, der Erkenntnistheorie eine Basis für die Vergleichbarkeit von Wissen, der Kunst einen Bezugspunkt der Darstellung von Wirklichkeit und der Politik ein Motiv für Veränderung und Mobilisation. Spätestens seit dem achtzehnten Jahrhundert setzte sich die Vorstellung durch, daß die gesellschaftliche Ordnung wandelbar und verbesserungsfähig sei und die Natur als Orientierung dieser gesellschaftlichen Veränderungen dienen solle.

Die Natur diente dabei sowohl als Grundlage der Behauptung von Gleichheit wie der von Differenz: In der Behauptung natürlicher Freiheiten, natürlicher Rechte, natürlicher Vernunft oder einer natürlichen Unschuld begründete sie die Gleichartigkeit und Gleichheit der Gattung; in der Entdeckung der klimatischen und geographischen Ursachen der Vielfalt der Völker erklärte sie Unterschiede der Sitten, des Charakters und der Tugenden. Die Menschheit sollte so ihren Platz in der *Great Chain of Being* erhalten und im Bereich der Natur verortet werden.

Relativ früh erschien in diesem Zusammenhang des aufklärerischen Diskurses auch die Vorstellung unterschiedlicher Rassen.[199] Mit ihr konnte das Klassifikationsmuster der biologischen Arten auf die Menschen übertragen und eine Kontinuität zwischen dem Bereich der Natur und dem Bereich der menschlichen Geschichte geschaffen werden: Buffon betonte immer wieder, daß es in der Natur keine trennende Kluft gebe. Das Bemühen, die Einheit und Kontinuität der Natur nachzuweisen, führte nicht selten dazu, ausdrücklich Zwischenglieder und Übergänge zwischen Menschen und Tieren zu suchen und etwa eine Verwandtschaft zwischen Schwarzen und Orang-Utans zu behaupten.

Die Aufklärer und ihre Nachfolger waren allerdings weit weniger an bewertenden Stellungnahmen als an Klassifikation und Erklärung interessiert. Es entstand eine Vielzahl von Klassifikationen – von drei, die bei Pownal noch den drei Söhnen Noahs entsprachen, über vier Rassen bei Leibniz und Linné, wobei die vier Kontinente als Orientierung dienten, oder bei Carus, der die Rassen jeweils bestimmten Tages- oder Nachtzeiten zuordnete, und sechs Rassen bei Buffon bis zu 16 Arten des Menschengeschlechts bei Desmoulins und Bory, der wie andere auch die Art der Behaarung zum zentralen Unterscheidungskriterium machte. Am einflußreichsten und gebräuchlichsten in Deutschland war Blumenbachs Einteilung in fünf Rassen (Kaukasier, Mongolen, Äthiopier, Amerikaner und Malayen), die er 1775 in seiner Abhandlung *De generis humani varietate nativa* aufgestellt hatte. Auf sie beziehen sich auch die großen deutschsprachigen Konversationslexika und Enzyklopädien des neunzehnten Jahrhunderts, während in Frankreich Cuviers Unterscheidung zwischen der weißen, gelben und schwarzen Rasse den Bezugsrahmen abgibt. Die Unterscheidung zwischen Rassen findet sich keineswegs nur bei Naturwissenschaftlern und Anthropologen, sondern auch bei Voltaire, Locke, Hume und Kant – sie gehörte

199 Zur Begriffsgeschichte vgl. den Artikel »Rasse« von A. Sommer und W. Conze, in: O. Brunner u.a. (Hg.), *Geschichtliche Grundbegriffe*, Bd. V, Stuttgart 1984, S. 135-178; eine breite Darstellung der verschiedenen geistesgeschichtlichen Stränge, die im Rassismus münden, findet sich in G. L. Mosse, *Rassismus. Ein Krankheitssymptom in der europäischen Geschichte des 19. und 20. Jahrhunderts*, Königstein 1978.

in der Mitte des achtzehnten Jahrhunderts zum geläufigen und unproblematischen Wissensbestand der Philosophen.

Die Unterschiede zwischen Rassen wurden bis weit in das neunzehnte Jahrhundert hinein weniger mit Vererbung als mit Umweltbedingungen wie Klima und geographischer Situation erklärt. Lamarck und Buffon, Linné und Blumenbach waren ebenso wie Montesquieu und Herder davon überzeugt, daß nicht nur die körperlichen Merkmale der Rasse, sondern auch ihr Charakter und ihre Sitten von materiellen Umweltbedingungen, vor allem des Klimas, bestimmt würden. Für die Aufklärungsphilosophen gilt Toynbees bekanntes dictum, daß sie »in the variety of races, but in the unity of species« glaubten (oder mit La Bruyère: »La raison est de tous les climats«). Die Einheit der Gattung wurde über kategoriale Voraussetzungen bestimmt, ihre internen Unterschiede über empirische Umweltfaktoren.[200] Veränderungen dieser Umweltbedingungen könnten – so glaubten viele Aufklärer – auch die Unterschiede zwischen Rassen in Bewegung bringen und sogar überwinden. Noch 1835 verweist der Brockhaus auf den unbestreitbaren Zusammenhang zwischen Sonneneinstrahlung und Hautfarbe und hält den Wechsel der Hautfarbe für wahrscheinlich, wenn Afrikaner mehrere Generationen in Europa leben würden.[201] Auch für Autoren, die sich in der Frage, ob am Anfang der Menschheit mehrere Paare oder nur ein einziges gestanden hätten, für die Verschiedenartigkeit der Ursprünge entschieden, hatte die Klassifikation der Rassen noch nicht jene exklusive Stoßrichtung, die sich seit der Mitte des neunzehnten Jahrhunderts mit der Idee der vererbten Rasseneigenschaften und mit dem Ideal der reinen Rasse verbindet.

Im neunzehnten Jahrhundert gewann die Unterscheidung zwi-

200 Die empirische Kritik an der vorausgesetzten Einheit der Menschheit durch Chr. Meiners und G. Forster blieb folgenlos. Einen theoretischen Rahmen zu einer empirisch begründeten Monophylie stellte allerdings erst der Darwinismus bereit. Vgl. dazu W. E. Mühlmann, *Geschichte der Anthropologie*, 2. Auflage, Frankfurt am Main/Bonn 1968, S. 56 f., S. 91 f., und P. E. Becker, *Sozialdarwinismus, Antisemitismus und Völkischer Gedanke*, Stuttgart 1990, S. 521.

201 *Allgemeine deutsche Real-Encyklopädie für die gebildeten Stände (Conversations-Lexikon), in zwölf Bänden*, F. U. Brockhaus, 8. Auflage, Leipzig 1835, Bd. 7, S. 287.

schen menschlichen Rassen weiter an Gewicht. Sie war zunächst nur ein Klassifikationsmuster, das von der wissenschaftlichen Welt, den Gelehrten und Intellektuellen, benutzt wurde. In Frankreich verband sich das rassische Paradigma vor allem mit der Bewegung des Positivismus und Materialismus, deren Anfänge auf das naturalistische Programm der späten Aufklärung zurückging und die von den wissenschaftlichen Gesellschaften, den Akademien und den privaten Forschungsaktivitäten des nachrevolutionären Bürgertums getragen wurde. Die Faszination des frühen neunzehnten Jahrhunderts – und hier besonders Frankreichs – von materialistischen Vorstellungen der Wirklichkeit läßt sich nicht nur in der Karriere des rassischen Paradigmas in der französischen Geschichtsschreibung ablesen, sondern zeigt sich auch in der materialistischen Religionskritik, in der Karriere der Leiblichkeit als Thema der Literatur, in dem allgemeinen Interesse an Fragen der Technik und Physiologie. Dem Sensualismus und Materialismus der Enzyklopädisten folgend, sah die neue französische Wissenschaft Natur als wissenschaftlich erforschbare Materie, die Anthropologie trat als naturwissenschaftliche Disziplin auf, die Gesellschaftstheorie bezog soziale Institutionen auf materielle Produktionsweisen, die Physiognomie wurde in Verbindung mit der Erforschung des Charakters gebracht, Denken und Bewußtsein wurden als Produkt des Gehirns gesehen, und die Erforschung der Anatomie des Gehirns schien den Schlüssel zur Erklärung von Charakter und Persönlichkeit zu bieten.

Die Wissenschaft der lebenden Organismen war vor allem Physiologie und morphologische Klassifikation. Entsprechend suchte man die Unterschiede zwischen Rassen über anatomische Forschungen, insbesondere über die Physiognomie, die Typisierung von Kopfformen und Schädelmessungen zu erfassen. Lavater, Gall und Camper[202] begründeten die Physiognomie, Carus und Quatrefages[203] führten das Projekt fort. Die Schädelforschung

202 Camper beispielsweise berechnete den »Gesichtswinkel« als Maß der Schönheit. Dem »Gesichtswinkel« der Hunde näher als dem der »Menschen« stand seinen Berechnungen nach der der »Neger«. Vgl. P. Camper, *Dissertation physique de Mr. Pierre Camper* etc., (hg. von A. G. Camper), Utrecht 1791, S. 97 f.

203 Vgl. zum Beispiel J.-L. A. de Quatrefages, *Rapport sur les progrès de l'Anthropologie*, Paris 1867.

wurde stark von amerikanischen Rassisten (Morton, Giddon und Nott) beeinflußt und nahm bald internationale Dimensionen an; während des neunzehnten Jahrhunderts galt sie in Britannien, Frankreich und Deutschland als wichtige naturwissenschaftliche Methode der Anthropologie. Retzius entwickelte einen ausgearbeiteten Index der Kraniologie, und renommierte deutsche Forscher wie Rudolf Virchow beschäftigten sich in umfangreichen Schädelmessungen und Schädelvergleichen mit der Unterscheidung zwischen arischen und nichtarischen Formen, die man etwa in Ungarn oder Finnland zu finden hoffte.[204]

Ein weiteres Forschungsprogramm, das dem rassischen Paradigma folgte, entstand in den Sprachwissenschaften. Obwohl schon im achtzehnten Jahrhundert die Idee eines indischen Ursprungs der europäischen Sprachen von englischen und französischen Autoren vertreten wurde, waren es vor allem deutsche Gelehrte wie Lassen, die im Anschluß an Schlegel und Jakob Grimm den Nachweis einer arischen Sprachfamilie[205] zu erbringen versuchten, welche die Mehrheit der europäischen Sprachen mit der persischen und bestimmten indischen Sprachen verband und sie klar von der semitischen Sprachfamilie unterschied.[206] In Frank-

204 Die Ergebnisse der seriösen Forschungen waren nicht besonders ermunternd: Virchow etwa konnte keinen klaren Unterschied zwischen ungarischen und deutschen Schädelformen feststellen, der Anteil blonder jüdischer Schulkinder war beträchtlich: eine reine deutsche oder jüdische Rasse war nicht nachzuweisen. Virchows Statistiken finden sich in G. Sergi, *The Mediterranean Race*, Oosterhout 1967 ([1]1895). Vgl. auch L. Poliakov, *Der arische Mythos. Zu den Quellen von Rassismus und Nationalismus*, Hamburg 1993, S. 297 ff. Dennoch hielt sich die Unterscheidung zwischen Kurzschädel- und Langschädelformen als eine erklärungskräftige Klassifikation im anthropologisch-medizinischen Diskurs; die Rassenanthropologie Günthers konnte später darauf zurückgreifen.

205 Vgl. dazu Poliakow, *Der arische Mythos*, a.a.O., S. 217 ff.

206 Das »Zwillingspaar« (Renan) Arier–Semiten wurde konstitutiv für die entstehende Linguistik im neunzehnten Jahrhundert und blieb bis zu de Saussure in den theologischen Antinomien des geschichtslosen Monotheismus des Judentums und des alleine geschichtsmächtigen und zukunftsträchtigen Polytheismus der Indogermanen befangen. Vgl. M. Olender, *Die Sprachen des Paradieses. Religion, Philologie und Rassentheorie im 19. Jahrhundert*, Frankfurt am Main/New York 1995. Dabei wurde zunehmend eine Annäherung an die Naturwissenschaften gesucht (S. 100 ff.).

reich fand diese Idee schnelle Verbreitung (Gobineau, Courtet de l'Isle, Renan), während britische Gelehrte der Idee einer indischen Abstammung eher reserviert gegenüberstanden – vermutlich wegen der besonderen kolonialen Abgrenzungsinteressen Großbritanniens.

Eine ganz entscheidende Wende nimmt die Diskussion um die Verschiedenheit der menschlichen Rassen mit der Publikation von Darwins *Origin of species*. Die darin verkündete Idee eines gemeinsamen Ursprungs von Affen und Menschen (die freilich schon in Linnés Klassifikation von 1766 angelegt war) und der selektiven Wirkung der Umwelt entfachte nicht nur eine heftige wissenschaftliche Diskussion, sondern fand überraschend schnell auch Eingang in die großen Lexika und Enzyklopädien. Der Brockhaus des Jahres 1865 beschäftigt sich schon intensiv mit der These der gemeinsamen Abstammung von Affen und Menschen. Grundsätzlich müßte eine solche Kontinuitätsthese die Idee der monogenetischen Abstammung des Menschen stärken und die Vorstellung der Verschiedenartigkeit der Rassen schwächen. Sie wurde allerdings weit häufiger zur Stützung der Verwandtschaft zwischen den »thierähnlichen Negern« und den menschenähnlichen Affen genutzt als dazu, die Rassengrenzen in Frage zu stellen. Die rassische Wende des Darwinismus wurde besonders deutlich im sogenannten Sozialdarwinismus, der allerdings weniger auf Charles Darwin als auf Herbert Spencer zurückgeht.[207] Seine Ideen des »struggle for existence« und des »survival of the fittest« ließen sich nicht nur zur Stützung von Marktkonkurrenzen und imperialistischen Kolonialpolitiken nutzen, sondern fügten sich auch vorzüglich in den Rahmen rassischer Unterscheidungen. Ähnlich wie die französischen Materialisten vertraten auch die Sozialdarwinisten ein starkes Programm der naturalistischen Reduktion: Menschen sind Teil der Natur und aufgrund vererbter Eigenschaften von Natur ungleich; diese natürliche Ungleichheit findet ihren Ausdruck in sozialer Ungleichheit; eine staatliche Intervention in diese natürlichen Prozesse der Schichtung wird als schädlich betrachtet. Auch der Sozialdarwinismus wurde schnell von amerikanischen

207 Vgl. Mühlmann, *Geschichte der Anthropologie*, a.a.O., S. 107 ff., insbesondere S. 110 f. Zu der literarischen Diskussion der sich aus Darwin ergebenden Konsequenzen vgl. P. Morton, *The Vital Science*, London 1984.

(Sumner, Giddings) und kontinentalen Wissenschaftlern übernommen und innerhalb weniger Jahrzehnte zum Allgemeingut fortschrittsbewußter und naturwisssenschaftlich orientierter Kreise; in Deutschland verbreitete Ernst Haeckel das neue wissenschaftliche Glaubensbekenntnis des materialistischen Monismus.[208] Er blieb freilich nicht unumstritten; im Unterschied zu den Darstellungen unmittelbar nach der Verbreitung der Thesen von Darwin und Wallace sind die Lexika der Jahrhundertwende deutlich zurückhaltender in ihrer Beurteilung – man berücksichtigt hier offensichtlich die anhaltende Debatte um die Abstammungslehre.

Wenn auch nur ein Teil der gebildeten Öffentlichkeit rassistisch im engeren Sinne war, das heißt die Idee der Rasse zum Kern einer neuen Welterklärung machte, so bezweifelten im neunzehnten Jahrhundert doch nur wenige Gelehrte, daß die Unterscheidung zwischen Rassen wissenschaftlich sinnvoll wäre. Diskussionen ergaben sich in diesem Zusammenhang nur im Hinblick auf die Klassifikationslinien selbst und die beobachtbaren typischen Merkmale. Auch der Wechsel von ästhetischen zu medizinisch-biologischen Modellen und der Griff zu naturwissenschaftlichen Meßmethoden konnte freilich die Frage nach der Anzahl der Menschenrassen nicht entscheiden: F. Müller unterschied zwölf, Peschel sieben, Huxley fünf und Haeckel – in Anlehnung an Linné und Saint Hilaire – vier grundlegend verschiedene Menschenrassen. Gegen Ende des Jahrhunderts nehmen der Umfang der Erläuterungen ebenso wie die Komplexität der Klassifikation von Unterrassen in den Konversationslexika deutlich zu, Abbildungen und Weltkarten illustrieren die Rassetypen und zeigen ihre Verbreitung auf; das Thema gewann öffentliches Interesse.[209]

208 Vgl. hierzu allgemein H.-G. Zmarzlik, »Der Sozialdarwinismus in Deutschland als geschichtliches Problem«, in: *Vierteljahrshefte für Zeitgeschichte* 11 (1963), S. 246-273. Der Monismus wird kontrovers diskutiert in A. Kelly, *The Descent of Darwin. The Popularization of Darwinism in Germany 1860-1914*, Chapel Hill 1981, und D. Gasman, *The scientific Origins of National Socialism. Social Darwinism in Ernst Haeckel and the German Monist Legue*, London 1971.

209 *Meyers Konversations-Lexikon. Eine Encyklopädie des allgemeinen Wissens*, 4. Auflage, Leipzig und Wien 1890, Bd. 11, S. 476 ff.

Bei all diesen Klassifikationsversuchen fällt jedoch auf, daß die Verbindung zwischen Rassenparadigma und Antisemitismus keineswegs zwangsläufig und von Anfang an gegeben war; in der Regel wurde das jüdische Volk in den großen Konversationslexika als eine Religionsgemeinschaft und die Emanzipation der Juden mit Wohlwollen behandelt, während antijüdische Pogrome und Verfolgung durchweg mit deutlich kritischen Kommentaren versehen wurden.[210] Wenn auch – was gegen Ende des Jahrhunderts zunehmend geschah – das Volk der Juden rassisch klassifiziert wurde, so war das Ergebnis keineswegs eindeutig: Obwohl gelegentlich als eigene Rasse bezeichnet, wurde es doch von der bei weitem überwiegenden Zahl der Autoren einer semitischen Unterart der »weißen«, »mittelländischen« oder »kaukasischen« Rasse zugeschlagen, manchmal als Mischrasse beschrieben, andererseits aber auch als besonders reine, anpassungsfähige und überlegene Rasse eingestuft – so etwa bei Gobineau und Disraeli.[211] Wie der Fall Schlegels zeigt, vertrug sich Engagement für die Emanzipation der Juden offensichtlich durchaus mit rassistischen Überlegungen.[212] Auch die Intellektuellen waren keineswegs frei von antisemitischen Vorurteilen, aber die Verbindung von Rassismus und Antisemitismus war noch nicht geknüpft. Selbst um die Jahrhundertwende behandelte noch der Eugeniker Ploetz die Juden als eine Gruppe der Arier.[213]

Einig war sich das gebildete Publikum seit der Aufklärung hingegen über die niedrige Einschätzung der Schwarzen. Schon Kant hatte Weiße und Schwarze als Grundrassen unterschieden (und dabei auch die Umweltdetermination in Frage gestellt).

210 Vgl. *Brockhaus Conversations-Lexikon*, 14. Auflage, Leipzig 1898, Bd. 11, S. 775. Hier fand sich auch eine deutliche Kritik der Auffassung des Judentums als Rasse.

211 Vgl. A. de Gobineau, *L'Essai sur l'inégalité des races humaines*, Paris 1967, S. 58 f. Zu Gobineau vgl. weiter E. J. Young, *Gobineau und der Rassismus*, Meisenheim am Glan 1968. Zu Disraeli vgl. L. Poliakow, *Geschichte des Antisemitismus*, Bd. VI: *Emanzipation und Rassenwahn*, Worms 1987, S. 125-135. Disraelis Diktum »All is race, there is no other truth« wurde dann unter anderen Vorzeichen auch gerne von Antisemiten zitiert, so beispielsweise von Drumont und Chamberlain.

212 Poliakow, *Der arische Mythos*, a.a.O., S. 217.

213 Vgl. G. L. Mosse, *Die Geschichte des Rassismus in Europa*, Frankfurt am Main 1990, S. 104.

Zwar war die Sklaverei umstritten und wurde schließlich abgeschafft, zwar wurden die Erziehung und die bürgerrechtliche Gleichstellung der Schwarzen von den revolutionär-republikanischen Kräften in Frankreich angestrebt, aber eine Gleichwertigkeit der schwarzen und der weißen Rasse im Hinblick auf Intelligenz und kulturelle Kreativität vertrat bis zur Mitte des neunzehnten Jahrhunderts niemand. Locke schränkte die Verstandesfähigkeiten der sogenannten Primitiven ein[214], Hume wußte zahlreiche »Beweise« für die generelle Unterlegenheit der »Neger« gegenüber der weißen Rasse zu nennen[215], und Saint-Simon kritisierte sogar noch 1803 die Gleichstellung der Schwarzen durch die Revolutionäre, da sie organisch-physiologisch nicht gerechtfertigt sei.[216] Andere, wie Quatrefages[217], waren zwar Gegner der Sklaverei, aber gleichzeitig Rassisten: Die Behauptung einer nichtexistenten Gleichartigkeit werde nur den Befürwortern der Sklaverei nützen. Noch um die Jahrhundertmitte konnte Herbert Spencer unwidersprochen den Schwarzen die Fähigkeit zur Liebe und Zärtlichkeit zwischen Eheleuten absprechen und mit einem solchen Mangel an Gefühlskultur auch die Gleichrangigkeit zwischen Schwarzen und anderen Rassen in Frage stellen. Unter dem Eindruck der darwinistischen Abstammungslehre betonte nach 1867 ein Artikel im Brockhaus[218] die »Thierähnlichkeit« der Neger und Australier und rückte sie damit in die Nähe der menschenähnlichen Affen.

Gegen Ende des Jahrhunderts stellte sich allerdings auch hier größere Zurückhaltung ein. Die Trivialisierung und Vulgarisierung des Rassismus führte zu entsprechenden Distanzierungen der Gebildeten. Nicht wenige Rassentheoretiker enthielten sich jetzt allzu vordergründiger Bewertungen und warnten vor politischen Empfehlungen, die sie als vulgär und gefährlich einschätz-

214 Vgl. F. Manuel, *The Eighteenth Century Confronts the Gods*, New York 1967, S. 141.

215 Vgl. D. Hume, *Of National Characters*, London 1875, S. 252.

216 Vgl. H. de Saint-Simon, »Lettres d'un habitant de Genève à ses contemporaines«, in: *L'œuvre de Henri de Saint-Simon*, hg. von C. Douglé, Paris 1925, Bd. I, S. 46 ff.

217 Nach Poliakow, *Der arische Mythos*, a.a.O., S. 251.

218 *Allgemeine deutsche Real-Encyklopädie für die gebildeten Stände. Conversations-Lexikon*, F. U. Brockhaus, 11. Auflage, Bd. 10, Leipzig 1867, S. 104.

ten. Die Darstellungen des Rassenthemas in den großen Lexika der Jahrhundertwende vermeiden jene eindeutigen Wertungen und Rangabstufungen zwischen Weißen und Schwarzen, die noch in Lexika der ersten Jahrhunderthälfte ganz unbefangen und selbstverständlich präsentiert worden waren.[219]

Auch die Forderung nach der Reinhaltung der Rassen ergab sich nicht zwangsläufig aus der Rassenklassifikation selbst. Zwar wurde Rassereinheit aus ästhetischen Gründen gepriesen, aber gelegentlich wurde auch die Vermischung der Rassen als besonders überlebenstüchtige Höherentwicklung eingeschätzt. Broca und Edwards betonten die förderlichen Wirkungen der Rassenmischung noch in der Jahrhundertmitte, und der materialistische Physiologe Cabanis forderte 1798 ganz im Geiste der Revolution die Mischung der Rassen zu einer höherentwickelten neuen Art, die ähnlich der Rechtsgleichheit eine Schöpfung der Aufklärung und Vernunft wäre.[220]

Erst gegen Ende des neunzehnten Jahrhunderts, als durch die koloniale Aufteilung der Welt und den zunehmenden interkontinentalen Verkehr die Angehörigen anderer Rassen näher an Europa heranrückten und die Begegnung mit ihnen für die Bürger Europas keine exotische und seltene Ausnahme mehr war, erhielt die Idee der Rassereinheit die Ausstrahlung eines Ideals, das wieder Distanz herstellen sollte.

Wichtigste soziale Träger des rassischen Paradigmas waren im achtzehnten und neunzehnten Jahrhundert nicht Bauern und Kleinbürger, sondern Intellektuelle und ihr gebildetes Publikum, die traditionellen Schichten der europäischen Aufklärung. Der Ausbau des absolutistischen Staates hatte in Frankreich die *noblesse de robe*, in Deutschland ein neues selbstbewußtes Bürgertum geschaffen, beides Schichten, die sich über Bildung konstituierten und mit dem Projekt der Aufklärung identifizierten. Diese Aufklärungsgesellschaft lebte in überlokalen Horizonten und pflegte schriftliche Kommunikation; man las die europäische Aufklärungsliteratur und nahm über Zeitungen Anteil am öffentlichen Geschehen, man kannte ferne Länder aus Reisebeschreibungen und argumentierte im Blick auf ein weites, unbekanntes und tendenziell unbegrenztes Publikum. Gleichzeitig begriff sich diese europäische Aufklärungsbewegung im Gegen-

219 Ebd.

220 Vgl. Mosse, *Die Geschichte des Rassismus in Europa*, a.a.O., S. 111f.

satz zu Aberglauben, traditionellen und persönlichen Vorurteilen, ständischen und konfessionellen Schranken. Sie entwertete traditionelle Klassifikationen und setzte neue an ihre Stelle (vgl. Teil III, Kapitel 1).

Die Unterscheidung zwischen Rassen konnte mit einem antitraditionellen und unpersönlichen wissenschaftlichen, ja aufklärerischen Anspruch auftreten. Sie bezog ihre Plausibilität nicht aus alltäglichen Begegnungen mit den Angehörigen anderer Rassen, aus persönlichen Erfahrungen und Ressentiments, aus Abwehrinteressen oder sozialen Konflikten: Die Chancen, einem Afrikaner, Inder oder Chinesen persönlich zu begegnen, waren für einen Durchschnittsbürger im Europa des beginnenden neunzehnten Jahrhunderts außerordentlich gering. Die Unterscheidung zwischen Rassen bot vielmehr einen Rahmen für die Ordnung öffentlich verfügbaren und schriftlich verbreiteten, unpersönlichen Wissens. Sie ordnete die anerkannten und unpersönlich gehaltenen Erfahrungen anderer und wurde in einem Diskurszusammenhang gebraucht, der weitgehend entlastet war von eigenen praktischen Erfahrungen mit dem Gegenstand, über den gesprochen wurde. Das Rassenparadigma bezog sich auf Fernes und Ungefährliches und ordnete das Ferne und Unzivilisierte in einen allgemeinen kognitiven Rahmen ein. Zugleich aber stellte es die implizite Begrenzung des aufgeklärten Diskurses auf die europäische Welt in Rechnung: Diejenigen, welche – wie die Afrikaner – nicht am schriftlich vermittelten Austausch der Ideen teilnehmen konnten, wurden auch nicht als gleichwertige Rasse behandelt. Das Rassenparadigma eröffnete so eine allgemeine Perspektive auf empirische Unterschiede. Dieser Perspektive ging es nicht um die Reinigung der eigenen Gemeinschaft oder um die Verteidigung eines primordialen Binnenraums gegen eine Gefahr, die zu nahe rückt, sondern um die Vergemeinschaftung eines kosmopolitischen Publikums und einen affektiv neutralen, empirischen, gelegentlich auch durch Exotik faszinierten Blick auf den Horizont.

Eine solche Situation fördert in der Regel universalistische Codierungen von Gemeinschaftlichkeit und steht primordialen Grenzkonstruktionen entgegen. Im vorliegenden Falle wird Primordialität auch nicht für die Abgrenzung der gebildeten Gesellschaft selbst in Anspruch genommen, sondern als naturalistische Reduktion für den Gegenstand der Betrachtung beansprucht. Die wissenschaftliche Bewegung des Materialismus, der Aufklärung, des Positivismus oder des Darwinismus begriff sich selbst nach dem Muster einer universalistischen Gemeinschaft, die kein primordiales Erkenntnisprivileg beanspruchte, sondern Außenstehende zu überzeugen versuchte. Für den Gegenstandsbereich der wissenschaftlichen Betrachtung wurde hingegen angenommen, daß emergente Phänomene wie Persönlichkeit oder Kultur auf natürliche Merkmale zurückgeführt werden können.

Diese Trennung zwischen dem Universalismus der Erkenntnissubjekte und der naturalistischen Reduktion im Gegenstandsbereich wird in wissenschaftlichen Abhandlungen des neunzehnten Jahrhunderts gepflegt und findet sich um die Jahrhundertwende auch in den Arbeiten der Sozialdarwinisten wie Gumblowicz und Ratzenhofer, der Rassehygieniker um Ploetz und Schallmeyer und der eugenischen Bewegung um Galton.[221] Rassehygieniker und Eugeniker zeigten einerseits missionarischen Überzeugungsdrang und wandten sich an ein prinzipiell unbegrenztes Publikum wie andere wissenschaftliche Bewegungen auch. Andererseits sind sich diese wissenschaftlichen Rassisten einig in der Annahme einer weitgehenden Vererbung von Persönlichkeit, Intelligenz und Sozialverhalten und der Möglichkeit zu planmäßiger Verbesserung der Erbmasse. Sie unterscheiden sich allerdings durchaus in der Art ihrer praktischen Empfehlungen: Während Woltmann, Schemann und Ammon[222] von der Überlegenheit einer sogenannten nordischen Rasse überzeugt waren und öffentlich eine entsprechende Rassenpolitik vertraten, wandte sich Schallmeyer gegen den nordischen Rassedünkel, der die rassehygienische Bewegung in Mißkredit zu bringen drohte.[223]

221 Vgl. P. E. Becker, *Zur Geschichte der Rassenhygiene. Wege ins Dritte Reich*, Stuttgart 1988; ders., *Sozialdarwinismus, Rassismus, Antisemitismus und völkischer Gedanke*, a.a.O., und F. Emmerich, »Darwins Evolutionstheorie und der Sozialdarwinismus«, in: *Kölner Zeitschrift für Soziologie und Sozialpsychologie* 33 (1981), S. 209-229.

222 P. E. Becker, *Zur Geschichte der Rassenhygiene. Wege ins Dritte Reich*, a.a.O., S. 90, S. 107, S. 364 ff.

223 Ebd., S. 37 ff. Ploetz nahm eine widersprüchliche Haltung ein. Er kritisierte Rassenselektion und Rassedünkel in der Öffentlichkeit, pflegte – so Weindling – privat jedoch durchaus die Idee der Reinhaltung der nordischen Rasse. Vgl. P. Weindling, *Health, Race and*

Dennoch hatte sich mit der Idee der Vererbung von Rasseeigenschaften, die sich gegen Ende des neunzehnten Jahrhunderts durchsetzte, und mit der Orientierung am Ideal der gesunden, nicht dekadenten und reinen Rasse, das von der eugenischen Bewegung vertreten wurde und von Psychologen wie Lombroso oder Nordau vorbereitet worden war, eine deutliche Kehrwendung gegenüber der Rassenklassifikation des achtzehnten Jahrhunderts durchgesetzt: Zunächst verlagerten sich die konstitutiven Merkmale der Rasse von außen – von Umweltbedingungen wie Klima und Geographie – nach innen, in das vererbbare Keimplasma, das die Einheit und Kontinuität der Natur sicherte. Damit wurde Rasse zum Schicksal, das weder durch den Wechsel der Verhältnisse noch durch Erziehung zu verändern war. Weiterhin wurden die Unterschiede zwischen Rassen medikalisiert und an Begriffe wie Reinheit, Gesundheit und Dekadenz gekoppelt, die Trennung und Distanz forderten und mit dem Argument der Medizin einen politischen Handlungsdruck entfalten konnten. Einige Jahrzehnte später sollte man auf die medizinischen Utopien der Vererbungsverbote und der Höherzüchtung reiner Rassen zurückkommen.[224]

3.1.2 Vielfalt der Kulturen und Reinheit der Gemeinschaft: Primordiale Identität in der Romantik

Mit der revolutionären Beschleunigung der Geschichte und mit dem Zusammenbruch der alteuropäischen Ordnung in der Französischen Revolution wurden im Gegenzug Sehnsüchte nach einem fraglos gegebenen, unbezweifelbaren Fundament der Vergemeinschaftung hervorgerufen. Nicht die Ausweitung des Horizonts und die Klassifikation des Fernen waren nun das Problem, sondern die Konstruktion neuer Grenzen und einer neuen

German Politics between National Unification and Nazism 1870-1945, Cambridge 1993, S. 136; vgl. auch P. Weingart, J. Kroll und K. Bayertz, *Rasse, Blut und Gene*, a.a.O., S. 195 f.

224 H. Conrad-Martius, *Utopien der Menschenzüchtung. Der Sozialdarwinismus und seine Folgen*, München 1955; G. Mann, »Biologie und der ›neue Mensch‹«, in: ders. und R. Winau (Hg.), *Medizin, Naturwissenschaft, Technik und das zweite Kaiserreich*, Göttingen 1977, S. 172-188.

reinen Form von Gemeinschaftlichkeit und Identität. Die ständische Ordnung war trotz ihrer institutionellen Restauration nicht mehr glaubwürdig als Grundlage von Selbstverständnis und kollektiver Identität. Die romantische Sehnsucht nach einem neuen Mythos, einer neuen Religion, einem neuen Fundament der Identität wurde durch die sozial entwurzelte und ökonomisch ungesicherte Lage der meisten Mitglieder der romantischen Bewegung gefördert.[225] Die akademischen Karrieren waren um die Jahrhundertwende in Deutschland versperrt, und viele, die sich der romantischen Bewegung zurechneten und an den kulturellen Heroen von Weimar orientierten, mußten ihr Auskommen als Hofmeister in adligen oder als Hauslehrer in wohlhabenden bürgerlichen Haushalten suchen. Der hohe intellektuelle Anspruch der Romantiker geriet so in scharfen Gegensatz zu ihrer beruflichen Stellung, und dieser Gegensatz spiegelte sich in ihrer Ästhetik, ihrer Philosophie und in ihrer Konstruktion nationaler Identität: Die reine Identität des Volkes wurde in Gegensatz zur Welt von Macht und Geld, zu vordergründigen und diesseitigen Interessen gebracht und in einem sakralen Jenseits verortet, das nur durch die Kunst, die Musik und die Dichtung erreichbar war. Geist und Macht, Gemeinschaft und Gesellschaft, Volk und Staat traten hier auseinander und waren doch auf Versöhnung angelegt.

Der romantische Diskurs setzte auf subversive Kommunikationsformen, auf Ironie und Unbenennbares, das sich jeder allgemeinen äußeren Perspektive versperrte. Primordiale Codierungen sind einer solchen Lage weitaus angemessener als universalistische Erweiterungen des Horizonts. Es erstaunt daher nicht, wenn – in Deutschland noch weitaus stärker als in Frankreich – bei der romantischen Konstruktion völkischer Identität auf Natur Bezug genommen wurde.[226] Während die französische Romantik sich mehr am alten Glauben, an Geschichte und Tradition ausrichten konnte, suchten die deutschen Romantiker den primordialen Grund kollektiver Identität eher in der Natur. Landschaftsthemen in der Malerei, Landschaftserfahrungen in

225 Näher ausgeführt in B. Giesen und K. Junge, »Vom Patriotismus zum Nationalismus. Zur Evolution der ›Deutschen Kulturnation‹«, in: B. Giesen (Hg.), *Nationale und kulturelle Identität*, a.a.O., S. 255-303.

226 Vgl. B. Giesen, *Die Intellektuellen und die Nation*, a.a.O., S. 150 f.

der Dichtung, Wandern als Lebensform des romantischen Außenseiters und erotische Leidenschaft als Bruch mit gesellschaftlichen Konventionen verweisen auf diese Sehnsucht nach Vereinigung mit der Natur. Allerdings prägte diese primordiale Wendung auch den Naturbegriff der deutschen Romantik; er unterscheidet sich ganz deutlich vom Materialismus der französischen Positivisten. Natur galt der romantischen Bewegung nicht mehr als experimentell erfahrbarer materieller Gegenstand, sondern als transzendenter Grund von Identität, dem man sich nicht durch die wissenschaftliche Analyse, sondern durch Kunst und Gefühl nähern konnte. Dieser natürliche Grund von Identität wird durch das Volk repräsentiert. Mit dem Volk verbindet man sich nicht durch normale Politik, durch äußerliche Herrschaft, sondern durch empathische Identifikation, durch Kunst, Musik und Dichtung.[227] Natürliche Identität wird nicht mehr durch empirisch erfahrbare Materie, sondern ästhetisch begreifbare Ganzheit begründet.

Diese Identität ermöglichte Verständigung, begrenzte sie aber auch. Im Unterschied zur naturalistischen Reduktion des wissenschaftlichen Rassismus trennt die romantische Bewegung nicht mehr zwischen einer universalistischen Erkenntnisgemeinschaft und einer primordialen Konstitution der untersuchten Gemeinschaften; beide fallen vielmehr in eins. Das erkennende Subjekt kann nur insofern seinen Gegenstand begreifen, als es über eine gemeinsame Identität mit ihm verfügt, und dieses Begreifen vollzieht sich als ästhetische und hermeneutische Aneignung. Entsprechend bedeutsam werden Dichtung, Musik und bildende Kunst als Zugang zu dieser kulturell begründeten primordialen Identität.

Diese Verständigung ermöglichende primordiale Identität wird allerdings zunächst nicht auf die Rasse, sondern auf das Volk und die Nation bezogen. Im Unterschied zum Rassebegriff ließ sich der Volksbegriff auf Grenzen innerhalb eines europäischen Horizonts beziehen. Das Volk und nicht die Rasse galten als

227 In der Inszenierung der Nation als »Schauspiel« findet der Intellektuelle so seine neue Rolle als Priester-Dichter. Vgl. Novalis, »Vermischte Bemerkungen (Blütenstaub) 1797-1798«, in: *Schriften. Die Werke Friedrich von Hardenbergs*, hg. von P. Kluckhohn und R. Samuel, Historisch-kritische Ausgabe, Abt. VI, HKA-Nr. 347, Bd. 2, 3. Auflage, Darmstadt 1977.

unübersteigbarer und natürlicher Horizont von Verständigung und Gemeinschaftlichkeit; sie waren nicht mehr bloß Gegenstand vergleichender Betrachtung, sondern geschichtliche Akteure, die Solidarität und Seitenwahl einforderten.

Das Rassenparadigma bezog aus der deutschen Romantik zunächst nur eine gewisse allgemeine Unterstützung durch die Suche nach einem ursprünglichen Grund des gesellschaftlichen Daseins, durch die Vorstellung einer polyzentrischen Welt und einer nicht kopierbaren Identität. Mit dem Abschied vom Rationalismus der Aufklärer entdeckten die Romantiker die Vielfalt von primordialen Identitäten, die untereinander unvergleichbar sind und deren Besonderheiten sich der allgemeinen Beschreibung versperren. Selbst in den seltenen Bezügen der Romantiker auf die Unterschiede zwischen Stämmen wird dies deutlich.[228] Eine solche polyzentrische Vorstellung der Welt verträgt sich nur schwer mit der Idee eines einzigen Ursprungs des Menschengeschlechts; sie legt viel eher die Vorstellung mehrerer untereinander unvergleichbarer und unverschmelzbarer Arten von Menschen nahe und bereitet in dieser Hinsicht das Rassenparadigma des neunzehnten Jahrhunderts vor.

Auch die Ästhetisierung primordialer Identität, die sich in der romantischen Perspektive findet, läßt sich für die Unterscheidung verschiedener Rassen einsetzen. Schon unter dem Einfluß der klassizistischen Ästhetik Winkelmanns wurde die reine Rasse als schön und klar beschrieben, während Mischungen als häßlich und schmutzig aufgefaßt wurden. Solche vom Klassizismus beeinflußten rassistischen Ästhetiken wurden nicht selten von Intellektuellen mit künstlerischer Ausbildung (Camper) vertreten,

228 Häufiger ist der Bezug auf die Unterschiede zwischen Völkern oder Nationen: »In sich ist jeder Stamm ein völlig geschlossenes und gerundetes Ganzes, alle Glieder umringt ein gemeinsames Band der Blutsverwandschaft«, eine »Naturstimme [deutet] auf die Kluft zwischen uns und dem Fremdling, das Unvereinbare im Wesen zweier Völker«. J. Görres, *Rheinischer Merkur* Nr. 25 (1814), zitiert nach: ders., *Eine Auswahl aus seinen Werken und Briefen, zum 150 Geburtstag*, hg. von Wilhelm Schellberg, Köln 1927, S. 276. 1812 vermerkt auch Schlegel: »Es ist der Natur viel angemessener, daß das Menschengeschlecht in Nationen streng abgeschlossen sei.« Die französische Politik führe zur »Zerstörung aller Naturalität der Unterworfenen«; zitiert nach Hans Kohn, *Wege und Irrwege. Vom Geist des deutschen Bürgertums*, Düsseldorf 1962, S. 64.

die typische Gesichter der Rassen zeichneten und schöne, in der Regel am griechischen Ideal orientierte Rassen von häßlichen, affenähnlichen Rassen unterschieden.[229]

Allerdings stellte sich gerade der romantische Polyzentrismus jedem Vergleich entgegen: Identitäten und Individualitäten werden durch ihre Besonderheit gekennzeichnet und sind untereinander unvergleichlich. Folglich lassen sie sich auch nicht in eine Rangfolge bringen; die Rede von der Überlegenheit und Unterlegenheit einer Rasse ist daher im Zusammenhang des romantischen Polyzentrismus wenig sinnvoll.[230] Auch die Vorstellung eines Kampfes der verschiedenen Identitäten ist in der Romantik noch nicht angelegt. Sie wendet sich entschieden gegen eine missionarisch-imperiale Inklusion und zielt auf eine Vielfalt lokal gebundener Lebenswelten und auf ein Nebeneinander verschiedener Völker oder Nationen. Damit wird nicht mehr eine naturalistische Reduktion von Kultur, sondern ihre Reinhaltung und Konservierung gefordert.[231]

Mit der Philosophie der deutschen Romantik tritt so neben das universalistische Projekt des wissenschaftlichen Vergleichs ein anspruchsvoller Versuch, primordiale Identität als kulturelle und ästhetische Reinheit zu konstruieren und zwischen dem Eigenen und dem Fremden grundlegende Grenzen der Verständigung zu behaupten, die die Verflüssigung und Veränderung sozialstruktureller Unterscheidungen kompensieren konnten. Diese romantischen Ideen der kulturellen Reinheit bleiben zumeist eingebun-

229 Die Überlagerung wissenschaftlicher Kriterien durch ästhetische, die bei Linné noch unverbunden nebeneinandergestanden hatten, begann dann bei J. F. Blumenberg, vgl. Mosse, *Die Geschichte des Rassismus in Europa*, a.a.O., S. 46 ff.

230 Im Diederichs Verlag ist dieser polyphone Ansatz des völkischen Denkens lange erhalten geblieben. Die »Märchen der Welt« waren für die Verlagspolitik bestimmender als die Aufnahme rassentheoretischer Autoren. Vgl. E. Viehöfer, *Der Verleger als Organisator*, a.a.O., S. 16. Vgl. zu Diederichs auch K. Fritzsche, *Politische Romantik und Gegenrevolution. Fluchtwege in der Krise der bürgerlichen Gesellschaft. Das Beispiel des ›Tat‹-Kreises*, Frankfurt am Main 1976.

231 »Der ursprüngliche sittliche Charakter [auch] des [unterjochten] Volkes, seine Sitten und Eigentümlichkeiten müssen heilig geachtet werden«. Schlegel, zitiert nach: Kohn, *Wege und Irrwege*, a.a.O., S. 64.

den in eine allgemeine, die eigene Gemeinschaft übergreifende Perspektive: Die Primordialisierung von kollektiver Identität und Vielfalt in der deutschen Romantik konnte ihren intellektuellen Anspruch nur im Rahmen einer allgemeinen Programmatik aufrechterhalten, die jeder Gemeinschaft die Entdeckung ihrer primordialen Eigenart empfahl.[232] Grimm etwa sammelte nicht nur die Märchen der Deutschen, sondern entwarf ein fast europaweites Programm zur Rekonstruktion der bretonischen, baltischen und weiterer Volksmärchen. Der Universalismus der Romantiker war sicherlich schwächer als der der Aufklärung, er fordert eine wechselseitige Anerkennung von Fremdheit und sucht das Allgemeine nur als Allgemeinheit von Besonderheit. »Deutsche gibt es überall. Germanität ist so wenig wie Romanität, Gräzität oder Britannität auf einen besonderen Staat eingeschränkt [...]«[233], schreibt noch Novalis und meinte damit vor allem die Allgegenwart verschiedener Identitäten und den universellen Charakter von Identität.

Erst in dem Augenblick, in dem die Intellektuellen unter dem Eindruck der allgemeinen Mobilisierung gegen Napoleon eine kurzschlüssige Verbindung zur Praxis suchten und den Befreiungskrieg zum heiligen Krieg stilisierten, nimmt die Primordialisierung den Charakter eines haßgeladenen Ressentiments an.[234] Die französische Besatzung in Deutschland hatte bei den Intellektuellen und ihrem Publikum eine nachdrückliche Wende gegen die Fremdherrschaft und für die unentfremdbare Identität des deutschen Volkes bewirkt. Erst in den Befreiungskriegen gegen Napoleon wurde die Abwehr des Fremden, das zu nahe gerückt war, und die Behauptung eines unentfremdbaren Binnenraums zum zentralen Motiv der Konstruktion nationaler Identität.

232 Vgl. Th. Nipperdey, »Auf der Suche nach Identität: Romantischer Nationalismus«, in: ders., *Nachdenken über die deutsche Geschichte*, München 1986, S. 132-150, S. 146.

233 Novalis, *Die Werke Friedrich von Hardenbergs*, a.a.O., HKA-Nr. 267.

234 »Laß das stehen als eine wohltätige Scheidewand, ja führe diese Scheidewand noch höher auf, welche die beiden Völker als Völker voneinander trennt. So bleibt denn der Haß als ein heiliger und schützender Wahn im Volke.« E. M. Arndt, »Über Volkshaß und den Gebrauch einer fremden Sprache«, in: H. Vogt, (Hg.), *Nationalismus gestern und heute*, Opladen 1967, S. 104.

3.1.3 Rassismus als Geschichtstheorie

Um die Mitte des neunzehnten Jahrhunderts setzte sich die Unterscheidung zwischen Rassen nicht nur als eine zentrale Achse der naturwissenschaftlichen Anthropologie durch, sondern gewann auch Einfluß auf die Geschichtsschreibung. Das Rassenparadigma wurde nun nicht nur wie im wissenschaftlichen Rassismus in rein deskriptiver Absicht, als Klassifikation verschiedener Menschenarten benutzt, sondern temporalisiert und dynamisiert. Die zeitlichen Horizonte der Vergangenheit und der Zukunft weiteten sich im neunzehnten Jahrhundert deutlich: Das Wissen um die Vergangenheit nahm zu, die historischen Wissenschaften differenzierten sich aus, Museen wurden gegründet und Denkmäler eingeweiht, Baustile zitierten die Vergangenheit – aber auch die Planungshorizonte, die Utopien, der Fortschrittsoptimismus wurden umfassender. In diesen aufgespannten Zeithorizonten ging es nicht mehr um die Bewältigung des räumlich Fernen, sondern um die geschärfte Wahrnehmung der Gegenwart als Moment geschichtlicher Krise und Entscheidung: In der Gegenwart stoßen Vergangenheit und Zukunft unvermittelt zusammen und verlangen Entscheidung. Vor diesem Hintergrund wurde der Begriff der Rasse zunehmend in Verbindung mit Kampf- und Untergangsmetaphern gebracht. Es ging nicht mehr nur – wie noch in der Romantik – um die Wahrnehmung von unvermittelbaren, aber nebeneinander existierenden Identitäten, sondern um ihre absolute Unverträglichkeit, die allein den Kampf als Lösung übrigließ. Die Idee des Rassenkampfes verschärfte damit die Vorstellungen von Reinheit und Unverträglichkeit, die in der Romantik schon angelegt waren, und bezog sie explizit auf die Beziehungen zwischen Rassen.

Die Verbindung des Rassenparadigmas mit der Kampfmetapher wurde gefördert durch Veränderungen in der sozialstrukturellen Lage des gebildeten bürgerlichen Publikums[235], an die sich auch der geschichtstheoretisch gewendete Rassismus zunächst wandte[236]: Die Revolutionen von 1848 hatten einerseits die Macht des Volkes auf der Barrikade und die Durchschlags-

235 Vgl hierzu ausführlich B. Giesen, *Die Intellektuellen und die Nation*, a.a.O. (Kapitel VII: Das Volk auf der Barrikade, S. 163-199).

236 Interessant hierzu auch: F. Tönnies, *Der Nietzsche-Kultus*, Leipzig 1897.

kraft des nationalen und demokratischen Projekts in vielen Teilen Europas vorgeführt, waren andererseits aber auch schließlich fast überall gescheitert; die alteuropäische Ständegesellschaft und die Stellung des Adels waren erodiert, aber eine eindeutige und verbindliche neue Konfiguration war in Deutschland noch nicht an ihren Platz getreten. Im nachbonapartistischen Frankreich hatte sich bis 1871 die ökonomische und politische Macht in den Händen einer Notablengesellschaft[237] gebündelt, die Distanz zum radikalisierten republikanischen Kleinbürgertum hielt. Aber auch in Deutschland zeigten sich Risse in der Verbindung zwischen liberalem Bürgertum und radikalem Kleinbürgertum, die Trennung zwischen bildungsbürgerlichem Publikum und den Intellektuellen wurde schärfer[238], die koloniale Ausweitung der europäischen Mächte und ihr Wettstreit rückten die ehemals weit entfernten nichteuropäischen Rassen näher in den Bereich möglicher Begegnungen und praktischer Konflikte. Traditionelle Formen der Distinktion wurden in Frage gestellt, neue Akteure betraten die politische Bühne und neue Gruppen erschienen im Publikum. Ein weitaus größerer Anteil der Bevölkerung war alphabetisiert, über öffentliche Kommunikationsmedien an überlokalen Themen interessiert und in politischen Bewegungen engagiert. Hieraus ergab sich ein gesteigerter Bedarf an globalen Deutungen gerade bei den neuen Schichten des Lesepublikums, die nicht über eine vertiefte klassische Bildung verfügten. Geschichtsschreibung entwickelte sich in Deutschland, aber auch in Frankreich und Britannien zu einer deutungsmächtigen Disziplin, die von aktuellen politischen Perspektiven ausging und mit breiter Resonanz rechnen konnte.

Aus der Sicht der neuen Historiker erhielt politisches Handeln seinen geschichtlichen Bezug nun nicht mehr als Verwirklichung des göttlichen Willens, der Vernunft oder des Fortschritts, sondern als ewiger Kampf geschichtlicher Mächte oder Kräfte um ihre Selbstfindung. Je nach Interessenlage oder Wissenshinter-

237 Vgl. H.-G. Haupt, *Sozialgeschichte Frankreichs seit 1789*, Frankfurt am Main 1989.

238 Vgl. W. Siemann, *Die deutsche Revolution 1948/49*, Frankfurt am Main 1985, besonders S. 172, S. 222, und U. Engelhardt, *»Bildungsbürgertum«. Begriffs- und Dogmengeschichte eines Etiketts*, Stuttgart 1986. Grundlegend zu diesem Thema: H. Berding, *Die deutsche Revolution von 1948/49*, Stuttgart 1985.

grund konnten hier ganz unterschiedliche agonale Akteure eingesetzt werden: Völker und Nationen, soziale Klassen – die Besitzenden und die Besitzlosen, die Bauern und die Krieger, die Helden und die Händler –, Kulturkreise – das christliche Abendland und die asiatischen Horden – oder aber Rassen. Wenngleich auch die nationale Orientierung in der Geschichtsschreibung bei weitem überwog, finden sich doch schon um die Jahrhundertmitte vor allem in Frankreich Geschichtstheorien, welche die Rasse in den Mittelpunkt stellten.[239] Obwohl auch Michelet und Renan Rassengegensätze herausstellten, war Gobineau sicherlich der bedeutendste dieser geschichtstheoretischen Rassisten; er fand zunächst in der akademischen Geschichtsschreibung kaum Anerkennung und wurde – wie in vielen anderen Fällen intellektueller Heterodoxien auch – aus dieser randständigen Position in seinem Bemühen um eine radikale neue Perspektive bestärkt.

Den Hintergrund seiner rassistischen Geschichtstheorie bildete der Niedergang der Aristokratie in Frankreich und der Gegensatz von Restauration und Revolution; im Bemühen um großangelegte Vergleiche war die Revolution mit einem Aufstand der Gallier gegen die Fremdherrschaft der Franken verglichen worden[240]; Gobineau – selbst ein Aristokrat – nahm diese Behauptung auf und kehrte sie um: Die französische Nation setze sich aus drei unterschiedlichen Rassen zusammen, deren eine – die Arier – überlegen, aber bedroht sei. Er führte damit die Versuche des französischen Adels, die Auflösung seiner materialen Machtbasis und der entsprechenden sozialstrukturellen Grenzen durch symbolische Formen der Distinktion zu kompensieren, auf der Ebene der Geschichtsschreibung fort. Nicht mehr nur die Verfeinerung höfischer Umgangsformen des Gentilhomme, sondern

239 Wie weit der rassentheoretische Diskurs vor Gobineaus Essay (1853-55) schon entwickelt war, zeigt Poliakow, *Der arische Mythos*, a.a.O, S. 244-286. Neu waren vor allem die pessimistischen Schlußfolgerungen zum Untergang der Arier, die mit dem Pessimismus Schopenhauers korrespondierten und einen Erfolg in Deutschland erleichterten. Insbesondere im Umfeld des Bayreuther Kreises wurde seine Rezeption damals gefördert und später durch die Gobineau-Gesellschaft. Vgl. G. L. Mosse, *Die völkische Revolution*, Frankfurt am Main 1991, S. 102 f.

240 Mühlmann, *Geschichte der Anthropologie*, a.a.O., S. 80 f., und Sommer und Conze, »Rasse«, a.a.O., S. 156.

rassische Unterschiede sollten die Abgrenzung des Adels unüberwindbar machen. Die der Ständegesellschaft entsprechende Unterscheidung zwischen weißer, gelber und schwarzer Rasse ebenso wie die Idee des Rassenkampfes vergrößerten die strukturelle Lage des französischen Adels zu einem welthistorischen Untergangsszenario. Eine solche Idee konnte beanspruchen, mehr als nationalhistorische Interpretationen jenseits der geschichtlich gewordenen Einheiten in Europa auf eine naturwissenschaftliche und weltumspannende Ebene zurückzugreifen und damit gleichsam den Platz des christlichen oder aufklärerischen Verständnisses von Weltgeschichte einzunehmen. Während der Rassismus der Aufklärer sich noch ohne praktische Interessen in einen globalen Horizont stellte und der Volksbegriff der Romantiker nationale Grenzen innerhalb eines Europa zog, das in Bewegung geraten war, bezog sich Gobineaus Rassismus auf Spaltungen innerhalb der Nation.

In Gobineaus geschichtstheoretischem Rassismus zeigt sich auch zum erstenmal die Aristokratisierung des Ariertums, auf die spätere Formen des Rassismus zurückgreifen konnten: Mit der Erosion der traditionellen ständischen Unterscheidungen wurde die Position des Adels virtualisiert und an ein neues Prinzip der Abstammung geknüpft: die aristokratische Rasse, deren natürlicher Vorrang bedroht ist.

Selbst diese Vorstellungen eines Rassenkampfes blieben zunächst noch öffentlich verbreitete schriftliche Erzeugnisse ohne direkten politischen Handlungsbezug. Sie wurden zwar von Außenseitern, aber im akademischen Zusammenhang und mit gelehrter Ambition entwickelt; sie wurden durchaus kontrovers diskutiert und entsprachen der Perspektive eines neuen lesenden Publikums[241], das die politischen Konflikte zwischen Klassen

241 Niedere Beamte, Angestellte, Handwerker, Volksschullehrer und Dienstboten sind seit 1850 die neue literaturtragende Schicht. E. D. Becker, »Literaturverbreitung«, in: E. McInnes und G. Plumpe (Hg.), *Bürgerlicher Realismus und Gründerzeit 1848-1890* (Hansers Sozialgeschichte der Literatur vom 16. Jahrhundert bis zur Gegenwart, Bd. 6), München/Wien 1996, S. 108-143, hier S. 120. In den Rahmen der seit 1850 zunehmenden Popularisierung der Naturwissenschaften fällt auch die Theorie Darwins, wie beispielsweise bei Bölsche. Vgl. W. Rohe, »Literatur und Naturwissenschaft«, in: ebd., S. 211-241, hier S. 218. Der Entmoralisierung der Poli-

oder Nationen mit Interesse beobachtete und kommentierte, zwar Partei nahm, aber nicht direkt eingreifen konnte. Die Vorstellung eines zufälligen Machtkampfes scheint aus dieser interessierten, aber ohnmächtigen Lage kaum annehmbar; statt dessen wird Politik weltanschaulich vergrößert und geschichtlich mit Bedeutung aufgeladen. Gerade weil das neue lesende Publikum der Jahrhundertmitte nicht den traditionellen politischen Klassen angehörte, fanden heterodoxe Perspektiven, die hinter den Erscheinungen die wahren Triebkräfte der Geschichte freizulegen versprachen, hier besondere Resonanz.

Auch in diesem kommunikativen Rahmen mußte die Idee der Rasse noch nicht von persönlichem Ressentiment getragen werden. Rassische Andersartigkeit hatte in der zweiten Hälfte des neunzehnten Jahrhunderts mit der Ausweitung der kolonialen Eroberung zwar ihre exotische Ferne eingebüßt, war aber dem gebildeten Publikum noch nicht lebensweltlich vertraut oder alltäglich geläufig. Es gab zwar gelegentlich nichteuropäische Dienstboten oder Matrosen in den westeuropäischen Metropolen, aber zumeist waren die Kenntnisse über andere Rassen durch Reisebeschreibungen und Völkerschauen vermittelt.

Der Rassebegriff, der diesen Geschichtstheorien zugrunde lag und hier – im Unterschied zur Romantik – eine zentrale Stellung einnahm, war nicht sehr eindeutig. Er legt zwar naturale Konstitutionsformen nahe, aber er läßt sich kaum auf einen Katalog körperlicher Merkmale reduzieren, sondern zielt auf primordiale und über den Geschichtsverlauf hinweg stabile Großgruppen, die eher über ihre kulturellen und zivilisatorischen Merkmale als über anatomische Eigenheiten definiert werden. In der Regel überwiegen im geschichtstheoretischen Rassismus die idealistischen Metaphern gegenüber klaren Modellen der naturalistischen Reduktion.[242]

tik (Roschau: Realpolitik) korrespondiert die Ästhetik des »Nicht-Wollens« bei Schopenhauer. Vgl. G. Plumpe, »Das Reale und die Kunst. Ästhetische Theorie im 19. Jahrhundert«, in: ebd., S. 242 bis 307, hier S. 269. Zur Rezeption durch Nietzsche vgl. B. Lypp, »Über drei verschiedene Arten, Geschichte zu schreiben«, in: R. Koselleck und P. Widmer (Hg.), *Niedergang. Studien zu einem geschichtlichen Thema*, Stuttgart 1980, S. 191-213, hier S. 210 ff.

242 Diese idealistische Verbrämung des Rassegedankens hat die Rezeption im deutschen Bildungsbürgertum erst erlaubt, indem sie über

Die Vorstellung eines Kampfes setzt voraus, daß unterschiedliche Rassen einander doch immer noch als Akteure wahrnehmen, die siegen oder unterliegen können. Gegenüber dem romantischen Polyzentrismus, in dem Erkenntnissubjekt und Erkenntnisgegenstand durch primordiale Identität verbunden und von der Außenwelt unterschieden wurden, wird nun nicht mehr die bloße Verschiedenheit, sondern die Unverträglichkeit der Rassen behauptet.[243] Im Rassebegriff selbst sind Aktionsmetaphern angelegt.

Gerade weil dieser kulturalistische Rassebegriff der Historiker[244] in der Nachfolge Gobineaus so diffus und unklar war, eignete er sich zur populären Verkürzung und Verbindung mit naturwissenschaftlichen Ideen.[245] Obwohl sich Wissenschaftler

die kruden materialistischen Züge hinwegzusehen half: Die Baronin Spitzemberg las 1900 Chamberlain nicht als Rassisten, sondern zur Erbauung: »Das Werk [...] gibt so viel zu denken, reißt hin, macht mutig, begeistert die Seele, vernichtet alle graue Theorie, alle Nörgelei – ist das in unserer matten, kühlen, skeptischen Zeit nicht genug des Lobes?« Zitiert nach: R. Vierhaus, *Das Tagebuch der Baronin Spitzemberg*, Göttingen 1960, S. 403.

243 Das Umschlagen eines frühen optimistischen Evolutionismus in die »Naturalisierung des politischen Denkens und eine Brutalisierung des politischen Stils« als Kampf ums Dasein von Kollektiven, sozialen Interessengruppen, Völkern und Rassen verortet Zmarzlik ab den siebziger Jahren. Vgl. Zmarzlik, »Der Sozialdarwinismus in Deutschland als geschichtliches Problem«, a.a.O., S. 250 f. Zur frühen publizistischen Übernahme der Metapher vgl. K. G. Faber, »Realpolitik als Ideologie. Die Bedeutung des Jahres 1866 für das politische Denken in Deutschland«, in: *Historische Zeitung* 203 (66), S. 1-45.

244 Wie beispielsweise bei den dilettierenden Historikern L. Kuhlenbeck (vgl. ders., *Das Evangelium der Rasse*, Prenzlau 1905) und J. L. Reimer (vgl. ders., *Ein pangermanisches Deutschland. Versuch über die Konsequenzen der gegenwärtigen wissenschaftlichen Rassenbetrachtung für unsere politischen und religiösen Probleme*, Berlin/Leipzig 1905). Auch Avenarius trat – bei aller Anerkennung der jüdischen Leistungen und Unterstützung der Emanzipation – für den Ausschluß der Juden aus dem kulturellen Bereich ein. Vgl. F. Avenarius, »Aussprache mit den Juden«, in: *Kunstwart* 22 (1912), Heft 25, S. 225-236.

245 Vgl. Sommer und Conze, »Rasse«, a.a.O., und H. Gollwitzer, »Zum politischen Germanismus des 19. Jahrhunderts«, in: *Fest-*

von Rang – etwa Max Müller, der in seiner Antrittsrede 1872 in Straßburg eine Trennung von anatomischer Schädelklassifikation und linguistischer Analyse forderte – für eine differenzierte Betrachtungsweise einsetzten und sich gegen eine Vulgarisierung und Politisierung des Rassenparadigmas wandten[246], wurden die rassistischen Geschichtstheorien in der zweiten Hälfte des Jahrhunderts relativ schnell populär und einerseits mit der darwinistischen Idee der natürlichen Auslese, andererseits mit einer bewertenden Metaphorik aufgeladen. Chamberlains Popularisierung des Rassenparadigmas, die im Unterschied zu Gobineau ein breites Publikum erreichte, zeigt deutlich, wie Rasse als kulturelles Bewußtsein einerseits und Rasse als Natur andererseits miteinander vermischt und politisch eingefärbt wurden.[247] Die Unschärfe des geschichtstheoretischen Rassebegriffs macht ihn außerordentlich porös und fungibel für die Strukturierungsinteressen der jeweiligen Autoren. So wie Gobineau den Verfall der alteuropäischen Ständegesellschaft rassisch überhöhte, konnte Knox die Slawen als höchste Rasse beschreiben, Lapouge gegen die Juden zu Felde ziehen und Fustel de Coulanges schließlich sogar nach der Niederlage der Franzosen die Preußen als eine nichtarische und barbarische Rasse beschreiben. Hier wurde die Idee des Rassenkampfes ähnlich wie die des Klassenkampfes selbst zum Kampfbegriff, der seine Verbreitung schließlich kaum wissenschaftlicher, sondern viel eher politischer Trennschärfe

schrift für Hermann Heimpel, hg. von den Mitarbeitern des Max-Planck-Instituts für Geschichte, Bd. 1, Göttingen 1971, S. 282-356. Er spricht von Pangermanismus und erwähnt, daß Rassimus in der Geschichtswissenschaft keine Rolle spielte.

246 Poliakow, *Der arische Mythos*, a.a.O., S. 242; auch Renan: »Semit ist ein linguistischer Term«. Vgl. Olender, *Die Sprachen des Paradieses*, a.a.O.

247 »Unmittelbar überzeugend wie nichts anderes ist der Besitz von ›Rasse‹ im eigenen Bewußtsein. Wer einer ausgesprochenen, reinen Rasse angehört, empfindet es täglich.« Und: »Würde auch bewiesen, daß es in der Vergangenheit nie eine arische Rasse gegeben hat, so wollen wir, daß es in Zukunft eine gebe.« H. St. Chamberlain, *Die Grundlagen des neunzehnten Jahrhunderts*, 20. Auflage, München 1935, S. 320, S. 317. So wurde Chamberlain auch eher als Kulturtheoretiker rezipiert denn als Rassentheoretiker. Vgl. G. G. Field, *Evangelist of Race. The Germanic Vision of Houston Stewart Chamberlain*, New York 1981, S. 225 ff.

und Mobilisierungsfähigkeit verdankte. Hier beginnt auch das rassistische Paradigma der naturalistischen Reduktion sich auf systematische Weise mit weltanschaulich aufgeladenen Codes kollektiver Identität, mit dem Nationalismus, dem Sozialismus, vor allem aber mit dem Antisemitismus zu verbinden und deren xenophobische und dämonisierende Stoßkraft zu übernehmen.

In dieser Koppelung an andere Codierungen zeigen sich auch nationale Besonderheiten deutlicher: Während die Verbindung zwischen Rassismus, Antisemitismus und Nationalismus im Deutschland der Jahrhundertwende häufig zu finden ist, bleibt sie in Frankreich relativ selten; die französischen Rassisten und Antisemiten suchten eher eine transnationale Identität zu konstruieren, die auf eine neue Form der Aristokratie im Unterschied zur etablierten Bürgernation zielte, während die deutschen Nationalisten die Idee der Rasse als Ersatz für mangelnde traditionale Grundlagen der Nation benutzten. Dem Rassismus der Franzosen fehlte daher über lange Zeit jenes integralistische Motiv, das für die politische Energie des deutschen Rassismus so bedeutsam werden sollte.

3.2.1 Traditioneller Antisemitismus als Dämonisierung des lokalen Fremden und als christliche Tradition

Zu Beginn des neunzehnten Jahrhunderts war das Rassenparadigma noch keineswegs eng mit einer antisemitischen Ausrichtung verbunden. Der Antisemitismus selbst lebte vor allem auf der Ebene mündlich überlieferter populärer Vorurteile bei Bauern und Handwerkern und äußerte sich in einer Vielzahl von alltäglichen Diskriminierungen, nicht selten auch in gewalttätigen Pogromen und Verfolgungen. Die sogenannten Hepp-hepp-Krawalle 1819 in ganz Mitteleuropa oder die Pogrome von 1834 im Rheinland und von 1848 in Südwestdeutschland verdeutlichen die Bindung des Antisemitismus an Ressentiments und Gerüchte einerseits und wirtschaftlichen Neid andererseits.

Im Laufe des achtzehnten Jahrhunderts waren einige wenige Juden als Finanziers der Fürsten und Bankiers zu außerordentlichem Reichtum gekommen[248]; ihre europaweiten Beziehungen

248 Insbesondere auch in Berlin hatte sich eine Schicht jüdischer »Adelsbürger« gebildet. Zu ihr blieb auch das gebildete Judentum

und ihre Nähe zu den Höfen des *Ancien régime* wurden später zu einer Ikone des Antisemitismus verdichtet. Insbesondere die in fünf europäischen Finanzmetropolen vertretene Familie der Rothschilds und ihr legendärer Reichtum wurden immer wieder erwähnt. Der weitaus größte Teil der jüdischen Bevölkerung gehörte jedoch den marginalisierten Unterschichten an und lebte in wirtschaftlich ungesicherten Verhältnissen.[249] Die Spannung zwischen dem legendären schnellen Aufstieg einzelner Hofjuden und der gewohnten Verachtung für die lokale jüdische Bevölkerung verschärfte traditionelle Ressentiments insbesondere dann, wenn die eigene wirtschaftliche Lage krisenhafte Formen annahm und in Gegensatz zu dem vermeintlich schnellen Reichtum der Juden und ihrer Emanzipation gebracht werden konnte.

Im Unterschied zum Rassismus der Gebildeten lebte dieser ressentimentgeladene, vulgäre Antisemitismus von mündlicher Kommunikation und von der lokalen Erfahrung von Andersartigkeit. Juden unterschieden sich häufig durch Kleidung und Redeweise von der übrigen Bevölkerung, lebten in besonderen abgeschiedenen Vierteln, heirateten vorwiegend untereinander und begegneten den Ortsansässigen auf dem Lande häufig als Geldverleiher oder wandernde Händler. Einerseits waren sie am Horizont persönlicher Erfahrung durchaus präsent, andererseits jedoch weniger nachbarschaftlich eingebunden und integriert als die lokalen Christen. Sie wurden nicht als Fremde empfunden, die heute kommen und morgen gehen, um nie wiederzukommen, sondern sie galten als Fremde, die immer wieder auftauchten und damit nicht mehr als Gäste aufgefaßt wurden. Dies läßt sie besonders geeignet als Gegenstand mündlichen Klatsches erscheinen:

auf Distanz. J. Toury, »Der Eintritt der Juden ins deutsche Bürgertum«, in: H. Lieberschütz und A. Paucker (Hg.), *Juden in der deutschen Umwelt 1800-1850*, S. 139-243. Zu Mendelssohn vgl. M. A. Meyer, *Von Moses Mendelssohn zu Leopold Zunz*, München 1994, S. 23.

249 Der Anteil marginalisierter jüdischer Existenzen wird für das Ende des 18. Jahrhunderts auf bis zu zwei Dritteln geschätzt. Vgl. Toury, »Der Eintritt der Juden ins deutsche Bürgertum«, a.a.O., S. 149 f. Die mit ihnen verknüpften Stereotypien wurden auch von gebildeten Juden, deutschen Bildungsbürgern und Aufklärern (Knigge) geteilt. Vgl. J. Katz, *Aus dem Ghetto in die bürgerliche Gesellschaft. Jüdische Emanzipation 1770-1870*, Frankfurt am Main 1986, S. 94 ff.

Man redet in herabsetzender Weise über Nichtanwesende, die gleichwohl den meisten persönlich bekannt sind. Klatsch und Gerüchte schließen Zweifel, Begründung und Kritik zwischen den Anwesenden aus; sie leben von der wechselseitigen Bestätigung und Steigerung des Vorurteils unter den Anwesenden.[250]

Zu dieser besonderen Kommunikationsstruktur kamen Spannungen zwischen jüdischen Händlern oder Geldverleihern und ihren nichtjüdischen Kunden. Bauern, die nach den preußischen Reformen stärker in die Geldökonomie eingebunden waren, verbanden ihre monetären Probleme mit der Person des Geldverleihers, der seinen Kredit zurückforderte. Das Auftauchen des jüdischen Hausierers, Viehhändlers oder Geldverleihers wurde daher zumeist negativ assoziiert. Das gemeinsame religiöse Bekenntnis, das üblicherweise derartige Spannungen milderte und ein elementares Vertrauen auch jenseits von Verwandtschaft und Nachbarschaft gebot, fehlte hier; vor dem Hintergrund des traditionellen christlichen Glaubens verstärkten sich Mißtrauen und Vorurteile gegenüber denjenigen, die sich nicht nur weigerten, den lokalen Glauben zu übernehmen, sondern die seit jeher auch für die Kreuzigung des Erlösers verantwortlich gemacht wurden. Die sogenannten Gottesmörder mußten in einer Gesellschaft, die nach den konfessionellen Kämpfen der frühen Neuzeit eine überlokale Gemeinschaftlichkeit und kollektive Identität immer noch vor allem religiös begründete, als feindliche Außenseiter wahrgenommen werden.[251] Da der christliche Missionsauftrag an den Juden exemplarisch scheiterte, wurde die religiöse Identität hier primordialisiert: Zwischen den ortsansässigen Christen und den Fremden, die sich nicht assimilieren, aber auch nicht verschwinden wollten, war Distanz zu schaffen – durch Verachtung und gehässige Witze, oder aber durch Dämonisierung und gewalttätige Vertreibung. Eine solche Neigung zu einer primordialen Exklusion wurde noch verstärkt durch die Gewöhnung an konfessionell homogene Lebenswelten, die sich in ländlichen Regionen

250 Vgl. dazu J. Bergmann, *Klatsch. Zur Sozialform der diskreten Interaktion*, Berlin 1987.

251 Erst um die Jahrhundertmitte hatte dieser religiöse Judenhaß seine Bedeutung verloren. Vgl. M. A. Meyer, *Deutsch-jüdische Geschichte in der Neuzeit*, Bd. 2: *Emanzipation und Akkulturation*, München 1986, S. 43 ff., und Berding, *Moderner Antisemitismus in Deutschland*, a.a.O. S. 77.

bis ins zwanzigste Jahrhundert gehalten hatten, und die zentrale Bedeutung der religiösen Konfession als Kern einer überlokalen kollektiven Identität. Gerade in der ländlichen Bevölkerung, die sich am christlichen Volksglauben orientierte, führte die Emanzipation der Juden zu Beginn des neunzehnten Jahrhunderts zu einer Verstärkung des immer schon vorhandenen Antisemitismus.

Hinzu kam eine Teuerungs- und Hungerkrise, die besonders vor der Revolution von 1848 die kleinen Bauern in eine Lage äußerster Not brachte; zu den alten Lasten der Feudalaristokratie traten nun die neuen Zinslasten der Geldverleiher. Die so verschärfte traditionelle Judenfeindschaft der Bauern entlud sich in gewalttätigen Verfolgungen, in Zerstörungen jüdischer Geschäfte und Synagogen und persönlichen Bedrohungen jüdischer Bürger. Spontane hexenjagdähnliche Gewalttätigkeiten waren durchaus gewohnte Kommunikationsformen der unterbürgerlichen Volksschichten; man rottete sich zusammen, ein Gerücht über eine Bedrohung verbreitete sich schnell, und die nächste Person, die den emotional aufgeladenen Volksmassen verfügbar war und mit der Bedrohung in Verbindung gebracht werden konnte, wurde zum Opfer. Nicht nur die Juden, sondern auch Italiener und Lombarden und andere Fremde wurden solche Opfer xenophobischer Krawalle.

Gegenüber dieser Gewalttätigkeit des ländlichen und städtischen Volkes setzte sich das gehobene gewerbliche Bürgertum ebenso wie das Bildungsbürgertum ab; das ständische Bürgertum betrachtete die Gewalttätigkeit als sittenlos und gefährlich[252], dem Bildungsbürgertum erschien die Roheit des Volkes als Aufforderung zur Erziehung und Zivilisierung durch Polizei und Aufklärung. Der traditionelle, christlich begründete Antisemitismus widersprach darüber hinaus dem Toleranzgedanken der deutschen Aufklärung, deren wichtigster Träger das Bildungsbürgertum war.[253] Juden waren in ihm in führender

252 Teile des altständischen Bürgertums boten allerdings verdeckte Unterstützung, die Verpflichtung zur Übernahme der Sozialfürsorge ließ 1848 ganze Gemeinden und ihre Verwaltungen zu gewaltsamen Maßnahmen greifen. Vgl. Berding, *Moderner Antisemitismus in Deutschland*, a.a.O., S. 76.

253 Diese erste Phase der Emanzipation wird grundlegend abgehandelt

Position vertreten; die Emanzipation der Juden war gerade in Deutschland wichtiger Teil der aufklärerischen Bewegung und wurde von Juden wie Mendelssohn und Friedländer und Nichtjuden wie Dohm, Lessing und später Humboldt gegen den Widerstand von christlichen und jüdischen Traditionalisten gefordert. Gerade religiöse Bindungen und traditionelle Vorurteile erschienen der Aufklärungsbewegung als wichtigste Hindernisse auf dem Weg zur Herrschaft der Vernunft und Tugend.[254] Das deutsche Bildungsbürgertum, der soziale Träger des aufgeklärten Fürstenstaates, mußte sich daher von dem traditionellen Antisemitismus der ländlichen Regionen absetzen und wurde so zu einem der nachdrücklichsten Verfechter des Emanzipationsgedankens in Europa.

Auch nach der Jahrhundertwende suchten und fanden zumeist auch die bedrängten und verfolgten Juden den Schutz von Gesetz und Polizei gegen den gewalttätigen Mob der Straße; nicht immer, aber doch häufig ergab sich so ein Gegensatz zwischen dem Projekt der Aufklärung, der Emanzipation und der öffentlichen Ordnung einerseits und dem vulgären Antisemitismus, dem gewalttätigen Aufruhr des Volkes und dem traditionellen Aberglauben andererseits.[255] Das Bildungsbürgertum der Aufklärung

in: R. Rürup, »Judenemanzipation und bürgerliche Gesellschaft in Deutschland«, in: ders., *Emanzipation und Antisemitismus. Studien zur »Judenfrage« in der bürgerlichen Gesellschaft*, Frankfurt am Main 1987, S. 13-45. Auf die nur eingeschränkte Toleranz des Bildungsbürgertums weist Arno Herzig hin (»Die erste Emanzipationsphase im Zeitalter Napoleons«, in: P. Freimark, A. Jankowski und I. S. Lorenz (Hg.), *Juden in Deutschland. Emanzipation, Integration, Verfolgung und Vernichtung*, Hamburg 1991, S. 130-147). Die Grenzen der von Dohm gewünschten Gleichstellung als Bürger, nicht aber als Staatsbürger, betont Rose, *Revolutionary Antisemitism*, a.a.O., S. 70 ff. Zu Humboldt vgl. H. Liebeschütz, »Judentum und deutsche Umwelt im Zeitalter der Restauration«, in: H. Liebeschütz und A. Paucker, *Das Judentum in der deutschen Umwelt 1800-1850*, a.a.O., S. 1-55, hier S. 2 f.

254 Gerade die rationalistischen Religionsphilosophien der Aufklärung schienen Christen und Nicht-Christen jenseits der Kirchen eine gemeinsame Plattform zu bieten. Mit der erneuten Autonomisierung der Religion in der Romantik (Schleiermacher) wurden die Kriterien für die Konversion verschärft.

255 Den Auswüchsen der öffentlichen Debatte um die angestrebte

und die moderne Wissenschaft waren so zwar Träger des Rassenparadigmas, aber nur vereinzelt in den Reihen der Antisemiten zu finden. Gewiß gab es auch unter den Aufklärern und im Bildungsbürgertum antisemitische Äußerungen, aber diese hatten eher persönlichen als programmatischen Charakter oder richteten sich gegen den religiösen Traditionalismus, den manche Aufklärer im Judentum noch stärker als im Christentum verankert sahen und nachdrücklich bekämpften.[256] Religiöse Besonderheit und soziales Privileg sollten in einem Staat der Bürger keine Rolle mehr spielen dürfen.[257] Die Emanzipation der Juden und die Ablehnung des Judentums als Religion standen hier keineswegs im Widerspruch. Entscheidend aber war die Verbindung von aufklärerischem Bildungsbürgertum, Toleranzidee und Emanzipationsbewegung. Ohne die Unterstützung des nichtjüdischen deutschen Bildungsbürgertums und ohne die aufklärerische Idee der religiösen Toleranz wären die Erfolge der Emanzipationsbewegung und die Gleichstellungsedikte von 1812 nicht möglich gewesen.[258]

Diese Lage veränderte sich freilich unter dem Einfluß der natio-

Emanzipation der Juden begegnete 1803 die preußische Verwaltung mit einem Verbot der öffentlichen Diskussion. Vgl. dazu Meyer, *Deutsch-jüdische Geschichte in der Neuzeit*, a.a.O. Auch später blieb die Furcht vor der »öffentlichen Meinung« bestimmend für das Zögern vieler Liberaler, die uneingeschränkte Emanzipation zu befürworten. Vgl. D. Langewiesche, »Liberalismus und Judenemanzipation im 19. Jahrhundert«, in: P. Freimark u.a. (Hg.), *Juden in Deutschland*, Hamburg 1991, S. 148-163, hier S. 152 f.

256 So Kant; vgl. J. Katz, *Vom Vorurteil bis zur Vernichtung. Der Antisemitismus 1700-1933*, München 1989, S. 70 ff.

257 Zum Problem der Juden als »Staat im Staate« vgl. ebd., S. 62 ff. Zu Frankreich vgl. ebd., S. 108 ff. Fichte: »Fast durch alle Länder Europas verbreitet sich ein mächtiger, feindselig gesinnter Staat, der mit allen übrigen im beständigen Krieg steht [...] es ist das Judentum.« Fichte, zitiert nach Katz, ebd., S. 64.

258 Die Grenzen der preußischen Gesetzgebung zeigten sich dann in der reaktionären Handhabung durch die Verwaltung nach 1815; Rürup, *Der arische Mythos*, a.a.O., S. 25. Das aufgeklärte Konzept der Judenemanzipation wurde später für den Liberalismus bestimmend, vgl. Langewiesche, »Liberalismus und Judenemanzipation im 19. Jahrhundert«, a.a.O. Noch Mommsen formulierte sein Schlußwort zum Berliner Antisemitismusstreit auf dieser Basis.

nalen Bewegung und der politischen Romantik.[259] Der Versuch, gegen die napoleonische Besatzung eine kollektive Identität der Deutschen zu behaupten, hatte gerade bei Intellektuellen zur Abwehr alles Fremden geführt und Erinnerungen an das christliche Mittelalter wiederbelebt. Im Unterschied zur politisch ohnmächtigen Lage der deutschen Nation in der Gegenwart erschien das Heilige Römische Reich des Mittelalters als glanzvolle Vergangenheit, deren Grundlage, der christliche Glaube, auch in der Gegenwart eine kulturelle Identität bieten konnte. Vor dieser romantischen Wiederbelebung des christlichen Mittelalters konnten auch antisemitische Einstellungen im deutschen Bürgertum neues Gewicht erhalten.[260] Wenn nicht mehr die aufklärerische Überwindung der konfessionellen Spaltungen, sondern die Wiederentdeckung eines verschütteten religiösen Erbes zur Konstruktion nationaler Identität diente, dann mußten gerade auch nichtchristliche Religionsgemeinschaften als Verkörperung des äußersten Fremden erscheinen.

Hinzu kam, daß der schnelle wirtschaftliche Erfolg mancher Juden und die Emanzipationsbewegung die herkömmlichen Rangbeziehungen in Frage stellte. In den ersten Jahrzehnten des neunzehnten Jahrhunderts bewegten sich die Juden in großer Zahl aus ihren traditionellen unterständischen Stellungen auf dem Lande in den Handel der Städte, wo sie erfolgreich ihre neuen Chancen nutzten und zu einer sehr ernsthaften Konkurrenz für das traditionelle gewerbliche Bürgertum heranwuch-

259 Vgl. Berding, *Moderner Antisemitismus in Deutschland*, a.a.O., S. 59 ff.; Katz, *Vom Vorurteil bis zur Vernichtung*, a.a.O., S. 77 ff. Während die Frühromatik ohne die jüdischen Salons kaum zu denken ist, dominierten später krasse Vorurteile. Vgl. G. Och, »Alte Märchen von der Grausamkeit der Juden. Zur Rezeption judenfeindlicher Blutschuld-Mythen durch die Romantiker«, in: R. Erb (Hg.), Die *Legende vom Ritualmord: zur Geschichte der Blutbeschuldigung gegen Juden*, Berlin 1993, S. 223-238.

260 So nahm die 1809 gegründete Deutsch-Germanische Tischgesellschaft (Adam Müller, von Armin, Brentano, Fichte) weder »Juden, noch bekehrte Juden, noch Abkömmlinge von Juden« auf. Dies fand aber nur vereinzelt in den von E. M. Arndt beeinflußten radikalen Burschenschaften Nachahmung. Vgl. Poliakov, *Der arische Mythos*, a.a.O., S.94; Meyer, *Deutsch-jüdische Geschichte in der Neuzeit*, a.a.O., S. 38. Mitgliedschaft in der Tischgesellschaft und Besuche in jüdischen Salons waren durchaus vereinbar.

sen.[261] Dieses altständische Bürgertum hatte sich im Unterschied zum Bildungsbürgertum nur zurückhaltend an der Aufklärungsbewegung beteiligt und war traditionell auf die Schließung von Märkten und die Abwehr neuer lokaler Konkurrenten bedacht. Man dachte lokal, erwartete eine Fortsetzung des alten Auskommens und mißtraute dem Neuen und Ungewohnten.[262] Nicht aus genuin antisemitischen Gründen, sondern aus dem ständischen Interesse an der Sicherung des gewohnten und gerechten Einkommens gegen neue und überlegene Konkurrenten beobachteten manche Vertreter des traditionellen gewerblichen Bürgertums sogar die antisemitischen Ausschreitungen des Pöbels mit offener Sympathie. Sie beteiligten sich zwar nicht an den Gewalttätigkeiten – dies wäre als unehrenhaft und ungesetzlich empfunden worden –, aber sie betrachteten wohlwollend den sogenannten gerechten Zorn des Volkes. Auch unter den romantischen Intellektuellen fanden sich zunehmend antisemitische Äußerungen, die sich um die Nähe zum Volk, dem neuen Grund von Gemeinschaftlichkeit und Identität, bemühen. Mit der Französischen Revolution und den Befreiungskriegen hatte die Gewalttätigkeit des Volkes auf der Barrikade eine romantische Umwertung erfahren: Sie erschien nun nicht mehr als erziehungsbedürftige Roheit, sondern als geschichtsträchtiger Akt der Befreiung, der die Gebildeten zur Identifikation einlud. Gerade in Deutschland, wo keine nationalstaatliche Form die Volksbewegung faßte, war die Sehnsucht der Intellektuellen nach einer Verbindung und Vereinigung mit dem Volk besonders stark. Dennoch wäre es übertrieben, wollte man in der romantischen Bewegung schon eine intellektuelle Kehrtwende des Bildungs-

261 Die in der napoleonischen Zeit durchgesetzte Öffnung judenfreier Städte führte zu langanhaltenden Spannungen. So etwa in Würzburg, wo sie zum Auslöser der Hepp-Hepp-Unruhen von 1819 wurde. Vgl. dazu Berding, *Moderner Antisemitismus in Deutschland*, a.a.O., S. 66.

262 So stehen etwa die Ausbrüche antijüdischer Unruhen teilweise im Zusammenhang mit beabsichtigter Emanzipation auf kommunaler Ebene (Würzburg 1819). Zu 1848: S. Rohrbacher, »Sozialer Protest und antijüdische Ausschreitungen im 19. Jahrhundert«, in: W. Benz und W. Bergmann (Hg.), *Vorurteil und Völkermord. Entwicklungslinien des Antisemitismus*, Freiburg 1997, S. 159-174, insbesondere S. 168.

bürgertums zum Antisemitismus sehen.[263] Der von der Romantik inspirierte Antisemitismus hatte keine besondere soziale Form gefunden und trat eher als persönliches Vorurteil mit begrenzter Verbreitung auf.[264] Das deutsche Bildungsbürgertum fand sich eben auch in den Salons von Hendriette Herz und Rachel Varnhagen ein, las Heinrich Heine und Ludwig Börne und betonte die Distanz zu dem gewalttätigen Pöbel der Straße einerseits und den Geldinteressen des gewerblichen Bürgertums andererseits.

3.2.2 Der Antisemitismus als intellektuelle Kompensation der Moderne

In der zweiten Hälfte des Jahrhunderts betrat jedoch ein neuer Antisemitismus die Bühne.[265] Er rückte auf von der Ebene mündlich überlieferter Ressentiments mit traditionalem, christlichem Hintergrund zum Konstrukt von Intellektuellen und ihrem bildungsbürgerlichen Publikum, die in Deutschland zwischen der gescheiterten Revolution von 1848 und der Reichsgründung die Dämonisierung des Judentums zur Konstruktion nationaler Identität nutzten und so das Fehlen des Nationalstaates und einer nationalstaatlichen Tradition kompensierten.

263 Wie dies bei L. Greenfeld, *Nationalism: Five Roads to Modernity*, a.a.O., in vereinfachender Weise geschieht.

264 Öffentliches Eintreten für die Emanzipationsansprüche des Judentums war weithin mit verbleibender privater Distanz verbunden: »Ich liebe aber eigentlich nur die Juden en masse, en detail gehe ich ihnen sehr aus dem Weg«, so Wilhelm von Humboldt brieflich an seine stark antisemitisch eingestellte Frau Karoline, zitiert nach Poliakow, *Der arische Mythos*, a.a.O., S. 94. Daneben machte auch ein alsbald verbotenes Theaterstück Furore, das schon mit dem modernen Stereotyp des geldgierigen Parvenues arbeitet, dessen Bildungsansprüche scheitern müssen. Vgl. H. J. Neubauer, »Auf Begehr: Unser Verkehr. Über eine judenfeindliche Posse im Jahre 1815«, in: R. Erb, und M. Schmidt, *Anti-Semitismus und jüdische Geschichte. Studien zu Ehren von Herbert A. Strauss*, Berlin 1987, S. 313-328; vgl. auch Meyer, *Deutsch-jüdische Geschichte in der Neuzeit*, a.a.O., S. 96.

265 Als eine gedrängte Gegenüberstellung vgl. Rürup, »Judenemanzipation und bürgerliche Gesellschaft in Deutschland«, a.a.O., S. 114.

Anders als im Falle Frankreichs, Britanniens, Spaniens oder Schwedens besaß das deutsche Bürgertum keine nationale Erinnerung an staatliche Kontinuität, und selbst die genauen Konturen des angestrebten Nationalstaates waren noch umstritten. Die Konstruktion der nationalen Identität durch Tradition und Territorium war daher hier kaum möglich. Statt dessen wurden das Volk und seine Tugenden als Konstruktionskern nationaler Identität benutzt. Eine solche ethnische Vorstellung der deutschen Nation konnte nicht nur auf die Ideen der Romantiker zurückgreifen, sondern durfte in der zweiten Hälfte des Jahrhunderts sogar den Vorzug einer besonderen Modernität in Anspruch nehmen: Im Unterschied zu frühneuzeitlichen Modellen, die kollektive Identität an die territoriale Reichweite fürstenstaatlicher Herrschaft gebunden hatten, stand hier das Volk im Mittelpunkt – Wahlverwandtschaften zwischen ethnischen Identitätskonstruktionen und demokratischen Souveränitätsvorstellungen konnten bemüht werden. Weder der Fürst noch das Gesetz, weder das Territorium noch die Vergangenheit, sondern die natürliche Zugehörigkeit zu einem Volk sollten die Grundlage von Staat und Nation bilden.

Die politische Gemeinschaft wurde dabei allerdings tendenziell enthistorisiert und naturalisiert: Das Volk konstituierte sich nicht in der politischen Aktion, sondern als Abstammungsgemeinschaft, die in einem vorhistorischen, zeitlosen Raum angesiedelt war und sich gerade deshalb als Bezugspunkt politischen Handelns in einer unübersichtlichen Lage anbot. Zentral für diese primordiale Codierung der nationalen Identität war hier die Reduktion von Gemeinschaftlichkeit auf Natur. Die natürliche Eigenart der Nation bot eine Grundlage, die sich nicht entfremden und verflüssigen ließ und die nicht auf historische Tradition und Kontinuität angewiesen war: Sie existierte selbst dann, wenn es ihren Angehörigen an nationalem Bewußtsein mangelte und die staatliche Form noch fehlte. Zum Gegensatz der natürlichen Gemeinschaft wird dabei die künstliche Gesellschaft, in der bindungslose Individuen private Interessen verfolgen. Mit diesem Gegensatz ist ein Feld abgesteckt, in dem sich nicht nur der nationale Diskurs, sondern auch eine neue Form des Antisemitismus bewegen konnte.

Wie auch schon zuvor in Aufklärung und Romantik übernahmen Intellektuelle und ihr bildungsbürgerliches Publikum die

Aufgabe der Konstruktion nationaler Identität. Da die Nation noch nicht über eine gefestigte staatliche Form verfügte, mußte sie als kulturelle Gemeinschaft geschaffen werden, und die Intellektuellen und ihr Publikum erschienen als die berufenen Baumeister dieser Kulturnation.

Eine starke kulturelle Konstruktion nationaler Identität sollte nicht nur das Fehlen des Nationalstaates auffangen, sondern antwortete auch auf die zunehmende Mobilisierung und den strukturellen Wandel der deutschen Gesellschaft, die die soziale Lage des Bildungsbürgertums in Bewegung brachten und sein Selbstverständnis in Frage stellten. In der zweiten Jahrhunderthälfte, insbesondere aber nach der Reichsgründung hatten umfangreiche Migrationsbewegungen eingesetzt, in deren Verlauf fast die Hälfte der deutschen Bevölkerung ihren Geburtsort verließ und die Bevölkerung der großen Städte – allen voran Berlin und Wien – sehr schnell anwuchs.[266] Lokale Bindungen und Bodenständigkeit verloren an Bedeutung als Grundlage kollektiver Identität; in den verflüssigten Sozialbeziehungen der großen

266 Vgl W. Köllmann, *Bevölkerung in der industriellen Revolution*, Göttingen 1974, S. 20. Ebenso H.-U. Wehler, *Deutsche Gesellschaftsgeschichte*. Bd. III: *Von der »Deutschen Doppelrevolution« bis zum Beginn des Ersten Weltkrieges 1849-1914*, München 1995, S. 504 ff.; J. Reulecke, *Geschichte der Urbanisierung in Deutschland*, a.a.O., S. 68 ff.; D. Langewiesche, »Wanderungsbewegungen in der Hochindustrialisierungsphase – regionale, interstädtische und innerstädtische Mobilität in Deutschland 1850-1915«, in: *VJSWG* (1980), S. 1-40. Noch um die Jahrhundertwende lebten mehr als 20 Prozent der deutschen Bevölkerung in Großstädten und etwa 50 Prozent der Gesamtbevölkerung in Städten. Der größte Teil der Migranten, die in die Großstädte und die neuen Industrieregionen strömten, waren junge unverheiratete Männer, die ihre ländliche Heimat wegen fehlender Aussichten verlassen hatten. Ihre Abwanderung hatte eine Überalterung der ländlichen Bevölkerung und sogar gelegentlich Arbeitskräftemangel zur Folge. Auch innerhalb der Großstädte wechselten die Angehörigen des neuen städtischen Proletariats häufig den Wohnsitz. Eine hochmobile Gruppe von »neuen Nomaden« entstand, die etwa 20 bis 30 Prozent der Gesamtbevölkerung umfaßte. Vgl. D. Langewiesche, »Mobilität in den deutschen Mittel- und Großstädten«, in: W. Conze und U. Engelhardt (Hg.), *Arbeiter im Industrialisierungsprozeß*, Stuttgart 1979, S. 70-93.

Städte erschienen Bindungen nicht mehr als Hindernis für ein bewegliches Selbstverständnis, sondern als knappes Gut, das verlorenzugehen drohte. Die Rede von Entwurzelung und Entfremdung, Bindungslosigkeit und Glaubenskrise, vom Niedergang der Bildung und vom Tod Gottes formuliert dieses Verlustgefühl aus der Sicht der Bildungsbürger, die zwar selbst hiervon kaum betroffen waren, sich aber berufen glaubten, stellvertretend für das Volk die Diagnose der Geschichte stellen zu müssen. Dabei war die geschichtliche Position des Bildungsbürgertums selbst schon in Frage gestellt.[267] Der Aufstieg eines neuen Wirtschaftsbürgertums und das unübersehbare Selbstbewußtsein der Arbeiterklasse, das schnelle Wachstum der Städte und die Industrialisierung hatten nicht nur das staatsnahe Bildungsbürgertum in seinem Selbstverständnis als Fortschrittspionier und Träger des Modernisierungsprozesses erschüttert, sondern auch alte Frontstellungen zwischen der Welt des Geldes und des privaten Interesses einerseits und der Welt des Geistes, der Kunst und der Moral andererseits wiederbelebt, die das deutsche Bildungsbürgertum von jeher zur kulturellen Abgrenzung gegen Gewerbe und Handel einsetzte. Allerdings drohten sich die Fronten nun zu verkehren: Der Modernisierungsprozeß hatte seinen Träger gewechselt, und das Bildungsbürgertum mußte sein Verhältnis zum Projekt der Moderne neu definieren. Es ging nun auf Distanz zu der Moderne, der Industrialisierung, Kapitalisierung und Urbanisierung, die von neuen Klassen getragen und bewegt wurden. Mit dieser Wende hatte die Moderne ihren Zauber verloren.[268]

267 Vgl. W. Jochmann, *Gesellschaftskrise und Judenfeindschaft in Deutschland 1870-1945*, Hamburg 1988, S. 34, S. 40.

268 F. Stern, *Kulturpessimismus als politische Gefahr. Eine Analyse nationaler Ideologie in Deutschland*, Bern/Stuttgart/Wien 1963. Neben den dort behandelten stellen die deutlichsten Krisensymptome wohl Wagner und Nietzsche dar. Vgl. H. Mommsen, »Die Auflösung des Bürgertums seit dem späten 19. Jahrhundert«, in: J. Kocka (Hg.), *Bürger und Bürgerlichkeit*, Göttingen 1987, S. 288-315. Ebenso R. v. Bruch, »Gesellschaftliche Funktionen und politische Rollen des Bildungsbürgertums im Wilhelminischen Reich. Zum Wandel von Milieu und politischer Kultur«, in: J. Kocka (Hg.), *Bildungsbürgertum im 19. Jahrhundert*, Bd. IV: *Politischer Einfluß und gesellschaftliche Formation*, Stuttgart 1989, S. 146-179.

Aus der Perspektive des deutschen Bildungsbürgertums erschien diese neue Moderne der Banken und der Städte, des Profits und der Käuflichkeit als seelenlos, dekadent, parasitär, unnatürlich und krisenhaft und wurde der Verantwortung für das Ganze, dem schöpferischen Geist und der natürlichen Wahrheit, dem tiefen Gefühl und der neuen, echten Frömmigkeit entgegengesetzt. Aus dieser modernitätskritischen und kulturpessimistischen Perspektive geriet auch jene Gruppe, die ihre allgemeine Lage in dem Prozeß der Modernisierung und Mobilisierung besonders hatte verbessern können, in ein ungewisses Licht. In der Tat waren die Juden unter den Bankiers und Warenhausbesitzern traditionell stark vertreten und drängten erfolgreich in die akademischen Professionen der Ärzte und Rechtsanwälte, in den Journalismus und den Theaterbetrieb. Ihr Aufstieg kontrastierte deutlich mit der Verunsicherung des Bildungsbürgertums und begünstigte so das Ressentiment: Die seelenlose und unruhige Moderne wurde mit dem Judentum identifiziert.

Allerdings war die Art, wie dieses Ressentiment verbreitet wurde, eine Form der Intellektuellen und ganz verschieden von den gewalttätigen Pogromen der vulgären Judenfeindlichkeit. Es ging um schriftliche und öffentlich verbreitete Darstellungen, um zwar häufig heftige, aber allgemeine Angriffe, denen auch ein unbekanntes Publikum zustimmen konnte. Der Antisemitismus der Intellektuellen tritt zunächst im Roman auf. In den völkischen Romanen[269] von Raabe, Freytag, Lienhard oder Löns wird die populäre Figur des gierigen, unruhigen und seelenlosen

269 Die Rezeption dieser literarischen Stereotypien erfolgte unabhängig von den persönlichen Intentionen ihrer Autoren. Vgl. Berding, *Moderner Antisemitismus in Deutschland*, a.a.O., S. 78 f., und H. O. Horch, »Judenbilder in der realistischen Erzählliteratur. Jüdische Figuren bei Gustav Freytag, Fritz Reuter, Berthold Auermann und Wilhelm Raabe«, in: A. H. Strauss und C. Hoffmann (Hg.), *Juden und Judentum in der Literatur*, München 1985, S. 140-172. Auch Lienhard und Löns waren persönlich keine Antisemiten. Zu diesem Thema: D. Stakleberg, *Idealism debased. From Völkish Ideology to Nationalism*, Kent, Ohio 1981; K. Rossbacher, *Heimatkunstbewegung und Heimatroman. Zu einer Literatursoziologie der Jahrhundertwende*, Stuttgart 1975. Die Belege für Löns sind eher randständig. Vgl. T. Dupke, *Mythos Löns. Heimat, Volk und Natur im Werk von Hermann Löns*, Wiesbaden 1993, S. 57, S. 226.

Juden ausgearbeitet und den hart arbeitenden, bodenständigen, germanischen Bauern entgegengestellt.

Mit dem völkischen Roman fand der Antisemitismus nicht nur eine anspruchsvolle schriftliche Form, sondern auch ein neues Motiv, das von traditionellem, christlichem Antisemitismus unabhängig war. Es ging um die kulturelle Konstruktion nationaler Identität über die literarische Fiktion einer dämonischen Bedrohung, welche die Unübersichtlichkeit der eigenen Lage zu ordnen half. Die literarische Karriere der Figur des Juden einerseits und des heimattreuen deutschen Bauern andererseits verläuft dabei nicht nur im Gegenzug zu den tatsächlichen Prozessen der Mobilisierung, sozialen Verflüssigung und Verstädterung, sondern auch zu der weitgehenden Assimilation und Emanzipation der deutschen Juden in den letzten Jahrzehnten des neunzehnten Jahrhunderts. Die neue Niederlassungsfreiheit für Juden hatte schon zu Beginn des Jahrhunderts zur Auflösung alter jüdischer Gemeinden und Ghettos geführt; die Kleidungssitten der Juden glichen sich denen der übrigen Bevölkerung an, selbst das häusliche Leben der Juden nahm die Formen der übrigen Bevölkerung an, der Pauperismus der jüdischen Bevölkerung trat in den Hintergrund.[270] Die Assimilation von Lebensformen zwischen Juden und Nichtjuden führte sogar zu besonderen Versuchen von Juden, die jüdische Identität durch Rückbesinnung auf orientalische Ursprünge in eigenen Zeitschriften und Jahrbüchern zu rekonstruieren oder im Bau von Synagogen im orientalischen Stil zu dokumentieren.[271] Die Assimilation an die Welt des deutschen Bildungsbürgertums war hier weniger erstrebenswertes oder fernes Ziel als vielmehr Risiko jüdischer Identität.[272] Beide Vorgänge – die Erosion der traditionellen ländlichen Milieus und der Aufstieg der Städte einerseits und die Assimilation der deutschen Juden andererseits – stellten sozialstrukturelle Bewegungen dar, deren Gewicht für die Konstruktion nationaler wie auch jüdischer Identität kaum überschätzt werden kann. Die Diffusion

270 Zum Emanzipations- und Integrationsprozeß ausführlich Berding, *Moderner Antisemitismus in Deutschland*, a.a.O., S. 20; vgl. dazu auch Meyer, *Deutsch-jüdische Geschichte in der Neuzeit*, a.a.O., S. 302 ff., S. 340 ff.

271 Vgl. ebd., S. 397.

272 Vgl. ebd., S. 341, und S. Volkov, *Jüdisches Leben und Antisemitismus im 19. Jahrhundert*, München 1990, S. 131-145.

sozialstruktureller Grenzen wird dabei intellektuell kompensiert.[273] In dem Maße, in dem Bodenständigkeit bedroht schien, mußte sie literarisch gepriesen werden; in dem Maße, in dem die alltägliche Unterscheidung zwischen Christen und Juden sich im Alltag der Städte auflöste, mußte sie mit intellektuell-literarischen Mitteln neu erzeugt werden.

Der Antisemitismus in der Literatur reagiert damit auf die erfolgreichen Bemühungen vieler Juden um Assimilation und die Aufnahme der assimilierten Juden in die gebildete Gesellschaft der großen Städte: Die dämonische Bedrohung durch einen äußeren Feind wird gerade dadurch gesteigert, daß dieser unsichtbar geworden ist und sich hinter der Maske des normalen Deutschen verbirgt.[274] Er ist damit nicht nur nahegerückt, sondern sogar in die Gemeinschaft selbst eingedrungen, und die Aufgabe des Dichters und Schriftstellers ist es, die wirkliche Gefahr hinter der Verstellung herauszuarbeiten. Die völkische Literatur schuf so einen stereotypen Gegensatz, in dem wirtschaftliche, religiöse, psychologische und anatomische Merkmale zusammenflossen: der rastlose, unruhige, gierige, seelenlose und geschwätzige Geldverleiher und der bodenständige, ruhig-ernste, selbstgenügsame, naturverbundene und gläubige Bauer.

Im deutschen Bildungsbürgertum, dessen Lebenswelt von der der Geldverleiher ebenso entfernt war wie von jener der Bauern, fanden derartige Gegensätze gute Resonanz – wie die hohen Auflagen der völkischen Romane zeigen. Solange bäuerlicher Aberglaube und dumpfe Bodenständigkeit noch als Hemmnis von Aufklärung, Fortschritt und Beweglichkeit auftraten, solange Juden als Juden noch sichtbar waren und als Zielscheibe pöbelhafter Xenophobie dienten, konnte das deutsche Bildungsbürgertum noch Distinktion gewinnen, indem es sich von traditio-

273 Der kompensatorische Antisemitismus der Intellektuellen fand sein Gegenstück in der Romantisierung und Musealisierung des Bauernalltags (in der Tat wurden in dieser Zeit nicht nur Heimatmuseen, sondern auch Bauernmuseen gegründet). Damit ergibt sich eine parallele Figur zu der Kompensationsthese, die F. H. Tenbruck in seinem Aufsatz über »Emile Durkheim oder die Geburt der Gesellschaft aus dem Geist der Soziologie« entwickelt hat. In: ders., *Die kulturellen Grundlagen der Gesellschaft*, a.a.O., S. 187-214.

274 Vgl. Z. Baumann, *Dialektik der Ordnung. Die Moderne und der Holocaust*, Hamburg 1992, S. 71 ff.

nellen Vorurteilen absetzte.[275] Als jedoch die Assimilation der Juden fortschritt, die traditionellen Grenzen durchlässig wurden und das Volk in Bewegung geriet, konnte in einer kompensatorischen Bewegung das Außenseitertum der Juden und die Bodenständigkeit der Bauern virtualisiert und diskursiv verfügbar gemacht werden.[276] Man benutzte die Figur des Bauern als Chiffre eines verlorenen natürlichen Paradieses und das Judentum als Versatzstück einer kritischen Perspektive auf die künstliche Moderne, wie man auch den Kapitalismus oder den Sozialismus hierfür einsetzen konnte. Hinzu kam, daß die Juden ebenso wie die Katholiken, die Sozialisten oder zuvor die Aristokraten im Ruf nationaler Unzuverlässigkeit standen, da ihre Loyalitäten über die nationalen Grenzen hinausreichten. Der Verdacht internationaler Verbindungen ging häufig einher mit der Vermutung geheimer, zumindest öffentlich nicht sichtbarer Organisationsformen, die das Prinzip der national gebundenen Öffentlichkeit zu unterlaufen drohten. Der bürgerliche Nationalstaat sollte keine Geheimgesellschaften in der Gesellschaft, keine Nation in der Nation und keinen Staat im Staate dulden.

Der neue Antisemitismus der Intellektuellen zeigt sich nicht nur in den völkischen Romanen, sondern verbindet sich auch mit den vielfachen Versuchen, nach dem Niedergang der alten Muster religiöser Identität eine neue unbedingte Form der religiösen Bindung und des Glaubens zu erfinden und programmatisch zu fordern. Vor allem in der zweiten Hälfte des Jahrhunderts nach dem Scheitern der revolutionären Hoffnungen von 1848 ging es vielen Intellektuellen nicht mehr um eine Fortsetzung der Kritik

275 Die Romantisierung des Landlebens und die Vorstellung der Städte als Orte des Lasters und der Krankheit begann schon früh im neunzehnten Jahrhundert. Riehl machte den Kampf gegen die Städte zum Kernpunkt seiner Reformideen, später wurden Zeitschriften wie die von Sohnrey herausgegebene *Das Land* (ab 1893) zum Sprachrohr der Antiurbanisierungsbewegung. Vgl. Bergmann, *Agrarromantik und Großstadtfeindschaft*, a.a.O., und J. Reulecke, *Geschichte der Urbanisierung in Deutschland*, a.a.O.

276 Es ging hier nicht um die eigenen lebenspraktischen Probleme, um Einkommen und Daseinssicherung, sondern um die Rekonstruktion der Achsen einer sozialen Ordnung, in der das Bildungsbürgertum und seine kleinbürgerlichen Seitenstücke eine angemessene Selbstverortung vollziehen konnten.

und um argumentative Verflüssigung der bestehenden Verhältnisse, um Ironie, Zweifel und Individualisierung, sondern um eine neue Bindung, eine neue unbedingte Gemeinschaftlichkeit und einen neuen Glauben.[277] Die traditionellen Formen der Gemeinschaftlichkeit und des christlichen Glaubens galten als entwertet und ausgetrocknet; der Anspruch der Intellektuellen auf kulturelle Führung der Nation erforderte eine neue kraftvolle Identität. Man konnte diese Bindung in einer neuen Form des Christentums suchen, wie Lagarde dies versuchte, oder in besonderen Formen einer mit Erlösungsmotiven aufgeladenen neuen Musik, wie Wagner sie schuf, oder in einer um die deutsche Seele bemühten Kunst, wie Langbehn dies vorschlug.[278]

Bei aller Verschiedenartigkeit der Inhalte ähneln sich diese Versuche zur Konstruktion einer neuen Gemeinschaft doch in ihrem Bemühen um eine rituelle Form, die jenseits von Zweifel und Kritik eine als tiefer empfundene Bindung an das Heilige und Erhabene schaffen und Distanz zur Welt der bloßen materiellen Interessen, der Technik und der oberflächlichen Wissenschaft herstellen sollte. Gerade der unübersehbare Aufstieg der Naturwissenschaften und der Technik in der Industrialisierung Deutschlands forderte im Gegenzug ein Programm heraus, das die radikale Verachtung des Berechenbaren forderte. Kunst und Musik sollten über Erlebnis, Gefühl und Rausch eine Identifikation schaffen, die über Verstand und Rationalität hinausging. Im Hintergrund dieser Suche nach einer neuen vitalen Identität steht die Philosophie Nietzsches, der freilich alle Versuche, nach der Zerstörung der alten Werte neue Bindungen festzulegen, nur ironisch kommentierte. Für die vielen, die die Einsamkeit seines heroischen Vitalismus nicht aushalten konnten, ging es hingegen um eine neue Gemeinschaftlichkeit, die tiefer als das bloße Wort gelegt werden sollte. Nicht die Verachtung der Massen, wie im Falle der französischen Rassisten, die einen Ersatz für den Adel suchten, sondern eine Sehnsucht nach Vereinigung mit dem Volk trieb die deutschen Intellektuellen an.

Als Widersacher dieser neuen Bindung wird – darin stimmen die völkischen Intellektuellen in Deutschland wie in Frankreich

277 Th. Nipperdey, *Religion im Umbruch. Deutschland 1870-1918*, München 1988, S. 143-153, spricht von ›vagierender‹ Religiosität.

278 Vgl. Stern, *Kulturpessimismus als politische Gefahr*, a.a.O.; zu Wagner vgl. W. Schuler, *Der Bayreuther Kreis*, Münster 1971.

überein – die sogenannte zersetzende jüdische Mentalität der modernen Welt gesehen. Das Judentum wird dabei nicht nur mit der radikalen Diesseitigkeit materieller Interessen, sondern auch mit der vermeintlich oberflächlichen Kritik, dem Gerede und der Geschwätzigkeit des Kulturbetriebes gleichgesetzt.[279] Auch der neue Antisemitismus der Wagnerianer, der Anhänger Lagardes und Langbehns ist damit weit weniger von einem wissenschaftlichen Rassismus bestimmt (Lagarde hielt bekanntlich den Rassismus für eine Form des Materialismus, den er ablehnte) als von einem Ressentiment der heterodoxen kulturellen Neuerer gegen das erfolgreiche Kulturestablishment einerseits und dem Versuch zur Restauration traditioneller Stereotypen des Bildungsbürgertums andererseits gespeist.[280] Dies läßt sich bis in die Lebensläufe der führenden kulturellen Antisemiten verfolgen[281]: Lagarde war wegen seiner maßlosen Angriffe und seines unausgewogenen Temperaments über viele Jahre ohne feste akademische Stellung, fühlte sich einsam und unverstanden und glaubte sich immer wieder von vermeintlichen Verschwörungen seiner akademischen Zunft und jüdischer Kollegen umstellt; Judentum, Liberalismus und Materialismus verschmolzen bei ihm zu einem einzigen Feind, der für den Verfall der Bildung, des Glaubens und der Nation verantwortlich gemacht wurde. Langbehn, sein Schüler, blieb während seines ganzen Lebens ein umherschweifender stellungsloser Prophet mit psychopathischen Zügen; Wagners Bayreuther Kreis kultivierte, auch nachdem sich die Anerkennung längst eingestellt hatte, die Aura der kulturellen Heterodoxie und der neuen Kunstreligion; Wagners Antisemitismus wurde maßgeblich gefördert durch die Rivalität mit

279 Zu einem Beispiel vgl. der Artikel »Emanzipation der Juden« in: H. Wagener (Hg.), *Neues Conversationslexikon. Staats- und Gesellschaftslexikon*, Bd. VII, Berlin 1861. Vgl. auch Langewiesche, »Liberalismus und Judenemanzipation im 19. Jahrhundert«, a.a.O.

280 Die Rezeption blieb so nicht auf eingeschworene Antisemiten beschränkt, sondern reichte auch weit in das liberale Lager der Lebens- und Kulturreformer hinein. So wurde etwa Lagarde nicht nur von dem Wagnerianer, Gobineau-Spezialisten und Rasseantisemiten Schemann propagiert, sondern auch vom Diederichs-Verlag mit einer Kapelle geehrt. Vgl. Viehöfer, *Der Verleger als Organisator*, a.a.O., S. 18.

281 Vgl. Stern, *Kulturpessimismus als politische Gefahr*, a.a.O.

Meyerbeer während seines Aufenthaltes in Paris. Die Neigung vieler Intellektueller des Fin de siècle zu antisemitischen Heterodoxien blieb keineswegs auf Deutschland beschränkt: Maurras und Barrès, Drumont und Marin in Frankreich verfolgten aus ähnlichen Lagen ähnliche Ideen.

So heftig die völkischen Intellektuellen auch das antisemitische Ressentiment schürten und die nationale Ausgrenzung der Juden betrieben, so blieb dieser Antisemitismus doch zumeist unpersönlich und allgemein; er richtete sich an ein unbegrenztes Publikum, das einerseits nur zu kleineren Teilen über alltägliche Beziehungen zu Juden verfügte und daher kein persönliches Ressentiment beziehen konnte[282], andererseits aber gelegentlich gute persönliche Beziehungen zu Personen jüdischer Abstammung pflegte: In den Kreisen des Bildungsbürgertums der großen Städte waren gerade gebildete Juden häufig besonders willkommen. Vor allem aber konnten Juden selbst nicht aus diesem bildungsbürgerlichen Publikum ausgeschlossen werden[283]; sie waren im Kreis der literarisch Gebildeten und Interessierten sogar unverhältnismäßig stark vertreten. In einer solchen Situation der öffentlichen Kommunikation mit einem unbekannten Publikum, die eher universalistische Codierungen begünstigte, durfte es dem Antisemitismus der völkischen Intellektuellen und des Bildungsbürgertums daher nicht um unverstellten persönlichen Haß und den Ausschluß der Juden aus der Leserschaft gehen – selbst wenn einzelne Intellektuelle privat eine starke Abneigung gegen den gesellschaftlichen Verkehr mit Juden hegten. Die Kommunikationsbeziehung zwischen Schriftsteller und öffentli-

282 Vgl. Jochmann, *Gesellschaftskrise und Judenfeindschaft in Deutschland 1870-1945*, a.a.O., S. 21, S. 46.

283 Beispielhaft soll hier nur auf die jüdischen Initiatoren und Träger der Wagnervereine hingewiesen werden. Vgl. Schuler, *Der Bayreuther Kreis*, a.a.O., S. 249. Andererseits führte die den Autoren durch das Publikum unterstellte Ablehnung oft zu den entsprechenden Ressentiments: Wilhelm Raabe sah es beispielsweise als seine schriftstellerische Aufgabe an, »das Licht der Kunst über Gerechte wie Ungerechte leuchten zu lassen.« Gute und Schlechte fänden sich jedoch bei Juden wie bei Christen in gleichen Prozentsätzen. Zu Lebzeiten wurde er aber von jüdischer Seite her als Judenhasser abgelehnt. Nach seinem Tod änderte sich diese Ansicht. Vgl. Horch, »Judenbilder in der realistischen Erzählliteratur«, a.a.O., S. 164.

cher Leserschaft verträgt keine persönliche Beleidigung der Leser – auch wenn der Affront nur eine kleine Gruppe von ihnen trifft. Darüber hinaus waren Dichter und Schriftsteller wie Börne und Heine, deren Rang im deutschen Bildungsbürgertum kaum bestritten wurde, offenkundig jüdischer Abstammung. Schließlich traf ein persönlicher und rüder Antisemitismus auch auf den Widerstand eines keineswegs kleinen Teils der Gebildeten – wie der Berliner Antisemitismusstreit, bei dem Treitschke die weit überwiegende Mehrheit seiner Kollegen gegen sich aufbrachte, deutlich zeigt.[284]

Der öffentlich verbreitete antisemitische Diskurs der Intellektuellen trug diesem Problem durch eine besondere Wendung Rechnung: Jüdischsein wurde zu einer kulturellen Haltung umstilisiert und von der leiblichen Abstammung und dem religiösen Bekenntnis abgelöst.[285] Man unterschied zwischen Juden im allgemeinen und den individuellen Juden, die zumeist als Ausnahmen behandelt wurden. Der Antisemitismus wurde damit eine kulturelle Bewegung, die gute persönliche Beziehungen mit Juden keineswegs ausschloß und an der im Grenzfall sogar Juden selbst teilnehmen konnten. Jüdischsein wurde als eine existentielle Einstellung, eine Weltanschauung, eine Ästhetik, vor allem als eine Orientierung am individuellen, geldwerten Vorteil gesehen und an die Unterscheidungen von rein und unrein, Nutzen und Moral, privat und öffentlich, natürlich und dekadent, gesund und krankhaft, Oberfläche und Wesen gekoppelt. Wagner konnte so einerseits Schriften gegen das Judentum in der Musik

284 W. Boehlich (Hg.), *Der Berliner Antisemitismusstreit*, Frankfurt am Main 1965; C. Hoffmann, »Geschichte und Ideologie: Der Berliner Antisemitismusstreit 1879/81«, in: W. Benz und W. Bergmann (Hg.), *Vorurteil und Völkermord*, a.a.O., S. 219-252.

285 »Darum haben wir das Wort Antisemitenliga gewählt und nicht anti-jüdische Liga, um zu zeigen, daß wir einen Unterschied zwischen jüdischen Deutschen und jener Bande constatieren: und wir nennen Semiten auch solche, die ihr Christentum verleugnet, sich dem Wucher und ähnlichen Lastern ergeben haben«, so die vermutlich erste öffentliche Verwendung des Begriffs, die noch ganz im Gegensatz zur Intention von W. Marr, dem Schöpfer des Begriffes, steht. Vgl. M. Zimmermann, »Lessing contra Sem. Literatur im Dienste des Anti-Semitismus«, in: S. Moses und A. Schöne (Hg.), *Juden in der deutschen Literatur. Ein deutsch-israelisches Symposium*, Frankfurt am Main 1986, S. 179-193, hier S. 187.

verfassen, andererseits aber eng mit jüdischen Dirigenten wie Levi zusammenarbeiten[286] und jüdische Förderer wie Pringsheim preisen; Treitschke konnte das Judentum als Antipoden der deutschen Identität schildern, aber dennoch bewundernde Worte für die Gedichte Heines[287] finden; Lagarde konnte wüste antisemitische Feldzüge fordern und doch mit sogenannten »gereinigten« jüdischen Studenten befreundet sein.[288] Die Assimilation der deutschen Juden und die kulturelle Stilisierung des Judentums durch die Intellektuellen schlug gelegentlich – etwa bei Lagarde und Langbehn – sogar in eine besondere Abneigung gegen das assimilierte moderne Judentum und eine wohlwollende Haltung gegenüber dem traditionellen, völkisch bewußten Judentum um.[289] Gerade in dieser Verkehrung wird die kompensatorische Funktion des intellektuellen Antisemitismus besonders deutlich: Man haßte das Judentum, weil und insoweit es für die moderne, liberale und materialistische Gesellschaft stand, und steigerte diesen Haß, da die Feinde nun nicht mehr als Feinde sichtbar waren. Die Unsichtbarkeit der vermeintlichen Bedrohung und der Gegensatz zwischen der oberflächlichen Ahnungslosigkeit des Bismarckreiches und dem Wissen der völkischen

286 Der Münchener Kapellmeister Hermann Levi schreibt am 13. April 1882 an seinen Vater, den Oberrabbiner Dr. Levi: »Aber die Nachwelt wird einst erkennen, daß W. ein ebenso großer Mensch als Künstler war, wie dies jetzt schon die ihm Nahestehenden wissen. Auch sein Kampf gegen das, was er ›Judentum‹ in der Musik und in der modernen Literatur nennt, entspringt den edelsten Motiven, und daß er kein kleinliches Risches hegt, wie etwa ein Landjunker oder ein protestantischer Mucker, beweist sein Verhalten zu mir, zu Joseph Rubinstein und seine frühere intime Beziehung zu Tausing, den er zärtlich geliebt hat.« Zitiert nach: R. Wagner, *Mein Leben*, München 1963, S. 890.

287 Jedoch nur für Teile der Gedichte Heines, vgl. H. von Treitschke, »Noch einige Bemerkungen zur Judenfrage«, ursprünglich in: *Preuss. Jahrbücher* 1880; Nachdruck in: W. Böhlich (Hg.), *Der Berliner Antisemitismusstreit*, a.a.O., S. 77-90, S. 84 f.

288 Lagarde 1887 an Buber: »I know Jews who suffer severly from the Anti-semitism of the Mob, and yet these same jews preach my brand of anti-semitism.« Zitiert nach: S. Robert und W. Lougee, *Paul de Lagarde. A Study of radical Conservativism in Germany*, Cambridge (Mass.) 1962, S. 215.

289 Vgl. Stern, *Kulturpessimismus als politische Gefahr*, a.a.O., S. 174.

Propheten um die innere Zersetzung der Nation förderte eine merkwürdige Verschränkung von Primordialisierung der Grenzen und missionarisch-prophetischer Einstellung.[290]

Selbst Juden konnten sich in ihrem Bemühen, richtige Deutsche zu werden und an der deutschen Kultur teilzuhaben, davon angesprochen fühlen. Es ist daher keineswegs als sogenannter »jüdischer Selbsthaß« zu verstehen, wenn Juden ihre Emanzipation nicht nur als Bewegung gegen den traditionellen christlichen Antisemitismus, sondern auch als Überwindung eines traditionellen konfessionellen Judentums verstanden.[291] Der Gegensatz zwischen den aufgeklärten und seit vielen Generationen in Deutschland lebenden Juden einerseits und den traditionellen, aus dem Osten eingewanderten Juden andererseits nahm gelegentlich die Form eines innerjüdischen Antisemitismus an. Die gebildeten Aschkenasen grenzten sich scharf von den ostjüdischen Einwanderern ab. Auch ein Antisemitismus, der sich gegen die Macht der jüdischen Bankiers wendet, konnte durchaus von Juden vertreten werden; der junge Marx ist ein solcher Fall. Seine wie auch später Kautskys Lösung der Judenfrage entkoppelten den Antisemitismus radikal von der leiblichen Existenz der Juden: die kapitalistische Mentalität des Judentums galt es zu vernichten, die Juden hingegen würden in den Reihen der um ihre Emanzipation kämpfenden Menschheit aufgehen. Weinigers Antisemitismus demonstriert vollends und auf eine höchst auflagenträchtige Weise diese Entkoppelung von biologischer Abstammung und der Dekadenz, die mit dem Judentum gleichgesetzt wird: Der antisemitische Autor ist selbst Jude und beansprucht sogar das Erkenntnisprivileg des Insiders.

Das Judentum wird hier vollends zu einer existentiellen Haltung umgedeutet, die grundsätzlich veränderbar und durch Kon-

290 So erfuhr einer der frühsten rasseantisemitischen und tief pessimistischen Bestseller (W. Marr, *Sieg des Judentums über das Germanentum*, Bern 1879) bald seine Fortsetzung: ders., *Wählt keinen Juden. Der Weg zum Sieg des Germanentums über das Judentum*, Berlin 1879.

291 Der »jüdische Selbsthaß« fällt allerdings zeitlich mit der Ausbreitung des kulturellen Antisemitismus zusammen. Vgl. W. Grab, »›Jüdischer Selbsthaß‹ und jüdische Selbstachtung in der deutschen Literatur und Publizistik 1890-1933«, in: ders., *Der deutsche Weg der Judenemanzipation, 1789-1938*, München 1991, S. 152-184.

version überwindbar ist. Der Antisemitismus verläßt damit das Terrain primordialer Exklusion und nähert sich den Formen einer universalistischen Mission.

3.2.3 Der Antisemitismus als politische Partei

Der kulturelle Antisemitismus verschärfte sich mit der krisenhaften Lage des traditionellen deutschen Bildungsbürgertums nach der Reichsgründung: Der Aufstieg der Arbeiterschaft, aber auch der naturwissenschaftlich-technischen Intelligenz erzeugte diffuse Deklassierungsängste; der Einfluß des Bildungsbürgertums in der zunehmend professionalisierten Politik des neuen deutschen Reiches nahm ab; mit der Gründung des Nationalstaates verloren die Intellektuellen ihre Bedeutung als Architekten der Nation und zerfielen in ganz unterschiedliche Gruppen; die Kluft zwischen anerkannten Großschriftstellern und dem Heer der Namenlosen wurde breiter etc. Seit der Jahrhundertmitte konnte das Bildungsbürgertum seine Abgrenzungsbedürfnisse in einer Lage zunehmender sozialer Verflüssigung und Mobilisierung nicht mehr gegen Adel und altes ständisches Bürgertum richten; diese galten in ihrer sozialen Lage als ebenso bedroht wie das klassische Bildungsbürgertum selbst. Der Kern der bildungsbürgerlichen Distinktion selbst erschien gefährdet: Die Hochschulreformen hatten einerseits den klassischen Bildungskanon erodiert, andererseits aber war die Bildung in neue Schichten diffundiert. Das Kleinbürgertum, ja selbst manche Arbeiter gehörten nun zum Lesepublikum und suchten den Anschluß an die höhere Schulbildung. In dieser Situation der schwindenden Distinktion und sozialstrukturellen Unübersichtlichkeit suchte man Abgrenzung nach außen und einen neuen Feind; man fand ihn in denjenigen, die mit dem neuen Reichtum der Banken und Warenhäuser identifiziert werden konnten.

Auf den schnellen Aufstieg von Juden in den akademischen Professionen nach den Emanzipationsgesetzen um 1870 haben wir schon hingewiesen. Nicht nur im Bereich des städtischen Kleingewerbes, sondern auch unter den Ärzten, Rechtsanwälten, Journalisten und Künstlern fühlten sich Nichtjuden von dem wachsenden Anteil erfolgreicher jüdischer Konkurrenten be- und verdrängt. Während der Anteil der Juden an der Gesamtbevölkerung des deutschen Reiches relativ stabil war (ca. 1 Prozent), konzentrierte sich die jüdische Bevölkerung zunehmend in den Städten, vor allem in Berlin und Wien, und war dort vor allem unter den Gewerbetreibenden, den freien Berufen und unter den Angestellten zu finden.

Dennoch darf der Antisemitismus nicht als eine einfache und direkte Reaktion des Bürgertums auf die Aufwärtsmobilität der Juden verstanden werden. Vielmehr greift das Ressentiment in einer Lage der Verunsicherung auf Berichte, Erzählungen und Vorstellungen zurück, die sich auf Vergangenes beziehen und im Augenblick als anerkanntes Wissen verfügbar sind. Der faktische Aufstieg einer Gruppe läßt so lange kein Ressentiment entstehen, wie er unbemerkt bleibt oder als Erfolg einzelner betrachtet wird. Hat sich die Vorstellung vom Aufstieg oder der Macht einer Gruppe jedoch einmal zur Legende verdichtet, so bleibt diese Legende für ein Ressentiment verfügbar, auch wenn sich die Gruppe längst im Niedergang befindet. Antisemitismus kann so – wie etwa im Frankreich der Dritten Republik – seinen Höhepunkt erreichen, obwohl die vermeintliche Macht der jüdischen Bankiers schon längst der Vergangenheit angehört. Entscheidend für die Aktivierung eines Ressentiments ist nicht der überraschende Aufstieg des Feindes, sondern die unerwartete Gefährdung der eigenen Lage und die Verfügbarkeit eines Codes. In diesem Sinne verstärkten sich die latent vorhandenen Ressentiments gegenüber der jüdischen Bevölkerung durch die Wirtschaftskrisen nach der Gründung des Deutschen Reiches. Zwar hatte sich nun der alte Traum des Bürgertums von einem deutschen Nationalstaat verwirklicht, aber die Aussichten des traditionellen gewerblichen Bürgertums waren eher noch düsterer als die des Bildungsbügertums. Eine Welle von Konkursen und die damit verbundene Arbeitslosigkeit hatten das Vertrauen des gewerbetreibenden Bürgertums und der Angestellten nachhaltig erschüttert.[292]

292 Die Funktion des politischen Antisemitismus als Integrationsideologie für die von den klassischen politischen Milieus (Lepsius) nicht erreichten Schichten wird seit langem beschrieben. Schon Stöcker machte die Erfahrung, daß seine ursprünglich auf die Arbeiterschichten zielende Kampagne vor allem beim Berliner Mittelstand Erfolg hatte. Vgl. Berding, *Moderner Antisemitismus in Deutschland*, a.a.O., S. 99, S. 120 ff.; W. Jochmann, »Struktur und Funktion

In dieser Lage wechselte der Antisemitismus nochmals die Bühne: Er trat als politische Bewegung auf, welche die Modernisierungsängste vor allem des Kleinbürgertums mit dem nachdrücklichen Engagement für eine primordial codierte Identität der deutschen Nation verband und diese Identität über die Abwehr einer jüdischen Unterwanderung zu begründen versuchte. Der Wechsel von der kulturnationalen Bewegung zum deutschen Nationalstaat fand so sein Gegenstück in der Kommunikationsform des Antisemitismus. Inbesondere zwischen 1880 und 1895 wurden eine Vielzahl von antisemitischen Parteien und Wahlvereinen gegründet und ihre Verteter in den Reichstag oder in lokale Parlamente gewählt, antisemitische Petitionen auf den Weg gebracht, Antisemitentage organisiert, der Auschluß von Juden aus Studentenverbindungen und anderen Organisationen wie Bauernbünden, Angestelltenverbänden und Handwerkerinnungen verstärkt etc. Sammelbecken der antisemitischen Gruppierungen wurde der von Claß geleitete Alldeutsche Verband, der ursprünglich kolonialpolitische Ziele verfolgte und über eine große Anzahl von – nicht immer antisemitischen – Mitgliedern verfügte.[293]

Die Kommunikationsformen des Antisemitismus änderten sich damit nachdrücklich: Es ging nicht mehr um spontane und lokale Hexenjagden oder um persönliches Ressentiment, auch nicht mehr um informelle Kreise und Diskurse von Intellektuellen, sondern um rechtsförmige Organisationen mit öffentlich zugänglichen Zielsetzungen und Mitgliedschaftsregelungen.[294] An-

des deutschen Antisemitismus«, in: W. E. Mosse (Hg.), *Juden im Wilhelminischen Deutschland 1890-1914*, Tübingen 1976, S. 389 bis 478; S. Volkov, *Jüdisches Leben und Antisemitismus*, a.a.O., S. 37 bis 53. Zur direkten Parteigeschichte vgl. P. Massing, *Vorgeschichte des politischen Antisemitismus*, Frankfurt am Main 1959; P. G. Pulzer, *Die Entstehung des politischen Antisemitismus in Deutschland und Österreich 1867 bis 1914*, Gütersloh 1964; R. Levy, *The Downfall of the Anti-semitic Political Parties in Imperial Germany*, New Haven/London 1975.

293 Vgl. Berding, *Moderner Antisemitismus in Deutschland*, a.a.O., S. 136.

294 Zur Durchsetzung von Arierparagraphen etwa in den studentischen Organisationen vgl. N. Kampe, *Studenten und »Judenfrage« im Deutschen Kaiserreich. Die Entstehung der akademischen Trägerschicht des Antisemitismus*, Göttingen 1988. Der Rassenantise-

tisemitismus wurde damit von der Ebene des intellektuell gepflegten oder groben Vorurteils auf die der öffentlich sichtbaren und rechtlich einklagbaren Zielsetzungen politischer Parteien und mächtiger Verbände gebracht: Der politische Antisemitismus behauptete, eine Partei über den Parteien[295] zu sein, er beanspruchte Gemeinwohlcharakter und erhielt hierin eine gewisse demokratische Legitimation bei den Reichstagswahlen. Formale Organisationen, wie Parteien und Verbände, pflegen nicht nur den internen Austausch von noch so radikalen Meinungen – sie sind auf Machthandeln und dauerhafte Zielverfolgung angelegt, sind dabei an bestimmte rechtsförmige Regeln gebunden und werben öffentlich mit ihren Zielsetzungen um Mitglieder. Sobald diese Zielsetzungen öffentlich die rechtliche Exklusion einer bestimmten Gruppe von Bürgern fordern, erhält der daraus resultierende Konflikt eine barbarische Kompromißlosigkeit und Schärfe.[296] Anders als beim intellektuellen Diskurs sind vermit-

mitismus entwickelt sich als radikale Alternative zum sozialkonservativen Antisemitismus Stoeckers. Wird die Judenfrage zur Rassenfrage, ist ein Bündnis mit Thron und Altar nicht mehr möglich, vgl. Massing, *Vorgeschichte des politischen Antisemitismus*, a.a.O., S. 80 f. M. Zimmermann, *W. Marr, The Patriarch of Anti-Semitism*, New York/Oxford 1986. Zu Dühring siehe Pulzer, a.a.O., S. 51ff.

295 »[...] ist der Antisemitismus ein Stück Weltanschauung, die sich jeder zu eigen machen kann, gleichviel welcher Partei er angehört [...]. Unser Ziel muß es sein, alle Parteien mit dem antisemitischen Gedanken zu durchsetzen.« Th. Fritsch, zitiert nach Pulzer, *Die Entstehung des politischen Antisemitismus in Deutschland und Österreich 1867 bis 1914*, a.a.O., S. 92.

296 Die offiziellen Forderungen der antisemitischen Parteien waren im Vergleich zu den Reden und Pamphleten eher noch gemäßigt. Berding, *Moderner Antisemitismus in Deutschland*, a.a.O., S. 103. Nach Massing, *Vorgeschichte des politischen Antisemitismus*, a.a.O., S. 114, waren die Antisemiten im Parlament auf die Konservativen angewiesen. Die Radikalisierung ihrer Agitation illustriert er mit einem Zitat von Caprivi (1893): »Sie haben angefangen mit der Agitation gegen die Juden; dabei sind sie aber nicht stehen geblieben. Sie gingen weiter: Sie suchten nach einem jeden, der einen jüdischen Vater oder eine jüdische Frau hat; Sie verfolgten den Juden bis ins dritte und vierte Glied zurück. Es fing sich an zu vermischen der Religionsantisemitismus und der Rassenantisemitismus, und was übrig bleibt, ist der Kapitalantisemitismus. Das ist aber das Gefährliche in der Agitation [...], daß zuletzt nicht mehr

telnde Positionen, abmildernde Unklarheiten oder einfaches Ignorieren hier kaum mehr möglich. Mitgliedschaft in antisemitischen Vereinigungen und gute persönliche Beziehungen mit Personen jüdischer Abstammung sind unmöglich. Radikale Steigerungen haben in formalen Organisationen unerbittliche rechtliche Folgen. Gerade diese Unerbittlichkeit und Unpersönlichkeit sollten die völkische Grenzziehung in einer unübersichtlichen, verflüssigten Lage sichern – keine persönliche Rücksichtnahme war erlaubt, Ausnahmen wurden nicht gemacht. Primordialisierung und Verrechtlichung verstärkten sich hier auf unheilvolle Weise. Hinzu kam, daß die antisemitischen Organisationen zwar einflußreich waren und in den Jahren insbesondere zwischen 1880 und 1894 durchaus begrenzte Wahlerfolge verbuchen konnten, aber nur selten in Regierungen vertreten waren, in denen die Notwendigkeit des Machterhalts Kompromisse erzwingt und die Radikalität politischer Forderungen mildert.[297] Dennoch waren die kleinen antisemitischen Parteien untereinander außerordentlich zerstritten und fanden kaum zu gemeinsamer Aktion in den Parlamenten, in denen sie vertreten waren.[298]

Die wichtigste Kommunikationsform des politischen Antisemitismus war weder die parlamentarische Debatte noch die schriftliche Darstellung für ein nicht anwesendes anonymes Publikum, sondern die Rede des Politikers zur Mobilisierung von Gleichgesinnten. Die demagogischen Auftritte des Hofpredigers Stoecker in den Versammlungen seiner Christsozialen Arbeiter-

unterschieden wird; die Kreise, an die sie sich wenden, sind vielfach nicht geneigt, vielleicht auch nicht geeignet, Unterscheidungen zu machen [...]« (S. 115).

297 Eine Ausnahme bildet sicherlich die Wiener Stadtregierung, deren Bürgermeister Lueger dann auch für seinen demagogischen Pragmatismus berühmt war: »Wer Jude ist, bestimme ich.« Zitiert nach Mosse, *Die Geschichte des Rassismus in Europa*, a.a.O., S. 175.

298 »Bei den Reichstagswahlen von 1893 hatten die Antisemiten 16 Sitze davongetragen. Aber als sie nun in Fraktionsstärke im Reichstag saßen und ich von ihnen Taten erwartete, da erlebte ich nur persönliche Zänkereien und Eifersüchteleien. [...] Bei jeder Abstimmung fiel die Fraktion auseinander. Kein einziger wesentlicher Antrag wurde eingebracht, vor allem keiner auf dem Gebiet, das die Grundlage der Agitation gebildet hatte: in der Judenfrage.« Gerlach (1937), zitiert nach Berding, *Moderner Antisemitismus in Deutschland*, a.a.O., S. 101.

partei und später des sogenannten hessischen Bauernkönigs Bökkel bilden hier das Modell.[299] In solchen Versammlungen geht es nicht mehr um die Herstellung eines Konsenses innerhalb eines unbekannten Publikums oder mit einem fremden Gegenüber – der Konsens ist längst garantiert, und die Öffentlichkeit ist ausgeschlossen oder kann ignoriert werden. Entscheidend ist die Mobilisierung der Anhänger durch die Imagination eigener Stärke einerseits und andererseits die Konstruktion eines Augenblicks, der entschlossenes und starkes Handeln verlangt. Beides gelang der antisemitischen Demagogie vorzüglich. Die Beschwörung der jüdischen Gefahr und die rauschhafte Selbstversicherung der deutschen Stärke in der direkten Rede[300] des politischen Führers an seine Anhänger konstruieren jene scharfe Grenze zwischen innen und außen und jenen zugespitzten Handlungsdruck, der die politische Mobilisierung in einer Lage allgemeiner Unübersichtlichkeit erfordert. Die durch demagogische Agitation mobilisierten Anhänger entluden ihre Erregung nicht selten nach der Versammlung in gewalttätigen oder beleidigenden Ausschreitungen gegen jüdische Bürger[301]; gelegentlich distanzierten die Agitatoren sich von diesen Krawallen, beschuldigten jedoch zumeist die Juden der Provokation. Die Trennungslinie zwischen politischer Mobilisierung in Versammlungen und unmittelbarer Gewalttätigkeit war nur schwer zu halten.

Dies gilt nicht nur für den deutschen, sondern ebenso für den französischen Antisemitismus, der sich um die Dreyfus-Affäre politisierte. Die ungeheuerlichen Aufrufe des französischen Klerus und der antisemitischen Demagogen zur physischen Vernichtung des Judentums hatten eine Vielzahl von Angriffen des Mobs auf Juden zur Folge. Allerdings unterschied sich die soziale Trägergruppe des politischen Antisemitismus in Frankreich deutlich

299 Vgl. Mosse, *Die Geschichte des Rassismus in Europa*, a.a.O., S. 179, S. 199.

300 Hermann Bahr (1894): »Die antisemitischen Führer [...] möchten in ihrem kleinen Kreis so eine Art Nietzsche'sche Übermenschen werden, die durch alle Mittel den Genuß der Macht erwerben [...]. Wer Antisemit ist, ist es aus Begierde nach dem Taumel und aus Leidenschaft.« Zitiert nach Massing, *Vorgeschichte des politischen Antisemitismus*, a.a.O., S. 108.

301 Vgl. Berding, *Moderner Antisemitismus in Deutschland*, a.a.O., S. 96.

von seinem deutschen Pendant; in Frankreich waren das Offizierskorps, der katholische Klerus und der Adel (Duc d'Orléans, Marquis de Morès) maßgeblich beteiligt.[302] Der Antisemitismus der Dreyfus-Gegner, wie auch schon der geschichtstheoretische Rassismus bei Gobineau, gewann seine Energie hier aus einem antirepublikanischen und antibürgerlichen Ressentiment[303], das in der legitimistischen Tradition Frankreichs stand. Sozialer Träger des politischen Antisemitismus in Deutschland war hingegen vor allem das gewerbetreibende Kleinbürgertum, die neue und wachsende Gruppe der Angestellten und die ländliche Bevölkerung; in diesen Schichten waren die Ressentiments gegen erfolgreiche jüdische Konkurrenten besonders ausgeprägt. Diesem Ressentiment ging es nicht mehr um eine allgemeine Distanz zur modernen Gesellschaft, sondern um die radikale rechtliche Ausgrenzung von beruflichen Konkurrenten, deren wirtschaftliche Erfolge man mit Neid beobachtete.

Aber der politische Antisemitismus war keineswegs auf das verunsicherte und zur Radikalität neigende Kleinbürgertum und die Angestellten begrenzt, sondern schloß nun Teile des Bildungsbürgertums und sogar der Arbeiter mit ein. Ähnlich wie die sozialistische Bewegung richtete sich der politische Antisemitismus gegen kapitalistisches Gewinnstreben, Zinsgewinne und Großunternehmer und setzte dem die wertschaffende Arbeit des Volkes entgegen; Intellektuelle wie Woltmann konnten leicht vom Sozialismus zum Antisemitismus wechseln; der Antisemitismus fand in Deutschland bei sozialistischen Führern wie Bebel gelegentlich Resonanz und wurde nach der Jahrhundertwende sogar zu Agitationszwecken eingesetzt.[304] Kommunistische Funktionäre wie Radek und Neumann wandten sich an die nationalsozialistischen Arbeiter und riefen zum Ende des Bruderkrieges und

302 Vgl. V. Duclert, *Die Dreyfus-Affäre. Militärwahn, Republikfeindschaft, Judenhaß*, Berlin 1994, S. 118, S. 121, und B. Storch, »Der Fall Dreyfus in Deutschland«, in: Puschner u. a. (Hg.), *Handbuch zur »Völkischen Bewegung«*, a.a.O., S. 464-481, hier S. 467 f. Zur Dreyfusaffäre grundlegend: M. Burns, *Dreyfus: A Family Affair, From the French Revolution to the Holocaust*, New York 1992.

303 Vgl. Duclert, *Die Dreyfus-Affäre*, a.a.O., S. 13 f., S.117, S. 119, und W. Loth, *Geschichte Frankreichs im 20. Jahrhundert*, Frankfurt am Main 1992, S. 18.

304 Vgl. Mosse, *Die Geschichte des Rassismus in Europa*, a.a.O., S. 219.

zum Kampf gegen das ›beschnittene und unbeschnittene Kapital‹ auf.[305] Weitaus stärker als in Deutschland bildete sich allerdings in Frankreich eine enge Verbindung zwischen Antikapitalismus und Antisemitismus heraus: Die Blanquisten machten kaum einen Unterschied zwischen beiden Feindbildern und unterlegten dem Kapitalismus wie dem Judentum die gleichen Motive.[306]

Dennoch dürfen die Unterschiede zwischen dem politischen Antisemitismus und der sozialistischen Bewegung nicht verwischt werden. Im Unterschied zum Sozialismus, der auf die Auflösung des Judentums und die Assimilation der Juden zielte, führte der Antisemitismus die Pathologien der Modernisierung eben nicht auf die Form der Besitzverhältnisse, sondern auf das Eindringen fremder und nicht assimilierbarer Elemente in eine homogene Volksgemeinschaft zurück. Das Judentum galt ihm als eine schleichende und verborgene Bedrohung, deren Gefährlichkeit mit ihrer Unsichtbarkeit wächst. Die Erfolge der Assimilation und die zahlreichen Übertritte von Juden zum christlichen Glauben galten den militanten Antisemiten nur als ein Verschleierungsmanöver.

Ähnlich wie der kulturelle Antisemitismus des Bildungsbürgertums entwarf auch der politische Antisemitismus des Kleinbürgertums ein entkonfessionalisiertes Bild des Judentums: Die Juden waren Juden nicht wegen ihres Glaubens, sondern wegen ihrer Glaubenslosigkeit. Judentum ergibt sich schließlich aus Abstammung und Leiblichkeit; jeder Versuch zur Konversion verschlimmert das Problem, da die äußeren Stigmata des Außenseitertums verschwinden – das Fremde wird unsichtbar wie eine schleichende Krankheit.

Diese Konstruktion eines primordialen Feindes entsprach dem ethnisch-völkischen Verständnis der Nation und ließ sich leicht mit Ideen rassischer Reinheit begründen; sobald antisemitische Ideen im Bildungsbürgertum auftauchten, verbanden sie sich häufig mit dem Rassenparadigma, das vom anspruchsvollen Diskurs der Intellektuellen in den allgemeinen öffentlichen Wissensbestand gedrungen war. Erst die Popularisierung des Rassismus einerseits und die Aufladung des Bildungsbürgertums mit Ressentiments andererseits führten beide Formen primordialer Codierung zusammen. Im Unterschied zu Frankreich entwickelte

305 Vgl. ebd., S. 186.
306 Vgl. Duclert, *Die Dreyfus-Affäre*, a.a.O., S. 118.

sich in Deutschland erst gegen Ende des Jahrhunderts jene wechselseitige Steigerung von antisemitischem Ressentiment und rassistisch-wissenschaftlicher oder geschichtsphilosophischer Begründung, die uns so geläufig ist und die später so verhängnisvolle Folgen hatte.

3.2.4 Der Antisemitismus als asketische Utopie

Die Erfolge des parteipolitischen Antisemitismus im engeren Sinne waren in Deutschland vor allem auf die beiden Jahrzehnte nach der Reichsgründung, die zeitgleich mit der Emanzipation der Juden erfolgte, begrenzt. Während in Frankreich die öffentliche Resonanz des Dreyfus-Skandals noch lange nachwirkte, verschwand in Deutschland nach der Jahrhundertwende mit dem Aufstieg des Kaiserreiches zur wirtschaftlichen Großmacht der Antisemitismus als eine breitenwirksame und mobilisationskräftige Bewegung bis zum Ende des Weltkrieges von der politischen Bühne; statt dessen radikalisierte er sich und zog sich in kleine Gruppen, Bünde und Vereinigungen zurück, die um esoterische Zeitschriften und konfuse Germanenkulte entstanden.[307] Lanz von Liebenfels' *Ostarahefte* oder Hentschels Mittgardbewegung sind Beispiele solcher radikaler Heterodoxien, in denen sich Antisemitismus und Rassismus untrennbar miteinander verbanden. Diese asketischen Sekten und Bünde lebten von der radikalen Distanz zu einer als dekadent, krank und unrein beschriebenen Gesellschaft und proklamierten eine neue asketische Gemeinschaft der reinen nordischen Rasse, die in Harmonie mit der Natur und im Bewußtsein ihrer Körperlichkeit als Bauern und Krieger leben sollte. Rassismus und Antisemitismus gingen hier eine enge Verbindung mit Lebensreformideen, Vegetarismus und ökologischen Ideen ein[308], die in der Gesellschaft der Jahrhun-

307 Hierzu Mosse, *Die völkische Revolution*, Frankfurt am Main 1991; ebenso J. Hermand, »Germania Germanicissima. Zum präfaschistischen Arierkult um 1900«, in: ders., *Der Schöne Schein des Lebens. Studien zur Jahrhundertwende*, Frankfurt am Main 1972, S. 39-54. Zu Lanz von Liebenfels und Hentschel vgl. Becker, *Zur Geschichte der Rassenhygiene*, a.a.O., S. 229-276, S. 333-396.

308 Zur frühen Verquickung dieser Bewegungen vgl. Schuler, *Der Bay-*

dertwende einer neuen Jugendbewegung Distanz zur alten und verderbten Welt des wilhelminischen Systems oder des Habsburgerreiches verschaffen sollten. Nicht nur die Wandervogelbewegung der Jahrhundertwende, sondern auch die Turnerschaften des neunzehnten Jahrhunderts hatten hier kommunikative Formen geschaffen, auf die auch asketisch-utopische Gruppen mit antisemitischer Stoßrichtung zurückgreifen konnten.

Die einzelnen Vorstellungen dieses asketisch-utopischen Antisemitismus waren durchaus schon bekannt; neu war hingegen die sektiererische Kompromißlosigkeit, mit der sie verwirklicht werden sollten.[309] Ganz im Gegensatz zum politischen Antisemitismus spielten hier rechtliche Formen und öffentliche Darstellung eine vergleichsweise geringe Rolle; auch intellektuelle Argumentation und akademische Formen traten zurück. An ihre Stelle trat die unbedingte Gewißheit der asketischen Sekte, Erwählte einer kleinen, reinen Gemeinschaft zu sein. Diese Gemeinschaft berief sich nicht auf flüchtige und wohlfeile Worte, sondern auf Körperlichkeit und tieferes Erleben, das durch besondere Rituale und die Bindung an einen charismatischen Führer gesteigert wurde. Körperliche Übungen, Sonnenfeiern und Nudismus, Wanderungen und Weihespiele schufen eine starke Identifikation mit einer erwählten Gemeinschaft, welche die Distanz zu allen äußer-

reuther Kreis, a.a.O., W. R. Krabbe, *Gesellschaftsveränderung durch Lebensreform*, a.a.O., S. 157.

309 Eine systematische Untersuchung der Differenzen dieser Kommunikationsformen in den meist nur kurzfristig stabilen völkischen Gruppen im Unterschied zu den länger existierenden ›alternativen‹ Projekten (wie beispielsweise Eden, Monte Verità oder Diederichs Sera-Kreis) steht aus. Zu vermuten wäre, daß gerade die radikale Naturalisierung anfällig macht gegen Abweichungen, die nur mit Ausschluß beantwortet werden können. Der Verdacht, doch irgendwelche nicht rassereinen Vorfahren zu haben, muß zum Abruch der Kommunikation führen. Der Forschungsstand zu den völkischen Gruppierungen findet sich zusammengefaßt in U. Puschner, W. Schmitz und J. H. Ulbricht (Hg.), *Handbuch zur »Völkischen Bewegung« 1871-1918*, a.a.O. Anschaulich aufbereitet ist der Weg Fidus' durch die völkische Szene in J. Frecot, J. F. Geist und D. Kerbs (Hg.), *Fidus 1868-1948*, a.a.O. Zum Kontrast vgl. M. Green, *Mountain of Truth. The Counterculture begins. Ascona 1900-1920*, Hannover/London 1986.

lichen, rechtlichen Formen unterstrich und Individualität, Debatte und Reflexion ausschaltete.[310]

Diese Gemeinschaften lebten nicht von schriftlicher Kommunikation mit einem unbekannten und abwesenden Publikum, sondern von der Intensität körperlicher Anwesenheit und persönlicher Bindung. Die Turnerschaften in der Nachfolge Jahns und die Wandervogelgruppen hatten dieses Muster der Gemeinschaftsstiftung durch körperliche Übungen und Naturerfahrung in kleinen Gruppen vorgelebt.

Die Trennung zwischen der sakralen Innenwelt und der profanen Außenwelt wird in diesen völkischen Gemeinschaften aufs äußerste gesteigert; die exozentrische Orientierung der Moderne wird invertiert. Das Fremde und Exotische gilt nicht mehr als verlockend, sondern als schmutzig und häßlich. Die Ausrichtung an einem charismatischen Führer, einem Seher oder Propheten schuf eine neue starke Bindung, die sich, ähnlich wie Verwandtschaft, nicht einfach aufkündigen ließ[311]; sie galt als unverbrüchlich, und ihre Auflösung wurde als Verrat angesehen. Führerschaft wurde dabei nicht durch politische Wahl bestimmt, sondern ästhetisch begründet: Körperliche Schönheit galt als Zeichen der Berufung zur Führerschaft.[312] Die Berufung zur

310 Zu diesem Thema – allerdings ohne Bezugnahme auf den Antisemitismus: R. P. Janz, »Die Faszination der Jugend durch Ritale und sakrale Symbole«, in: Th. Koebner u.a. (Hg.), *Mit uns zieht die neue Zeit. Der Mythos Jugend*, Frankfurt am Main 1985, S. 310-337.

311 Auch im Umkreis der »Konservativen Revolution« wurde die Idee der charismatischen Führerschaft vertreten, die an den Geniekult anschließt, wie er seit der Klassik vertreten war. Spengler zum Beispiel sprach vom »Herren- und Ausnahmemenschen«, Stapel von außergewöhnlichen Individuen, wie Propheten oder Genies, Möller von den »geborenen Führern« und Jung von der Fähigkeit eines Führers, kraft geheimnisvoller Veranlagung die »volonté générale« zu personifizieren. St. Breuer, *Anatomie der Konservativen Revolution*, a.a.O., S. 96 f.

312 »Führerische Menschen [...] kennzeichnet, daß sie ihr Führertum in sich selbst haben, als Bevorzugung und Ausersehung der Natur, und nicht vom Volk«, so H. Blüher, *Führer und Volk in der Jugendbewegung*, Jena 1917, S. 3. Der kommende Gott hatte vor allem schön zu sein. Vgl. Kluncker, »Der George-Kreis als Dichterschule«, in: R. Bauer u.a. (Hg.), *Fin de siècle: Zur Literatur und Kunst der Jahrhundertwende*, Frankfurt am Main 1977.

Gestaltung der Welt geht so jedem gesellschaftlichen Prozeß voraus und wird durch Geburt gestiftet. Nicht selten wird in der Selbstbeschreibung des asketischen Rassismus auch eine Aristokratisierung der nordischen Rasse betrieben: Sie gilt als edel und erhaben, sie lebt in einer Welt, in der Geld und Geschwätz, Gier und Gewöhnlichkeit – die Attribute der Bürgerlichkeit – ihre Reinheit bedrohen. Die starke Distanzierung von der ›breiten Masse‹ ermöglichte auch den einfachen Mitgliedern der völkischen Sekten, sich edel und erhaben zu fühlen und die Asymmetrie zwischen Führer und Gefolgschaft in der Gemeinschaft zu ertragen. Mit den asketisch-rassistischen Sekten wird die Virtualisierung der Adelsidee, die vor allem bei französischen Rassisten wie Gobineau schon angelegt war, in die Kommunikationsformen, in esoterische Umgangsformen, von außen schwer durchschaubare Distinktionen und eine Verachtung für die verdorbene Masse des Volkes übersetzt.

Die Sekten und Bünde des asketischen Rassismus und Antisemitismus bewegten sich dabei auf ganz unterschiedlichen Anspruchs- und Bildungsniveaus. Sie trafen zunächst bei desorientierten und marginalisierten Personen auf Resonanz. Auch wer im Betrieb der modernen Wirtschaft, Kultur oder Politik in eine randständige Lage, in Arbeitslosigkeit und Obdachlosigkeit geraten war, konnte sich durch die Zugehörigkeit zu einer rassistischen Sekte überlegen fühlen: Man gehörte nicht nur durch Geburt und Körperlichkeit, sondern auch durch ein entsprechendes Bewußtsein einer asketischen Gemeinschaft der reinen Rasse an. Viele Schriften dieser rassistischen Sekten und Bünde wenden sich weniger an ein gebildetes Publikum als an diejenigen, die in randständigen Lagen Orientierung suchen; sie bieten starke kolportagehafte Bilder des Guten und Bösen, des Reinen und Schmutzigen.[313]

Aber diese asketische Distanz zum Schmutz und der Gewöhnlichkeit der modernen Welt und der Kult des schönen und edlen Deutschen finden sich auch bei höchst anspruchsvollen, ästhetisch orientierten Gruppen. Der Bayreuther Kreis um Richard und Cosima Wagner bildete das Modell eines solchen esoterisch-

313 Exemplarisch dürfte die Zeitschrift *Ostara* von Jörg Lanz von Liebenfels sein, die es auf eine Auflage bis zu 100.000 Exemplaren gebracht haben soll. Vgl. Becker, *Zur Geschichte der Rassenhygiene*, a.a.O., S. 340 ff.

ästhetischen Zirkels, der um einen charismatischen Führer und seine neue erlösende Kunstbotschaft gruppiert war. Er galt anspruchsvollen völkischen Intellektuellen als ein Beispiel einer neuen, in der deutschen Kultur begründeten Gemeinschaft, die im scharfen Gegensatz zur Oberflächlichkeit und Dekadenz des wilhelminischen Systems stand. Wagners Vorstellungen des Bühneweihspiels und des Gesamtkunstwerks nahmen romantische Ideen der Konstruktion nationaler Identität über Kunst wieder auf und verbanden sie mit ästhetischer Heterodoxie und der charismatischen Aura des eingeweihten Kreises.[314]

Die Attraktivität dieser Verbindung für Intellektuelle, die um Distinktion bemüht sind, verwundert kaum. Themen wie Charisma und Führerschaft oder Vermassung und Mechanisierung beschäftigten auch außerhalb der völkischen Bewegung die Intellektuellen der Jahrhundertwende. Anspruchsvolle junge Künstler schlossen sich zu esoterischen Gruppen zusammen, die über Dichtung, Musik oder Malerei eine neue unbedingte Bindung suchten und auf radikale Distanz zum gewöhnlichen Geschmack gingen. Nicht nur die avantgardistische Moderne, sondern auch völkisch oder antidemokratisch gesinnte Intellektuelle sprachen von Revolution und meinten damit eher eine Revolution der Kunst und der Lebensform als eine der Politik und der Besitzverhältnisse. In dieses Feld der anspruchsvollen asketisch-esoterischen Gruppen, die auch nach dem Weltkrieg weiterbestanden, gehört auch der George-Kreis, aus dem der spätere Widerstandskämpfer Stauffenberg hervorging. Zugehörigkeit wird hier wesentlich über körperliche Schönheit, Aura und Berufung bestimmt. Diese ästhetische Aristokratie des George-Kreises setzte unverkennbar auf primordiale Formen der Gemeinschaftlichkeit, ordinären Antisemitismus hingegen lehnte sie ab.[315]

Aus der Vorstellung primordialer Reinheit ergibt sich hier auch die strukturelle Neigung, Missionsversuche zu begrenzen; die

314 Das Abgleiten dieser Ansätze in immer weitergehende Trivialisierung läßt sich exemplarisch ablesen an der Karriere von Fidus. Vgl. Frecot u.a. (Hg.), *Fidus 1868-1948*, a.a.O.

315 Wie nahe ein abgleitender Antisemitismus lag, zeigte sich in der Entwicklung des zeitweise mit George liierten Kosmiker-Kreises in München. Vgl. W. Schmitz und U. Schneider, »Völkische Semantik im George-Kreis«, a.a.O., S. 711-746, S. 719 ff. Vgl. auch St. Breuer, *Ästhetischer Fundamentalismus*, Darmstadt 1995.

unbekannten und abwesenden Dritten werden als Masse verachtet. Esoterische Geheimsprachen und komplexe Rituale sichern Distinktion und festigen die Gemeinschaft nach innen. Die Rhetorik der natürlichen Reinheit wird in den asketisch-rassistischen Sekten und Bünden aufs äußerste gesteigert. Das Natürliche gilt auch als rein, schön, gesund und erhaben; körperliche Kraft wird kultisch gepriesen, und der Einsatz körperlicher Gewalt erscheint als gesunde Tat. Auch in dieser Verherrlichung von Gewalt zeigt sich die Neigung, die Intensität von Kommunikation über das bloße Wort und die blassen Konventionen hinaus zu steigern und eine neue, absolute Gemeinschaftlichkeit jenseits der bestehenden Gesellschaft zu finden.

Der Kult der körperlichen Gewalt und des Krieges als zerstörender und reinigender Tat faszinierte gerade nach dem Weltkrieg viele junge Intellektuelle, die die Normalität als banal, die Demokratie als Vermassung, die Moderne als dekadent betrachteten und die Distinktion des Außerordentlichen suchten. Die Erinnerung des Krieges als heroisches Erlebnis und als Männerbund im Angesicht des Todes bot einer solchen Suche nach charismatischer Identifikation naheliegende Anhaltspunkte. Das Fronterlebnis schuf eine Gemeinsamkeit, die jenseits aller gewöhnlichen sozialen Regeln angesiedelt war und als unbedingt und ursprünglich empfunden wurde: Die Todesgefahr steigerte die primordialen Vorstellungen der Außenseite, und die Gleichheit des Geschlechts verstärkte das Gefühl natürlicher Gemeinschaftlichkeit.[316] Die Rückkehr in die Normalität der Nachkriegsgesellschaft setzte so nicht nur in Deutschland Bedürfnisse nach Wiederholung der charismatisch aufgeladenen Kriegserlebnisse in Männerbünden frei; die faschistischen Bewegungen in allen europäischen Gesellschaften konnten hierauf antworten.

3.2.5 Rassismus und Antisemitismus als Praxis der Vernichtung

Mit der xenophobischen Gewalttätigkeit der unteren Volksschichten, dem modernitätkompensierenden Diskurs der Intellektuellen, der demagogischen Mobilisierung der politischen

316 Ernst Jüngers *In Stahlgewittern* gab diesem Lebensgefühl eine bestimmte literarische Form.

Versammlungen und den Reinigungsritualen der asketischen Sekten hatten sich schon vor dem Weltkrieg kommunikative Grundformen der antisemitischen Ausgrenzung herausgebildet, die alle in der nationalsozialistischen Judenverfolgung wiederaufgenommen, verschärft und gesteigert wurden. Weder die rhetorische Agitation Hitlers, Goebbels' oder Streichers in Massenversammlungen noch die wüsten Gewalttätigkeiten der SA, weder die Angriffe der Naziintellektuellen gegen »verjudete« Kunst und Musik noch der in Jugendlagern und Ordensburgen gepflegte Körperkult der nordischen Rasse waren eigentlich neu; sie standen als ein europaweit verfügbares Repertoire primordialer Exklusion schon lange bereit.[317]

So problematisch diese Konstruktionsformen primordialer Identität im einzelnen auch sind, so führen sie jede für sich noch nicht zur Katastrophe des Holocausts. Allerdings – und dies ist ein entscheidender Unterschied – wurden diese Kommunikationsformen zuvor nur von relativ kleinen Gruppen mit antisemitischer Stoßrichtung benutzt. Gewalttätige Krawalle des Volkes, demagogische Hetze in politischen Versammlungen oder heterodoxe Verschwörungstheorien der Intellektuellen können sich gegen ganz unterschiedliche Feinde und vermeintliche Übel richten – gegen Aristokraten, Lombarden, Jesuiten, Kapitalisten, Sozialisten, Ausländer etc. Mit der nationalsozialistischen Judenverfolgung wurden diese institutionalisierten Formen primordialer Ausgrenzung nun gesellschaftsweit auf einen Hauptfeind gerichtet: das Judentum. Eine solche staatlich verstärkte Konzentration auf die Juden findet sich zum ersten und bisher einzigen Male im nationalsozialistischen Deutschland. Sie wurde durch einen besonderen Zusammenhang gefördert: Weitaus stärker als beim französischen Rassismus und Antisemitismus, der sich bis zum Ende des 19. Jahrhunderts häufig geradezu im Gegensatz zum bürgerlichen Nationalstaat definierte[318], waren im deut-

317 »Die teuflische Logik, die dem Rassenantisemitismus innewohnt, konnte erst in der vollständig aus den Fugen geratenen deutschen Gesellschaft der Weltkriegsepoche Platz greifen, obwohl die einzelnen Elemente längst vorher vorhanden waren.« H. Berding, »Antisemitismus in der modernen Gesellschaft: Kontinuität und Diskontinuität«, in: M. Hettling und P. Nolte (Hg.), *Nation und Gesellschaft in Deutschland*, München 1996, S. 192-207, hier S. 203.

318 So auch S. Volkov, »Die Stimme der Vergangenheit klingt vieldeu-

schen Falle Antisemitismus und Rassismus niemals antinational und gewannen aus der nationalen Bewegung des Bürgertums zusätzliche mobilisierende Energie.

Das historisch Neue dieser Dämonisierung bestand jedoch nicht nur in seiner totalitären Konzentration und Koppelung verschiedener Codierungen von Identität, sondern – darin stimmen viele Analytiker des nationalsozialistischen Genozids überein – in der bürokratischen Durchführung von Verfolgung und Vernichtung.[319]

Der Ausschluß der Juden aus dem öffentlichen Leben und der bürgerlichen Rechtsordnung, die Nürnberger Rassengesetze, die Verfolgungs- und Deportationsbeschlüsse und schließlich die systematische Ermordung von Millionen europäischer Juden geschahen nicht als Akt spontaner Willkür des Volkes oder in blindem Haß der Mörder, sondern aufgrund von Gesetzen und Verwaltungsregeln, bürokratischen Anordnungen und genauen Ausführungsbestimmungen – aktenmäßig und kompetenzgebunden. Der moderne legal-bürokratische Staat setzte die Verfolgung und Vernichtung der Juden mit behördlichen Mitteln durch: Ministerien entwarfen die Durchführungsbestimmungen, Beamte und Polizei setzten die Erfassung, Verhaftung und Deportation durch, Richter verurteilten die Delinquenten nach dem geltenden Gesetz, Soldaten bewachten befehlsgemäß die Deportationszüge und Lager, beamtete Ärzte entschieden nach fach-

tig«, in: *Frankfurter Allgemeine Zeitung* vom 5. Juni 1997, Nr. 127, S. 11. Trotz der breiten Resonanz auf die antisemitische Propaganda im Vichy-Regime traf in Frankreich die Bedeutung des Antisemitismus aufgrund der Tradition der Revolution und des Cartesianismus immer auf gewisse Grenzen. Vgl. G. L. Mosse, »Der Erste Weltkrieg und die Brutalisierung der Politik. Betrachtungen über die politische Rechte, den Rassismus und den deutschen Sonderweg«, in: M. Funke, u.a. (Hg.), *Demokratie und Diktatur. Geist und Gestalt politischer Herrschaft in Deutschland und Europa*, Düsseldorf 1987, S. 127-139, hier S. 135 f.

319 Vgl. zu diesem Themenkomplex grundlegend: Bauman, *Dialektik der Ordnung*, a.a.O., und C. R. Browning, *Ganz normale Männer. Das Reserve-Polizeibataillon 101 und die »Endlösung« in Polen*, Reinbek bei Hamburg 1993, S. 211 ff. H. Mommsen, »Die Realisierung des Utopischen. Die ›Endlösung der Judenfrage‹ im ›Dritten Reich‹«, in: *Geschichte und Gesellschaft* 19 (1983), S. 381-420, hier S. 411.

medizinischen Gesichtspunkten über Zwangsarbeit oder sofortige Vernichtung, Buchhalter berichteten genau über die täglichen Mordleistungen. Das Ungeheuerliche der bürokratischen Vernichtungspraxis ist vor allem ihre Leidenschaftslosigkeit.[320] Nicht aus persönlichem Ressentiment gegen die Opfer, sondern in Erfüllung einer funktional spezifischen Aufgabe, mit den im Kompetenzbereich liegenden Mitteln[321] und ohne persönliche Grausamkeit (die als unarisch galt) sollte der Vernichtungsauftrag durchgeführt werden; man nahm unpersönliche schriftliche Befehle entgegen, gab genaue schriftliche Anweisungen und schrieb sachliche Berichte über den Vollzug der Vernichtung. Die Unpersönlichkeit, Leidenschaftslosigkeit und Sachlichkeit des Völkermordes[322] entsprach der Struktur bürokra-

320 »Die bürokratisch-technokratische Perfektionierung der Menschenvernichtung hatte die Funktion, moral-analoge Hemmungen nicht auftauchen zu lassen.« Ebd., S. 415. Bauman, *Dialektik der Ordnung*, a.a.O., S. 113, spricht hier von einer »Trennung von Zweck und Moral«.

321 Mommsen, »Die Realisierung des Utopischen«, a.a.O., nennt dies die »fabrikmäßige Vernichtung« (S. 414) und den »Mechanismus kompartimentalisierter Verantwortlichkeit, die sich mit bürokratischem Perfektionismus und obrigkeitsstaatlicher Unterwerfung verknüpfte« (S. 418). Hierzu auch Bauman, *Dialektik der Ordnung*, a.a.O., S. 22. Die funktionale Differenzierung wurde zur Kontrolle innerhalb der Konzentrationslager sogar bewußt bei einigen Häftlingen eingesetzt, die sich durch die Übernahme von Aufgaben kleinere Privilegien verdienten. Vgl. Browning, *Ganz normale Männer*, a.a.O., S. 244.

322 In diesem Geist bezeichnete bereits 1928 der spätere Reichsbevollmächtigte und SS-Ideologe Werner Best den »besonnensten«, »durchdachtesten« und »kältesten« Kampfwillen als den radikalsten. Vgl. U. Herbert, *Best. Biographische Studien über Radikalismus, Weltanschauung und Vernunft 1903-1989*, Bonn 1996, S. 101. Als Markstein in der Wende von Einzelaktionen und Pogromen hin zu einer »alle Juden im deutschen Machtbereich erfassenden, leidenschaftslos, rechtsförmig und mit den Mitteln und Methoden von Bürokratie und Polizeibehörden durchzuführenden ›Gesamtlösung‹« muß die Ausweisung der polnischen Juden im Oktober 1938 gelten. Hierbei wurden binnen weniger Stunden im gesamten Reich 17.000 Menschen verhaftet und deportiert. Interessant ist in diesem Zusammenhang, daß auf diese Deportationen ebenso wie auf die in den folgenden Jahren betriebene kühl-professionelle »Ju-

tischen Handelns und bürokratischer Organisation: Es ging um jeweils sehr spezifische Vorgänge und Entscheidungen, die von schriftlichen Anordnungen und Bestimmungen gedeckt sein mußten und einspruchssicher vollzogen werden sollten.[323] Die Planer des Völkermordes handelten als normale Bürokraten. Die strikte, von persönlichen Rücksichten freie und somit auch korruptionsfreie Verwaltung, die nicht nach materialer Gerechtigkeit der politischen Ziele, sondern nach der formalen Rechtmäßigkeit des Verwaltungshandelns fragt, konnte unter normalen Umständen als besonderer Modernisierungsvorsprung der preußischen Bürokratie gelten. Hier pervertierte sie zur Barbarei.

Die Kommunikation innerhalb der Vernichtungsbürokratie war zwar schriftlich und unpersönlich, aber keineswegs öffentlich. Nicht nur die Durchführung der sogenannten »Endlösung«, sondern auch die Verwaltung der Diskriminierung vor dem Kriege war durch verschiedene Grade der Geheimhaltung vor den Augen und Ohren Unbefugter geschützt.[324] Weder die Opfer noch unbeteiligte Dritte spielten daher eine Rolle im Kommunikationsfeld der Bürokraten; den Opfern und dem Grauen der Vernichtung selbst begegneten sie nur in Ausnahmefällen. Die Menschen, die zu deportieren oder zu exekutieren waren, hatten kein Gesicht und keine Stimme für die Verwaltung; sie traten als ein Gegenstand der Verwaltung oder als eine Ziffer auf[325], die die Aufgabe bezeichnete; so konnte die Detachiertheit und Unpersönlichkeit der Bürokratie erhalten bleiben. Die primordiale Identität, die die Bürokraten den Opfern zuschrieben,

denpolitik« kaum Reaktionen aus der nichtjüdischen Bevölkerung zu verzeichnen waren. Im Gegensatz dazu rief die den »Pöbelantisemitismus« repräsentierende Reichskristallnacht im November 1938 heftige Reaktionen hervor. Diese bezogen sich jedoch vorwiegend auf die Art und Weise des Vorgehens gegen die Juden und nicht auf scharfe antijüdische Maßnahmen an sich. Vgl. U. Herbert, *Best*, a.a.O., S. 204, S. 218, S. 220 f.

323 Vgl. Bauman, *Dialektik der Ordnung*, a.a.O., S. 117.

324 Bei der »Endlösung« fiel zumindest das »Endziel« der tatsächlichen Liquidationsabsichten unter die Geheimhaltung. Die Fiktion des Arbeitseinsatzes der Juden stellte die offizielle Hauptlinie dar. Vgl. Mommsen, »Die Realisierung des Utopischen«, a.a.O., S. 383 ff., hier S. 413 ff.

325 Vgl. ebd., S. 415.

war hier eine Identität von Gegenständen geworden. Auch vor dem Blick der externen Öffentlichkeit waren interne Verwaltungsvorgänge in der Regel geschützt; im Falle des Judaocids kamen noch besondere Geheimhaltungsbefehle hinzu. Nur von Vorgesetzten und direkten Mitarbeitern mußte man mit Sanktionen und Kommunikationen rechnen[326]; für die unteren Ränge galt es daher, sich genau an die Anweisungen zu halten, um Schwierigkeiten zu vermeiden. Eine Position, von der sich die Frage öffentlicher und moralischer Rechtfertigung hätte stellen können, war in dieser Lage überhaupt nicht kommunikativ präsent: Der Bürokrat handelte unter Ausschluß der Öffentlichkeit.

Darüber hinaus konnte sich der Beamte, der mit der Lösung des Judenproblems beschäftigt war, sogar diese Abkoppelung von der Öffentlichkeit als einen Vorgang der Zivilisierung vorstellen: Mit der ordnungsgemäßen und planmäßigen Durchführung der Vertreibung und später der Vernichtung war die unkontrollierte Willkür und vulgäre Gewalttätigkeit des Pöbels, den die SA verkörperte, zurückgedrängt. Die Ordnungsgemäßheit nach Recht und Gesetz im Unterschied zur spontanen Willkür stellte für den Beamten der Vernichtungsbürokratie die Richtschnur des Handelns.

Der Holocaust der europäischen Juden war so nur in einer modernen Gesellschaft möglich; wenn er sich auch nicht zwangsläufig aus der Moderne ergibt, so ist er doch ihre perverse Kehrseite: nicht unausweichlich zwar, aber doch nur in ihrem Zusammenhang verständlich. Eine Gegenbewegung zur formalen Rationalität der Modernisierung wird selbst der bürokratischen Rationalität unterworfen.[327]

326 Gestützt wurde dies durch das »von Hitler forcierte Prinzip, unbegrenzte Vollmachten für spezifische Aufgaben zu erteilen, eine politische Koordination jedoch nur für die vermeintlich beteiligten Institutionen zuzulassen« und durch »eine systematische Unterbindung von institutionalisierter Kommunikation zwischen den nachgeordneten Herrschaftsträgern.« Ebd., S. 419.

327 Bauman spricht sich in diesem Zusammenhang auch gegen die häufig vorkommende Interpretation des Holocausts als einer irrationalen Barbarei und als einen Einbruch in den Modernisierungsprozeß aus, der sonst völlig reibungslos verläuft und ausschließlich positiv zu bewerten sei. Zum Beispiel *Dialektik der Ordnung*, a.a.O., S. 217 f.: »Die nazistische Weltordnung machte die Vernunft zum Feind der Moral. Die Logik forderte die Zustimmung in das Ver-

Neben dieser bürokratischen Beschränkung der Perspektive, die Hannah Arendt als die »Banalität des Bösen«[328] bezeichnet hat und die sich mit der Person Eichmanns illustrieren ließe, fanden sich jedoch auch rassistische Überzeugungstäter wie Himmler, Ohlendorf oder Best, die die Pläne des Genozids entwarfen oder als Kommandeure der Einsatzgruppen den Judenmord befahlen. Nicht selten akademisch gebildet[329], glaubten sie mit der Vernichtung des europäischen Judentums eine welthistorische Aufgabe zu erfüllen[330], die in Begriffen der Seuchenmedizin oder Hygiene beschrieben wurde[331]: Medizinisches Handeln erfordert entschlossene und nicht selten schmerzhafte Eingriffe aus Verantwortung für das Gemeinwohl und darf nicht durch Gefühlsregungen beeinträchtigt werden. Ähnlich wie die Bürokraten waren auch diese SS-Führer nicht durch ein persönliches Ressentiment bewegt; für die Opfer empfanden sie weder Mitleid noch Haß – sie kehrten die Dämonisierung der Außenseite primordialer Gemeinschaften um in die Gleichgültigkeit von Seuchenmedizinern gegenüber ihrem Gegenstand, der nicht der gleichen Gattung angehört. Die jüdischen Opfer wurden als Schädlinge oder Parasiten betrachtet, die weder schuldig noch kommunikationsfähig sind. Die Primordialisierung kollektiver Identität wird hier aufs äußerste vorangetrieben: Die Grenzen markieren nicht mehr Verschiedenheit der Verständigung oder des Interesses, sondern die totale Verschiedenheit der Gattung, die jede Art von Empathie zwischen Subjekten ausschließt.[332]

brechen. Der rational begründbare Selbsterhaltungstrieb implizierte, daß gegen die Vernichtung des anderen kein Widerstand zu leisten war. Durch diese Art der Rationalität wurden die Opfer gegeneinander ausgespielt und ihrer Menschlichkeit beraubt. Jeder, der überleben wollte, wurde zur Bedrohung und zum Feind aller, die noch nicht endgültig dem Tode geweiht waren und die sich zunächst noch in der Rolle des Unbeteiligten wähnten.«

328 In: *Eichmann in Jerusalem. Ein Bericht von der Banalität des Bösen*, Leipzig 1964, S. 188 ff.

329 Best beispielsweise war Jurist, ebenso wie – bis auf vier Ausnahmen – alle Leiter von Einsatzkommandos der »Aktionen« in Polen vom Sommer 1939. Vgl. U. Herbert, *Best*, a.a.O., S. 239.

330 Vgl. Mommsen, »Die Realisierung des Utopischen«, a.a.O., S. 384.

331 Das Judentum wurde als zu vernichtender »Bazillus« bezeichnet. Vgl. ebd., S. 392.

332 Die Verrichtung der Tätigkeiten im Zusammenhang mit der Ver-

Im Unterschied zu früheren Formen des Antisemitismus ist hier jede Form der persönlichen Auseinandersetzung, des Konfliktes, der Anklage, des Hasses, die ja immer noch den Gegner als Menschen und Subjekt wahrnehmen, verschwunden. Mit Ungeziefer oder Vieh ist Kommmunikation nicht mehr möglich – sie werden einfach vernichtet oder geschlachtet. Die rassistischen SS-Männer konnten daher leidenschaftslos und sogar mit beruhigender Stimme die Opfer in die Gaskammern bringen; es bestand für sie keine kommunikative Notwendigkeit, den Juden die Gründe ihres Todes mitzuteilen. Die Objektivierung und Versachlichung der Außenwelt, die die moderne Perspektive kennzeichnet, wird hier auf eine perverse Spitze getrieben: Den Juden schuldete man nicht mehr die Empathie der Gattungsgleichheit; sie wurden als bloße Gegenstände unter dem Gesichtspunkt von Nützlichkeit und Schädlichkeit betrachtet.

Im Unterschied zu den Bürokraten, deren perverse Modernität gerade darin bestand, daß sie nicht nach der Begründung der einmal gestellten Aufgabe fragten, sondern auf Sachlichkeit und Effizienz des Vollzugs achteten, ging es den rassistischen SS-Offizieren jedoch – so pervers dies auch klingen mag – um eine Idee der Rettung und Weltverbesserung[333], die sie stellvertretend für das deutsche Volk radikal und kompromißlos in die Tat umzusetzen hatten. Sie waren nicht selten Intellektuelle, die eine neue Weltordnung ohne Rücksicht auf traditionelle Werte oder persönliche Gefühle in einem unerhörten und ungeheuren Vorgang der Beschleunigung von Geschichte verwirklichen wollten.[334] Diese revolutionäre Beschleunigung von Geschichte sollte sich nicht durch Konversion der Außenseiter, durch Überzeugung und Erziehung, sondern durch ihre physische Vernichtung vollziehen. Beschleunigung von Geschichte durch die physische Ausrottung derer, die der Bewegung Widerstand leisten, ist keineswegs ein neues Motiv; es gehört spätestens seit den jakobinischen Intellektuellen zum vertrauten Repertoire der Moder-

nichtung lag unterhalb der Schwelle sozialen Handelns gegenüber menschlichen Individuen. Vgl. ebd., S. 381 f.

333 Vgl. ebd., S. 384.

334 »›Noch nie wurde in Deutschland so viel gedacht und geplant – alles gewann einen neuen Sinn‹, schrieb Ernst von Salomon später über die rechtsradikalen intellektuellen Zirkel« der Zeit um 1930. U. Herbert, *Best*, a.a.O., S. 102.

ne.[335] Das Weltverbesserungsmotiv der jakobinischen Intellektuellen verbindet sich hier jedoch mit einer radikalen Primordialisierung kollektiver Identität zu einer Barbarei, die in der Geschichte keinen Vergleich hat.

Sie wurde gefördert durch die Außerordentlichkeit der Kriegssituation, in der Männerbünde zivilisierende Zweifel und Bedenken vergessen und ihre Ängste verdrängen konnten, wenn sie sich selbst als eine heldische Elite, als Herren über Leben und Tod des Gegners beschrieben.[336] Es ging in dieser Situation nicht mehr bloß um die unverbindliche Bekräftigung rassistischer Vernichtungsideen im Diskurs der Intellektuellen, sondern um die konsequente und leidenschaftslose Mordtat, die von den Gesinnungsgenossen erwartet und beobachtet wurde und mit der das »Herrenmenschenbewußtsein« unter Beweis gestellt werden konnte. Aus diesem Selbstbild der SS-Führung als einer revolutionären Elite mit rassenmedizinischer Verantwortung ergab sich auch das Gebot der Geheimhaltung der Mission gegenüber dem eigenen Volk, das – so vermutete man – wie ein Kranker für die

335 Vgl. B. Giesen, »Die Struktur des Barbarischen«, in: M. Miller und H. G. Soeffner (Hg.), *Barbarei und Modernität*, Frankfurt am Main 1996, S. 118-130. S. N. Eisenstadt, *Die Antinomien der Moderne. Die jakobinischen Grundlagen der Moderne und des Fundamentalismus. Heterodoxien, Utopismus und Jakobinismus in der Konstitution fundamentalistischer Bewegungen*, Frankfurt am Main 1998.

336 Vgl. S. Volkov, »Nationalismus, Antisemitismus und die deutsche Geschichtsschreibung«, in: M. Funke u.a. (Hg.), *Demokratie und Diktatur. Geist und Gestalt politischer Herrschaft in Deutschland und Europa*, Düsseldorf 1987, S. 208-220, hier S. 211. »Wenn auch nicht als Ursache einer durch Kampferlebnisse bewirkten Brutalisierung und Raserei, so muß der Kriegskontext doch sicherlich in allgemeinerer Form berücksichtigt werden. Als Kampf zwischen ›unserem Volk‹ und ›dem Feind‹ schafft der Krieg eine polarisierte Welt, in der ›der Feind‹ leicht verdinglicht und aus der menschlichen Gemeinschaft ausgestoßen wird. Der Krieg bildet einen Rahmen, in dem Regierungen Greueltaten ohne weiteres zu einem festen Bestandteil ihrer Politik machen können, ohne bei deren Umsetzung auf große Schwierigkeiten zu stoßen.« Browning, *Ganz normale Männer*, a.a.O., S. 211. Mosse, »Der Erste Weltkrieg und die Brutalisierung der Politik«, a.a.O., spricht wiederum von einer Abstumpfung der Bevölkerung bei der Wahrnehmung der Prozesse (S. 137).

unbarmherzigen, aber scheinbar lebensnotwendigen Operationen kein Verständnis aufgebracht hätte und im übrigen auch noch zu stark in persönliche Gefühle und konventionelle Rücksichten eingebunden war. Für manche Deutsche hatten in der Tat die Opfer noch Gesichter und Stimmen; die jüdischen Menschen waren in der äußersten Außenwelt primordialer Gemeinschaften noch nicht zu bloßen Gegenständen geworden, die als unnütz und schädlich beurteilt und vernichtet wurden.[337]

3.3 Schlußbemerkung

Zwischen dem wissenschaftlichen Rassismus der Gebildeten bis zu dem rassenmedizinischen Vernichtungsmotiv der SS-Intellektuellen liegt eine Reihe von Formen primordialer Klassifikation und Ausgrenzung, die zwar dem gleichen Muster der Grenzkonstruktion folgen, aber dennoch in ganz unterschiedliche Handlungssituationen eingebettet sind und je nach Kommunikationsform und Trägergruppe auch einen ganz unterschiedlichen Sinn aufweisen können. Eine Perspektive, die nur einen historisch unveränderbaren Kern des Antisemitismus und Rassismus annimmt, ist zwar eine verständliche Vereinfachung, trägt aber selbst nur wenig zum Verständnis der Formen antisemitischer Ausgrenzung bei. Nicht jede primordiale Grenzkonstruktion bedeutet auch schon die implizite Billigung von Rassismus, und nicht jeder antisemitische Intellektuelle des neunzehnten Jahrhunderts ist auch für den Holocaust verantwortlich. Die Kata-

337 Das Schweigen der Bevölkerung resultierte nach Bauman, *Dialektik der Ordnung*, a.a.O., S. 229 f., aus der Systemlogik des NS-Regimes: »Die von einem mörderischen totalitären Staat errichtete Ordnung entmenschlichte die Opfer und jene, die der Verfolgung passiv zusahen, indem beiden die Logik der Selbsterhaltung als Entschuldigung für moralische Indifferenz und Passivität aufgezwungen wurde. Niemand, der unter der Last dieses Druckes zusammenbrach, sollte für schuldig befunden werde.« Bauman relativiert jedoch: »Die Tatsache, daß einige wenige widerstanden, entkräftet die Logik der Selbsterhaltung und beweist, daß es immer Entscheidungsmöglichkeiten gibt. Die Frage ist, wie viele sich der Logik des Bösen widersetzen müssen, um sie zu zerstören. Gibt es eine Schwelle des Ungehorsams, an der die Technologie des Bösen versagt?«

strophe hat nicht eine einzige leicht greifbare Ursache, sondern ergibt sich aus dem komplexen Zusammenwirken von kulturellen Traditionen, sozialen Situationen und kommunikativen Institutionen; ihre differenzierte Analyse schärft auch den Blick für Schuld und Verantwortung der Deutschen.

Wir haben zu zeigen versucht, daß die primordiale Codierung der Gemeinschaftsgrenzen im Antisemitismus und Rassismus entscheidend von der strukturellen Lage einer Trägergruppe und ihren wichtigsten Kommunikationsformen beeinflußt wird. Antisemitische Ressentiments, Verschwörungstheorien oder Hexenjagden entstehen zumeist in Krisen, in denen eine Schicht ihre gewohnte Stellung im Verhältnis zu anderen Gruppen, vor allem zu aufwärtsmobilen Gruppen, bedroht sieht und den Distinktionsverlust durch die Konstruktion unüberwindlicher primordialer Grenzen zu kompensieren versucht. Die in einer Schicht jeweils üblichen Kommunikationsformen, die verfügbaren kulturellen Unterscheidungen und der zivilisierende Einfluß der Öffentlichkeit führten jedoch zu ganz unterschiedlichen Formen der antisemitischen Ausgrenzung und Dämonisierung. Während die gewalttätigen Pogrome der ländlichen Unterschichten auf die Anwesenheit von Menschen mit einer fremden Religion antworteten, ging der kompensatorische Antisemitismus der völkischen Intellektuellen gerade von dem Verschwinden des sichtbar Fremden aus.

Die strukturellen Ursprünge des Rassismus hingegen liegen nicht in den Abgrenzungsbedürfnissen verunsicherter Schichten, sondern sind in dem Versuch selbstsicherer bürgerlicher Schichten zu suchen, eine naturwissenschaftliche Erklärung kultureller Unterschiede zu finden. Ebenso wie der Antisemitismus durchläuft auch der Rassismus verschiedene sozialstrukturelle Szenarien; dabei radikalisiert sich die Grenzziehung zwischen den Rassen immer mehr: von einer allgemeinen Perspektive auf empirische Unterschiede über die Idee primordialer Grenzen der kulturellen Verständigung zur Vorstellung des Rassenkampfes und schließlich bis zur Vernichtung einer Rasse durch eine andere. Mit der Trivialisierung und Popularisierung des Rassismus steigt grundsätzlich auch seine emotionale und politische Aufladung; aber erst gegen Ende des neunzehnten Jahrhunderts verbindet er sich in Deutschland eng mit dem antisemitischen Ressentiment. Der Antisemitismus wiederum kann aus dem Rassismus einen wissenschaftlichen Anspruch beziehen, der ihn für die berufliche Bearbeitung in modernen Staatsapparaten geeignet macht; die planmäßige und leidenschaftslose Vernichtung der europäischen Juden markiert so die perverse, professionelle Ausdifferenzierung des Antisemitismus. Ein heftiges, aber diffuses Ressentiment wird wissenschaftlich rationalisiert, beruflich institutionalisiert und funktional radikalisiert. Was als Kritik an der Moderne begonnen hatte, schlug um in ihre ultimate Barbarei.

Nachwort

Wir haben in den vorangegangenen Kapiteln historische Szenarien skizziert, in denen Intellektuelle und ihr bürgerliches Publikum kollektive Identität inszenierten und imaginierten. Die Metaphorik ist dem Theater entlehnt. In der Tat geht es um die Illusion einer gemeinsamen Geschichte, einer gemeinsamen Bedrohung oder einer gemeinsamen Bestimmung, die erzählend verdeutlicht und rituell inszeniert wird. Kollektive Identität benötigt Rituale ebenso wie Erzählungen von Helden und Bösewichtern, von Unheil und Errettung, von Niedergang und Wiederaufstieg.[1] Die Nation ist ein Schauspiel, das wußten schon die Romantiker, und es waren vor allem die Intellektuellen, die einem illusionsbereiten Publikum dieses Schauspiel geschrieben haben. Gewiß – nicht nur die Intellektuellen, sondern auch Regierungs- und Parteipolitiker, Verbandsvorstände und Wirtschaftsführer und nicht selten auch das bürgerliche Publikum selbst haben an der Inszenierung der Nation mitgewirkt, aber gerade im deutschen Falle nahmen die Intellektuellen eine herausragende Stellung als Verfasser nationaler Meistererzählungen ein.

Dieses besondere Verhältnis der Intellektuellen zur nationalen Identität ist heute in mehrfacher Weise fragwürdig geworden. Die Intellektuellen haben ihre klassische Rolle als Verkünder einer ganz anderen und höheren Ordnung weitgehend aufgegeben. Nach dem Zusammenbruch der großen Utopien treten sie kaum mehr als diejenigen auf, die die Welt nach einem neuen Gesetz gestalten wollen, sondern beschränken sich auf die Vermittlung zwischen verschiedenen Kulturen oder auf das Wachhalten von Erinnerungen. Hatten sie früher die Identität über die künftige Einheit definiert, so geht es heute eher um den Erhalt von vergehender Vielfalt.

Aber nicht nur die Zukunft scheidet als Ankerpunkt der großen orientierenden Spannung aus, sondern auch die Unterscheidung zwischen volkstümlicher Unterhaltung und hoher und anspruchsvoller Kultur. Auch klassische Kultur scheint heute nur

1 G. L. Mosse hat in seinen Arbeiten diese rituelle Inszenierung des Nationalsozialismus herausgestellt.

als Unterhaltung überleben zu können und ethnische oder lokale Kulturen können heute mit ernstem und unüberbietbarem Anspruch auftreten. In einem so neu vermessenen Feld kollabiert die achsenzeitliche Spannung zwischen Banalität und Erhabenheit, zwischen den besonderen Einzelinteressen und dem großen Ganzen, zwischen weltlicher Verstrickung und ästhetischer oder moralischer Unbedingtheit, die den überlegenen Anspruch des klassischen Intellektuellen begründet und ihn in Bewegung gehalten hatte. Die Erkenntnisprivilegien der intellektuellen Aristokratie sind dahin, ihr subtiler Fundamentalismus bleibt ohne Resonanz. Die Botschaft der Intellektuellen ist nur mehr eine Erzählung neben vielen anderen; will sie sich nicht auf die kleine Gemeinde der Gebildeten, und das heißt heute: der anderen Intellektuellen beschränken, so kann sie der Konkurrenz in der Kulturindustrie nicht entgehen. Selbst wenn Intellektuelle sich gegen die Vergangenheitsvergessenheit und Gegenwartsbesessenheit globaler Märkte wenden und für den Erhalt lokaler Vielfalt und kultureller Erinnerung streiten, so können sie sich selbst dabei doch dem kurzatmigen Rhythmus des Marktes nicht entziehen. Man produziert also schnell Deutungsangebote, die sich leicht konsumieren lassen und ein möglichst großes Publikum erreichen. Während der klassische Intellektuelle sich an ein relativ kleines, aber voraussetzungsvoll gebildetes Publikum wandte und darauf hoffte, mit seiner Botschaft zeitlose Gültigkeit zu erlangen, geht es heute eher darum, nur für den Augenblick zu faszinieren, aber die Aufmerksamkeit eines unbegrenzten, tendenziell globalen Publikums zu erreichen. Die zeitliche und die räumliche Achse von kollektiver Identität tauschen dabei die Plätze. Die Nachfahren der klassischen Intellektuellen finden sich schließlich in der Lage von Werbedesignern und Drehbuchschreibern: Sie werden zu Fachleuten und entwerfen hastig kurze Geschichten, die sich kaum von den vorhandenen unterscheiden, aber als revolutionäre Neuheit ausgegeben werden, und hoffen auf den Markterfolg. Die Kommodifizierung der Kultur ist gewiß ebenso wenig eine Erfindung der jüngsten Geschichte wie Individualisierung und Globalisierung. Nur eine erstaunliche Geschichtsvergessenheit läßt manchen soziologischen Zeitdiagnostiker die Wiederholung für das Neue halten. Heute dringen die Formen der Ware und des Marktes allerdings auch in Bereiche vor, die bisher zu ihnen äußerste Distanz gehalten hatten.

Dabei geht es weiterhin um kollektive Identität. Gerade in einer Lage, in der soziale Schichten ihre stabilen Konturen verlieren und sich weder über Bildung und Beruf noch über Abstammung und Stil abgrenzen können, werden Vorstellungen von Gemeinsamkeit und kollektiver Identität besonders dringlich, um die schnelle Oszillation der Marktbewegungen zu kompensieren. Auch die Herstellung dieser kollektiven Identität unterliegt freilich wiederum der Marktform. Sie wird von Identitätsunternehmern und Medienfachleuten inszeniert als schnelle Illusion eines Publikums, das die nationalen Grenzen längst überschritten hat und sich für den Augenblick als Gemeinschaft der Popfans, der moralisierenden Medienkampagnen oder der Freizeitmode zusammenfindet. Zugehörigkeit ist hier gänzlich von primordialen Merkmalen abgekoppelt und beruht vor allem auf dem Ritual der Partizipation: Teilnehmer einer Demonstration sein, auf einer Technoparty tanzen, nach der neuesten Mode gekleidet sein, in der Öffentlichkeit Embleme und Parolen tragen etc. Kollektive Identität ergibt sich hier aus dem Bewußtsein einer globalen Koorientierung und aus dem intensiven Charisma des zeitlosen Augenblicks, in dem das Gestern und Morgen vergessen werden kann. Kollektive Identität, die ehemals auf der Vorstellung einer dauerhaften Bindung beruhte, wird nun von den wechselnden Gezeiten des Unterhaltungsmarktes bewegt. Deutlicher noch als in der klassischen Moderne wird hier die kompensatorische Suche nach Authentizität und Identität mit inszenierten Simulationen dessen zufriedengestellt, wonach sie verlangt.

Literatur

Albrecht, C., *Zivilisation und Gesellschaft*, München 1995.

Alexander, J. C., »Core Solidarity, Ethnic Outgroup, and Social Differentiation: A Multidimensional Model of Inclusion in Modern Societies«, in: J. Dofny und A. Akiwowo (Hg.), *National and ethnic movements*, Beverly Hills/London 1980, S. 5-28, leicht verändert auch in: ders., *Action and its Environements: Towards a New Synthesis*, New York 1988, S. 78-106.

–, »Culture and Political Crisis: ›Watergate‹ and Durkheimian Sociology«, in: ders. (Hg.), *Durkheimian Sociology. Cultural Studies*, Cambridge 1988, S. 187-224.

–, »Citizen and Enemy as Symbolic Classification: On the Polarizing Discourse of Civil Society«, in: M. Lamont und M. Fournier (Hg.), *Cultivating Differences. Symbolic Boundaries and the Making of Inequality*, Chicago 1992, S. 289-308.

Allgemeine deutsche Real-Encyklopädie für die gebildeten Stände (Conversations-Lexikon) in zwölf Bänden, 7. Bd., 8. Auflage, Leipzig: F. U. Brockhaus 1835.

Althoff, G., *Spielregeln der Politik im Mittelalter. Kommunikation in Friede und Fehde*, Darmstadt 1997.

Anderson, B., *Imagined Communities*, 2., ergänzte Auflage, London 1991.

Andritzky, M., und Th. Rautenberg, *»Wir sind nackt und nennen uns Du«. Von Lichtfreunden und Sonnenkämpfern. Eine Geschichte der Freikörperkultur*, Gießen 1989.

Arendt, H., *Eichmann in Jerusalem. Ein Bericht von der Banalität des Bösen*, Leipzig 1964.

Armstrong, J., *Nations before Nationalism*, Chapel Hill 1982.

Arndt, E. M., »Über Volkshaß und den Gebrauch einer fremden Sprache«, in: H. Vogt (Hg.), *Nationalismus gestern und heute*, Opladen 1967.

Assmann, A. (Hg.), *Mnemosyne*, Frankfurt am Main 1991.

–, *Arbeit am nationalen Gedächtnis. Eine kurze Geschichte der deutschen Bildungsidee*, Frankfurt am Main 1993.

Assmann, J., *Das kulturelle Gedächtnis. Schrift, Erinnerung und politische Identität in frühen Hochkulturen*, München 1992.

–, *Stein und Zeit. Mensch und Gesellschaft im alten Ägypten*, 2. Auflage, München 1995.

Avenarius, F., »Aussprache mit den Juden«, in: *Kunstwart* 22 (1912), Heft 25, S. 225-236.

Barth, Fr., »Ethnic Groups and Boundaries«, in: *Selected Essays by Fre-*

derik Barth, Bd. I: *Process and Form in Social Life*, London 1981, S. 198-227.
Bateson, G., *Ökologie des Geistes*, Frankfurt am Main 1981.
–, *Geist und Natur. Eine notwendige Einheit*, Frankfurt am Main 1982.
Baumann, Z., *Dialektik der Ordnung. Die Moderne und der Holocaust*, Hamburg 1992.
Beck, U., M. Brater, E. Tramsen und K. M. Bolte, »Beruf, Herrschaft und Identität. Ein subjektbezogener Ansatz zum Verhältnis von Bildung und Produktion. Teil I: Die soziale Konstitution der Berufe«, in: *Soziale Welt* 27 (1976), Heft 1, S. 8-44, Teil II: *Soziale Welt* 27 (1976), Heft 2, S. 180-205.
Becker, E. D., »Literaturverbreitung«, in: E. McInnes und G. Plumpe (Hg.), *Bürgerlicher Realismus und Gründerzeit 1848-1890* (Hansers Sozialgeschichte der Literatur vom 16. Jahrhundert bis zur Gegenwart, Bd. 6), München/Wien 1996, S. 108-143.
Becker, P. E., *Zur Geschichte der Rassenhygiene. Wege ins Dritte Reich*, Stuttgart 1988.
–, *Sozialdarwinismus, Rassismus, Antisemitismus und Völkischer Gedanke. Wege ins Dritte Reich*, Stuttgart 1990.
Behrend, B., »August Julius Langbehn, der ›Rembrandtdeutsche‹«, in: U. Puschner, W. Schmitz und J. H. Ulbricht (Hg.), *Handbuch zur ›Völkischen Bewegung‹ 1871-1918*, München 1996, S. 94-113.
Ben-David, J., *The Scientist's Role in Society. A Comparative Study*. Englwood Cliffs, N.J. 1971.
Berding, H., *Die deutsche Revolution von 1848/49*, Stuttgart 1985.
–, *Moderner Antisemitismus in Deutschland*, Frankfurt am Main 1988.
– (Hg.), *Nationales Bewußtsein und kollektive Identität*, Frankfurt am Main 1994.
–, »Antisemitismus in der modernen Gesellschaft: Kontinuität und Diskontinuität«, in: M. Hettling und P. Nolte (Hg.), *Nation und Gesellschaft in Deutschland*, München 1996, S. 192-207.
– (Hg.), *Mythos und Nation. Studien zur Entwicklung des kollektiven Bewußtseins in der Neuzeit 3*, Frankfurt am Main 1996.
Bergmann, J., *Klatsch. Zur Sozialreform der diskreten Interaktion*, Berlin 1987.
Bergmann, K., *Agrarromantik und Großstadtfeindschaft*, Meisenheim 1970.
Blüher, H., *Führer und Volk in der Jugendbewegung*, Jena 1917.
Bockholt, R. (Hg.), *Über das Klassische*, Frankfurt am Main 1987.
Bode, W. v., *Mein Leben*, Bd. I, Berlin 1930.
Boehlich, W. (Hg.), *Der Berliner Antisemitismusstreit*, Frankfurt am Main 1965.
Bonß, W., *Die Einübung des Tatsachenblicks. Zur Struktur und Veränderung empirischer Sozialforschung*, Frankfurt am Main 1982.

Bourdieu, P., *Sozialer Sinn. Kritik der theoretischen Vernunft*, Frankfurt am Main 1987.
–, *Die feinen Unterschiede. Kritik der gesellschaftlichen Urteilskraft*, 4. Auflage, Frankfurt am Main 1991.
Brandes, G., *Voltaire*, 2 Bde., Berlin 1923.
Breuer, S., *Anatomie der Konservativen Revolution*, Darmstadt 1993.
–, *Ästhetischer Fundamentalismus. Stefan George und der deutsche Antimodernismus*, Darmstadt 1995.
Brewer, J., »This, that and the other: Public, Social and Private in the Seventeenth and Eighteenth Centuries«, in: L. Sharpe und D. Castiglione (Hg.), *Shifting the Boundaries. Transformation of the Languages of Public and Private in the Eighteenth Century*, Exeter 1995, S. 1-21.
Brockhaus' Konversations-Lexikon, 14. vollständig neubearbeitete Auflage, Bd. 11, Leipzig 1898.
Brodbeck, M., »Methodological Individualism: Definition and Reduction«, in: dies. (Hg.), *Readings in the Philosophy of the Social Sciences*, London 1968, S. 268-279.
Brönner, W., »Schichtenspezifische Wohnkultur – die bürgerliche Wohnung des Historismus«, in: E. Mai, H. Pohl und St. Watzoldt (Hg.), *Kunstpolitik und Kunstförderung im Kaiserreich. Kunst im Wandel der Sozial- und Wirtschaftsgeschichte* (Kunst, Kultur und Politik im Deutschen Kaiserreich, Bd. 2), Berlin 1982, S. 361-378.
Browning, C. R., *Ganz normale Männer. Das Reserve-Polizeibataillon 101 und die »Endlösung« in Polen*, Reinbek bei Hamburg 1993.
Brubaker, W. R. (Hg.), *Immigration and the Politics of Citizenship in Europe and North America*, University Press of America 1989.
–, *Nationalism Reframed*, Cambridge, Mass. 1990.
–, *Citizenship and Nationhood in France and Germany*, Cambridge, Mass. 1992.
Bruch, R. v., »Gesellschaftliche Funktionen und politische Rollen des Bildungsbürgertums im Wilhelminischen Reich. Zum Wandel von Milieu und politischer Kultur«, in: J. Kocka (Hg.), *Bildungsbürgertum im 19. Jahrhundert*, Bd. IV: *Politischer Einfluß und gesellschaftliche Formation*, Stuttgart 1989, S. 146-179.
Brunner, O., »Das ›Ganze Haus‹ und die alteuropäische ›Ökonomik‹«, in: *Neue Wege der Verfassungs- und Sozialgeschichte*, 3. Auflage, Göttingen 1980, S. 103-127.
Brunschwig, H., *Gesellschaft und Romantik in Preußen im 18. Jahrhundert*, Frankfurt am Main 1976.
Buck, A., *Humanismus*, München 1987.
Burchardt, L., »Die Zusammenarbeit zwischen chemischer Industrie, Hochschulchemie und chemischen Verbänden im Wilhelminischen Deutschland«, in: *Technikgeschichte* 46 (1979), S. 192-211.

Burns, M., *Dreyfus: A Family Affair. From the French Revolution to the Holocaust*, New York 1992.

Burrow, J. W., *Evolution and Society, A Study in Victorian Social Theory*, Cambridge 1966.

Camper, P., *Dissertation Physique de Mr. Pierre Camper* etc. (hg. von A. G. Camper), Utrecht 1791.

Cartwright, D., und F. Harary, »Structural Balance: A Generalization of Heiders Theory«, in: S. Leinhardt (Hg.), *Social Networks – A Developing Paradigm*, New York 1977, S. 10-25.

Cassirer, E., *Die Philosophie der Aufklärung*, Tübingen 1932.

Castro, E. V. de, *From the Enemy's Point of View. Humanity and Divinity in an Amazonian Society*, Chicago 1992.

Chamberlain, H. S., *Die Grundlagen des neunzehnten Jahrhunderts*, 20. Auflage, München 1935.

Choi, Y. B., *Paradigms and Conventions: Uncertainty, Decision Making, and Entrepreneurship*, Ann Arbor 1993.

Clark, P., und T. N. Clark, »Patrons, Publishers and Prizes: The Writers Estate in France«, in: J. Ben-David und T. N. Clark (Hg.), *Culture and Its Creators. Essays in Honor of E. Shils*, Chicago 1977, S. 197-225.

Clark, V. A., »Entstehung und Professionalisierung der Architektenberufe«, in: W. Conze und J. Kocka (Hg.), *Bildungsbürgertum im 19. Jahrhundert*; Teil 1: *Bildungssystem und Professionalisierung im internationalen Vergleich*, 2. Auflage, Stuttgart 1992, S. 539-542.

Comte, A., *Die Soziologie. Positive Philosophie*, hg. von Friedrich Blaschke, Stuttgart 1974.

Conrad-Martius, H., *Utopien der Menschenzüchtung. Der Sozialdarwinismus und seine Folgen*, München 1955.

Conze, W., und J. Kocka, »Einleitung«, in: dies. (Hg.), *Bildungsbürgertum im 19. Jahrhundert*, Teil I, Stuttgart 1992, S. 9-26.

Corsten, A.-M., »Das Dombaufest von 1880«, in: H. Wolff und T. Diederich (Hg.), *Das Kölner Dom Jubiläumsbuch 1980*, Köln 1980, S. 59 bis 68.

Cuff, E. C., *Problems of Versions in Everyday Situations* (Studies in Ethnomethodology & Conversation Analysis: No. 2), University Press of America 1993.

D'Alembert, J. le R., D. Diderot u. a., *Enzyklopädie*, hg. von G. Berger, Frankfurt am Main 1989.

Dann, O., »Die Lesegesellschaften und die Herausbildung einer modernen bürgerlichen Gesellschaft in Europa«, in: ders. (Hg.), *Lesegesellschaften und bürgerliche Emanzipation. Ein europäischer Vergleich*, München 1981, S. 9-28.

Darnton, R., *The Literary Underground of the Old Regime*, Cambridge 1982.

Daston, L., »The Ideal and the Reality of the Republic of Letters in the Enlightenment«, in: *Science in Context* 4 (1991) 2, S. 367-386.
Deutsch, K. W., *Nationalism and Social Communication*, Cambridge, Mass. 1953.
DiMaggio, P., *Managers of the Arts*, Seven Locks Press 1987.
Dotterweich, V., *Heinrich von Sybel. Geschichtswissenschaft in politischer Absicht (1817-1861)*, Göttingen 1978.
Douglas, M., *Purity and Danger: An Analysis of Concepts of Pollution and Taboo*, London 1966; deutsch: Reinheit und Gefährdung. Eine Studie zu Vorstellungen von Verunreinigung und Tabu, Frankfurt am Main 1988.
–, *Natural Symbols. Explorations in Cosmology*, New York 1982 (zuerst 1970); deutsch: *Ritual, Tabu und Körpersymbolik. Sozialanthropologische Studien zur Industriegesellschaft und Stammeskultur*, Frankfurt am Main 1974.
–, und A. Wildavsky, *Risk and Culture*, Berkeley, Cal. 1982.
–, *How Institutions Think*, Syrakuse, N.Y. 1986; deutsch: *Wie Institutionen denken*, Frankfurt am Main 1991.
Duclert, V., *Die Dreyfus-Affäre. Militärwahn, Republikfeindschaft, Judenhaß*, Berlin 1994.
Dülmen, R. v., *Die Gesellschaft der Aufklärer. Zur bürgerlichen Emanzipation und aufklärerischen Kultur in Deutschland*, Frankfurt am Main 1986.
Dumont, L., »Caste, Racism and Stratification. Reflections of a Social Anthropologist«, in: ders., *Homo Hierarchicus. The Caste System and its Implications*, vollständig durchgesehene englische Ausgabe, Chicago 1980, Appendix A, S. 247-266.
Dupke, T., *Mythos Löns. Heimat, Volk und Natur im Werk von Hermann Löns*, Wiesbaden 1993.
Durkheim, É., *Les formes élémentaires de la vie religieuse: le système totémique en Australie*, Paris 1912; deutsch: *Die elementaren Formen des religiösen Lebens*, Frankfurt am Main 1981.
–, *Über soziale Arbeitsteilung*, 2. Auflage, Frankfurt am Main 1988.
Eberle, F., und Th. Stammen (Hg.), *Die Französische Revolution in Deutschland*, Stuttgart 1989.
Eder, K., *Geschichte als Lernprozeß. Zur Pathogenese politischer Modernität in Deutschland*, Frankfurt am Main 1985.
–, *Die Vergesellschaftung der Natur. Studien zur sozialen Evolution der Vernunft*, Frankfurt am Main 1988.
Eisenstadt, S. N., *Tradition, Wandel und Modernität*, Frankfurt am Main 1979.
–, »The Axial Age: The Emergence of Transcendental Visions and the Rise of Clerics«, in: *Archives européennes de Sociologie* 23 (1982) 2, S. 294-314.

– (Hg.), *Kulturen der Achsenzeit. Ihre Ursprünge und ihre Vielfalt*, 2 Bde., Frankfurt am Main 1987.
–, *Jewish Civilization. The Jewish Historical Experience in a Comparative Perspective*, New York 1992.
–, *The Political Systems of Empires*, Chicago 1992.
–, *Meaning, Trust and Order*, Chicago 1995.
– und B. Giesen, »The Construction of Collective Identity«, in: *European Journal of Sociology* 36 (1995), S. 72-102.
–, *Die Antinomien der Moderne. Die jakobinischen Grundlagen der Moderne und des Fundamentalismus. Heterodoxien, Utopismus und Jakobinismus in der Konstitution fundamentalistischer Bewegungen*, Frankfurt am Main 1998.
Elias, N., *Die höfische Gesellschaft. Untersuchungen zur Soziologie des Königtums und der höfischen Aristokratie*, Neuwied 1969.
Elster, J., *The Cement of Society. A Study of Social Order*, Cambridge 1989.
Emmerich, F., »Darwins Evolutionstheorie und der Sozialdarwinismus«, in: *Kölner Zeitschrift für Soziologie und Sozialpsychologie* 33 (1981), S. 209-228.
Engelhardt, U., *»Bildungsbürgertum«. Begriffs- und Dogmengeschichte eines Etiketts*, Stuttgart 1986.
Engelsing, R., *Der Bürger als Leser*, Stuttgart 1974.
Enzensberger, H. M., *Die Große Wanderung. 33 Markierungen*, Frankfurt am Main 1992.
Evans-Pritchard, E. E., *The Nuer*, Oxford 1940.
Ewald, F., *Der Vorsorgestaat*, Frankfurt am Main 1993.
Faber, K. G., »Realpolitik als Ideologie. Die Bedeutung des Jahres 1866 für das politische Denken in Deutschland«, in: *Historische Zeitschrift* 203 (1966), S. 1-45.
Feldenkirchen, W., »Staatliche Kunstfinanzierung im 19. Jahrhundert«, in: E. Mai, H. Pohl und St. Waetzoldt (Hg.), *Kunstpolitik und Kunstförderung im Kaiserreich. Kunst im Wandel der Sozial- und Wirtschaftsgeschichte* (Kunst, Kultur und Politik im Deutschen Kaiserreich, Bd. 2), Berlin 1982, S. 35-54.
Fenske, H., »Ungeduldige Zuschauer. Die Deutschen und die europäische Expansion 1815-1880«, in: W. Reinhardt (Hg.), *Imperialistische Kontinuität und nationale Ungeduld im 19. Jahrhundert*, Frankfurt am Main 1991, S. 87-123.
Field, G. G., *Evangelist of Race. The Germanic Vision of Houston Stewart Chamberlain*, New York 1981.
François, E., .»Alphabetisierung und Lesefähigkeit in Frankreich und Deutschland um 1800«, in: H. Berding (Hg.), *Deutschland und Frankreich im Zeitalter der Französischen Revolution*, Frankfurt am Main 1989, S. 407-425.

Frank, M., *Einführung in die frühromantische Ästhetik*, Frankfurt am Main 1989.
Frank, P., *Modern Science and its Philosophy*, Cambridge 1949.
Frankenberg, R., *Village on the Border. A Study of Religion, Politics, and Football in a North Wales community*, Prospect Heights, Ill. 1990 (zuerst 1957).
Frecot, J., J. F. Geist und D. Kerbs, *Fidus 1868-1948. Zur ästhetischen Praxis bürgerlicher Fluchtbewegungen*, München 1972.
Freud, S., *Totem und Tabu. Einige Übereinstimmungen im Seelenleben der Wilden und der Naturvölker*, in: ders., *Kulturtheoretische Schriften*, Frankfurt am Main 1974, S. 287-444.
Freund, J., »Der Dritte in Simmels Soziologie«, in: H. Böhringer und K. Gründer (Hg.), *Ästhetik und Soziologie um die Jahrhundertwende: Georg Simmel*, Frankfurt am Main 1976, S. 90-101.
Fritzsche, K., *Politische Romantik und Gegenrevolution. Fluchtwege in der Krise der bürgerlichen Gesellschaft. Das Beispiel des »Tat«-Kreises*, Frankfurt am Main 1976.
Frodl, G. und M., »Von der Vergangenheit zur Geschichte. Aspekte der Malerei des Historismus«, in: H. Fillitz (Hg.), *Der Traum vom Glück. Die Kunst des Historismus in Europa*, Wien 1996, S. 137-150.
Furet, F., und D. Richet, *Die Französische Revolution*, Frankfurt am Main 1968.
–, *1789 – Jenseits des Mythos*, Hamburg 1989.
Gabler, W., »Surrogate. Material- und Technikimitation des 19. Jahrhunderts«, in: A. Thiekötter und E. Siepmann, *Packeis und Preßglas. Von der Kunstgewerbebewegung zum Deutschen Werkbund*, Gießen 1987, S. 115-126.
Gadamer, H.-G., *Wahrheit und Methode*, Bd. 2, Tübingen 1986.
Gaehtgens, Th. W., »Wilhelm von Bode und seine Sammler«, in: E. Mai und P. Paret (Hg.), *Sammler, Stifter und Museen. Kunstförderung in Deutschland im 19. und 20. Jahrhundert*, Köln 1993.
Gall, L., »›... ich wünschte ein Büger zu sein‹. Zum Selbstverständnis des deutschen Bürgertums im 19. Jahrhundert«, in: *Historische Zeitschrift* 245 (1982), S. 601-623.
Garber, J., »Von der Menschheitsgeschichte zur Kulturgeschichte. Zum geschichtstheoretischen Kulturbegriff der deutschen Spätaufklärung«, in: ders., *Spätabsolutismus und bürgerliche Gesellschaft. Studien zur deutschen Staats- und Gesellschaftstheorie im Übergang zur Moderne*, Frankfurt am Main 1992, S. 409-433.
Garfinkel, H., »Conditions of Successful Degradation Ceremonies«, in: *American Journal of Sociology* 61 (1956) S. 420-424.
– und H. Sacks, »On Formal Structures of Practical Actions«, in: J. C. McKinney und E. A. Tiryakoan (Hg.), *Theoretical Sociology. Perspectives and Developments*, New York 1970, S. 337-366.

Gasman, D., *The Scientific Origins of National Socialism. Social Darwinism in Ernst Haeckel and the German Monist League*, London 1971.
Geertz, C., »The Integrative Revolution: Primordial Sentiment and Civil Politics in the New States«, in: ders., *The Interpretation of Cultures*, New York 1973, S. 255-310.
–, *Local Knowledge*, New York 1983.
Gellner, E., »Nationalism«, in: ders., *Thought and Change*, London 1964, S. 147-178.
–, *Nations and Nationalism*, Oxford 1983; deutsch: *Nationalismus und Moderne*, Berlin 1991.
–, »Nationalism and the two Forms of Cohesion in Complex Societies«, in: ders., *Culture, Identity and Politics*, Cambridge 1987.
Gennep, A. v., *The Rites of Passage*, London 1960 (zuerst Paris 1909).
Gerth, H. G., *Bürgerliche Intelligenz um 1800*, Göttingen 1976.
Giddens, A., Die Konsequenzen der Moderne, Frankfurt am Main 1995.
Giesen, B., und M. Schmid, *Basale Soziologie: Wissenschaftstheorie*, München 1976.
–, M. Schmid, »Methodologischer Individualismus und Reduktionismus«, in: G. Eberlein und H. J. Kondratowitz (Hg.), *Soziologie oder Psychologie. Zur Reduzierbarkeit sozialer Strukturen auf Verhalten*, Frankfurt am Main 1977, S. 24-47.
–, »Natürliche Ungleichheit, Soziale Ungleichheit, Ideale Gleichheit. Zur Evolution von Deutungsmustern sozialer Ungleichheit«, in: ders. und H. Haferkamp (Hg.), *Soziologie der sozialen Ungleichheit*, Opladen 1987, S. 314-345.
–, »Beyond Reductionism: Four Models Relating Micro and Macro Levels«, in: J. Alexander, B. Giesen, R. Münch und N. Smelser (Hg.), *The Micro-Macro-Link*, Berkeley 1987, S. 337-355.
–, *Die Entdinglichung des Sozialen. Eine evolutionstheoretische Perspektive auf die Postmoderne*, Frankfurt am Main 1991.
– und K. Junge, »Vom Patriotismus zum Nationalismus. Zur Evolution der ›Deutschen Kulturnation‹« in: B. Giesen (Hg.), *Nationale und kulturelle Identität. Studien zur Entwicklung des kollektiven Bewußtseins in der Neuzeit*, Frankfurt am Main 1991, S. 255-303.
–, »Code, Process and Situation in Cultural Selection«, in: *Cultural Dynamics* 4 (1991) 2, S. 172-185.
–, »Die Konflikttheorie«, in: G. Endruweit (Hg.), *Moderne Theorien der Soziologie*, Stuttgart 1993, S. 87-134.
–, *Die Intellektuellen und die Nation. Eine deutsche Achsenzeit*, Frankfurt am Main 1993; erweiterte Auflage in englischer Übersetzung: *The Intellectuals and the Nation. A German Axial Age*, Cambridge 1998.
– und K. Junge, »Deutsche Identität und intellektueller Diskurs«, in: *Berliner Journal für Soziologie* 4 (1994) 1, S. 21-32.

–, K. Junge und Chr. Kritschgau, »Vom Patriotismus zum völkischen Denken: Intellektuelle als Konstrukteure der deutschen Identität«, in: H. Berding (Hg.), *Nationale und kulturelle Identität II*, Frankfurt am Main 1994, S. 345-393.
–, »Code und Situation. Das selektionstheoretische Programm einer Analyse sozialen Wandels illustriert an der Genese des deutschen Nationalbewußtseins«, in: H.-P. Müller und M. Schmid (Hg.), *Sozialer Wandel. Modellbildung und theoretische Ansätze*, Frankfurt am Main 1995, S. 228-266.
– und K. Junge, »Strukturelle Evolution«, in: *Protosoziologie*, Heft 7 (1995), S. 116-125 und S. 311-314.
– und K. Junge, »Der Mythos des Universalismus«, in: H. Berding (Hg.), *Mythos und Nation. Studien zur Entwicklung des kollektiven Bewußtseins in der Neuzeit 3*, Frankfurt am Main 1996, S. 34-64.
–, »Die Struktur des Barbarischen«, in: M. Miller und H.-G. Soeffner (Hg.), *Barbarei und Modernität*, Frankfurt am Main 1996, S. 118-130.
–, »Kulturelle Vielfalt und die Einheit der Moderne«, in: J. Berger (Hg.), *Leviathan. Zeitschrift für Sozialwissenschaft* 24 (1996) 1, S. 93-108.
–, »Collective Identity and the Public Sphere: Enlightenment, Jakobinism and Romanticism in Germany and France«, in: S. N. Eisenstadt und W. Schluchter (Hg.), *Collective Identity, Public Sphere and Political Order*, Daedalus 1998 (im Erscheinen).
–, »Collective identity and Citizenship in Germany and France«, in: K. Eder und B. Giesen (Hg.), *European Citizenship and the National Legacies*, Oxford 1998.
Girard, R., *Ausstoßung und Verfolgung. Eine historische Theorie des Sündenbocks*, Zürich 1988.
–, *Das Heilige und die Gewalt*, Frankfurt am Main 1992.
Girardet, C. M., »James Simon«, in: *Jahrbuch der Stiftung Preußischer Kulturbesitz* XIX (1993).
Gobineau, A. de, *L'essai sur l'inégalité des races humaines*, Paris 1967.
Goffman, E., *Interaktionsrituale. Über Verhalten in direkter Kommunikation*, Frankfurt am Main 1971.
–, »The Territories of the Self«, in: ders., *Relations in Public*, New York 1971, S. 28-61.
Goldhagen, D. J., *Hitlers willige Vollstrecker. Ganz gewöhnliche Deutsche und der Holocaust*, Berlin 1996.
Gollwitzer, H., »Zum politischen Germanismus des 19. Jahrhunderts«, in: *Festschrift für Hermann Heimpel*, hg. von den Mitarbeitern des Max-Planck-Instituts für Geschichte, Bd. 1, Göttingen 1971, S. 282 bis 356.
Goodman, N., *Weisen der Welterzeugung*, Frankfurt am Main 1984.
– und C. Z. Elgin, *Revisionen. Philosophie und andere Künste und Wissenschaften*, Frankfurt am Main 1989.

Görres, J., *Eine Auswahl aus seinen Werken und Briefen, zum 150 Geburtstag*, hg. von Wilhelm Schellberg, Köln 1927.
Grab, W., *Der deutsche Weg der Judenemanzipation, 1789-1938*, München 1991, S. 152-184.
Green, M., *Mountain of Truth. The Counterculture begins. Ascona 1900-1920*, Hannover/London 1986.
Greenfeld, L., *Nationalism. Five Roads to Modernity*, Cambridge 1992.
Groys, B., *Gesamtkunstwerk Stalin*, München 1988.
–, *Die Entstehung des Neuen*, München 1996.
Guilhaumou, J., *Sprache und Politik in der Französischen Revolution*, Frankfurt am Main 1989.
Gusfield, J. R., *Symbolic Crusade. Status Politics and the American Temperance Movement*, Urbana 1970 (zuerst 1963).
Habermas, J., *Strukturwandel der Öffentlichkeit. Untersuchungen zu einer Kategorie der bürgerlichen Gesellschaft*, Neuwied 1962.
–, *Die Moderne – ein unvollendetes Projekt. Philosophisch-politische Aufsätze 1977-1990*, Leipzig 1990, S. 159-179.
Haferkorn, H. J., »Zur Entstehung der bürgerlich-literarischen Intelligenz des Schriftstellers im Deutschland zwischen 1750 und 1800«, in: H. Lutz (Hg.), *Deutsches Bürgertum und literarische Intelligenz 1750-1800*, Stuttgart 1974, S. 113-275.
Hahn, A., »Zur Soziologie der Beichte und anderen Formen institutionalisierter Bekenntnisse: Selbstthematisierung und Zivilisationsprozeß«, in: *Kölner Zeitschrift für Soziologie und Sozialpsychologie* 34 (1982), S. 407-434.
–, »Identität und Selbstthematisierung«, in: ders. und V. Knapp (Hg.), *Selbstthematisierung und Selbstzeugnis. Bekenntnis und Geständnis*, Frankfurt am Main 1987, S. 9-24.
–, »Beichte und Biographie«, in: M. Sonntag (Hg.), *Von der Machbarkeit des Psychischen. Texte zur Psychologie II*, Pfaffenweiler 1990, S. 56-76.
–, »Verstehen bei Dilthey und Luhmann«, in: *Annali de Sociologia* 8 (1992), S. 421-430.
–, »Identität und Nation in Europa«, in: *Berliner Journal für Soziologie*, Heft 2 (1993), S. 193-203.
Halbwachs, M., *La topographie legendaire des évangiles en Terre Sainte*, Paris 1941.
–, *Das kollektive Gedächtnis*, Frankfurt am Main 1985.
Hardtwig, W., »Nationsbildung und politische Mentalität. Denkmal und Fest im Kaiserreich«, in: ders., *Geschichtskultur und Wissenschaft*, München 1990, S. 264-301.
Haupt, H.-G., *Sozialgeschichte Frankreichs seit 1789*, Frankfurt am Main 1989.
Hayek, Friedrich A., *Denationalisation of Money*, London 1976.

Hechter, M., *Principles of Group Solidarity*, Berkeley 1987.
Heider, F., »Attitudes and Cognitive Organization«, in: *Journal of Psychology* 21 (1946), S. 107-112.
Heimpel, H., »Geschichtsvereine einst und jetzt«, in: *Geschichtswissenschaft und Vereinswesen im 19. Jahrhundert. Beiträge zur Geschichte historischer Forschung in Deutschland* (Veröffentlichungen des Max-Planck-Instituts für Geschichte, Bd. 1), Göttingen 1972, S. 45-73.
Herbert, U., *Best: Biographische Studien über Radikalismus, Weltanschauung und Vernunft 1903-1989*, Bonn 1996.
Hermand, J., »Germania Germanicissima. Zum präfaschistischen Arierkult um 1900«, in: ders., *Der Schöne Schein des Lebens. Studien zur Jahrhundertwende*, Frankfurt am Main 1972, S. 39-54.
Herzig, A., »Die erste Emanzipationsphase im Zeitalter Napoleons«, in: P. Freimark, A. Jankowski und I. S. Lorenz (Hg.), *Juden in Deutschland. Emanzipation, Integration, Verfolgung und Vernichtung*, Hamburg 1991, S. 130-147.
Hester, S., und P. Eglin (Hg.), *Culture in Action. Studies in Membership Categorization Analysis* (Studies in Ethnomethodology and Conversation Analysis, No. 4), Washington, D.C. 1997.
Hettling, M., und P. Nolte (Hg.), *Nation und Gesellschaft in Deutschland. Historische Essays*, München 1996.
Heussi, K., *Die Krisis des Historismus*, Tübingen 1932.
Heuvel, G. v. d., *Der Freiheitsbegriff der Französischen Revolution. Studien zur Revolutionsideologie*, Göttingen 1988.
Hilpert, T. (Hg.), *Le Corbusier »Charta von Athen«. Text und Dokumente*, 2. Auflage, Braunschweig/Wiesbaden 1988.
Hirschmann, A. O., *Abwanderung und Widerspruch*, Tübingen 1974.
Hobsbawm, E., und T. Ranger (Hg.), *The Invention of Tradition*, Cambridge 1983.
Hoffmann, C., »Geschichte und Ideologie: Der Berliner Antisemitismusstreit 1879/81«, in: W. Benz und W. Bergmann (Hg.), *Vorurteil und Völkermord. Entwicklungslinien des Antisemitismus*, Freiburg im Breisgau 1997, S. 219-252.
Hoffmann-Axthelm, I., *Geisterfamilie. Studien zur Geselligkeit der Frühromantik*, Frankfurt am Main 1973.
Hofmann, W., *Von der Nachahmung zur Erfindung der Wirklichkeit. Die schöpferische Befreiung der Kunst 1890-1917*, Köln 1970.
Hohorst, G., J. Kocka und G. A. Ritter (Hg.), *Sozialgeschichtliches Arbeitsbuch. Materialien zur Statistik des Kaiserreichs 1870-1914*, München 1975.
Holland, J. H., *How Adaption Builds Complexity*, Reading 1995.
Hondrich, K. O., *Lehrmeister Krieg*, Reinbek bei Hamburg 1990.
–, »›Das Leben ist ein langer ruhiger Fluß‹. Vergangenheitsbewältigung

in Deutschland«, in: C. Stephan (Hg.), *Wir Kollaborateure*, Reinbek bei Hamburg 1992, S. 34-50.

Horch, H. O., »Judenbilder in der realistischen Erzählliteratur. Jüdische Figuren bei Gustav Freytag, Fritz Reuter, Berthold Auermann und Wilhelm Raabe«, in: A. H. Strauss und C. Hoffmann (Hg.), *Juden und Judentum in der Literatur*, München 1985, S. 140-172.

Hume, D., *Of National Characters*, London 1875.

Hunt, L., *Politics, Culture, and Class in the French Revolution*, Berkeley, Cal. 1984.

Huntington, S. P., »The Clash of Civilizations?«, in: *Foreign Affairs*, Sommer 1993, S. 22-49.

Iggers, G., *Deutsche Geschichtswissenschaft*, München 1971.

Illich, I., *Fortschrittsmythen. Schöpferische Arbeitslosigkeit. Energie und Gerechtigkeit. Wider die Verschulung*, Reinbek bei Hamburg 1978.

Janz, R. P., »Die Faszination der Jugend durch Ritale und sakrale Symbole«, in: T. Koebner u. a. (Hg.), *Mit uns zieht die neue Zeit. Der Mythos Jugend*, Frankfurt am Main 1985, S. 310-337.

Jauß, H. R., *Ästhetische Erfahrung und literarische Hermeneutik*, Frankfurt am Main 1991.

Jeismann, M., *Das Vaterland der Feinde*, Stuttgart 1992.

Jochmann, W., »Struktur und Funktion des deutschen Antisemitismus«, in: W. E. Mosse (Hg.), *Juden im Wilhelminischen Deutschland 1890-1914*, Tübingen 1976, S. 389-478.

Jochmann, W., *Gesellschaftskrise und Judenfeindschaft in Deutschland 1870-1945*, Hamburg 1988.

Jungnickel, Ch., und R. McCormmach, *Intellectual Mastery of Nature. Theoretical Physics from Ohm to Einstein*. Bd. 1: *The Torch of Mathematics 1800-1870*, Chicago and London 1986.

Kaiser, G., *Pietismus und Patriotismus im literarischen Deutschland: Ein Beitrag zum Problem der Säkularisierung*, Wiesbaden 1961.

Kaldewei, G., *Museumspädagogik und reformpädagogische Bewegung 1900-1933. Eine historisch-systematische Untersuchung zur Identifikation und Legitimation der Museumspädagogik*, Frankfurt am Main 1990.

Kampe, N., *Studenten und »Judenfrage« im Deutschen Kaiserreich: Die Entsteheung der akademischen Trägerschicht des Antisemitismus*, Göttingen 1988.

Kantorowicz, E. H., *Die zwei Körper des Königs. Eine Studie zur politischen Theologie des Mittelalters*, Stuttgart 1992.

Karasek, E., *Die volkskundlich-kulturhistorischen Museen in Deutschland. Zur Rolle der Volkskunde in der bürgerlich-imperialistischen Gesellschaft*, Berlin 1984.

Katz, J., *Aus dem Ghetto in die bürgerliche Gesellschaft. Jüdische Emanzipation 1770-1870*, Frankfurt am Main 1986.

–, *Vom Vorurteil bis zur Vernichtung. Der Antisemitismus 1700-1933*, München 1989.
Kelly, A., *The Descent of Darwin. The Popularization of Darwinism in Germany 1860-1914*, Chapel Hill 1981.
Kennedy, M. L., *The Jacobin Clubs in the French Revolution. The Middle Years*, Princeton 1988.
Kesting, H., *Geschichtsphilosophie und Weltbürgerkrieg*, Heidelberg 1959.
Kiernan, C., *The Enlightenment and Science in Eighteenth Century France*, Brandury 1973.
Kiesow, G., *Einführung in die Denkmalpflege*, Darmstadt 1989.
Kluncker, K., »Der George-Kreis als Dichterschule«, in: R. Bauer u.a. (Hg.), *Fin de siècle: Zur Literatur und Kunst der Jahrhundertwende*, Frankfurt am Main 1977, S. 467-480.
Knebel, H.-J., *Soziologische Strukturwandlungen im modernen Tourismus*, Stuttgart 1960.
Knopp, N., »Gestalt und Sinn der Schlösser Ludwigs II.«, in: M. Gosebruch und L. Dittmann (Hg.), *Argo. Festschrift für Kurt Badt zu seinem 80. Geburtstag am 3. März 1970*, Köln 1970, S. 340-353.
Knorr-Cetina, K., *Die Fabrikation von Erkenntnis. Zur Anthropologie der Wissenschaft*, Frankfurt am Main 1984.
Kocka, J., »Bürgertum und Bürgerlichkeit als Probleme der deutschen Geschichte vom späten 18. zum frühen 20. Jahrhundert«, in: ders. (Hg.), *Bürger und Bürgerlichkeit im 19. Jahrhundert*, Göttingen 1987, S. 21-63.
Koestler, A., *Sonnenfinsternis*, München 1991.
Kohn, H., *Wege und Irrwege. Vom Geist des deutschen Bürgertums*, Düsseldorf 1962.
Köllmann, W., »Bevölkerungsgeschichte 1800-1970«, in: H. Aubin und W. Zorn (Hg.), *Handbuch der deutschen Wirtschafts- und Sozialgeschichte*, Stuttgart 1976, Bd. 2, S. 9-50.
Kondylis, P., *Die Aufklärung im Rahmen des neuzeitlichen Rationalismus*, München 1986.
–, *Der Niedergang der bürgerlichen Denk- und Lebensform. Die liberale Moderne und die massendemokratische Postmoderne*, Weinheim 1991.
Konter, E., »›Architekten-Ausbildung‹ im Deutschen Reich«, in: E. Mai, H. Pohl und St. Waetzoldt (Hg.), *Kunstpolitik und Kunstförderung im Kaiserreich. Kunst im Wandel der Sozial- und Wirtschaftsgeschichte*, Berlin 1992, S. 285-308.
Kortum, H., »Charles Perrault und Nicolas Boileau. Der Antike-Streit im Zeitalter der klassischen französischen Literatur«, in: *Neue Beiträge zur Literaturwissenschaft* 22, Berlin 1966.
Koselleck, R., »Einleitung«, in: O. Brunner u. a. (Hg.), *Geschichtliche Grundbegriffe*, Bd. 1, Stuttgart 1972, S. XIII -XXVII.

–, *Kritik und Krise. Eine Studie zur Pathogenese der bürgerlichen Welt*, Frankfurt am Main 1973.
–, »Fortschritt«, in: O. Brunner u. a. (Hg.), *Geschichtliche Grundbegriffe*, Bd. 2, Stuttgart 1975, S. 363-423.
– »Kriegerdenkmale als Identitätsstiftungen der Überlebenden«, in: O. Marquard und K. Stierle (Hg.), *Poetik und Hermeneutik: Identität*, München 1977, S. 253-275.
–, *Vergangene Zukunft. Zur Semantik geschichtlicher Zeit*, Frankfurt am Main 1979.
– und P. Widmer (Hg.), *Niedergang. Studien zu einem geschichtlichen Thema*, Stuttgart 1980.
–, »›Fortschritt‹ und ›Niedergang‹ – Nachtrag zur Geschichte zweier Begriffe«, in: ders. und P. Widmer (Hg.), *Niedergang. Studien zu einem geschichtlichen Thema*, Stuttgart 1980, S. 214-230.
–, Ch. Meier, J. Fisch und N. Bulst, »Revolution«, in: O. Brunner u. a. (Hg.), *Geschichtliche Grundbegriffe*, Bd. 5, Stuttgart 1984, S. 653-788.
–, *Hermeneutik und Historik*, Heidelberg 1987.
–, »Sprachwandel und Ereignisgeschichte«, in: *Merkur*, August 1989, S. 657-673.
Krabbe, W. R., *Gesellschaftsveränderung durch Lebensreform. Strukturmerkmale einer sozialreformerischen Bewegung im Deutschland der Industrialisierungsperiode*, Göttingen 1974.
Kratzsch, G., *Kunstwart und Dürerbund. Ein Beitrag zur Geschichte der Gebildeten im Zeitalter des Imperialismus*, Göttingen 1969.
Krauß, J., *Die Wiederherstellung der Wartburg im 19. Jahrhundert*, Kassel 1990.
Kreisel, H., *Die Schlösser Ludwigs II. von Bayern*, Darmstadt 1955.
Krings, U., *Bahnhofsarchitektur. Deutsche Großstadtbahnhöfe des Historismus*, München 1985.
Kuhlenbeck, L., *Das Evangelium der Rasse*, Prenzlau 1905.
Kuntz, A., *Das Museum als Volksbildungsstätte. Museumskonzeptionen in der Volksbildungsbewegung in Deutschland zwischen 1871 und 1918*, Marburg 1976.
Küppers, B.-O., *Der Ursprung biologischer Information. Zur Naturphilosophie der Lebensentstehung*, München 1986.
Kuran, T., *Private Truth, Public Lies. The Social Consequences of Preference Falsification*, New York 1995.
Kymlicka, W., *Multicultural Citizenship: A Liberal Theory of Minority Rights*, Oxford 1995.
Lakatos, I., »Changes in the Problem of Inductive Logic«, in: ders., *The Problem of Inductive Logic*, Amsterdam 1968, S. 315-416.
Lamont, M., *Money, Morals and Manners: The Culture of the French and the American Upper-Middle Class*, Chicago 1994.
Langewiesche, D., »Mobilität in den deutschen Mittel- und Großstäd-

ten. Aspekte der Binnenwanderung im 19. und 20. Jahrhundert«, in: W. Conze und U. Engelhardt (Hg.), *Arbeiter im Industrialisierungsprozeß*, Stuttgart 1978, S. 70-93.

–, »Wanderungsbewegungen in der Hochindustrialisierungsphase. Regionale, interstädtische und innerstädtische Mobilität in Deutschland 1850-1915«, in: *VJSWG* (1980), S. 1-40.

–, »Liberalismus und Judenemanzipation im 19. Jahrhundert«, in: P. Freimark u. a. (Hg.), *Juden in Deutschland*, Hamburg 1991, S. 148-163.

Latour, B., und S. Woolgar, *Laboratory Life. The Social Construction of Scientific Facts*, Beverly Hills–London 1979.

–, *The Pasteurization of France*, Cambridge, Mass. 1988.

Leach, E. R., *Political Systems of Highland Burma. A Study of Kachin Social Structure*, London 1970 (1954).

Leggewie, C., *Multi Kulti. Spielregeln für die Vielvölkerrepublik*, Nördlingen 1990.

–, »Ethnizität, Nationalismus und multikulturelle Gesellschaft«, in: H. Berding, *Nationales Bewußtsein und kollektive Identität*, Frankfurt am Main 1994, S. 46-65.

Lehnert, G. (Hg.), *Illustrierte Geschichte des Kunstgewerbes*, Bd. 2, Berlin 1905/1906.

Lepsius, M. R., »Soziologische Theoreme über die Sozialstruktur der ›Moderne‹ und die ›Modernisierung‹«, in: R. Koselleck (Hg.), *Studien zum Beginn der modernen Welt*, Bd. 20, Stuttgart 1977, S. 10-29.

Le Roy Ladurie, E., »Les Paysans français aux XVIIIe siècle, dans la perspective de la Révolution française«, in: E. Hinrichs (Hg.), *Vom Ancien régime zur Französischen Revolution*, Göttingen 1978, S. 261 bis 278.

Levi-Strauss, C., *Mythologica 1: Das Rohe und das Gekochte*, Frankfurt am Main 1971.

–, *Mythologica 3: Der Ursprung der Tischsitten*, Frankfurt am Main 1973.

Levinson, S. C., *Pragmatics*, Cambridge 1983.

Levy, R., *The Downfall of the Anti-semitic Political Parties in Imperial Germany*, New Haven/London 1975.

Liebeschütz, H., »Judentum und deutsche Umwelt im Zeitalter der Restauration«, in: ders. und A. Paucker, *Das Judentum in der deutschen Umwelt 1800-1850*, Tübingen 1977, S. 1-55.

Linse, U., »Völkisch-rassische Siedlungen der Lebensreform«, in: U. Puschner, W. Schmitz und J. H. Ulbricht (Hg.), *Handbuch zur »Völkischen Bewegung« 1871-1918*, München 1996, S. 397-418.

Lofland, L. H., *A World of Strangers. Order and Action in Urban Public Space*, New York 1973.

Loth, W., *Geschichte Frankreichs im 20. Jahrhundert*, Frankfurt am Main 1992.

Lottes, G., »Sansculotten und Demokraten. Zur Gründungsgeschichte kleinbürgerlicher Protestbewegungen«, in: B. Wagner und E. Wangermann (Hg.), *Die schwierige Geburt der Freiheit*, Wien 1991, S. 33-56.

–, »Zur Diskussion über Erinnerungs- und Geschichtskultur«, in: ders. (Hg.), *Antrag auf Einrichtung eines Sonderforschungsbereiches »Erinnerungskulturen«*, Gießen 1996, S. 9-16.

–, »The State of the Art. Stand und Perspektiven der ›intellectual history‹«, in: F.-L. Kroll (Hg.), *Neue Wege der Ideengeschichte. Festschrift für Kurt Kluxen zum 85. Geburtstag*, Paderborn 1996, S. 29-39.

Löwith, K., *Weltgeschichte und Heilsgeschehen*, Stuttgart 1953.

Lübbe, H., »Verdrängung – oder die Heilmethoden kritischer Nationaltherapeuten«, in: ders., *Zwischen Trend und Tradition. Überfordert uns die Gegenwart?*, Zürich 1981, S. 22-37.

–, *Zeit-Verhältnisse. Zur Kulturphilosophie des Fortschritts*, Graz 1983.

–, *Politischer Moralismus. Der Triumph der Gesinnung über die Urteilskraft*, Berlin 1987.

–, *Abschied vom Superstaat. Vereinigte Staaten von Europa wird es nicht geben*, Berlin 1994.

Luckmann, T., und P. Berger, *Die gesellschaftliche Konstruktion der Wirklichkeit*, 4. Auflage, Frankfurt am Main 1974.

–, »Riten als Bewältigung lebensweltlicher Grenzen«, in: *Schweizerische Zeitschrift für Soziologie* 3 (1985), S. 535-550.

–, »Grundformen der gesellschaftlichen Vermittlung des Wissens: Kommunikative Gattungen«, in: F. Neidhardt, R. Lepsius und J. Weiss (Hg.), *Kulturelle Gesellschaft*. Sonderheft der *Kölner Zeitschrift für Soziologie und Sozialpsychologie*, Opladen 1986, S. 191-211.

Lüdicke, R., *Die preußischen Kultusminister und ihre Beamten im ersten Jahrhundert des Ministeriums 1817-1917*, Stuttgart und Berlin 1918.

Luhmann, N., »Theoretische und praktische Probleme der anwendungsbezogenen Sozialwissenschaften«, in: Wissenschaftszentrum Berlin (Hg.), *Interaktion von Wissenschaft und Politik*, Frankfurt am Main 1977, S. 16-39.

–, »Die Lebenswelt – nach Rücksprache mit Phänomenologen«, in: *Archiv für Rechts- und Sozialphilosophie* 72 (1986), S. 176-194.

–, »Individuum, Individualität, Individualismus«, in: ders., *Gesellschaftsstruktur und Semantik*, Bd. 3, Frankfurt am Main 1989, S. 149 bis 258.

–, »Inklusion und Exklusion«, in: H. Berding (Hg.), *Nationales Bewußtsein und kollektive Identität*, Frankfurt am Main 1994, S. 15-45.

Lukács, G., *Geschichte und Klassenbewußtsein*, Darmstadt 1979.

Lundgren, Peter, »Zur Konstituierung des ›Bildungsbürgertums‹: Berufs- und Bildungsauslese der Akademiker in Preußen«, in: W. Conze und J. Kocka (Hg.), *Bildungsbürgertum im 19. Jahrhundert*, Teil I, Stuttgart 1992, S. 79-108.

Lurz, M., *Kriegerdenkmäler in Deutschland. Einigungskriege*, Bd. 2, Heidelberg 1985, S. 475-485.

Lypp, B., »Über drei verschiedene Arten Geschichte zu schreiben«, in: R. Koselleck und P. Widmer (Hg.), *Niedergang. Studien zu einem geschichtlichen Thema*, Stuttgart 1980, S. 191-213.

Mann, G., »Biologie und der ›neue Mensch‹«, in: ders. und R. Weinau (Hg.), *Medizin, Naturwissenschaft, Technik und das zweite Kaiserreich*, Göttingen 1977, S. 172-188.

Mann, M., *The Sources of Social Power*, Bd. 1: *A History of Power from the Beginning to A.D. 1760*, Cambridge 1986.

Mannheim, K., *Konservatismus*, hg. von D. Kettler, V. Meja und N. Stehr, Frankfurt am Main 1984.

Manuel, F., *The Eighteenth Century Confronts the Gods*, New York 1967.

Marr, W., *Sieg des Judentums über das Germanentum*, Bern 1879.

Marr, W., *Wählt keinen Juden. Der Weg zum Sieg des Germanentums über das Judentum*, Berlin 1879.

Massing, P., *Vorgeschichte des politischen Antisemitismus*, Frankfurt am Main 1959.

McHugh, P., *Defining the Situation. The Organization of Meaning in Social Interaction*, Indianapolis 1968.

Mead, G. H., *Geist, Identität und Gesellschaft. Aus der Sicht des Sozialbehaviorismus*, Frankfurt am Main 1968.

Meyer, M. A., *Deutsch-Jüdische Geschichte in der Neuzeit*, Bd. 2: *Emanzipation und Akkulturation*, München 1986.

–, *Von Moses Mendelssohn zu Leopold Zunz*, München 1994.

Meyer, H. J. (Hg.), *Neues Konversationslexikon für alle Stände*, 15 Bde., Hildburghausen und New York 1858-1860.

Meyers Konversations-Lexikon. Eine Encyklopädie des allgemeinen Wissens. Vierte, gänzlich überarbeitete Auflage, Bd. 13, Leipzig und Wien 1890.

Mises, L. v., *Im Namen des Staates oder Die Gefahren des Kollektivismus*. Mit einem Vorwort von A. Müller-Armack, Ludwigsburg 1978.

Möckl, K. (Hg.), *Wirtschaftsbürgertum in den deutschen Staaten im 19. und beginnenden 20. Jahrhundert*. Bündinger Forschungen zur Sozialgeschichte 1987 und 1988 (Deutsche Führungsschichten in der Neuzeit, Bd. 21), München 1996.

Moerman, M., »Accomplicing Ethnicity«, in: R. Turner (Hg.), *Ethnomethodology*, Harmondsworth 1974, S. 54-68.

Mölle, A., »Lebensreformbewegungen im Deutschen Kaiserreich. Strukturen, Zeitbezug, Kodierungen«, Ms., Gießen 1997.

Möller, H., *Vernunft und Kritik. Deutsche Aufklärung im 17. und 18. Jahrhundert*, Frankfurt am Main 1986.

Mommsen, H., »Die Realisierung des Utopischen. Die ›Endlösung der

Judenfrage‹ im ›Dritten Reich‹«, in: *Geschichte und Gesellschaft* 19 (1983), S. 381-420.
–, »Die Auflösung des Bürgertums seit dem späten 19. Jahrhundert«, in: J. Kocka (Hg.), *Bürger und Bürgerlichkeit im 19. Jahrhundert*, Göttingen 1987, S. 288-315.
Morgan, E. S., *Inventing the People. The Rise of Popular Sovereignty in England and America*, New York 1988.
Morton, P., *The Vital Science*, London 1984.
Mosse, G. L., *Rassismus. Ein Krankheitssymptom in der europäischen Geschichte des 19. und 20. Jahrhunderts*, Königstein 1978.
–, »Der Erste Weltkrieg und die Brutalisierung der Politik. Betrachtungen über die politische Rechte, den Rassismus und den deutschen Sonderweg«, in: M. Funke u.a. (Hg.), *Demokratie und Diktatur. Geist und Gestalt politischer Herrschaft in Deutschland und Europa*, Düsseldorf 1987, S. 127-139.
–, *Die Geschichte des Rassismus in Europa*, Frankfurt am Main 1990.
–, *Die völkische Revolution*, Frankfurt am Main 1991.
–, *Gefallen für das Vaterland. Nationales Heldentum und namenloses Sterben*, Stuttgart 1993.
Mühlmann, W. E., *Geschichte der Anthropologie*, 2. Auflage, Frankfurt am Main/Bonn 1968.
Müller, J., »Die Stadt, die Bürger und das Denkmal im 19. Jahrhundert«, in: D. Hein und A. Schulz (Hg.), *Bürgerkultur im 19. Jahrhundert. Bildung, Kunst und Lebenswelt*, München 1996, S. 269-288.
Münch, R., *Die Struktur der Moderne*, Frankfurt am Main 1984.
–, *Die Kultur der Moderne*, Bd. 1: *Ihre Grundlagen und ihre Entwicklung in England und Amerika*; Bd. 2: *Ihre Entwicklung in Frankreich und Deutschland*, Frankfurt am Main 1986.
–, »Kulturen, Strukturen und Lebensstile: Eine theoretische und vergleichende Analyse«, in: H.-R. Vetter (Hg.), *Muster moderner Lebensführung. Ansätze und Perspektiven*, München 1991, S. 153-190.
Musset, Alfred de, *La confession d'un enfant du siècle*, Paris 1902.
Needham, R. (Hg.), *Right and Left. Essays on Dual Symbolic Classification*, Chicago 1973.
Neubazer, H. J., »Auf Begehr: Unser Verkehr. Über eine judenfeindliche Posse im Jahre 1815«, in: R. Erb und M. Schmidt (Hg.), *Antisemitismus und jüdische Geschichte. Studien zu Ehren von Herbert A. Strauss*, Berlin 1987, S. 313-328.
Nietzsche, F., *Vom Nutzen und Nachtheil der Historie für das Leben. Unzeitgemäße Betrachtungen II*, in: ders., *Sämtliche Werke*. Kritische Studienausgabe in 15 Einzelbänden, hg. von G. Colli und M. Montinari, München 1988, Bd. 1, S. 243-334.
Nipperdey, Th., »Verein als soziale Struktur in Deutschland im späten 18. und frühen 19. Jahrhundert«, in: *Geschichtswissenschaft und Ver-*

einswesen im 19. Jahrhundert. Beiträge zur Geschichte historischer Forschung in Deutschland (Veröffentlichungen des Max-Planck-Instituts für Geschichte, Bd. 1), Göttingen 1972, S. 1-44.
–, »Nationalidee und Nationaldenkmal in Deutschland im 19. Jahrhundert«, in: *Gesellschaft, Kultur, Theorie*, Göttingen 1976, S. 133-173.
–, »Auf der Suche nach Identität: Romantischer Nationalismus«, in: ders., *Nachdenken über die deutsche Geschichte*, München 1986, S. 132-150.
–, *Deutsche Geschichte 1866-1918*, Bd. 1: *Arbeitswelt und Bürgergeist*, München 1990.
–, *Religion im Umbruch. Deutschland 1870-1918*, München 1988.
Nolte, P., »Republikanismus, Revolten und Reformen. Reaktionen auf die Französische Revolution in Deutschland 1789-1820«, in: M. Hettling (Hg.), *Revolution in Deutschland? 1789-1989*, Göttingen 1991, S. 8-26.
Nora, P., *Zwischen Geschichte und Gedächtnis*, Berlin 1990.
Novalis, »Vermischte Bemerkungen (Blütenstaub) 1797-1798«, in: *Schriften. Die Werke Friedrich von Hardenbergs*, hg. von P. Kluckhohn und R. Samuel, historisch-kritische Ausgabe, Abt. VI, HKA-Nr. 347 und 267, Bd. 2, 3. Auflage, Darmstadt 1977.
Oakes, G., »Max Weber und die Südwestdeutsche Schule. Der Begriff des historischen Individuums und seine Entstehung«, in: W. J. Mommsen und W. Schwentker (Hg.), *Max Weber und seine Zeitgenossen*, Göttingen 1988, S. 595-612.
–, *Die Grenzen kulturwissenschaftlicher Begriffsbildung*. Heidelberger Max-Weber-Vorlesungen 1982, Frankfurt am Main 1990.
Och, G., »Alte Märchen von der Grausamkeit der Juden. Zur Rezeption judenfeindlicher Blutschuld-Mythen durch die Romantiker«, in: R. Erb (Hg.), *Die Legende vom Ritualmord. Zur Geschichte der Blutbeschuldigung gegen Juden*, Berlin 1993, S. 223-238.
Oesterle, G., *Integration und Konflikt. Die Prosa Heinrich Heines im Kontext oppositioneller Literatur der Restaurationsepoche*, Stuttgart 1972.
–, »F. Schlegel in Paris oder die romantische Gegenrevolution«, in: G.-L. Fink (Hg.), *Die deutsche Romantik und die Französische Revolution*. Actes du Colloque International, Collection Recherches Germaniques No. 3, Strasbourg 1989, S. 163-179.
Oesterle, G., »Kulturelle Identität und Klassizismus. Wilhelm von Humboldts Entwurf einer allgemeinen und vergleichenden Literaturerkenntnis als Teil einer vergleichenden Anthropologie«, in: B. Giesen (Hg.), *Nationale und kulturelle Identität. Studien zur Entwicklung des kollektiven Bewußtseins in der Neuzeit*, Frankfurt am Main 1991, S. 304-349.
–, »Suchbilder kollektiver Identitätsfindung. Die öffentlichen Feste

während der Französischen Revolution und ihre Wirkung unter den Deutschen«, in: E. Schütz u.a. (Hg.), *Vergangene Zukunft. Revolution und Künste 1789-1989*, Bonn 1992, S. 129-152.

Oesterle, I. und G., »Der literarische Bürgerkrieg«, in : G. Mattenklott und K. R. Scherpe (Hg.), *Demokratisch-revolutionäre Literatur in Deutschland: Vormärz*, Kronberg/Ts. 1974, S. 151-186.

Oevermann, U., »Zur Sache. Die Bedeutung von Adornos methodologischem Selbstverständnis für die Begründung einer materialen soziologischen Strukturanalyse«, in: L. v. Friedeburg und J. Habermas (Hg.), *Adorno-Konferenz 1983*, Frankfurt am Main 1983, S. 234-289.

–, »Ein Modell der Struktur von Religiosität. Zugleich ein Modell von Lebenspraxis und von sozialer Zeit«, in: M. Wohlrab-Sahr (Hg.), *Biographie und Religion. Zwischen Ritual und Selbstsuche*, Frankfurt am Main 1995, S. 27-102.

Olender, M., *Die Sprachen des Paradieses. Religion, Philologie und Rassentheorie im 19. Jahrhundert*, Frankfurt am Main/New York 1995.

Otto, R., *Das Heilige*, München 1963.

Parfit, D., *Reasons and Persons*, Oxford 1984.

Parsons, T., »Social Interaction«, in: ders., *Social Systems and the Evolution of Action Theory*, New York/London 1977, S. 154-176.

Paul, I. U., »Paul Anton de Lagarde«, in: U. Puschner, W. Schmitz und J. H. Ulbricht (Hg.), *Handbuch zur »Völkischen Bewegung« 1871 bis 1918*, München, New Providence, London und Paris 1996.

Petroski, H., *The Evolution of Useful Things. How Everyday Artifacts – From Forks and Pins to Paper Clips and Zippers – Came to be as They are*, New York 1994.

Pieske, Ch., *Bilder für jedermann. Wandbilddrucke 1840-1940* (Schriften des Museums für Deutsche Volkskunde Berlin, Bd. 15), München 1988.

Pizzorno, A., »Some other kinds of otherness: a critique of ›rational choice‹ theories«, in: A. Foxley, M.S. McPherson und G. O'Donnell (Hg.), *Development, Democracy and the Art of Trespassing: Essays in Honor of Albert O. Hirschman*, Notre Dame, Ind. 1986, S. 355-373.

Plumpe, G., »Das Reale und die Kunst. Ästhetische Theorie im 19. Jahrhundert«, in: E. McInnes und G. Plumpe, *Bürgerlicher Realismus und Gründerzeit 1848-1890*, München 1996, S. 242-307.

Poliakow, L., *Geschichte des Antisemitismus*, Bd. VI: *Emanzipation und Rassenwahn*, Worms 1987, S. 125-135.

–, *Der arische Mythos. Zu den Quellen von Rassismus und Nationalismus*, Hamburg 1993.

Popper, K., *Das Elend des Historizismus*, Tübingen 1965.

–, *Objektive Erkenntnis. Ein evolutionärer Entwurf*, Hamburg 1993.

–, *Vermutungen und Widerlegungen. Das Wachstum der wissenschaftlichen Erkenntnis*, 2 Bde., Tübingen 1994/1997.

Possin, H., »Organisch-chemische Forschungen der Hochschulen und der deutschen Teerfarbenindustrie – Grundlage für die Entwicklung einer industriellen Pharmaproduktion«, in: W. Kaiser und H. Hübner (Hg.), *Naturwissenschaften und Medizin im ausgehenden 19. Jahrhundert*, Halle 1980, S. 62-71.

Pulzer, P. G., *Die Entstehung des politischen Antisemitismus in Deutschland und Österreich 1867 bis 1914*, Gütersloh 1964.

Puschner, U., W. Schmitz und J. H. Ulbricht (Hg.), *Handbuch zur »Völkischen Bewegung« 1871-1918*, München 1996.

Quatrefages, J.-L. A. de, *Rapport sur les progrès de l'Anthropologie*, Paris 1867.

Radkau, J., »Die wilhelminische Ära als ›nervöses Zeitalter‹, oder: Die Nerven als Netzwerk zwischen Tempo und Körpergeschichte«, in: *Geschichte und Gesellschaft* 20 (1994), S. 211-241.

Redfield, R., »Peasant Society and Culture«, in: ders., *The Little Community and Peasant Society and Culture*, Chicago 1989.

Reimer, J. L., *Ein pangermanisches Deutschland. Versuch über die Konsequenzen der gegenwärtigen wissenschaftlichen Rassenbetrachtung für unsere politischen und religiösen Probleme*, Berlin/Leipzig 1905.

Reinalter, H., *Die Französische Revolution und Mitteleuropa*, Frankfurt am Main 1988.

Reinhardt, W. (Hg.), *Imperialistische Kontinuität und nationale Ungeduld im 19. Jahrhundert*, Frankfurt am Main 1991, S. 87-123.

Renan, E., *Was ist eine Nation? Und andere politische Schriften.* Vorwort von S. Lanaro, Stuttgart 1995.

Reulecke, J., *Geschichte der Urbanisierung in Deutschland*, Frankfurt am Main 1985.

Ringer, F. K., *Die Gelehrten. Der Niedergang der deutschen Mandarine 1890-1933*, Stuttgart 1983.

Robert, S., und W. Lougee, *Paul de Lagarde. A Study of radical Conservativism in Germany*, Cambrige, Mass. 1962.

Roche, D., »Personnel culture et représentation politique de la fin de l'Ancien Régime aux premières années de la revolution«, in: E. Hinrichs (Hg.), *Vom Ancien régime zur Französischen Revolution*, Göttingen 1978, S. 496-515.

–, *Le siècle des lumières en province. Académies et académiciens provinceaux, 1680-1789*, Paris 1978.

–, *Le peuple de Paris*, Paris 1981.

Rohe, W., »Literatur und Naturwissenschaft«, in: E. McInnes und G. Plumpe (Hg.), *Bürgerlicher Realismus und Gründerzeit 1848 bis 1890*, München 1996, S. 211-241.

Rohrbacher, S., »Sozialer Protest und antijüdische Ausschreitungen im 19. Jahrhundert«, in: W. Benz und W. Bergmann (Hg.), *Vorurteil und*

Völkermord. Entwicklungslinien des Antisemitismus, Freiburg 1997, S. 159-174.
Rose, P. L., *Revolutionary Antisemitism in Germany from Kant to Wagner*, Princeton, N.J. 1990.
Rossbacher, K., *Heimatkunstbewegung und Heimatroman. Zu einer Literatursoziologie der Jahrhundertwende*, Stuttgart 1975.
Rudé, G., *Die Volksmassen in der Geschichte: England und Frankreich 1730-1884*, Frankfurt am Main 1977.
Rürup, R., *Emanzipation und Antisemitismus. Studien zur »Judenfrage« der bürgerlichen Gesellschaft*, Frankfurt am Main 1987.
Sahlins, P., *Boundaries. The Making of France and Spain in the Pyrenees*, Berkeley, Cal. 1989.
Saint-Simon, H. de, *Lettres d'un habitant de Genève à ses contemporains*, in: *L'œuvre de Henri de Saint-Simon*, Bd. 1, Paris 1925.
Schluchter, W., *Religion und Lebensführung*, 2 Bde., Frankfurt am Main 1988.
Schlumbohm, J., »›Traditionale‹ Kollektivität und ›moderne‹ Individualität: Einige Fragen und Thesen für eine historische Sozialforschung. Kleines Bürgertum und gehobenes Bürgertum in Deutschland um 1800 als Beispiel«, in: R. Vierhaus (Hg.), *Bürger und Bürgerlichkeit im Zeitalter der Aufklärung*, Heidelberg 1981, S. 265-320.
Schmid, M., *Handlungsrationalität. Kritik einer dogmatischen Handlungswissenschaft*, München 1979.
–, »Soziale Normen und soziale Ordnung. Eine Kritik von John Elsters Theorie sozialer Normen«, in: *Berliner Journal für Soziologie* 1 (1993), S. 19-41.
Schmitt, C., *Römischer Katholizismus und politische Form*, Stuttgart 1984.
Schmitt-Sasse, J., »Der Patriot und sein Vaterland. Aufklärer und Reformer im sächsischen Rétablissement«, in: H. E. Bödecker und U. Herrmann (Hg.), *Aufklärung als Politisierung – Politisierung als Aufklärung*, Hamburg 1987, S. 237-252.
Schmitz, W., und U. Schneider, »Völkische Semantik im George-Kreis«, in: U. Puschner, W. Schmitz und J. H. Ulbricht (Hg.), *Handbuch zur »Völkischen Bewegung« 1871-1918*, München 1996, S. 711-746.
Schneider, W. L., *Die Beobachtung von Kommunikation. Zur kommunikativen Konstruktion sozialen Handelns*, Opladen 1994.
Schnurbein, St. v., »Die Suche nach einer ›arteigenen‹ Religion in ›germanisch-‹ und ›deutschgläubigen‹ Gruppen«, in: U. Puschner, W. Schmitz und H. J. Ulbricht (Hg.), *Handbuch zur »Völkischen Bewegung« 1871-1918*, München 1996, S. 172-185.
Schoeps, J. H. (Hg.), *Ein Volk von Mördern? Die Dokumentation zur Goldhagen-Kontroverse um die Rolle der Deutschen im Holocaust*, Hamburg 1996.

Schüler, W., *Der Bayreuther Kreis von seiner Entstehung bis zum Ausgang der Wilhelminischen Ära. Wagnerkult und Kulturreform im Geiste völkischer Weltanschauung*, Münster 1971.
Schwan, G., *Politik und Schuld*, Frankfurt am Main 1997.
Semper, G., *Der Stil in den technischen und tektonischen Künsten, oder: Praktische Aesthetik. Ein Handbuch für Techniker, Künstler und Kunstfreunde*, 2 Bde., 2. Auflage, München 1878/79.
Sergi, G., *The Mediterranean Race*, Oosterhout 1967.
Shapin, S., und S. Shaffer, *Leviathan and the Air Pump. Hobbes, Boyle, and the Experimental Life*, Princeton 1985.
Shils, E., »Personal, Primordial, Sacred and Civil Ties«, in: ders., *Center and Periphery, Essays on Macrosociology*, Chicago 1975, S. 111-126.
–, *Tradition*, London 1981.
Siemann, W., *Die deutsche Revolution 1948/49*, Frankfurt am Main 1985.
Simmel, G., *Soziologie*, Berlin 1983.
–, »Über eine Beziehung der Selectionslehre zur Erkenntnistheorie«, in: ders., *Gesamtausgabe*, Bd. 5: *Aufsätze und Abhandlungen 1894 bis 1900*, Frankfurt am Main 1992, S. 62-74.
Simon, Ch., *Staat und Geschichtswissenschaft in Deutschland und Frankreich 1871-1914. Situation und Werk von Geschichtsprofessoren an den Universitäten Berlin, München, Paris*, Bd. 1 (Europäische Hochschulschriften, Reihe III), Bern 1988.
Smith, A., *The Ethnic Origin of Nations*, Oxford 1986.
–, *National Identity*, Reno/Las Vegas/London 1991.
Soboul, A., *Die Große Französische Revolution*, Darmstadt 1988.
Soeffner, H.-G., *Die Ordnung der Rituale. Die Auslegung des Alltags 2*, Frankfurt am Main 1992.
Sommer, A., und W. Conze, »Rasse«, in: O. Brunner u.a. (Hg.), *Geschichtliche Grundbegriffe*, Bd. 5, Stuttgart 1984, S. 135-178.
Späth, M., »Die Professionalisierung von Ingenieuren in Deutschland und Rußland«, in: W. Conze und J. Kocka (Hg.), *Bildungsbürgertum im 19. Jahrhundert. Bildungssystem und Professionalisierung im internationalen Vergleich*, 2. Auflage, Stuttgart 1992. S. 561-599.
Speitkamp, W., *Die Verwaltung der Geschichte: Denkmalpflege und Staat in Deutschland 1871-1933*, Göttingen 1996.
Spitzer, G., *Der deutsche Naturismus. Idee und Entwicklung einer volkserzieherischen Bewegung im Schnittfeld von Lebensreform, Sport und Politik*, Ahrensburg bei Hamburg 1983.
Sprondel, W. L., »Kulturelle Modernisierung durch antimodernistischen Protest. Der lebensreformerische Vegetarismus«, in: F. Neidhardt, M. R. Lepsius und J. Weiß (Hg.), *Kultur und Gesellschaft. René König, dem Begründer der Sonderhefte, zum 80. Geburtstag gewidmet* (*Kölner Zeitschrift für Soziologie und Sozialpsychologie*, 27. Sonderheft), Opladen 1986, S. 314-330.

Stakleberg, D., *Idealism Debased. From Völkish Ideology to Nationalism*, Kent, Ohio 1981.
Stein, G. (Hg.), *Die edlen Wilden. Die Verklärung von Indianern, Negern und Südseeinsulanern auf dem Hintergrund der kolonialen Greuel. Ethnoliterarische Lesebücher*, Frankfurt am Main 1984.
Stern, F., *Kulturpessimismus als politische Gefahr. Eine Analyse nationaler Ideologie in Deutschland*, Bern/Stuttgart/Wien 1963.
Storch, B., »Der Fall Dreyfus in Deutschland«, in: U. Puschner, W. Schmitz und J. H. Ulbricht (Hg.), *Handbuch zur »Völkischen Bewegung« 1871-1918*, München 1996, S. 464-481.
Strosetzki, C., *Konversation*, Frankfurt am Main 1978.
Taylor, C., *Multikulturalismus und die Politik der Anerkennung*, Frankfurt am Main 1993.
–, *Quellen des Selbst. Die Entstehung der neuzeitlichen Identität*, Frankfurt am Main 1994.
Tenbruck, F. H., »Das Werk Max Webers«, in: *Kölner Zeitschrift für Soziologie und Sozialpsychologie* 27 (1975), S. 663-702.
–, *Die kulturellen Grundlagen der Gesellschaft*, Opladen 1989.
–, »Repräsentative Kultur«, in: ders., *Perspektiven der Kultursoziologie*, Opladen 1996, S. 99-124.
Tertilt, H., *Turkish Power Boys. Ethnographie einer Jugendbande*, Frankfurt am Main 1996.
Thadden, R. v., »Aufbau nationaler Identität. Deutschland und Frankreich im Vergleich«, in: B. Giesen (Hg.), *Nationale und kulturelle Identität. Studien zur Entwicklung des kollektiven Bewußtseins in der Neuzeit*, Frankfurt am Main 1991, S. 493-510.
Thomas, W. I., *The Unadjusted Girl*, Montclair, New Jersey 1969 (zuerst 1923).
Tilly, C., *From Mobilization to Revolution*, Reading, Mass./Menlo Park, Cal. 1978.
–, *European Revolutions 1492-1992*, Oxford 1993.
Titzmann, M., »Die Konzeption der ›Germanen‹ in der deutschen Literatur des 19. Jahrhunderts«, in: J. Link und W. Wülfing (Hg.), *Nationale Mythen und Symbole in der zweiten Hälfte des 19. Jahrhunderts. Strukturen und Funktionen nationaler Identität*, Stuttgart 1991, S. 120-145.
Tönnies, F., *Der Nietzsche-Kultus*, Leipzig 1897.
Toury, J., »Der Eintritt der Juden ins deutsche Bürgertum«, in: H. Lieberschütz und A. Paucker (Hg.), *Juden in der deutschen Umwelt 1800-1850*, S. 139-243.
Traeger, J., *Der Weg nach Walhalla. Denkmalslandschaft und Bildungsreise im 19. Jahrhundert*, Regensburg 1987.
Treitschke, H. v., »Noch einige Bemerkungen zur Judenfrage« (ursprünglich in: *Preussische Jahrbücher 1880*), in: W. Böhlich (Hg.),

Der Berliner Antisemitismusstreit, Frankfurt am Main 1965, S. 77 bis 90.
Troeltsch, E., »Die Krisis des Historismus«, in: *Die neue Rundschau*, Nr. 33 (1922), S. 572-590.
–, *Der Historismus und seine Probleme*, Tübingen 1961.
Turner, V., *The Ritual Process. Structure and Anti-Structure*, Ithaca, N.Y. 1969.
–, »Pilgrimages as Social Processes«, in: ders., *Dramas, Fields, and Metaphors. Symbolic Action in Human Society*, Ithaca 1974, S. 166-230.
Vanberg, V. J., »Spontaneous Market Order and Social Rules: A Critical Examination of F. A. Hayek's Theory of Cultural Evolution«, in: *Economics and Philosophy* 2 (1986), S. 75-100.
Viehhöfer, E., *Der Verleger als Organisator. Eugen Diederichs und die bürgerlichen Reformbewegungen der Jahrhundertwende*, Frankfurt am Main 1988.
Vieregg, H., *Vorgeschichte der Museumspädagogik. Dargestellt an der Museumsentwicklung in den Städten Berlin, Dresden, München und Hamburg bis zum Beginn der Weimarer Republik*, Münster 1991.
Vierhaus, R., *Das Tagebuch der Baronin Spitzemberg*, Göttingen 1960.
–, »Einrichtungen wissenschaftlicher und populärer Geschichtsforschung im 19. Jahrhundert«, in: B. Deneke und R. Kahsnitz (Hg.), *Das kunst- und kulturgeschichtliche Museum im 19. Jahrhundert*. Vorträge des Symposiums im Germanischen Nationalmuseum, Nürnberg, München 1977, S. 109-117.
– (Hg.), *Deutsche patriotische und gemeinnützige Gesellschaften* (Wolfenbütteler Forschungen, Bd. 8), München 1980.
Voegelin, E., *Die politischen Religionen*, Wien 1938.
–, *Order and History*, Baton Rouge 1956.
–, *From Enlightenment to Revolution*, Durham, N.C. 1975.
Volkov, S., »Nationalismus, Antisemitismus und die deutsche Geschichtsschreibung«, in: M. Hettling und P. Nolte (Hg.), *Nation und Gesellschaft in Deutschland*, München 1996, S. 208-221.
–, *Jüdisches Leben und Antisemitismus im 19. und 20. Jahrhundert*, München 1990.
–, »Die Stimme der Vergangenheit klingt vieldeutig«, in: *Frankfurter Allgemeine Zeitung* vom 5. Juni 1997, Nr. 127, S. 11.
Voltaire, *Republikanische Ideen. Schriften II*, hg. von G. Mensching, Frankfurt am Main 1979.
–, *Correspondance*, hg. von T. Bestermann, Bd. 5, Paris 1964-1986.
Wagley, C, »The Concept of Social Race in the Americas«, in: ders., *The Latin American Tradition*, New York 1968, S. 155-174.
Wagner, G., und H. Zipprian, »Methodologie und Ontologie. Zum Problem kausaler Erklärung bei Max Weber«, in: *Zeitschrift für Soziologie* 14 (1985) 2, S. 115-130.

Wagner, R., *Mein Leben*, München 1963.
Wagner-Pacifici, R. E., *The Moro Morality Play. Terrorism as Social Drama*, Chicago: University of Chicago Press 1986.
Waters, M. C., *Ethnic Options. Choosing Identities in America*, Berkeley, Cal. 1990.
Weber, Max, *Gesammelte Aufsätze zur Religionssoziologie I*, Tübingen 1920.
Wehler, H.-U., *Deutsche Gesellschaftsgeschichte.* Bd. III: *Von der »Deutschen Doppelrevolution« bis zum Beginn des Ersten Weltkrieges 1849-1914*, München 1995.
Weindling, P., *Health, Race and German Politics between National Unification and Nazism 1870-1945*, Cambridge 1993.
Weingart, P., J. Kroll und K. Bayertz, *Blut und Gene. Geschichte der Eugenik und Rassenhygiene in Deutschland*, Frankfurt am Main 1992.
Weiß, J., *Vernunft und Vernichtung: Zur Philosophie und Soziologie der Moderne*, Opladen 1993.
–, *Handeln und Handeln lassen: Über Stellvertretung*, Opladen 1998.
Welke, M., »Gemeinsame Lektüre und frühe Formen der Gruppenbildungen im 17. und 18. Jahrhundert: Zeitungslesen in Deutschland«, in: O. Dann (Hg.), *Lesegesellschaften und bürgerliche Emanzipation. Ein europäischer Vergleich*, München 1981, S. 29-53.
Wendorf, R., *Zeit und Kultur. Geschichte des Zeitbewußtseins in Europa*, Opladen 1985.
Windelband, W., »Pessimismus und Wissenschaft«, in: ders., *Präludien*, Bd. 2, Tübingen 1915.
Wolfe, T., *Mit dem Bauhaus leben*, München 1993.
Wolff, R., »Rousseaus ›Neue Héloïse‹«, Nachwort zu: J.-J. Rousseau, *Julie oder die neue Héloïse*, München 1988, S. 799-827.
Wuthnow, R., »Ritual and Moral Order«, in: ders., *Meaning and Moral Order. Explorations in Cultural Analysis*, Berkeley/Los Angeles 1987, S. 97-144.
–, *Communities of Discourse. Ideology and Social Structure in the Reformation, the Enlightment, and European Socialism*, Cambridge, Mass. 1989.
Young, E. J., *Gobineau und der Rassismus*, Meisenheim am Glan 1968.
Zeman, H., »›Die Geschichte wird nur von starken Persönlichkeiten ertragen, die schwachen löscht sie vollends aus‹. Größe und Grenzen des Historismus in der Dichtung«, in: H. Fillitz (Hg.), *Der Traum vom Glück. Die Kunst des Historismus in Europa*, Wien 1996, S. 284 bis 290.
Zimmermann, M. und W. Marr, *The Patriarch of Anti-Semitism*, New York/Oxford 1986.
–, »Lessing contra Sem. Literatur im Dienste des Anti-Semitismus«, in: S. Moses und A. Schöne (Hg.), *Juden in der deutschen Literatur. Ein*

deutsch-israelisches Symposium, Frankfurt am Main 1986, S. 179 bis 193.
Zmarzlik, H.-G., »Der Sozialdarwinismus in Deutschland als geschichtliches Problem«, in: *Vierteljahrshefte für Zeitgeschichte* 11 (1963), S. 246-273.

Suhrkamp Verlag GmbH
Torstraße 44, 10119 Berlin
info@suhrkamp.de
www.suhrkamp.de